金陵全書
乙編·史料類

金陵通紀

（清末民初）陳作霖 編輯

南京出版社
南京出版傳媒集團

圖書在版編目（CIP）數據

金陵通紀 / 陳作霖編輯. -- 南京 : 南京出版社,
2024.8
（金陵全書）
ISBN 978-7-5533-4765-3

Ⅰ. ①金… Ⅱ. ①陳… Ⅲ. ①南京 - 地方志 - 清代
Ⅳ. ①K295.31

中國國家版本館CIP數據核字（2024）第087216號

書　　名　【金陵全書】（乙編・史料類）
　　　　　金陵通紀
作　　者　（清末民初）陳作霖
出版發行　南京出版傳媒集團
　　　　　南　京　出　版　社
　　　　　社址：南京市太平門街53號　　郵編：210016
　　　　　網址：http://www.njcbs.cn　　電子信箱：njcbs1988@163.com
　　　　　聯繫電話：025-83283893、83283864（營銷）　025-83112257（編務）

出 版 人　項曉寧
出 品 人　盧海鳴
責任編輯　楊傳兵
裝幀設計　楊曉崗
責任印製　楊福彬

製　　版　南京新華豐製版有限公司
印　　刷　南京凱德印刷有限公司
開　　本　889毫米×1194毫米　1/16
印　　張　37.75
版　　次　2024年8月第1版
印　　次　2024年8月第1次印刷
書　　號　ISBN　978-7-5533-4765-3
定　　價　800.00元

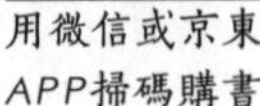
用微信或京東
APP掃碼購書

用淘寶APP
掃碼購書

總序

南京，古稱金陵，中國著名的四大古都之一，是國務院首批公佈的國家歷史文化名城。

南京有着五十萬年的人類活動史，約三千一百年的建城史，約四百五十年的建都史，享有『六朝古都』『十朝都會』的美譽。南京歷史的興衰起伏在某種程度上可以説是中國歷史的一個縮影。在中華民族光輝燦爛的歷史長河中，古聖先賢在南京創造了舉世矚目、富有特色的六朝文化、南唐文化、明文化和民國文化，爲中華民族文化的傳承和發展做出了不朽貢獻。然而，由於時代的遞遷、戰争的破壞以及自然的損毀等原因，歷史上南京的輝煌成就以物質文化形態留存下來的相對較少，見諸文獻典籍的則相對較多。南京文獻内涵廣博，卷帙浩繁，版本複雜。截至一九四九年中華人民共和國成立，南京文獻留存下來的有近萬種，在全國歷史文化名城中名列前茅。以六朝《世説新語》《文心雕龍》《昭明文選》，唐朝《建康實録》，宋朝《景定建康志》《六朝事跡編類》，元朝《至正金陵新志》，明朝《洪武京城圖志》《金陵古今圖考》《客座贅語》，清朝《康熙江寧府志》《白下瑣言》，民國《首都計劃》《首都志》《金陵古蹟圖考》等爲代表的南京地方文獻，不僅是南京文化的集中體現，也是中華民族優秀傳統文化的重要組成部分。這些南京文獻，積澱貯存了歷代南京人民的經驗和智慧，翔實地反映了南京地區的社會變遷，是研究南京乃至全國政治、經濟、軍事、文化、外交和民風民俗的重要資料。

歷史上的南京文化輝煌燦爛，各類圖書典籍琳琅滿目。迄今爲止，南京文獻曾經有過三次不同程度的整理。

第一次是距今六百多年前的明朝永樂年間，明朝中央政府在南京組織整理出版了《永樂大典》。《永樂大典》正文二萬二千八百七十七卷，凡例和目録六十卷，分裝成一萬一千零九十五册，總字數約三億七千萬字。書中保存了中國上自先秦、下迄明初的各種典籍資料達七八千種，是中國古代最大的類書。

第二次是民國年間，南京通志館編印了一套《南京文獻》。《南京文獻》每月一期，從一九四七年元月至一九四九年二月共刊行了二十六期，收入南京地方文獻六十七種，包括元明清到民國各個時期的著作，其中收録的部分民國文獻今天已經成爲絶版。

第三次是二〇〇六年以來，南京出版社選取部分南京珍貴文獻，整理出版了一套《南京稀見文獻叢刊》點校本，到二〇二〇年，已經出版了六十九册一百零五種，時代上起六朝，下迄民國，在學術普及方面做出了一定的貢獻。

中華人民共和國成立以來，尤其是改革開放以來，南京的政治、經濟、文化建設飛速發展，但南京文獻的全面系統整理出版工作一直没有得到應有的重視，這與南京這座國家歷史文化名城的地位頗不相稱。據調查，目前有關南京的各類文獻主要保存在南京圖書館、南京市檔案館，以及全國各地的高等院校、科研院所、圖書館、檔案館、博物館，少數流散於民間和國外。一方面，廣大讀者要查閲這些收藏在全國各地的南京文獻殊爲不便；另一方面，許多珍貴的南京文獻隨着歲月的流逝而瀕臨損毁和失傳。南京文獻的存史、資治、教化、育人功能没有得到應有的發揮。

盛世修史（志）。在中華民族和平崛起和大力弘揚民族傳統文化、全力發展民族文化事業的大背景下，在建設『文化南京』的發展思路下，中共南京市委、南京市人民政府於二〇〇九年十二月做出决定，將南京有史以來的地方文獻進行全面系統的匯集、整理和影印出版，輯爲《金陵全書》（以下簡稱《全書》），以更好地搶救和保護鄉邦文獻，傳承民族文化，推動學術研究，促進南京文化建設；同時，也更爲有効地增加南京文獻存世途徑，提昇南京文獻地位，凸顯南京文獻價值。

爲編纂出能够代表當代最高學術水平和科技成就，又經得起時間檢驗的《全書》，我們將編纂工作分成三個階段進行。第一個階段爲調研階段，主要對南京現存文獻的種類、數量、保存現狀以及收藏地點等進行深入細緻的調研，召集專家學者多次進行學術論證和可操作性論證，撰寫出可行性調查報告，爲科學決策提供依據，此項工作主要由中共南京市委宣傳部和南京出版社組織完成。第二個階段爲啓動階段，以二〇〇九年十二月二十四日召開的『《金陵全書》編纂啓動工作會』爲標志，市委主要領導親自到會動員講話，市委宣傳部對《全書》的編纂出版工作作了明確部署。在廣泛徵求專家學者意見的基礎上，確定了《全書》的總體框架設計，確定了將《全書》列爲市委宣傳部每年要實施的重大文化工程，確定了主要參編責任單位和責任人，並分解了任務。第三個階段爲編纂出版階段，主要在全國範圍内進行資料的徵集、遴選和圖書的版式設計、複製、排版及印製工作。

爲了確保《全書》編纂出版工作的順利進行，中共南京市委、南京市人民政府成立了專門的編纂出版組織機構。其中編輯工作領導小組，由中共南京市委、市政府領導以及相關成員單位主要負責人組成；《全書》的編纂出版工作由市委宣傳部總牽頭；學術指導委員會，由蔣贊初、茅家琦、梁白泉等一批全國著名的專家學者組成，負責《全書》的學術審核和把關。

《全書》分爲方志、史料、檔案和文獻四大類。自二〇一〇年起，計劃每年出版四十册左右。鑒於《全書》的整理出版工作難度較大，周期較長，在具體操作中，我們採取了分工協作的方式。市委宣傳部和南京出版社負責《全書》的總體策劃，其中方志部分，主要由南京市地方志編纂委員會辦公室和南京出版傳媒集團·南京出版社共同承擔；史料和文獻部分，主要由南京圖書館承擔；檔案部分，主要由南京市檔案局（館）承擔。《全書》的編輯出版，得到了江蘇省文化廳、江蘇省新聞出版局、江蘇省檔案局（館）、南京大學、南京圖書館、南京市文廣新局、南京市社科聯（社科院）、南京市文聯、金陵圖書館以及各區委宣傳部和地方志辦公室等單位及社會各界的熱情鼓勵和大力支持，尤其是得到了中國國家圖書館和全國各地（包括港臺地區）高等院校、科研院所、圖書館、檔案館、博物館等藏書單位的鼎力相助，在此表示深深的謝意！

我們相信，在中共南京市委、南京市人民政府的長期不懈支持下，在各部門、各單位的積極配合和衆多專家學者的共同努力下，這項功在當代、利在千秋的傳世工程一定能够圓滿完成。

《金陵全書》編輯出版委員會

凡例

一、《金陵全書》（以下簡稱《全書》）收録的南京文獻，分爲方志、史料、檔案和文獻四大類。

二、《全書》按上述四大類分爲甲、乙、丙、丁四編，以不同的封面顔色加以區分；每編酌分細類，原則上以成書時代爲序分爲若幹册，依次編列序號。

三、《全書》收録南京文獻的地域範圍，包括了清代江寧府所轄上元、江寧、句容、溧水、高淳、江浦、六合。

四、《全書》收録的南京文獻，其成書年代的下限爲一九四九年。

五、《全書》收録方志、史料和文獻，盡量選用善本爲底本。《全書》收録的檔案以學術價值和實用價值較高爲原則，一般選用延續時間較長、相對比較完整的檔案全宗。

六、《全書》收録的南京文獻底本如有殘缺、漫漶不清等情况，必要時予以配補、抽换或修描，以保證全書完整清晰；稿本、鈔本、批校本的修改、批注文字等均保留原貌。

七、《全書》收録的南京文獻，每種均撰寫提要，置於該文獻前，以便讀者了解其作者生平、主要内容、學術文化價值、編纂過程、版本源流、底本採用等情况。

八、《全書》所收文獻篇幅較大時，分爲序號相連的若幹册；篇幅較小的文獻，則將數種合編爲一册。

九、《全書》統一版式設計，大部分文獻原大影印；對於少數原版面過大或過小的文獻，適當進行縮小或放大處理，並加以説明。

十、《全書》各册除保留文獻原有頁碼外，均新編頁碼，每册頁碼自爲起訖。

提要

《金陵通紀》十卷，附《國朝金陵通紀》四卷，清末民初陳作霖編輯。

陳作霖（一八三七—一九二〇），字雨生，號伯雨，晚號可園。陳氏世居金陵，自清代乾、嘉以來世代書香。陳作霖十五歲補縣學生員，先後肄業于鍾山、惜陰書院，三十九歲中舉，三次赴京會試不利，遂絕意科舉，傾力搜集、整理鄉邦文獻。同治十三年（一八七四）修《上江兩縣志》，陳作霖被聘爲分修，光緒二十七年（一九〇一）編譯官書局（後改江蘇通志局）延陳作霖任分纂，一九二〇年修《續纂同治上江兩縣志》公推陳作霖爲總纂。陳作霖獨力編纂《金陵通紀》《國朝金陵通紀》《金陵通傳》《金陵瑣志（五種）》《江寧府七縣地形考略》《上元江寧鄉土合志》《江蘇兵事紀略》《歷代遺民傳》等，成爲近代南京最重要的方志學家。他還是有影響的詩人，名列晚清『石城七子』，著有《可園詩存》《可園詞存》《可園詩話》《可園文存》，編刊《續金陵詩征》《國朝詞征》《國朝金陵文征》等。《清史稿》列其入《儒林傳》。其墓園現爲南京市文物保護單位。

參訂者陳作儀系陳作霖之弟，號鳳生、鳳叟、烏榜村農，咸豐六年（一八五六）生，三十五歲中進士，歷任湖南新寧、龍陽知縣等，推行新政，頗受好評。五十二歲告老回鄉定居，一九三四年去世。著有《鳳叟八十年經歷圖記》《逸園詩文集》《睫巢筆記》《息廬談薈》等。各卷尾注明的校字者有陳作霖之子陳詒詖、陳詒茀、陳詒壽，孫陳祖同，侄陳詒慶，門生石承鈞等。這固然是出于著作刊行的審慎，也是對後輩的一種學養培訓。

同治十三年（一八七四）上元、江寧兩縣合修《上江兩縣志》，聘汪士鐸爲總纂，陳作霖等七人爲分修，歷十月告成。陳作霖承擔的是《大事考》《兵考》及《名宦録》《鄉賢録》《忠義孝悌録》等五篇，這成爲他此後編撰地方文獻的重要基礎。《上江兩縣志·大事考》四萬餘字，依時序記述金陵輿地沿革、典章制度、重大事件，上起先秦，下迄明末。陳作霖在此基礎上增補充實，歷時三年，于光緒三年（一八七七）輯成十八萬餘字的《金陵通紀》，卷一自黄帝『推分星野』至晋滅吴，卷二上自西晋一統至東晋康帝，卷二下自東晋穆帝繼位至劉宋代晋，卷三上自宋武帝登基至宋文帝，卷三下自宋孝武帝繼位至齊代宋，卷四自齊高帝登基至梁代齊，卷五上自梁武帝登基至中大同元年（五四六），卷五下自侯景之亂至陳代梁，卷六自陳武帝登基至隋滅陳，卷七自隋至宋滅南唐，卷八上北宋，卷八下南宋，卷九元，卷十上自明太祖登基至明英宗，卷十中自明憲宗繼位至明世宗，卷十下自明穆宗繼位至南明亡。

光緒二十七年（一九〇一）至三十三年（一九〇七）間，陳作霖又編輯《國朝金陵通紀》四卷，卷首秦際唐光緒三十四年正月《叙》中説：『此數年中，朝廷鋭意自强，事事改弦而更張之，上下氣象，幡然一變……一鄉一邑，往往數典而忘祖。』面對此『千年未有之大變局』，陳作霖在刊印《金陵通傳》《金陵通紀》的同時，搜檢清代八朝金陵史事，成此一編，卷一順治、康熙、雍正三朝，卷二乾隆、嘉慶兩朝，卷三道光、咸豐兩朝，卷四同治朝，共四萬餘字。

另有《金陵通紀補》僅一頁，見于『南京地方誌』網站『館藏舉要』，署『壬子年補刊』，應在一九一二年刊成，叙宣統年間事，以『金陵遂歸民國矣』結束，其文字多與《可園備忘録》相同，應是陳作霖所撰。至此，這一部自先秦至清末的南京編年史，僅光緒三十四年間事失記。

《金陵通紀》十卷，綫裝五册，《國朝金陵通紀》四卷，合裝一册，書前牌記均標『光緒丁未年瑞華館刊印』。瑞華館三楹位于陳氏安品街故居可園第四進，又名徵文考獻之室，所以兩書均爲陳氏家刻本。據《可園備忘録》記載，光緒三十一年乙巳（一九〇五）『刊《金陵通紀》』，光緒三十三年丁未（一九〇七）『《金陵通紀》刊成』。而《國朝金陵通紀》卷尾署『宣統元年校刊』，實在一九〇九年刊成。

《金陵通紀》卷首，汪士鐸光緒六年（一八八〇）《叙》中評價：『其書上述邃古，下迄殘明，甄列史之關乎金陵者備列之，不浮譽，不隱惡，固卓然良史之盛軌矣。且于謝傅事不多捃拾，獨詳載郡中豐歉憂樂之由，寇亂時諸軍屯戍之地，措置先後，得失之機，後世可以奉爲鑒戒。』强調的兩點，一是據實以存，二是可爲鑒戒。陳作霖對于歷代軍事記載尤詳，也得益于他曾修《上江兩縣志·兵考》。

編輯者擬定《凡例》五條，首先批評《建康實録》『所載不專建康，義在誇張』，聲明本書體例謹嚴，非南京史事不采入。其次説明『日食、星變概從闕』，祇有確實影響南京的才會記載。第三説明宣州（今安徽宣城）、歷陽

（今安徽和縣）等地與南京屬地『犬牙交錯』，或有混淆之處。第四説明建都南京王朝的『國政朝章』，凡與南京無關亦不記載。這三條保證了第一條的落實。最後説明『典關建業，無年可編，其事其人，以類相附』，是參照《建康實録》《史記》的舊例。正史中以十國隸五代，本書采用南唐紀元是參照《春秋》『名從主人』之例。

《金陵通紀》《國朝金陵通紀》的學術價值，是從歷代史籍中勾稽、梳理出大量南京地方史料。雖兩書未標文獻出處，但《上江兩縣志·大事考》是有標注的，可見其主要依據歷代正史及方志，參以《竹書紀年》《左傳》《肇域志》《紀元編》《客座贅語》《建康實録》《廣陵通典》《越絶書》《晋略》《太平寰宇記》《記纂淵海》《資治通鑒》《方宇紀要》《元和郡縣圖志》《十國春秋》《大明一統志》《續資治通鑒》《明史紀事本末》《金陵瑣事》《小腆紀年》，引書達數十種，間有勘正。太平天國時期人事，因係陳作霖親身經歷，記述尤爲詳實。

《金陵通紀》《國朝金陵通紀》前後相續，選擇精當，編排有序，成爲比《建康實録》謹嚴、較《景定建康志·建康表》豐富的南京編年史。讀者得此一編，于數千年間南京史事，可以有一個簡要而系統的了解。對于研究南京地方文化，此書也提供了一種便于深入的綫索與路徑，不失爲重要參考文獻。

本書在陳氏瑞華館家刻本之後，另有臺北新文豐出版公司一九七五年十一月影印本，精裝一册，署『陳伯雨編輯』；廣陵古籍刻印社一九八六年八月影印本，綫裝六册。後兩種所據底本皆瑞華館本。

《金陵全書》收録的《金陵通紀》《國朝金陵通紀》以南京圖書館藏陳氏瑞華館家刻本爲底本原大影印出版。

薛冰

金陵通紀
朱孔彰署檢
江東半隱

光緒丁未年
瑞蕐館槧印

敘

孟子言王豹綿駒之變俗記亦言紫縞之尙由於人豈不信然不誣乎李唐以來憑弔往昔儱侗曰六朝詞章人語爾夫吳自武烈開基忠勤威略赫赫於宇內崇文召賢鼎立蜀魏歷世六七風尙未有牀第之失晉之東謝安始以風流扇俗忘其端揆具瞻之尊當奏功之慘而妓女絲竹不改其素歐陽公所謂知勇困於所溺安之謂矣其下化之子夜讀曲矢詞尤猥褻由是言俗之不艮者指目六朝而以秦淮爲桑濮數千年來人士委靡若癈疾之不能振非安有以作之俑哉吾友陳君雨生以所纂金陵通紀眎吾吾聞之羿之射有的秋之奕也有道輸之削必有定矩曠之操七絃也必有旋宮之調陳君之纂此書非漫然無所指明矣其書上述遂古下迄殘明甄列史之闕乎金陵者備列之不浮譽不隱惡固卓然艮史之盛軌矣且於謝傅事不多撏拾獨詳載郡中豐歉憂樂之繇寇亂時諸軍屯戍之地措置先後得失之機後世可奉爲鑒戒最後乃以錢謙益阮大鋮收其禍末亦可以見古昔是非之有定矣夫寇盜侵軼三代

盛時所不免水土柔脆非能用武士果勵節槩崇禮法屏浮蕩勤研乎史籍而以謝安錢阮之行爲大恥吳志所書士衡所論不難復覩此則陳君是書之大旨歟光緒六年歲次庚辰五月望日汪士鐸撰

凡例

實錄所載不專建康義在夸張事兼南史茲編體例專主謹嚴疆域攸分不敢濫及

日食星變概從闕略惟事涉江表乃牽連得書或詳或否義各有屬

丹溧二邑境連宣州歷陽涂中江浦得半犬牙交錯莫爲丈量至到小乖在所不免閱者諒之

八代諸君建儲立后下逮百職國政朝章非繫地輿不輕泚筆漏略之誚甘之不辭

典關建業無年可編其事其人以類相附建康實錄例也亦腐史合傳體也

楊吳南唐一方偏霸改元紀號不繫中原名從主人有春秋之例在

金陵通紀卷一

江甯陳作霖伯雨編輯

黄帝受命披山通道乃推分星野自斗三度至女一度爲江南

高辛之世有展上公者居句曲嘗於伏龍地植李後相傳成道去今茅山玉晨觀祀之

堯授舜政肇十有二州地屬揚域

夏禹周行天下至江南登茅山以朝四方羣臣

殷祖甲二十八祀周泰伯以采藥來居句曲山中後入吳

周武王十三年大封諸侯以江南地畀周章是爲吳國

孝王十三年大雹江湅

靈王二年楚公子嬰齊伐吳克鳩茲至於衡山今名橫山在江甯縣東南

十三年楚師於棠以伐吳棠今六合縣

景王七年楚伐吳圍朱方遂滅賴使鬬韋龜與公子棄疾城之欲以遷許後楚又與吳戰陷吳固城吳乃移瀨渚於陵平山下改邑曰陵平賴固城瀨渚陵平皆在今溧水高淳

縣境

十七年楚亂許圍蔡洧等與越常壽過圍固城克息舟城而居之是年楚子居立使蘇適爲將敗吳軍以吳陵平爲平陵邑

敬王八年楚殺其大夫伍奢及其子棠君尙次子員奔逃槖載而出昭關至江上漁父渡之夜行晝伏過溧水乞食於擊綿女子遂入吳

十四年吳伍員伐楚開瀆以通漕運在今高湻縣境破固城焚其宮室還過溧水投金於瀨以報女子之德

二十四年吳子闔閭卒夫差立承先世之霸業因山鑄冶立冶城後又築梧宮於句曲山與西子避暑居之

四十年楚公子申公子結伐吳及桐汭在今高湻境　時孔子設教於魯吳人言偃從游學成告歸居句曲今地名言游里其後又有江東馯臂子弓受易商瞿爲孔子再傳弟子今江浦多弓氏皆其後裔也是爲聖道南行之始

元王四年越滅吳范蠡築城於長干以圖楚今名越城

安王二十三年越遷於長干

二十六年越太子諸咎弑其君翳葬諸大横山之下越人旋殺諸咎立孚錯枝爲君

顯王三十六年楚滅越盡有吳故地因山立號置金陵邑建康實錄云地接華陽金壇之陵故曰金陵或曰以地有王氣楚王埋金以鎭之金陵之名實始於此

秦始皇帝二十四年滅楚二十六年并天下分三十六郡以金陵地屬鄣郡改平陵邑爲溧陽縣其江北棠邑隸九江郡

二十七年詔役赭衣三千人開馳道在今上元句容縣境

三十六年帝東巡會稽過丹陽卽今小丹陽在江甯縣境至錢唐還從江乘浦渡江遂置江乘縣今爲江城在上元句容縣界又以望氣者言金陵有天子氣乃鑿鍾阜斷長隴以通流水自方山西北巨流環繞至石頭以達於江卽今秦淮改金陵爲秣陵縣　是時有方士周太賓及巴陵侯姜叔茂往來茅山下種五辛菜今地名姜巴路者是也　未幾茅盈兄弟來居華陽遂分掌焉今謂之三茅峯

二世皇帝元年陳涉兵起令葛嬰徇地至東城立襄彊爲楚王尋殺之東城在今江浦境

子嬰元年項籍滅秦江南北地皆爲楚境立英布爲九江王鄣郡棠邑悉屬焉

漢高帝三年九江王布以國歸漢

五年冬十二月漢軍追項籍至陰陵籍迷失道陷大澤中乃復引兵而東至東城僅餘二十八騎漢騎追者數千人籍自度不得脫乃分其騎爲四隊令四面馳下期山東爲三處於時漢軍圍之數重籍大呼馳下斬漢一將與其騎會漢軍不知籍所在分軍爲三復圍之籍馳斬漢一都尉殺數十百人復聚其騎亡兩騎耳乃東走欲渡江烏江亭長檥船以待曰江東雖小地方千里亦足王也願大王急渡今獨臣有船漢軍至無以渡籍笑曰天之亡我我何渡爲且籍與江東子弟八千人渡江而西今無一人還縱江東父老憐而王我我何面目見之乃以所乘騅馬賜亭長令騎皆下馬步行持短兵接戰獨籍所殺漢軍數百人身亦被十餘創遂自刎而死漢將王翳取其頭楊喜呂馬童呂勝楊武各得

其一體故五人皆封列侯楚地悉定以江南北地封韓信爲楚王陰陵烏江據肇域志皆在今江浦界

六年帝巡雲夢執楚王信歸以楚地分立劉賈爲荆王鄣郡屬焉　是冬封功臣陳嬰爲堂邑侯堂邑卽棠邑

十一年淮南王布反賈爲布軍所殺立兄子濞爲吳王王荆故地鄣郡更屬吳

惠帝五年夏旱江竭

呂后三年夏江溢八年夏江又溢

景帝三年吳王濞反濞當文帝時驕蹇不朝大興鼓鑄置冶於江上日益富饒卽今冶山浦在六合縣界至是率兵而西爲將軍周亞夫所敗奔歸丹陽保秣陵之越城復走丹徒東甌王誘殺之

四年徙汝南王非爲江都王治吳故地

武帝元光六年析秣陵地封宗室黨爲句容侯

元朔元年江都易王非薨子建嗣推恩分封王子敢爲丹陽侯胥行爲胡孰侯

纏爲秣陵侯尋皆薨國除

元狩二年江都王建有罪自殺地盡入於漢

元鼎元年以堂邑縣屬臨淮郡

二年詔以江南水潦振救飢民

元封二年更鄣郡爲丹陽郡秣陵胡孰江乘句容溧陽丹陽皆隸焉又析溧陽南置永平尋廢

五年置十三部刺史而丹陽郡屬揚州臨淮郡屬徐州

宣帝本始四年以黃霸爲揚州刺史三歲遷何武代之

新莽始建國元年更定郡縣名改江乘曰相武秣陵曰宣亭以堂邑縣隸淮平郡

地皇三年遣使者章邑賫黃金百鎰銅鐘五枚贈於句曲三仙君

東漢光武建武三年遣積弩將軍傅俊將兵徇江東揚州悉定郡縣名皆復舊堂邑改屬廣陵郡胡孰爲侯國

四年遣揚武將軍馬成發丹陽九江等郡兵擊李憲

五年徵處士嚴光光高尙不仕嘗結廬於東廬山在今溧水境

六年李忠爲丹陽太守起學校習禮容春秋鄉飲選用明經繼之者爲任光墾田增多流民復業時鮑永爲揚州牧南土尙多寇暴永誅鉏强橫鎭撫其餘百姓安之又堂邑令鍾離意多善政縣人防廣爲父報仇繫獄母死廣哭泣不食意聽歸家殯斂事畢還獄意密以聞竟得減死論

明帝永平十二年堂邑旱

章帝建初中張禹爲揚州刺史嘗過江按部中土民皆以江有子胥神難涉禹將渡吏固請禹厲言曰子胥如有靈知我志在理察枉訟豈危我哉遂鼓楫而進歷行郡邑深幽之處莫不畢到親錄囚徒多所明舉民皆喜悅

安帝永初七年詔調丹陽等郡租米振給南陽廣陵下邳彭城山陽廬江九江飢民

延光二年秋七月丹陽山崩

順帝陽嘉元年揚州六郡妖賊章河等寇四十九縣殺傷長吏

漢安二年冬十二月揚徐盜賊攻燒城寺殺略吏民

建康元年秋八月揚徐盜賊范容周生等寇略城邑御史中丞馮赦督州郡兵討之九月揚州刺史尹耀攻賊於歷陽敗沒歷陽錯今江浦縣境

沖帝永嘉元年春正月廣陵賊張嬰復反殺堂邑長是時九江賊徐鳳等亦攻殺東城長三月九江都尉討范容周生等破斬之夏四月丹陽賊陸宮等圍城燒亭寺丹陽太守江漢擊破之五月下邳人謝安應募斬徐鳳等冬十一月中郎將滕撫討平張嬰歷陽賊華孟自稱黑帝撫又擊斬之

桓帝建和元年揚州饑遣四府掾分行振給

靈帝中平中大將軍何進遣都尉毋邱毅募丹陽兵

獻帝初平元年山東諸將討董卓奮武將軍曹操與夏侯惇詣揚州募兵揚州刺史陳溫丹陽太守周昕與兵五千人

三年袁術自爲揚州刺史使吳景領丹陽太守攻周昕奪其兵以孫賁爲丹陽

都尉按丹陽時寄治曲阿

興平元年新除揚州刺史劉繇逐吳景居曲阿景與孫賁退屯歷陽繇遣樊能于麋屯橫江張英屯當利口以拒之

二年袁術表孫策爲折衝校尉行殄虜將軍將兵助其舅吳景卒才千餘馬數十匹行收兵比至歷陽衆五六千時周瑜從父尚爲丹陽太守瑜將兵迎策仍助以資糧策大喜進攻橫江當利拔之又克牛渚盡得邸閣糧穀戰具彭城相薛禮據秣陵城下邳相笮融屯縣南皆依劉繇爲盟主策帥周瑜呂範等先攻融斬首五百餘級融閉門不出因攻禮禮突走復下攻融爲流矢所中傷股還牛渚營誘賊入伏大破之融更深溝高壘繕治守備策以融所屯地勢險固乃舍去由小丹陽轉攻湖孰江乘皆下之以呂範爲湖孰相從定秣陵融因殺禮併其衆奔豫章策年甚少雖有位號而士民皆呼爲孫郎百姓聞孫郎名皆喪魂魄及至軍士奉令不敢虜略雞犬菜茹一無所犯民乃大悅競以牛酒勞軍既破劉繇入曲阿轉戰而東遂盡有江表之地復以吳景爲丹陽太守時丹陽疑治宛

陵而自領會稽後五年爲盜所戕弟權嗣屯吳

建安元年江淮饑人相食

三年東城長魯肅棄官奔吳

十三年曹操降荆州南臨江江東大震左將軍劉備屯夏口使其臣諸葛亮詣權亮過秣陵因駐馬以觀形勢曰鍾山龍蟠石頭虎踞帝王之都也俄聞赤壁捷解嚴

十六年孫權自京口徙治秣陵先是長史張紘謂權曰秣陵楚武王所置名爲金陵地勢岡阜連石頭訪問故老云昔秦始皇東巡會稽過此縣望氣者云金陵地形有王者都邑之氣故掘斷連岡改名秣陵今處所具存地有其氣天之所命宜爲都邑權善其議未能從也會劉備之東宿於秣陵周觀地形亦勸權都之權曰智者意同遂都焉改秣陵爲建業又念兄策功作廟於朱雀橋南

省湖孰江乘爲典農都尉

十七年城石頭權以秣陵有小江百餘里可以安大船時方理水軍因移據之

而於江岸必爭之地築是城焉又沿淮築隄曰橫塘夾淮立柵曰柵塘自石頭城南十里至查浦又南十里至新亭又十里至新林又十里至板橋又二十里至烈洲置烽火於石頭城南自建業至江陵五千七百里有警急一日而達

二十四年封孫皎子胤爲丹陽侯

二十五年權徙都武昌拜呂範爲建武將軍領丹陽太守使鎮建業景定志範鎮建業在二十四年權襲荊州時據三國呂範傳正之又志於是年載丹陽太守孫翊被戕事按時丹陽郡猶治宛陵故不錄是歲建業言甘露降

二十六年吳徙丹陽郡治建業魏篡漢冊命權爲吳王

吳大帝黃武元年置揚州牧以呂範爲之使征東將軍高瑞領丹陽太守改鍾山爲蔣山先是有秣陵尉蔣子文於漢末時逐賊死於此同死者弟子緒妹小姑至是吳王以祖諱鍾因姓是山爲蔣焉

二年徙丹陽郡治蕪湖分溧陽置永安縣尋改永平

三年秋魏師出廣陵安東將軍徐盛建計植木衣葦爲疑城假樓自石頭至江

乘綿延相接一夕而成又大浮舟艦於江魏人望之愕退　以朱據爲建義校尉領兵屯湖孰

四年顧雍爲丞相不許江邊諸將掩襲　秋地連震

七年揚州牧呂範卒葬於建業王後每過其墓必呼曰子衡祀以太牢

黃龍元年夏四月丙申吳王卽皇帝位於武昌秋九月還都建業卽長沙桓王故府居之名太初宮

二年詔立都講祭酒以敎學諸子

三年夏五月有野蠶成繭大如卵

嘉禾元年春正月太子登因弟建昌侯慮卒自武昌歸省及賴鄉自聞帝卽時召見悲泣登請留建業許之

二年帝征魏使太子登留守時年穀不登頗有盜賊登表定科令所以防禦深得止姦之要　秋九月隕霜殺穀　是年右將軍潘璋卒子平以無行徙會稽妻居建業賜田宅終其身

四年秋七月雨雹又隕霜

五年春立錢監鑄大錢一當五百文曰大泉五百徑一寸三分重十二銖　三月輔吳將軍張昭卒昭自黃龍初以老病乞休里宅無事在今下浮橋南名婁侯橋著春秋左氏傳解及論語注又嘗引湖水以溉田以其封婁侯人謂之婁湖在今南城東隅土人譌其聲曰老虎頭　夏大旱

六年冬十二月赤烏集殿前詔改明年元以紀瑞

赤烏元年春鑄當千大錢徑一寸四分重十六銖　秋夫人步氏卒追贈皇后葬蔣陵

二年立洞玄觀於方山時帝頗好道術有葛玄者嘗與遊處或止石頭四望山所一日從帝至洌洲在江中遇大風船沒帝甚悵恨明日玄步從水上來衣履不沾而有酒色云為伍子胥邀飲又嘗醉臥門前陂水中竟日醒乃止帝以為神因立觀以居之

三年夏四月始治城郭起樓穿塹以備非常　冬十一月民饑詔開倉廩以振貧窮　十二月使左臺御史郗儉鑿城西南為運瀆自秦淮北抵苑城以達於倉

四年春正月大雪平地深三尺鳥獸死者大半　夏五月太子登薨初葬句容置園邑奉守如法後三年改葬蔣陵　是年鑿青溪塹潮溝（青溪鑿東渠而成闊五尺深八尺以洩後湖之水達於秦淮又開潮溝以引江潮今皆有遺址可辨）

五年夏四月旱禁進獻御減太官膳　是年大疫

七年扶南獻樂人置扶南署以習樂　帝寢疾遣太子和禱長沙桓王廟太子妃叔父張休居近廟邀太子過所居帝長女全公主覘得之因加譖毀帝怒

八年夏五月雷霆犯宮門柱又擊南津大橋楹　秋七月將軍馬茂謀伺帝在苑中與公卿諸將射引兵擊帝使其黨兼符節令朱貞等分據宮中及石頭塢事覺誅之　八月遣校尉陳勳將屯田及作士三萬人於方山南截淮立埭（即方山埭）又鑿句容中道自小其（地名）至雲陽西城（即破岡瀆）通會市作邸閣

九年秋詔罷大錢

十年春二月帝適南宮詔曰建業宮乃朕從京來所作將軍府寺耳材柱率細皆已腐朽常恐損壞今未復西可徙武昌宮材瓦更繕治之有司以材不堪用

請更伐致帝曰大禹以卑宮爲美今軍事未已所在多賦若更通伐妨損農桑武昌材瓦自可用也三月改作太初宮諸將及州郡皆義作　夏帝欲伐魏大發衆集建業既而罷之　是歲胡人康僧會入境置經行所帝引見具言佛教滅度已久惟有舍利可以求請遂於大內立壇結靜三七日得之帝由是崇佛道復即壇所立建初寺江東有佛寺自此始

十一年春二月地仍震　三月新宮成周迴四百丈正殿曰神龍南面開五門曰公車曰昇賢曰明揚曰左掖曰右掖東門曰蒼龍西門曰白虎北門曰玄武又於宮中起臨海赤烏等殿彎碕臨硎等門　夏四月雨雹

十二年夏四月有兩烏銜鵲墮東館驃騎將軍領丞相朱據燎鵲以祭

十三年秋八月丹陽句容諸山崩鴻水溢詔原逋責給貸糧食　帝入全公主譖將廢太子和先幽閉之於是朱據與尚書僕射屈晃等泥頭自縛詣闕求解帝登白爵觀望見大怒牽入殿各杖一百竟廢和遷故鄣亦賜魯王霸死以其謀奪嫡也流霸黨楊竺尸於江　是年作堂邑涂塘欲以淹北道

太元元年夏五月帝遣中書郎李崇齎輔國將軍羅陽王印迎羅陽神王表秋

七月崇與表至爲立第於蒼龍門外表說水旱小事往往有驗　秋八月朔大風拔樹三千排石碑磋動江海涌溢水深八尺右將軍呂據取大船以備宮內帝喜中書丞華覈奏樹拔碑動爲役繁賦重所致不省　冬十一月帝祭南郊於秣陵南還寢疾十二月詔省繇役減征賦除民所患苦　時有於山中得銅匣長二尺七寸以琉璃爲蓋又一白玉如意所執處皆刻龍虎及蟬形莫有識者帝以問胡綜綜曰昔秦始皇以金陵有天子氣平諸山阜處處輒埋寶物以當王氣此蓋是乎

神鳳元年春二月帝大漸諸將吏數詣王表請福表亡去夏四月帝殂太子亮即位

少帝建興元年（即神鳳元年）閏月以諸葛恪爲太傅輔政　秋七月葬大皇帝於蔣陵　九月桃李花開　冬十二月丙申大風雷電　是歲諸葛恪敗魏兵於東興獲叛將韓綜送其首以白大帝廟

二年春二月進封諸葛恪陽都侯加荊揚州牧督中外諸軍事欲復伐魏丹陽

太守聶友以書諫不聽以太常滕胤爲都下督掌留事已而圍新城不克將軍朱異以軍事忤恪恪奪其兵斥還建業秋八月恪至自新城陳兵導從歸入府館愈治威嚴冬十月武衛將軍孫峻因人情多怨構恪欲爲變與帝謀置酒請恪時恪家多變怪出拜蔣陵有白虹繞其車及將見駐車宮門峻已伏兵於帷中恐恪不時入事泄自出迎恪恪不疑遂入劍履上殿進謝還坐酒數行帝入內峻起如廁解長衣著短服出曰有詔收諸葛恪恪驚起拔劍未得而峻刀交下散騎常侍張約恪黨也從旁斫峻裁傷左手峻應手斫約斷右臂武衛之士皆趨上殿峻曰所取者恪也今已死悉令復刃乃除地更飲恪二子竦建聞難載其母南走峻遣騎督劉丞追及於白都殺之以葦席裹恪尸篾束腰投之石子岡先是童謠曰諸葛恪蘆葦單衣篾鉤落於何相求成子閣成子閤反語石子岡也鉤落者校飾革帶世謂之鉤落帶至是果驗峻遂代爲丞相

五鳳元年夏大水

二年夏大旱　冬十二月作太廟亮傳注引吳歷云太平元年正月爲權立廟稱太祖廟當即此

太平元年春二月朔建業火　秋八月孫峻遣驃騎將軍呂據等伐魏親餞之於石頭見據御軍嚴整心惡之稱疾去遂夢爲諸葛恪所擊九月丁亥卒以從弟綝爲侍中代輔政呂據聞之大怒欲還廢綝表薦滕胤爲丞相綝更以爲大司馬使鎮武昌促之去胤不從綝遂言胤反冬十月使將軍劉丞率騎圍胤或勸胤引兵至蒼龍門將士見公出必委綝就公時夜已半胤恃與呂據期又難舉兵向闕乃約令部曲説呂侯在近道故皆爲胤盡死無離散者會大風比曉據不至綝兵大會遂殺胤孫憲等舟師亦獲據於新洲據自殺孫憲在亮傳作憲在綝傳作慮

二年春正月甲寅大雨震電乙卯雪大寒　夏四月帝臨正殿始親政事孫綝所奏多見難問又科兵子弟年十八以下十五以上得三千餘人選大將子弟年少有勇力爲之將帥日於苑中習焉

三年秋七月詔州郡伐宮材　自八月沈陰不雨四十餘日　孫綝專恣日甚稱疾不朝築室於朱雀橋南使弟威遠將軍據入蒼龍門宿衛武衛將軍恩偏將軍幹長水校尉闓分屯諸營欲以自固帝惡之與太常全尚將軍劉丞謀誅

綝全尙妻綝同堂姊也以謀告綝九月戊午綝以兵取尙遣弟恩殺劉丞於蒼龍門外比明遂圍宮帝大怒帶鞬執弓欲出近臣共牽止之綝召大臣會宮門使光祿勳孟宗告太廟廢帝爲會稽王尙書桓彝不肯署名殺之己未使宗正孫楷與中書郞董朝迎琅邪王休於會稽徙全尙於零陵殺之綝以琅邪王未至欲入居宮中選曹郞虞汜責之而止

景帝永安元年即五鳳三年　冬十月戊寅琅邪王休至布塞亭綝遣弟恩行丞相事率百僚以乘輿法駕迎於永昌亭築宮以武帳爲便殿設御坐己卯休至望便殿止住使孫楷先見恩楷還休乘輦進羣臣再拜稱臣休升便殿止東廂戶曹尙書前卽階下讚奏丞相奉璽符休三讓乃受羣臣以次奉引休就乘輿百官陪位綝以兵千人迎拜於半野休下車答拜卽日御正殿大赦改元　十一月甲午風四反五復蒙霧連日　孫綝一門五侯皆典禁兵權傾人主有所陳述敬而不違於是益橫侮慢民神嘗燒大橋頭伍子胥廟又壞浮屠祠斬道人帝恐其有變陰與張布丁奉圖討欲於臘會取綝十二月丁卯建業中謠言明會

有變綝聞之不悅夜半大風發木揚沙綝益恐戊辰臘會百僚朝賀綝稱疾帝强起之綝不得已將入衆止之綝曰國家屢有命不得辭可豫整兵令府內火因是可得速還遂入尋而火起綝求出帝曰外兵自多不足煩丞相也綝起離席奉布目左右縛之綝叩頭求乞不許趣斬之以首令衆曰諸與綝同謀者皆赦放仗者五千人遂夷綝三族發孫峻棺取其印綬斲其木而埋之已巳改葬諸葛恪滕胤呂據　是日詔置學官立五經博士科見吏之子及將吏子弟有志好者就業

二年春正月震電　三月詔勸農桑禁浮江賈作

三年秋都尉嚴密議建丹陽湖田作浦里塘衛將軍濮陽興主之功傭之費不可勝數百姓大怨

四年夏五月大雨水泉涌溢

五年春二月白虎門北門災秋八月壬午大雨震電水泉涌溢　是年分置故鄣郡以溧陽以北六縣爲丹陽郡還治建業

六年冬十月建業石頭小城火燒西南百八十丈
七年秋七月癸未帝殂丞相濮陽興與左將軍張布以國家多難貪立長君言於朱太后廢太子𩅦立故太子和子皓爲皇帝
後主元興元年即永安七年秋九月貶朱太后爲景皇后居安定宮尊母何氏爲太后稱升平宮　帝之初立也發優詔恤士民開倉廩振貧乏科出宮女以配無妻禽獸擾於苑者皆放之當時稱爲明主及得志後粗暴驕盈多忌諱好酒色天下失望興布竊悔之或譖諸帝冬十一月殺興布十二月葬景皇帝於定陵
甘露元年蔣陵言甘露降改元大赦　秋七月帝逼弑景后朱氏亡不在正殿於苑中小屋治喪衆知其非疾病莫不痛切　九月帝以建業宮不利徙都武昌使御史大夫丁固將軍諸葛靚留鎮建業
寶鼎元年春帝在武昌揚土百姓泝流供給甚患苦之童謠云寧飲建業水不食武昌魚寧還建業死不止武昌居　冬十月永安山賊施但因民勞怨聚衆數千人劫帝庶弟永安侯謙作亂取文皇帝陵上鼓吹曲蓋文皇帝故太子和追尊之號也比

至建業衆已萬餘遣使以謙命召丁固諸葛靚固靚斬之發兵逆戰於九里汀之牛屯但兵敗走謙獨坐車中生獲之固不敢殺以狀白帝帝并其母及弟俊皆殺之初望氣者云荆州有王氣破揚州故帝徙武昌及但反自以爲得計遣數百人鼓譟入建業殺但妻子曰天子使荆州兵來破揚州賊以厭前氣十二月帝還都建業　是歲帝鑄鼎於蔣山以紀吳厤數　丹陽宣騫母年八十因浴化爲黿

二年夏六月起昭明宮於太初宮之東方五百丈二千石以下皆自入山督攝伐木又破壞諸營大開園囿起土山樓觀窮極技巧工役之費以億萬計復開城北渠引後湖水流入新宮巡繞殿堂右丞相陸凱及中書丞華覈固諫不從後史臣避晉諱改宮曰顯明卽此　有司奏言宜立文皇帝廟於京師秋七月帝使守大匠薛翊營立寢堂號曰清廟以孟仁守丞相備官僚中軍步騎二千人奉靈輿法駕迎神於明陵帝引見仁親拜送於庭靈輿當至使丞相陸凱奉三牲祭於近郊帝於金城門外露宿明日望拜於東門之外其翌日拜廟薦祭歔欷悲感比七

日三祭倡伎晝夜娛樂有司奏祭不欲數數則黷宜以禮斷情乃止　冬十二月昭明宮成帝徙居之

建衡二年春三月天火燒萬餘家死者七百人

三年春正月帝以刁玄所獻讖文云黃旗紫蓋見於東南終有天下者荆揚之君遂大舉兵出華里載母及妃妾數千人從牛渚西上聲言入洛陽東觀令華覈固諫不聽行遇大雪士卒寒凍殆死乃還　是歲西苑言鳳凰集改明年元

鳳凰二年帝愛姬遣人至市奪民物司市中郎將陳聲素有寵於帝繩之以法姬愬於帝帝怒假他事燒鋸斷聲頭投其身於四望之下四望山在石頭城左側

三年夏左夫人王氏卒帝哀念數月不出葬送甚盛時帝舅子何都貌類帝民間訛言帝已死立者何都也臨海太守奚熙信之舉兵欲還秣陵誅都都叔父植時爲備海督擊殺熙送首建業訛言乃息　自改年至是歲連大疫

天冊元年有掘地得銀尺者長一尺廣三分刻上有年月字帝因以改元

天璽元年秋七月或獻小石刻皇帝字帝因以改元又立石刻於巖山紀吳功

德會歷陽長上言石印發天下當太平詔改明年元曰天紀

天紀二年衛尉岑昏表修百府自宮門至朱雀橋夾路作府舍又開大道使男女異行夾道皆築高牆瓦覆或作竹藩　人或言甘甯墓有王氣帝惡之令鑿其後爲直瀆在今觀音門左近

三年有鬼目菜生工人黃耇家買菜生工人吳平家鬼目菜依緣棗樹長丈餘莖廣四寸厚三分買菜高四尺厚三分如枇杷形上廣尺八寸下莖廣五寸兩邊生葉綠東觀按圖名鬼目作芝草買菜作平慮草遂以耇爲侍芝郎平爲平慮郎皆銀印青綬　冬晉大舉來伐使鎮東大將軍琅邪王伷由彭城出涂中安東將軍王渾由淮南出橫江龍驤將軍王濬由巴蜀浮江東下至建平受杜預節度至秣陵受王渾節度先是吳中童謠云阿童復阿童銜刀浮渡江不畏岸上虎但畏水中龍濬小字阿童又軍有龍號故特任以應讖焉

四年春晉王渾使參軍陳愼都尉張喬自橫江攻賴鄉擊破牙門將孔忠兵據高望城　帝聞晉兵漸迫案行石頭左右人皆跳刀大呼請決戰帝大喜出金

寶以賜衆得便馳走帝始懼乃使丞相張悌督護軍孫震丹陽太守沈瑩副軍師諸葛靚等帥衆三萬逆王渾之師至牛渚沈瑩曰晉治水軍於蜀久矣今傾國大舉萬里齊力必悉益州之衆浮江而下我上流諸軍素無戒備名將皆死幼少當任恐不能禦也晉之水軍必至於此宜畜衆力以待其來與之一戰若幸而勝江西自清淮南在大江之西故曰江西今渡江與晉大軍戰不幸而敗大事去矣悌曰吳之將亡賢愚皆知吾恐蜀兵至此衆心駭懼不可得整及今渡江猶可決戰若其敗喪同死社稷無所復恨若其克捷北敵奔走兵勢萬倍便當乘勝南上逆之中道不憂不破也若如子計恐士衆散盡坐待敵到君臣俱降無一人死難者不亦辱乎三月悌等濟江圍渾部將城陽都尉張喬於楊荷橋在滁口今江浦境衆才七千閉柵自守舉白接告降諸葛靚欲屠之悌曰强敵在前不宜先事其小且殺降不祥靚曰此屬以救兵未至故且僞降以緩我非眞服也因其無戰心而坑之可以作三軍之氣若舍之必爲後患悌不從撫之而進與揚州刺史周浚結陣相對沈瑩帥丹陽鋭卒刀楯五千三衝晉兵不動瑩引退薛勝蔣

班因而乘之吳軍以次奔潰張喬又出其後遂大敗靚率數百人退走使過迎悌悌不肯行親往牽之悌曰仲思今日是我死日也且我作兒時便爲卿家丞相所拔常恐負名賢知今以身殉社稷復何道耶靚乃流淚放去行百餘步顧之已爲晉兵所殺沈瑩孫震收集餘衆退屯板橋敗聞帝大懼自選羽林精甲以益之晉揚州別駕何惲謂周浚曰張悌舉全吳精兵殄滅於此吳之朝野莫不震懾今王龍驤既破武昌乘勝東下所向輒克土崩之勢見矣謂宜速引兵渡江直指建業大軍猝至奪其膽氣可不戰禽也浚善其謀使白渾渾曰受詔但令屯江北以抗吳軍不使輕進貴州雖武豈能獨平江東乎今者違命勝不足多若其不勝爲罪已重且詔令龍驤受我節度但當具君舟楫一時俱濟耳惲曰龍驤克萬里之寇以既成之功來受節度未之聞也且明公爲上將見可而進豈得一一須詔令乎今乘此渡江十全必克何疑何慮而淹留不進此鄙州上下所以恨恨也會瑯邪王伷濟自三山乃遣浚及張喬破吳餘軍於板橋殺瑩震等然終未敢深入也三國志注通鑑皆作張悌戰死於板橋瑩震等同死而上文有濟江語與地輿不合周濟晉略則以

楊荷橋爲板橋謂在滁口而不知悌既敗殁瑩震等退屯板橋史文簡略違書之今据建康實錄景定建康志爲是正　是時王濬方自武昌順流徑趣建業帝遣游擊將軍張象帥舟師禦之象望風迎降濬兵甲滿江旌旗甚盛吳人大懼　丙寅殿中親近數百人叩頭請殺岑昏帝惶憒從之

戊辰晉軍皆臨近境吳衆逃潰帝乃分遣使致書於琅邪王伷王渾王濬以請降壬申濬舟師過三山渾遣使要濬暫過論事濬舉帆直指建業曰風利不得泊也是日濬戎卒八萬方舟百里鼓譟入於石頭帝面縛輿櫬詣軍門降濬杖節受之渾明日始渡江怒濬不待已將攻之濬參軍何攀勸送吳主與渾乃解

乙亥琅邪王伷入屯建業會諸將於太初宮酒酣王渾謂吳人曰諸君亡國之餘得無戚乎吳無難督周處曰漢末分崩三國鼎立魏滅於前吳亡於後亡國之戚豈惟一人渾有慚色未幾琅邪王伷遣使送吳主於京師封歸命侯

金陵通紀卷一　　弟作儀參訂男詒紱校字

金陵通紀卷二上

江甯陳作霖伯雨編輯

晉武帝太康元年（即吳天紀四年）夏四月平吳除其苛政改建業爲秣陵又分秣陵立臨江縣更永平爲永世縣其餘縣皆如吳舊仍以堂邑隸臨淮郡

二年春二月詔選故吳宮人五千入宮　是月丹陽地震　揚州刺史周浚自壽春移鎮秣陵賓禮故老搜求俊乂吳人悅服　是歲更臨江爲江甯分秦淮以北爲建鄴南爲秣陵復置江乘胡熟二縣又封孫韶爲丹陽侯尋廢江甯縣

三年秋九月吳故將莞恭帛奉舉兵反攻殺建業令遂圍揚州刺史周浚於秣陵徐州刺史嵇喜渡江討平之

四年冬揚州大水

五年秋八月丹陽地震

六年加揚州刺史周浚爲都督尋卒以尚書褚䂮都督揚州

九年冬十月丹陽三地震

十年以淮南王允都督揚州吳王晏受封食丹陽等三縣改丹楊太守爲内史
冬十二月丹陽地震郡曰丹楊縣曰丹陽字各不同

惠帝元康元年以何攀爲揚州刺史時建鄴令詹勝善占候知天下將亂棄官去

五年夏六月揚州大水詔遣御史巡行振貸　冬十二月丹陽雨雹尋大雪

六年夏五月揚州大水

七年置堂邑郡於堂邑縣屬揚州乾隆府廳州縣志在永興元年此本陳修江甯府志

八年秋九月揚州大水

九年春正月丹陽地震

永甯元年春趙王倫篡立署郗隆爲揚州刺史　三月齊王冏起兵討倫檄至揚州州人皆欲赴義隆以兄子鑒及諸子悉在洛疑未決停檄六日不下將士憤怨甯遠將軍王邃鎮石頭因爭往歸之遂奉邃攻隆隆父子皆死

太安元年丹楊胡熟縣夏駕湖有大石浮二百步而登岸民驚譟曰石來石來

二年夏義陽蠻張昌反遣其將石冰寇揚州刺史陳徽與戰大敗諸郡盡沒冰入建鄴修吳故宮居之冬十二月丙寅揚州秀才周玘起兵討冰推前吳興太守顧祕都督揚州傳檄州郡於是前侍御賀循廬江內史華譚及丹陽葛洪甘卓皆起兵應玘冰遣其將羌毒帥兵拒玘而自趨壽春玘擊斬毒冰亦爲廣陵度支陳敏所敗

永興元年春敏乘勝逐北渡江遂與玘會攻建鄴三月冰北走爲張統所殺揚州平周玘賀循皆散衆還家不言功賞詔以陳敏爲廣陵相　是歲丹楊內史朱逵家犬生三子皆無頭

二年秋揚州刺史曹武殺丹楊內史朱逵惠帝本紀逵作建　冬十二月廣陵相陳敏反敏既立功自謂勇略無敵有割據江東之志父喪去官東海王越起爲右將軍時越爲劉祐所敗敏請東歸收兵遂據歷陽使弟昶攻破堂邑堂邑令孫混走免敏爲子景娶甘卓女使卓矯太弟熾令拜已揚州刺史舉兵渡江揚州刺史劉機丹陽內史王曠皆棄城走敏遂自稱大司馬楚公以賀循爲丹陽內史

循稱疾强使顧榮爲之

懷帝永嘉元年顧榮與周玘合謀討敏請兵於揚州都督劉準準遣揚州刺史劉機自壽春出歷陽敏使其弟廣武將軍昶屯烏江歷陽太守宏屯牛渚玘密令昶司馬錢廣殺昶奪其軍還至朱雀橋南敏使甘卓拒廣精甲利兵悉以委之榮又說卓背敏卓素敬榮即迎還其女斷橋斂舟與榮玘及前松滋侯相丹陽紀瞻竝軍水南敏自將萬餘人出軍水北榮以白羽扇麾之遂潰（今其地爲麾扇渡）敏單走獲之江乘三月江東悉平　秋七月詔以琅邪王睿爲安東將軍揚州江南都督假節鎮建鄴九月戊申睿至鎮因吳舊都城而居之修太初宮爲府舍以安東司馬王導爲謀主賓禮故老存問風俗江東歸心焉睿初至頗以酒廢務導以爲言睿命酌引觴覆之於池以爲戒其納諫也如此（其地遂名覆杯池）　時有王離妻李氏者將洛陽舊火南來自言受道於祖母王氏傳此火并有遺書二十七卷火色甚赤病者將此火煮藥及灸諸病皆愈轉相妖惑官司不能禁人號其所居爲聖火巷　是歲復置江寧縣睿見建鄴山嶺綿亘遠接石頭爲

江上之關塞因取北地盧龍雁門以名之

三年春東海王越以王敦爲揚州刺史　夏大旱江竭

四年春二月建威將軍吳興錢璯謀殺王敦以反敦奔建鄴告琅邪王睿睿遣將軍郭逸與倉曹屬周玘討斬之以劉陶爲揚州刺史玘於是三定江南矣

三月析永世置平陵縣俱屬義興郡尋還隸丹楊　夏四月江東大水　冬十一月揚州都督周馥以寇逼洛陽請遷都壽春忤東海王越意淮南太守裴碩詐稱受越旨襲馥不勝退保東城來求救

五年春琅邪王睿遣揚威將軍甘卓救碩馥衆潰走死　二月汝南王祐避亂來建鄴（所居後名汝南灣）　是月揚州刺史劉陶卒琅邪王睿復以王敦爲揚州刺史尋加都督征討諸軍事時諸葛恢爲江甯令陳頵爲歷陽參軍皆一時名士也

夏六月洛陽不守司空荀藩等建行臺於密推琅邪王睿爲盟主時海內大亂獨江東差安中國士民多南渡江王導說睿收其賢俊因辟掾屬百六人導亦遷丹楊內史

六年前太子洗馬衛玠由豫章至建鄴人士企慕競就觀瞻勞疾遂篤至冬而卒人謂看殺衛玠　是歲鑄一鼎沉於瓜步江中無文字形如龜

愍帝建興元年夏五月詔以琅邪王睿爲左丞相大都督督陝東諸軍事徑造洛陽以圖興復秋八月劉蜀奉詔達於揚州以避帝諱改建鄴爲建康　是月周顗自密奔於建康睿以爲軍諮祭酒前騎都尉桓彝見江東微弱謂顗曰我以中州多故來此求全而單弱如此將何以濟既見王導共論世事退謂顗曰向見管夷吾無復憂矣顗嘗與諸名士新亭游宴中坐歎曰風景不殊舉目有河山之異因相視流涕王導愀然作色曰當共戮力王室克復神州何至作楚囚對泣耶衆皆收淚謝之時公私儉薄無好服玩王導庾亮諸人共就祖逖忽見裘袍重疊珍飾盈列怪問之逖曰昨夜復南塘一出（南塘在秦淮北）蓋逖使健兒鼓行劫掠在事者容而不問也尋遣逖爲豫州刺史將兵北伐逖渡江中流擊楫自誓曰祖逖所不能淸中原而復濟者有如大江辭色壯烈衆皆感慨　是歲琅邪王睿以王導爲揚州刺史監江南諸軍事周玘監江北軍事遷石頭都督

三年春二月進左丞相睿爲丞相大都督督中外諸軍事　秋八月丞相睿承制加王敦兼督揚州　是歲杜夷至建康特立儒林祭酒以處之世子紹三至夷第執經問義後遷國子祭酒

四年冬十一月西京不守丞相睿出師露次躬擐甲胄移檄四方剋日進討以糧運稽期斬督運令史淳于伯刑者以刀拭柱血逆流上二丈三尺復下流四尺五寸觀者咸以爲冤　十二月有白玉麒麟神璽出於江甯其文曰長壽萬年　是歲江北旱饑堂邑令范廣散私穀以振歸者如市

元帝建武元年春二月辛巳平東將軍宋哲至建康宣愍帝詔命琅邪王睿統攝萬幾三月睿素服出次舉哀三日於是西陽王羕及官屬等上尊號不許請依魏晉故事稱晉王許之辛卯即晉王位改元備百官建宗廟社稷於建康先是太安中童謡云五馬浮渡江一馬化爲龍王與汝南王祐西陽王羕南頓王宗彭城王雄同至建康至是竟嗣統焉　幽州劉琨段匹磾遣其右司馬温嶠左長史榮邵鮮卑慕容廆遣其長史王濟皆奉表詣建康勸進夏六月嶠至諸

名士皆愛其才爭與之交　己巳王傳檄天下遣琅邪王裒等北伐尋召還建康　冬十二月始立太學置史官　是歲大旱王命課農二千石長吏以穀入多少爲殿最諸軍各田作自給

大興元年春三月愍帝凶問至建康王斬衰居廬羣臣請上尊號固辭久乃許之丙辰卽皇帝位大赦改元百官陪列帝命王導升御牀共坐導辭曰若太陽下同萬物蒼生何由仰照帝乃止　是月涼州張寔遣其牙門蔡忠奉表至建康　夏六月旱帝親雩　改丹楊內史爲尹以薛兼爲之　初置諫鼓謗木　秋八月皇太子紹釋奠於太學太子嘗欲作池臺慮帝不許乃以所養武士於一夕中濬沼比曉便成時人呼爲西池後又將起西池樓觀以中庶子溫嶠諫而止　冬十一月暴雨震電詔羣臣極言得失　新作聽訟觀　十二月江東饑遣使振卹

二年春三月立郊兆於建康之己地辛卯帝親祀南郊以未有北郊并地祇合祭之　夏五月揚州蝗　帝性儉憚興作增築吳舊宮以居其諸城門皆用洛

陽舊名南曰宣陽平昌開陽津陽東曰東陽清明建陽西曰西明廣陽閶闔北曰廣莫大夏又於秦淮南北兩岸設籬門五十六所謂之郊門時議立雙闕王導弗欲陪駕出宣陽門望牛頭山兩峯曰此天闕也豈煩改作乃止導又常夢見陰山神因立廟於建康南以祀之　是歲始築北隄以壅北山之水東至覆舟山西至宣武城六里餘　肄舟師於後湖

三年春二月辛未雨木冰　三月龍驤將軍慕容廆獲玉璽使裴嶷歸於京師　夏四月江東大饑　五月庚寅丹陽地震　六月大水　秋七月丁亥詔置懷德縣於京師以統瑯邪流人優復之比漢沛南頓尋改名費縣隸於丹楊郡　八月辛酉遷神主於太廟　辛未皇太子釋奠於太學　冬十月以劉超補句容令常年主者自出評估民貲以督課超作大函里別付之使自書以投百姓便之課更最

四年夏五月旱　庚申詔免中州良民遭亂爲揚州諸郡僮客者以備征役　秋七月大水　以戴邈爲丹楊尹　八月黃霧四塞　是歲丹楊郡吏濮陽演家馬生駒兩頭自項前別生而死

永昌元年春正月大將軍王敦反於武昌帝之初鎮江東也敦與從弟導同心輔政後漸恃功驕恣帝畏惡之稍抑損其權敦大忿怨至是舉兵以誅劉隗刁協爲名帝聞大怒下詔討敦三月徵征西將軍戴淵鎮北將軍劉隗入衛京師隗自淮陰至百官迎於道隗岸幘大言意氣自若及入見與刁協勸帝盡誅王氏帝不許司空王導率宗族二十餘人每旦詣臺待罪帝以導忠節有素特還朝服以爲前鋒大都督加戴淵驃騎將軍丹楊諸郡皆加軍號淵與右衛將軍郭逸築壘於大桁北　甲午劉隗軍於金城右將軍周札守石頭帝親被甲徇六師於郊外　敦至建康欲攻劉隗杜弘曰劉隗死士衆多未易可克不如攻石頭周札少恩兵不爲用攻之必敗札敗則隗自走矣敦從之以弘爲前鋒攻石頭札果開門納弘奮威將軍侯禮死之　敦據石頭帝命刁協劉隗戴淵往攻皆大敗敦縱士卒劫掠宮省奔散唯安東將軍劉超案兵直衛及侍中二人侍帝側刁協劉隗既敗俱入宮見於太極東除帝執協隗手流涕嗚咽勸令避禍協行至江乘爲人所殺隗奔後趙　帝使王導勞敦於石頭又令百官見敦

辛未大赦以敦爲丞相都督中外諸軍錄尚書事並不受　敦欲禁伐蔡洲荻王嶠以爲不可乃止　帝召護軍將軍周顗於廣室謂曰近日大事二宮無恙諸人平安大將軍固副所望耶顗曰二宮自如明詔臣等尚未可知敦素忌戴淵周顗遣使收之路經太廟顗大言曰賊臣王敦傾覆社稷枉殺忠臣神祇有靈當速殺之收人以戟傷其口血流至踵神色自若遂并淵殺之於石頭南門之外塘岡　敦擁兵三月終不入朝夏四月還武昌　六月都下旱　秋七月丙寅大風拔木屋瓦皆飛八月暴風壞屋拔御道柳樹百餘株其風縱横無常若自八方來者　冬十月京師大霧黑氣貫天日月無光　是月大疫死者十二三　十一月罷司徒并丞相府王敦以司徒官屬爲留府　帝憂憤成疾閏月己丑崩於内殿庚寅太子紹卽皇帝位尊所生母荀氏爲建安君別立第宅以居之

明帝太寧元年春正月癸巳黄霧四塞　京師火　二月庚戌葬中宗元皇帝於建平陵在雞籠山陽不起墳帝徒跣送葬自西階至於陵所　以特進華恒爲驃騎將

軍都督石頭水陸諸軍事　乙丑黃霧四塞丙寅隕霜壬申又隕霜殺菽　三月戊寅朔改元帝臨軒停饗宴之禮縣而不樂　丙戌隕霜殺草　夏四月壬敦下屯于湖自領揚州牧　五月丹楊大水　六月迎建安君荀氏入居臺內供奉隆厚　秋七月丙子朔震太極殿柱

二年春正月京師雹　術人李脫造妖書惑衆斬於建康市　夏四月庚子大雨雹燕雀死　王敦疾甚反謀益急初敦惡溫嶠請爲左司馬嶠乃謬爲恭敬又結其用事者錢鳳時豫密議會丹楊尹缺嶠說敦曰京尹輦轂咽喉之地公宜自選其才因薦錢鳳爲之鳳亦推嶠嶠僞辭敦不聽六月表嶠爲丹楊尹且使窺伺朝廷嶠至建康盡以敦逆謀告帝帝決意討之丁卯加司徒導大都督領揚州刺史以溫嶠爲中壘將軍都督東安北部諸軍事與右將軍卞敦守石頭應詹爲護軍將軍都督前鋒及朱雀橋南諸軍事郗鑒行衛將軍都督從駕諸軍事庾亮領左衛將軍卞壼行中軍將軍徵兗州刺史劉遐臨淮太守蘇峻及王邃祖約陶瞻等還衛京師帝次於中堂王導聞敦疾篤帥子弟爲敦發哀

於是尚書騰詔下敦府稱敦已死錢鳳爲逆募誅鳳者五千戶侯敦見詔大怒而病轉篤不能自將乃使兄含爲元帥上書請誅姦臣温嶠等秋七月壬申朔含及錢鳳周撫鄧岳水陸五萬犯京師奄至江甯南岸人情恟懼温嶠移屯水北燒朱雀桁以挫其鋒含等不得渡帝欲親擊之聞橋已絕大怒嶠曰今宿衛寡弱徵兵未至若賊豕突危及社稷宗廟且恐不保何愛一橋郗鑒亦以爲不可輕出乃止帝帥諸軍屯於南皇堂癸酉夜募壯士遣將軍段秀等渡水襲之平明戰於越城大破之斬其前鋒將何康含乃帥餘衆自倪塘築五城如卻月形敦聞敗憤惋而死敦黨沈充帥萬餘人自吳興趣建康庚辰築壘於陵口充司馬顧颺進說曰今舉大事而天子已扼其吭鋒摧氣沮相持日久必致禍敗今若決破柵塘因湖水以灌京邑乘水勢縱舟師以攻之上策也藉初至之銳并東西軍之力十道俱進衆寡過倍理必摧陷中策也轉禍爲福召錢鳳計事因斬之以降下策也充皆不能用颺乃逃歸吳丁亥劉遐蘇峻等帥精甲萬人至屯於司徒故府帝夜見勞之乙未夜含鳳從竹格渚渡淮應詹等拒之不利

賊長驅至御街攻臺城沈充自青溪來會之進及宣陽門拔柵將戰遐峻自南塘橫擊大破之赴水死者三千人遐又追破沈充於青溪丙申賊燒營夜遁丁酉帝還宮八月庾亮督蘇峻等追斬充於吳興溫嶠督劉遐等追及含鳳於江甯鳳走闔閭洲爲周光所殺餘黨悉平發王敦尸跽而刑之與鳳充首同懸於南桁論功自司徒導以次封賞有差桓彝以萬甯縣男爲丹楊尹　冬十二月壬子帝謁建平陵從大祥之禮　時領軍將軍紀瞻以疾求退就拜驃騎將軍卽家爲府宅在烏衣巷有園池竹木之勝宅旁有航人因呼爲驃騎航　置廩犧署以養天地宗廟犧牲（署在東府城後）　是歲江甯侯紀妻死三日復生

三年夏四月己亥雨雹　自正月不雨至於六月　秋八月庚戌有蒼黑大鳥二翼廣一丈四尺一集司徒府一集市北家人舍幷獲之　壬午帝不豫戊子崩於東堂己丑太子衍卽皇帝位秋九月癸卯皇太后庾氏臨朝稱制奪南頓王宗虞胤左右衛兵皆庾亮所忌也　司徒導疾久不愈方士戴洋曰君本命在申而申地有冶金火相鑠不利遂移冶於石頭以其地爲西園　辛丑葬肅

宗明皇帝於武平陵亦在雞籠山陽

成帝咸和元年春二月丁亥大酺五日賜鰥寡孤獨米人二斛京師百里內復一年　夏五月京師大水　時庾亮用事任法裁物荆州刺史陶侃豫州刺史祖約以不豫顧命疑亮刪除遺詔頗流怨言亮懼亂修石頭城以備之會南頓王宗謀廢執政冬十月亮使右衛將軍趙胤收宗宗拒戰死宗黨卞闡亡奔蘇峻亮符峻送闡峻不答丹楊尹阮孚謂所親曰今江東創業尙淺主幼時艱庾亮年少德信未孚以吾觀之亂將作矣遂求出爲廣州羊曼代爲丹楊尹又河內高士郭文舉爲王導所禮迎置西園築臺居之在冶城七年至是求還山導不聽乃逃歸臨安亦知亂之將作也　庚辰赦京師百里內五歲以下刑　十一月壬子大閱於南郊　石聰入寇及逡遒阜陵京師大震加王導大司馬假黃鉞都督中外征討諸軍事以禦之導乃開幕府軍於江甯帝出郊餞送俄而賊退導解大司馬朝議又欲作涂塘以遏寇祖約曰是棄我也益懷憤恚　自六月不雨至於是月

二年春正月有五鴟鳥集殿庭夏四月旱五月戊子京師大水又大火護軍營牛生犢兩頭六足王導家羊生羔無後足　冬十月詔徵歷陽太守蘇峻爲司農峻不奉詔十一月與祖約舉兵反以討庾亮爲名　以鄶稽內史王舒行揚州刺史事　尚書左丞孔坦司徒府司馬陶回請及峻未至急據阜陵麻湖之險守江西當利諸口進兵臨之亮不從十二月辛亥峻將韓晃張健渡江陷姑孰庚申京師戒嚴假護軍將軍庾亮節爲征討都督以趙胤爲歷陽太守與左將軍司馬流禦諸慈湖流敗死又假驍騎將軍鍾雅節帥舟師以助胤亮使弟翼以白衣領數百人備石頭　車騎將軍郗鑒遣廣陵相劉矩入衛京師

三年春正月平南將軍江州刺史温嶠起兵救京師次於尋陽　丁未蘇峻帥衆三萬濟自橫江登牛渚臺軍禦之屢敗陶回謂庾亮曰峻知石頭有重戍不敢直下必向小丹陽南道步來宜伏兵邀之可一戰禽也不從峻果由小丹陽經秣陵夜迷失道執郡人爲鄉導無復部伍亮聞乃悔之朝士以京邑危逼多遣家人入東避難左衛將軍劉超獨遷妻孥入居宮內　詔假尚書令卞壼節

都督大桁以東諸軍事　二月庚戌朔峻至蔣陵覆舟山臺軍亦自江路還卞壼督鍾雅趙胤等及峻戰於西陵敗績丙辰峻攻青溪柵壼率諸軍拒擊不能禁峻因風縱火燒臺省及諸營寺署一時蕩盡壼力疾苦戰與二子眕盱皆死之丹楊尹羊曼勒兵守雲龍門與黃門侍郎周導廬江大守陶瞻並遇害瞻侃之子也庾亮帥衆屯於宣陽門外未戰而潰與弟翼等皆奔尋陽　峻兵入臺城司徒導謂侍中褚翜曰至尊當御正殿君可啟令速出翜即入上閤躬自抱帝登太極前殿導及光祿大夫陸曄荀崧尚書張闓共登御牀衛之劉超與鍾雅褚翜侍立左右太常孔愉朝服守太廟時百官奔散殿省蕭然峻兵既入叱褚翜令下翜呵之乃不敢上殿突入後宮太后左右侍人皆見掠奪驅役百官逼令負擔登蔣山裸剝士女俱以壞席苫草自鄣哀號之聲震動內外時官中財物無算峻盡費之太倉惟有燒餘米數石以供御膳　丁未峻矯詔大赦自爲驃騎將軍錄尚書事以許柳爲丹楊尹其黨皆封拜有差　三月丙子皇太后庚氏以憂崩壬申葬明穆皇后於武平陵　蘇峻出屯于湖　温嶠在尋陽欲要

荆州刺史陶侃爲盟主侃猶以未豫顧命爲憾嶠遣使反覆陳說且以賊殺其子激怒之侃乃下夏五月至於尋陽遂與嶠同趣建康戎卒四萬旌旗七百餘里前鋒王愆期先至次直瀆　蘇峻聞四方兵起自于湖還京師乙未遂遷帝於石頭帝哀泣升車宮中慟哭時天大雨道路泥濘劉超鍾雅步侍左右峻給馬不肯乘而悲哀慷慨峻聞而惡之以倉屋爲帝宮用其親信許方等補殿中督外託宿衛內實防禦超雅超雅朝夕侍從不離帝側雖在幽厄之中猶啟授孝經論語　峻使左光祿大夫陸曄守留臺逼迫居民盡聚之後苑使懷德令匡術守苑城　陶侃温嶠進軍茄子浦先是嶠以南兵習水不便步戰令將士有上岸者死會峻送米萬斛餉祖約約遣司馬桓撫等迎之毛寶時爲嶠前鋒告其衆曰兵法軍令有所不從豈可視賊而不擊乎乃往襲撫悉獲其米斬俘萬計　都督揚州八郡軍事郗鑒率衆渡江與侃嶠會平北將軍雍州刺史魏該亦以兵來初蘇峻營鍾山前祈鍾山神許畫朱須紫蹄馬碧蓋朱絡車及鑒入援亦祈之夢神謂己曰蘇峻爲逆人神共憤當與蔣子文共誅之且峻亦祈

我我豈可助之爲虐今以疏相示及按收而疏見焉　温嶠立行廟於白石以討賊告先帝　丙辰侃嶠等舟師四萬直指石頭次於蔡洲侃屯查浦嶠屯沙門浦峻登烽火樓望見士衆之盛有懼色護軍將軍庾亮遣督護王彰擊峻黨張曜反爲所敗侃監軍部將李根請築白石壘從之一夕而成曉聞峻軍嚴聲諸軍咸謂來攻長史孔坦曰不然若峻攻壘必須東北風急令我水軍不得往救今天清静賊必不來所以嚴者必遣軍出江乘掠京口以東矣已而果然侃使庾亮以二千人守白石峻帥步騎萬餘四面攻之亮勵士死戰峻兵敗走孔坦請令郗鑒還屯京口立大業曲阿庱亭三壘以分峻兵勢使郭默守大業　壬辰魏該卒於師　秋九月戊申王導攜二子奔於白石　西軍與賊相持久温嶠食盡求貸於陶侃侃怒欲還嶠以大義譬喻之乃分米五萬石以餉嶠毛寶燒峻句容湖孰積聚峻軍亦窘侃遂留不去嶠又於四望磯築壘以逼賊峻黨張健韓晃急攻大業壘陶侃將救之長史殷羨曰吾兵不習步戰救大業而不勝則大事去矣不如急攻石頭從之庚午侃遣督護楊謙將水軍攻石頭

峻果來救謙詐奔白石壘庾亮溫嶠趙胤帥步兵萬人從白石南上欲挑戰峻將八千人逆之使其子碩及匡孝分兵先薄胤衆敗之峻方勞其將士乘醉望見胤走曰孝能破賊我反不如耶時侃督軍護竟陵太守李陽距賊南偏峻舍衆突陣不得入回趨白木陂馬躓牙門彭世李千等投之以矛峻墜馬斬首臠割之焚其骨三軍皆呼萬歲峻衆遂大潰賊黨共立峻弟逸爲主閉門自守溫嶠乃立行臺布告遠近凡故吏二千石以下皆令赴臺於是至者雲集韓晃聞峻死引兵還石頭管商弘徽攻虔亭壘督護李閎輕車長史滕含擊破之商走詣庾亮降餘衆皆歸張健

四年春正月帝在石頭　丁卯賊將匡術以苑城歸順百官皆赴之推光祿大夫陸曄督宮城軍事陶侃命毛寶守南城鄧岳守西城　侍中鍾雅右衛將軍劉超與建康令管旆等謀奉帝奔西軍事洩蘇逸使其黨任讓將兵入宮收雅超帝抱持悲泣曰還我侍中右衛讓奪而殺之　戊辰蘇逸蘇碩韓晃并力攻臺城焚太極東堂及祕閣皆盡毛寶登城射殺數十人晃乃退匡術急求救於

行臺　庚午冠軍將軍趙胤大破祖約於歷陽約奔石勒　二月大霖雨城內大饑米斗萬錢　行臺聞臺城急將救之別駕羅洞曰今水暴長救之不便不如攻榻航從之丙戌諸軍指石頭李陽與蘇逸戰於查浦陽軍卻建威長史滕含以精卒橫擊之逸大敗時蘇碩別率驍勇數百渡淮戰甚銳嶠軍乘勝合擊之斬碩殲其衆韓晃懼棄石頭奔張健於曲阿門隘不得出更相踏藉死者無數李陽獲蘇逸斬於車騎府滕含部將曹據抱帝奔嶠船羣臣見帝頓首號泣請罪司徒導入石頭令取故節陶侃笑曰蘇武節似不如是導有慚色侃與任讓有舊爲請其死帝曰是殺我侍中右衛者不可赦也乃殺之丁亥大赦時兵火之後宮闕灰燼以建平園爲宮衆議遷都司徒導曰建康古之金陵昔孫仲謀劉玄德皆云帝王之宅帝王不以豐儉移都苟宏衞文大帛之冠無往不可若不績其麻則樂土爲墟矣且北寇游魂伺我閒隙一旦示弱竄於蠻越求之望實懼非良計乃止以褚翜爲丹楊尹收集流散京邑遂安　張健將入吳興至長塘湖大小尚萬餘口乙未揚烈將軍王允之及李閎追擊大破之健與韓

晃等輕車走閤及之巖山健據山不下晃獨出帶兩戟據胡牀而射矢盡就斬之健等乞降並梟其首（長塘湖巖山皆近溧水境）　三月論平賊功陶侃温嶠等皆賜爵有差嶠以京邑荒殘資用不給乃留資蓄具器用而後旋於武昌以褚裒爲中領軍鎮石頭顧衆代爲丹楊尹　夏四月始安公温嶠卒朝廷欲爲造墓於元明二帝陵之北太尉侃言其勞費乃止　秋七月丹楊大水詔復遭賊郡縣租稅三年

五年春正月除諸將任子自吳以來諸將屯戍並留任其子爲立館於京師名任子館至是除之　後將軍郭默矯殺江州刺史劉胤傳首京師司徒導慮默難制爲梟於大航太尉侃表請討默乃收胤首　二月己巳會稽太守王舒表獻銅漏刻詔置端門西塾之西　夏五月旱且饑疫　太尉侃軍斬郭默首傳送京師　六月癸巳初稅田畝三升　秋九月更造新宮（其正殿曰太極宮凡五門南面二東西北各一）繕苑城（城周六里百一十步）修六門（南曰大司馬東曰萬春曰東華西曰大陽曰西華北曰承明）　使褚裒監築　冬十月丁丑帝幸司徒導第遊觀西園置酒大會拜導及其妻如家人禮

六年春正月丁巳會州郡秀孝於樂賢堂有麏見於前獲之時宮室盡毁惟樂賢堂存彭城王紘上言堂有先帝手畫佛像宜勑作頌帝下其議蔡謨曰佛者夷狄之俗非經典之制先帝量同天地多材多藝偶畫此像至於雅好佛道所未聞也乃止　徙建康縣治所於宣陽門外御街西　戊午以漕運不繼發王公以下千餘丁各運米五斛　夏四月旱　冬十月烝祭太廟詔歸胙於司徒導且命無下拜導辭疾不敢當　是歲以庾冰爲揚州刺史都督揚豫兖三州軍事

七年夏五月大水　秋七月丙辰詔諸養獸之屬損費者多一切除之　冬十一月新宮成署曰建康宮亦名顯陽宮十二月庚戌帝遷居之

八年春正月辛亥朔帝朝萬國於新宮　始立北郊於覆舟山南　丙子石勒遣使來修好詔焚其幣於通衢　是月詔改苑倉爲太倉

九年夏六月大旱詔太官徹膳恤孤寡節費用　秋八月大雩

咸康元年春正月庚午朔帝加元服大赦改元詔大酺三日賜鰥寡孤獨米人

五斛　二月甲子帝親臨釋奠　是月揚州諸郡饑遣使振之　司徒導以羸疾不堪朝會三月乙酉帝幸其第與羣臣宴於內室時丹楊尹桓景以諂巧得幸於導會熒惑守南斗經旬導謂領軍陶回曰斗揚州之分吾當遜位以避天譴回曰公以明德作輔而與桓景造膝熒惑何由退舍導深愧之　夏四月癸卯後趙石虎游騎至歷陽太守袁耽表聞京師戒嚴詔加王導大司馬假黃鉞都督征討諸軍事癸丑帝觀兵廣莫門分命諸將戍慈湖牛渚司空郗鑒使廣陵相陳光入衛京師俄而賊退戊午解嚴袁耽坐輕妄免官　是歲以何充爲丹楊尹先是琅邪郡寄治丹楊而無實土桓溫旣領琅邪相鎮江乘之蒲洲金城乃請割江乘縣境立郡治許之

二年春二月辛亥帝臨軒遣使備六禮逆故當陽侯杜乂女爲皇后乂嘗爲丹楊丞以識度清遠擅名江東　三月旱詔太官減膳免所旱州縣繇役戊寅大雩　夏四月丁巳皇后見於太廟是日雨雹　秋七月揚州饑開倉振給　冬十月更作朱雀門新立浮航以渡淮水亦名朱雀橋

三年春正月國子祭酒袁瓌太常馮懷以江左寖安請興學校從之辛卯立太學於淮水南　夏六月旱地生毛　先是胡僧帛尸黎密至建康止於大市建初寺常行頭陀行王導奇之至是卒於梅岡豫章內史梅賾嘗家於此故名後即冢側建寺曰高座

五年秋七月始興公王導卒喪葬之禮悉從官給導初渡江僑居淮水南使郭璞卜之繇曰淮水竭王氏滅其後冠蓋相承爲江南望族焉　辛酉以庾冰爲揚州刺史錄尚書事冰辟謝安爲長史安嘗與王羲之共登冶城悠然遐想有高世之志羲之以虛談廢務箴之　以殷融爲丹楊尹　冬十一月有人持柘枝絳衣詣止車門求見天子門候受辭奏聞即伏誅　是歲始用甎壘宮城而創構樓觀

六年秋七月乙卯詔依中興故事朔望聽政東堂　冬十一月復琅邪比漢豐沛

七年春二月燕使劉翔至京師詔遣兼鴻臚郭悕持節冊燕王與翔偕北公卿

餞於江上翔曰方今石虎李壽志相吞噬王師縱未能澄清北方且當從事巴蜀一旦石虎先人舉事併蜀有之據形便之地以臨東南雖有智者不能善其後矣中護軍謝廣曰是吾心也　是月戊戌皇后杜氏崩夏四月丁卯葬恭皇后於興平陵后母裴氏至孝武帝時猶存進封廣德君立第於南掖門外當時以裴氏壽考呼爲杜姥宅　詔實王公以下至庶人皆正土斷白籍分江乘西置臨沂縣與費陽都卽邱同屬琅邪郡　秋八月引見羣臣校射於延賢堂是歲豫章太守殷羨赴郡都人因其致書者百餘函行次石頭皆投之水中曰沈者自沈浮者自浮殷洪喬不爲致書郵

八年春正月乙未朔京師大雨　夏五月甲戌有赤馬入自宣陽門走至殿前盤旋而出不知其處　六月庚寅帝不豫或詐爲尙書符敕宮門毋內宰相衆皆失色中書監庾冰曰此必詐也推問果然帝以二子丕弈皆幼從冰之請立母弟琅邪王岳爲嗣癸巳帝崩於西堂甲午琅邪王卽皇帝位大赦　秋七月有鷗鳥集殿屋　丙辰葬顯宗成皇帝於興平陵亦在雞籠山陽帝徒行送至閶闔門

乃升素輿至陵所　前東陽太守阮裕字思曠赴山陵事畢疾去時賢送至方山不及劉惔歎曰我入東正當泊安石渚下不敢復近思曠旁　冬領徐州刺史蔡謨聞石虎欲浮海入掠乃扼險置八鎮城壘十一烽火望樓三十餘處戍卒七千餘人東自土山西至江乘警備嚴密焉

康帝建元元年春正月改元振鰥寡孤獨　夏五月旱　冬十月揚州刺史庾冰出鎮武昌以何充領揚州刺史都督揚豫及徐州之琅邪諸軍事

二年秋閏八月以后父褚裒爲左將軍都督兖州徐州之琅邪諸軍事領琅邪内史鎮金城　九月戊戌帝崩於式乾殿己亥中書令何充以遺旨奉皇子眀即位時方二歲太后褚氏臨朝稱制后好釋氏嘗立延興寺於運瀆西岸何充亦佞佛立寺名曰建福　冬十月己丑葬康皇帝於崇平陵在鍾山之陽不起墳

金陵通紀卷二上

弟作儀參訂男詒茀校字

金陵通紀卷二下

江甯陳作霖伯雨編輯

晉穆帝永和元年春正月甲戌朔皇太后設白紗帷於太極殿抱帝臨軒　夏五月戊寅大雩　六月癸亥地震

二年春三月以殷浩爲揚州刺史尋憂去司徒蔡謨兼領之　冬十月地震

三年春三月安西將軍桓温克蜀送漢主勢及其宗族於京師　夏四月地震秋九月又震　冬十二月以侍中劉惔爲丹楊尹時會稽王昱輔政清虚寡欲雅善玄言惔及王濛韓伯常爲談客一時風流翕然宗之伯後亦爲丹楊尹

四年夏五月大水　會稽王昱以桓温威名振朝廷慮其難制起復殷浩爲揚州刺史以抗之　冬十月地震　鎮西將軍謝尚宅南直竹格港嘗夢其父告曰西南有氣衝人必死汝宜修福造寺以禳之若未暇立寺可杖頭刻作塔形見氣來卽擬之尚寤懼從其說後果有異黑氣自西南來直衝尚宅尚以塔形杖指之便散至是乃捨宅爲莊嚴寺時彭城敬王亦造寺一所卽名彭城寺

五年春正月庚寅地震　冬十一月甘露降崇平陵乡宮前殿

六年夏五月大水　加揚州刺史殷浩都督揚豫等五州諸軍事　冬十二月帝臨軒徵司徒蔡謨就職謨稱疾篤不至乃罷朝既而謨被劾帥子弟詣闕稽顙自到廷尉待罪詔免謨爲庶人　是歲大疫

七年秋七月甲辰夜濤水入石頭溺死者數百人　九月峻陽太陽二陵崩帝素服臨於太極殿三日　冬十月雷雨震電　桓温屢請經略中原不報十二月拜表輒下京師大震殷浩欲避位以讓之會稽王昱以手書止温温乃還江陵

八年春正月乙巳雨木冰　二月峻平崇陽二陵崩帝臨三日　趙亂石琨以其孥來奔詔斬於建康市　秋七月大雩　八月豫州都督謝尙使督護戴施入鄴獲傳國璽遣振武將軍胡彬送致京師告於太廟百僚畢賀江南之未得璽也中原謂爲白板天子至是璽始歸晉　九月罷太學生徒以助軍興　冬十月徵謝尙爲給事中戍石頭

九年春正月丙寅皇太后與帝同拜建平陵　三月旱　夏五月大疫　秋七月丁酉地震有聲如雷　是歲以謝尙都督江西淮南諸軍事鎮歷陽按江西乃今江北非豫章之江西也

十年春正月丁卯地震　二月己丑征西將軍桓溫表廢揚州刺史殷浩爲庶人以北伐無功也以王述爲揚州刺史　夏五月江西流民郭敞等執陳留內史劉仕於堂邑以降姚襄京師震駭以吏部尙書周閔爲中軍將軍屯中堂謝尙自歷陽還衛京師

十一年夏四月壬申隕霜乙酉地震五月丁未地又震　是歲謝尙採拾樂人并制石磬以備大樂江表於是始有金石之樂

十二年冬十二月庚戌以修洛陽五陵告於太廟帝服緦臨於太極殿三日

升平元年春正月壬戌朔帝加元服告於太廟皇太后歸政徙居崇德宮大赦改元　三月壬申帝親釋奠於中堂　冬十月皇后何氏見於太廟后性好釋氏嘗造寺南臨大道後人呼何皇后寺　十一月雷

二年春三月佽飛督王饒獻鴆鳥帝怒鞭之焚鴆於通衢　夏五月大水　冬十一月庚子雷辛酉地震

三年加揚州刺史王述都督軍事　時庾龢代孔嚴爲丹楊尹表除重役六十餘事百姓賴之

五年春二月南掖門馬足陷地得銅鐘一　夏四月大水　五月丁巳帝崩於顯陽殿皇太后令成帝子琅邪王丕奉大統於是百官備法駕迎於琅邪第庚申卽皇帝位　秋七月戊午葬孝宗穆皇帝於永平陵在幕府山陽　九月穆皇后遷居永安宮

哀帝隆和元年春正月甲寅減田租畝收二升　夏四月旱詔出輕繫振困乏　冬十月賜貧窮者米人五斛　時有謠云升平不滿斗隆和那得久帝聞而惡之

興寧元年春二月己亥大赦改元　三月壬寅帝母皇太后周氏薨於琅邪第癸卯帝就第治喪詔司徒昱總內外衆務　夏四月揚州地震湖瀆溢

二年春二月癸卯帝耕藉田　三月庚戌朔大閱戶口令所在嚴土斷謂之庚戌制　辛未帝不豫崇德皇后復臨朝攝政　夏五月以揚州刺史王述爲尚書令加大司馬桓溫揚州牧錄尙書事召入參朝政秋八月溫至赭圻復詔止之遂築城以居因讓內錄遥領揚州牧　是歲詔徙陶官於淮水北遂以其地施僧慧力爲寺名瓦官河南山玩墓在焉

三年春正月庚申皇后王氏崩　司徒昱與大司馬溫會於洌洲共議北討　二月丙申帝崩於西堂皇太后令帝弟瑯邪王奕奉大統於是百官迎於瑯邪第丁酉卽皇帝位時有童謡云青青御路楊白馬紫縷繮汝非皇太子那得甘露漿　是日有野雉集於相風　三月壬申葬哀皇帝及靜皇后於安平陵在雞籠山陽

海西公太和元年夏四月旱　五月戊寅皇后庾氏崩秋七月癸酉葬孝皇后於敬平陵　是歲帝於鍾山疏曲水以宴百僚

二年冬十月進司徒昱丞相　先是哀帝嘗召支遁講法禁中至是辭歸還山

三年夏四月癸巳雨雹大風折木
四年夏四月大司馬温將伐燕行經金城見少爲琅邪相時所種柳皆十圍慨然曰木猶如此人何以堪攀枝執條泫然流涕　冬十月温自枋頭敗還與丞相昱會於涂中謀後舉也温嘗與昱及武陵王晞同載遊板橋温遽令鳴鼓吹角車馳卒奔欲觀其所爲晞大恐求下車昱安然無懼色温深憚服之
五年夏六月大司馬温討壽陽袁瑾以劉波爲淮南内史將五千人鎮石頭
六年春正月温拔壽陽禽瑾送京師斬於市　夏六月京師大水平地數尺浸及太廟朱雀大航纜斷三艘流入大江丹陽諸縣稻田蕩没　冬十一月癸卯桓温屯於白石丁未詣京師因圖廢立誣帝痿不能人美人所生皆非帝子諷太后以立丞相昱太后方在佛屋焚香聞有急奏倚戸視數行乃曰我本自疑此至半便止索筆益所作令草曰未亡人不幸罹此百憂感念存没心焉如割己酉温集百官於朝堂尚書左僕射王彪之知事不可止乃取漢書霍光傳爲例禮儀定於須臾彪之朝服當階神采毅然於是宣太后令廢帝爲東海王而

立丞相昱百官入太極前殿温使收帝璽綬帝單衣白帢步入西堂乘犢車出神虎門侍衛史殿中監將兵百人衛送東海第尋降封海西公三子皆以馬韁縊殺之葬於黃門署北於是温帥百官具乘輿法駕迎丞相昱於會稽邸王於朝堂變服著平巾幘單衣東向拜受璽綬

簡文帝咸安元年（即太和六年）冬十一月己酉會稽王即皇帝位改元温出次中堂分兵屯衛温有足疾詔乘輿入殿甲仗百人御史中丞譙王恬劾温於中堂吹角爲大不敬温覩奏歎曰是兒可畏乙卯温以事奏免武陵王晞官詔魏郡太守毛安之帥所領宿衛殿中庚戌使兼太尉周頤告太廟辛亥新蔡王晃承温意旨詣西堂自列欲與晞及殷浩子涓謀反温皆收付廷尉乙卯徙晞新安涓族誅免晃爲庶人　戊午詔大酺五日賜孝順忠貞鰥寡孤獨米人五斛　辛酉温還姑孰　十二月戊子詔以京師有經年之儲權停運一年　辛卯初薦酃渌酒於太廟　壬午濤水入石頭　是歲合浦人采珠水底得佛光燄送臺先是咸和中丹楊尹高悝行至張侯橋見浦中五色光數尺令人採得金像無

光趺載至長干巷首牛不肯前悝乃任其所之牛徑牽至阿育王寺因留像付僧夜常放光經一歲臨海漁人於海口見有銅花趺浮出取送縣縣人以送臺乃施像足宛然相合至是得佛光燄以施像又合焉凡三十餘年莊嚴始具瓦官寺僧慧邃欲模寫像形寺主僧慮損金色謂曰若能令像同身西向乃可相許慧邃懇請於像夜果轉坐旦卽模之像趺先有外國書人無識者後有三藏那跋摩曰是阿育王爲第四女造也時又有竺法汰止瓦官寺講放光般若經帝親臨聽之瓦官寺初止有堂塔汰更拓房宇領軍王珣等並欽注焉帝嘗立一寺名波提寺侍中王坦之復造臨秦安樂二寺面淮水釋敎於是甚盛矣

二年夏六月庾希起兵京口以誅大司馬温爲名京師震擾內外戒嚴秋七月東海內史周少孫禽希斬於建康市　甲寅帝不豫急召大司馬温入朝不至己未帝崩於東堂太子昌明卽皇帝位徵温入輔又辭　冬十月丁卯葬太宗簡文皇帝於高平陵（在鍾山陽）　十一月甲午妖人盧悚帥三百人晨攻廣莫門詐稱海西公還由雲龍門突入殿廷略取武庫甲仗游擊將軍毛安之聞難帥衆

直入雲龍門手自奮擊左衛將軍殷康中領軍桓祕入止車門與安之并力討誅之

孝武帝寧康元年春二月大司馬温來朝止新亭詔中護軍謝安與王坦之迎勞温大陳兵衛召二人入坦之汗沾衣倒執手板安從容就席笑語移日而罷既而温謁高平陵且拜且言臣不敢登車還謂從者曰先帝向遂靈見由是有疾三月甲午還姑孰　京師大風火大起　癸丑除丹楊竹格等四航稅　秋七月桓温卒庚戌以温弟沖代爲揚州刺史沖悉反温所爲盡忠王室謝安以天子幼沖不欲委任桓氏乃請崇德太后復臨朝攝政從之安將營造宮室尚書令王彪之曰中興初卽位東堂儉陋甚矣元明二帝亦不改制蘇峻之亂成帝止蘭臺都坐殆不蔽寒暑是以改作今强寇未殄正休兵養士之時幸可繕完何必大興工力以勞百姓安乃暫止　冬十一月以王坦之爲尚書令領丹楊尹

三年夏五月桓沖解揚州刺史出鎮徐州帝餞諸東堂詔文武出祖謝安親送

至洌洲遂代沖領揚州刺史時廝養逃亡多竄南塘下諸船中或欲一時搜索安不許曰不容置此輩何以爲京師　秋九月帝講孝經於通天觀僕射謝安侍坐尚書陸納侍講侍中卞耽執讀黃門侍郎謝石吏部侍郎袁弘執經丹楊尹王混讀句　冬十二月甲申神虎門災　癸巳帝將釋奠以太學遠乃行禮於中堂　皇太后詔賜貧民米人五斛　是歲袁弘出守東陽謝安餞諸冶亭贈以扇弘曰輒當奉揚仁風慰彼黎庶人服其率而能要

太元元年春正月壬寅朔帝加元服見太廟皇太后歸政因改元大赦甲子帝謁建平等四陵　夏五月癸丑地震　秋九月除度田收稅之制王公以下口稅米三斛蠲在役之身

二年春閏三月壬午地震甲申暴風折木發屋夏四月己酉雨雹五月丁丑地震六月己巳暴風揚沙石又京師地生毛　秋七月加謝安都督揚豫徐兗青州諸軍事以謝玄爲建武將軍監江北軍事玄多募勁勇號北府兵

三年春二月作新宮帝移居會稽邸既太極殿缺一梁忽有梅木流至石頭城

下因取用畫梅花於上以表瑞又起朱雀門重樓皆繡栭藻井門開三道上重名朱雀觀觀下門上有兩銅雀懸楣閒刻木爲龍虎左右對　三月己丑雷雨暴風發屋折木　夏六月大水　秋七月新宮成內外殿宇二千五百間　謝安欲王獻之題榜而難於言試謂曰魏時淩雲臺成榜未題而匠誤釘之不可下乃使韋仲將懸櫈書之比訖須髮皆白裁餘氣息還語子弟宜絕此法獻之正色曰仲將魏之大臣詎有此事使其有此有以知魏德之不長也安遂不之逼　辛巳帝入居新宮

四年春正月辛酉詔郡縣遭水旱者減租稅　丙子帝謁建平等七陵　三月大疫　夏四月秦兵入寇圍幽州刺史田洛於三阿詔征虜將軍謝石帥舟師次塗中右衞將軍毛安之等帥眾屯堂邑秦兵襲之安之眾潰京師震動沿江置戍於是兗州刺史謝玄自廣陵救三阿後軍將軍何謙進據白馬與秦大戰破之圍乃解由是北府兵名聞天下　六月大旱　秋八月乙酉暴風揚沙石

是歲以王藴爲丹楊尹

五年春正月乙巳帝謁高平陵　夏四月大旱　五月大水　六月甲寅震含章殿四柱并殺內侍二人　甲子詔以比歲荒儉蠲民閒宿逋賜鰥寡孤獨米人五斛　秋九月癸未皇后王氏崩冬十一月乙酉葬定皇后於隆平陵　以沈嘉爲丹楊尹

六年春正月帝初奉佛立精舍於殿內引諸沙門居之　夏六月揚州大水饑秋九月辛未衞將軍謝安習水軍於石頭

七年冬十月丙子雷　是歲士大夫置東冶亭以爲餞送所

八年春二月癸未黃霧四塞　秋八月秦大舉入寇京師震恐帝禱佛於鍾山前鋒都督謝玄入問計於謝安安曰已別有旨既而寂然初安樂會稽東山之勝於東府南土山作墅以寫彷之常所宴遊也是日命駕往墅親朋畢集安與玄圍棋共賭別墅玄因懼遂不勝安顧謂其甥羊曇曰以墅乞汝游陟至夜乃還部署諸將事若宿辦冬十月謝玄等大破秦軍於淝水捷書至安方對客棋看書竟攝放牀上奕如故客心動問何書安徐曰小兒輩遂能破敵既罷還內

心喜甚過戸限不覺屐齒之折也丁亥謝玄等還京師詔安勞還於金城玄於原野陳營壘玄序指一山曰此譬若苻堅駐軍之山也後因名其山爲苻堅山　朱序自秦來歸以爲琅邪內史　十二月初開酒禁增民稅米　是歲王恭代沈嘉爲丹楊尹

九年春正月辛亥帝謁建平等四陵　夏六月癸丑朔皇太后褚氏崩秋七月己酉葬康獻皇太后於崇平陵　八月太保謝安請經略中原加安都督揚江等十五州諸軍事假黃鉞時安爲琅邪王道子所間帝疏忌之會右軍將軍桓伊來朝安侍伊雅善音樂帝命伊吹笛弄畢復彈箏歌曹子建爲君既不易爲臣良獨難詩聲節慷慨安不覺泣下越席捋伊須曰使君於此不凡帝甚有慚色伊爲人性通脫王徽之赴召泊舟青溪側值伊過有識者曰此桓野王也徽之使人謂曰聞君善笛試爲我一奏伊素聞其名便下車踞胡牀作三弄而去客主不交一言後名其地曰邀笛步

十年春正月甲午帝謁諸陵　尙書令謝石請興復國學二月立於太學之南

夏四月太保安出鎮廣陵以避道子壬戌帝餞諸西池令羣臣賦詩祖送甲子安發石頭　五月大水　秋七月旱井泉竭大官供膳皆資天泉池　八月太保安以疾還京師輿入西州門丁酉卒帝三日臨於朝堂詔加殊禮羊曇以安素愛之也輟樂彌年行不經西州門嘗醉石頭扶路倡樂不覺至門左右曰西州門也曇悲感不已以馬策叩扉誦曹子建詩云生存華屋處零落歸山邱慟哭而去　庚子以司徒道子領揚州刺史王國寶爲琅邪內史領堂邑太守

是歲饑

十一年春正月乙酉帝謁諸陵　夏六月己卯地震　秋八月庚午立宣尼廟於丹楊郡城隅路東南詔封孔靖之爲奉聖亭侯

十二年春正月壬子暴風發屋折木　夏四月己丑雨雹

十三年夏四月癸巳祠太廟畢有兔行廟堂上　六月旱　冬十二月戊子濤水入石頭毀大桁殺人　乙未大風晝晦延賢堂火丙申螽斯則百堂客館驃騎庫皆災

十四年夏四月京師地生毛　六月琅邪王道子移揚州治所於東第　秋七月旱甲寅雷震宣陽門四柱災　冬十二月己巳雨木冰

十五年春三月己酉朔京師地震秋八月己丑地又震冬十二月己未地又震

十六年春正月詔徐廣校祕閣四部見書凡三萬六千卷　三月庚申改作太廟　夏五月飛蝗從南來集堂邑界害苗稼　六月鵲巢太極殿東鴟尾又巢國子學堂西頭　秋九月太廟成　冬十月新作朱雀門　是歲帝爲沙門法新立治城寺

十七年夏六月癸卯地震甲寅濤水入石頭毀大桁漂船舫有死者乙卯大風拔木　秋八月新作東宮徙左衛營明年宮始成　冬旱十二月己未地震

十八年春正月癸丑朔地震二月乙未又震夏六月揚州水傷稼振䘏之秋七月旱

十九年春正月鵲巢東宮西門　秋八月己巳帝母皇太后李氏居崇訓宮

二十年春二月作簡文母宣太后鄭氏廟於太廟路西時呼爲小廟　三月皇

太子德宗出居東宮以丹楊尹王雅領少傅　秋七月長星見帝心惡之於華林園舉酒祝之曰長星勸汝一杯酒自古豈有萬歲天子耶　冬十二月己卯暴風冰合　時司徒道子專權奢縱嬖人趙牙爲開東第築山穿池列樹竹木功用鉅萬道子使宮人臨水爲酒肆自攜親暱乘船遞沽以爲樂帝嘗幸其第謂曰府內有山甚善然修飾太過非所以示儉也道子唯唯而營繕彌甚尚書令陸納望宮闕歎曰好家居纖兒欲撞壞之耶帝後漸知其怙勢乃擢時望及所親王恭等居要任以敵之道子亦引侍中王國寶琅邪內史王緒爲心腹由是朋黨競起無復向時友愛之歡矣

二十一年春正月作清暑殿於華林園　夏四月以東海王第作永安宮　丁卯大雨雹　五月大水　秋九月庚申帝與所幸張貴人宴戲之曰汝年近三十行當廢矣吾意更屬少者貴人怒向夕帝醉寢於清暑殿貴人偏飲宦者散遣之使婢以被蒙帝面弒之詭云因魘暴崩時太子闇弱道子昏荒遂不復推問王國寶夜叩禁門欲入爲遺詔侍中王爽拒之乃止辛酉太子德宗卽皇帝

位癸亥進會稽王道子太傅揚州牧攝政初王國寶黨附道子驕縱不法起齋侔清暑殿孝武帝深惡之國寶懼更求媚於帝道子怒嘗於內省面責國寶以劍擲之及帝崩國寶復事道子與王緒共爲邪謀道子倚之遂令參管朝政威振中外兗州刺史王恭入赴山陵每正色直言道子憚焉嘗罷朝仰視歎曰榱棟雖新便有黍離之歎緒說國寶因恭入朝勸相王伏兵殺之國寶不可恭亦欲殺國寶憚其黨豫州刺史庾楷士馬甚盛不敢發　冬十月葬烈宗孝武皇帝於隆平陵在鍾山陽　是日大雪　穆帝何皇后出居永安宮

安帝隆安元年春正月己亥朔帝加元服會稽王道子歸政以左僕射王國寶爲丹楊尹悉配以東宮兵使領之　王恭歸鎮遣約荆州刺史殷仲堪共清君側仲堪許之夏四月甲戌恭上書罪狀國寶舉兵京口丁丑表至內外戒嚴國寶懼不知所爲遣數百人戍竹里夜遇風雨散歸國寶遂上疏解職詣闕待罪既而悔之詐稱詔復其本官而道子闇懦欲求姑息乃委罪國寶收付廷尉賜死斬緒於市遣使謝恭及仲堪兵乃皆罷會稽王世子元顯年十六有才氣心

惡王殷所爲請潛備之道子乃以元顯爲破虜將軍配以衞府及徐州文武是歲更堂邑爲秦郡并置尉氏縣時中原亂民轉徙堂邑故更立郡以統之

二年春三月龍舟二災　會稽王道子忌王殷之逼以譙王尚之兄弟有才略引爲腹心奪庾楷豫州都督以與江州刺史王愉楷怒使説王恭請除尚之兄弟秋七月恭復舉兵反先遣何澹之孫無終向句容楷與殷仲堪及廣州刺史桓玄皆應之剋期同趣京師朝廷憂懼道子日飲醇酒而委軍事於元顯九月辛卯加道子黃鉞以元顯爲征討都督將兵禦王恭衞將軍都督琅邪水陸軍事王珣右將軍謝琰皆隷焉別遣譙王尚之率衆拒庾楷己亥尚之大破楷於牛渚楷奔桓玄道子以尚之爲豫州刺史弟恢之爲驃騎司馬丹楊尹各擁兵馬駐畿甸俄而王恭前鋒司馬劉牢之次竹里元顯密以重利啗之牢之歸降左衞將軍桓修次句容無終亦降牢之使子敬宣還襲恭恭衆潰單騎走至長塘湖爲人所獲送京師斬於倪塘恭初見執屬一子於胡孰令戴耆之以免其餘皆死以牢之代恭任乙巳桓玄自湓口下大破官軍於白石與南蠻校尉楊

佺期進至橫江佝之退走恢之所領水軍皆沒玄佺期遂掩至石頭丙午元顯自竹里馳還遣丹楊尹王愷發士庶數萬人據石頭以拒之道子將出頓中堂忽有驚馬蹂藉軍中因而擾亂赴江死者甚眾己酉王珣守北郊謝琰屯宣陽門玄佺期請誅牢之牢之帥北府之眾馳赴京師軍於新亭玄佺期見之失色回軍蔡洲於是朝廷遣太常殷茂喻玄等罷兵乃暫退去[按景定志表上有元顯守石頭下復有元顯自竹里馳還發民守石頭似是兩事今繹晉書會稽王傳辛卯元顯統諸將討于恭時應屯竹里聞玄等至乃還守石頭與安帝紀元顯守石頭仍是一事景定志鎔裁似有未當]　元顯既退西軍威權愈盛嘗夜開六門爲丹楊尹車胤御史中丞江績所密敵未幾績代胤爲丹楊尹元顯並逼殺之　冬十一月以王誕爲琅邪內史

三年夏會稽王道子有疾世子元顯知朝望去之乃諷朝廷解道子揚州牧六月乙未以元顯代爲刺史道子亦無如何元顯性苛刻發東土諸郡免奴爲客者號曰樂屬移置京師以充兵役眾怨苦之　秋八月會稽王家靑雌雞化爲赤雄雞不鳴不將　冬十一月妖賊孫恩擾浙東畿內盜賊蠭起恩黨亦有潛

伏在建康者時慮竊發於是內外戒嚴加道子黃鉞元顯領中軍將軍以備恩時道子父子並録尚書事人稱道子爲東録元顯爲西録西府車騎填湊東第門可張羅矣　是歲桓玄襲殺楊佺期殷仲堪傳首京師

四年夏四月地震六月旱　秋七月壬子太皇太后李氏崩於含章殿八月壬寅葬簡文太后於修平陵　九月癸丑地震　是歲武陵王鎮軍參軍陶潛移家京師俄憂去

五年夏六月孫恩浮海至丹徒京師震駭乙亥百官入居省內冠軍將軍高素右衛將軍張崇之守石頭輔國將軍劉襲柵斷淮口丹楊尹司馬恢之戍南岸冠軍將軍桓謙輔國將軍司馬允之游擊將軍毛邃備白石右衛將軍王嘏領軍將軍孔安國屯中堂徵豫州刺史譙王尙之入衛後將軍元顯帥兵拒戰頻不利恩衆漸近百姓恟懼會稽王道子無他謀唯日禱蔣侯廟爲厭勝術幸尙之帥精鋭馳至徑屯積弩堂恩樓船高大泝風行緩數日乃至白石既而知尙之在建康劉牢之已至新洲不敢進而去　是歲饑禁酒

元興元年春正月尙書令元顯以桓玄專制荆楚逆狀漸著決計討之自爲征討大都督加黃鉞丙子建牙於東府丁酉以鎭北將軍劉牢之爲前鋒前將軍譙王尙之爲後部因大赦改元內外戒嚴玄聞之傳檄京師罪狀元顯舉兵先下二月丙午帝戎服餞元顯於西池元顯登舟而不敢發丁巳詔遣齊王柔之以騶虞幡駐玄兵玄前鋒殺之丁卯玄至姑孰尙之衆潰走涂中玄捕殺之牢之素惡元顯欲假玄以除執政然後伺玄之隙而自取故不肯盡力軍於溧洲參軍劉裕請戰不許玄使牢之族舅何穆說牢之三月己巳朔牢之遂叛降於玄玄至新亭元顯棄船退屯國子學辛未陣於宣陽門外軍中驚言玄兵已至南桁元顯引兵欲還宮玄遣人拔刀隨後大呼曰放仗衆皆奔潰元顯乘馬走歸東府玄遣太傅從事中郎毛泰收元顯送新亭縛於舫前而數其罪壬申帝遣侍中勞玄於安樂渚玄入京師稱詔解嚴復隆安年號自總百揆都督中外諸軍事領揚州牧假黃鉞以卞範之爲丹楊尹徙道子安成郡斬元顯等於建康市於是玄入居太傅府改元大亨先是童謠云長干巷巷長干今年殺郎君

後年殺諸桓郎君謂元顯也後年桓氏果亦敗　劉敬宣勸其父牢之襲玄牢之猶豫不決移屯班瀆欲北據廣陵至新洲佐吏皆散知事不濟縊死　夏四月桓玄出屯姑孰遙執朝政　秋八月庚子尚書下舍災　冬十月丙申朔黃霧昏濁不雨　十二月庚申會稽王道子爲玄所害帝三日哭於西堂　是歲大饑

二年春二月大風雨大航門屋瓦飛落　冬十一月桓玄黨諷帝禪讓庚辰帝臨軒遣兼太保領司徒王謐奉璽綬禪位於玄壬午出居永安宮癸未遷太廟神主於琅邪園穆皇后及琅邪王德文皆徙居司徒府百官詣姑孰勸進十二月壬辰玄即皇帝位於九井山北國號楚改元永始降封帝爲永固王遷尋陽戊戌玄入建康宮逆風迅激旌旗儀飾皆傾偃甫登御座而牀忽陷羣下失色殷仲文曰將由聖德深厚地不能載玄大悅未幾出遊大航南水門飄風又拔其蓋　癸丑玄納其父溫神主於太廟　是月玄臨聽訟觀閱囚徒罪無輕重皆原之　京師大饑人相食

三年春正月玄築別苑於冶城　二月己丑朔夜濤水入石頭殺人毀大桁晉書五行志以己丑與庚寅分書實一事也今併之大風吹朱雀門樓上層墜地玄聞讙譁聲大懼疑亂作時玄遷居東宮命拆永安宮材木更修西宮殿宇以其地爲射圃又開東掖平昌廣莫諸門征役不息朝野騷然　建武將軍劉裕與何無忌自京師同舟還京口謀興復晉室命弟道規與劉毅孟昶起廣陵諸葛長民起歷陽王元德辛扈興童厚之起京師爲內應刻期齊發丙辰裕襲京口斬兗州刺史桓修孟昶等亦斬桓弘於廣陵收衆濟江先是裕遣周安穆以謀入建康報劉邁會玄與邁書曰北府人情如何卿近見劉裕何所道邁疑玄已知其謀遂白之玄大驚封邁爲重安侯既而殺之并誅元德扈興等丁巳裕衆千七百人軍於竹里玄移還上宮召侍官皆入止省內加揚州刺史桓謙征討都督謙請急擊之玄曰彼兵鋭甚計出萬死我若有蹉跎則大事去矣不如屯大兵於覆舟山以待之彼空行二百里鋭氣已挫忽見大軍必驚愕我案兵堅陣勿與交鋒彼求戰不得自然散走此策之上也謙固請逆戰乃遣頓邱太守吳甫之右衛將軍皇甫

敷相繼北上　劉裕從母兄劉敬肅爲費縣令縣治在宮城北聞義兵起棄縣奔裕軍三月戊午朔裕軍與吳甫之遇於江乘甫之兵甚銳裕手執長刀大呼衝陣遂斬甫之進至羅落橋皇甫敷帥數千人逆戰甯遠將軍檀憑之敗死裕進戰彌厲敷圍之數重裕倚大樹挺戰敷拔戟將刺裕裕瞋目叱之敷辟易裕衆俄至射敷中額而仆裕進斬之玄聞二將死大懼召諸術人推算及爲厭勝使桓謙軍覆舟山東何澹之爲左翼屯東陵卞範之爲右翼屯覆舟山西衆合二萬己未裕軍食畢悉棄其餘糧進至蔣山疑有伏遣劉鍾往探盡殲之乃使羸弱貫油帔登山分張旗幟數道並前玄畏其衆也益憂恐遣武衛將軍庾賾之帥精卒赴援諸軍謙等士卒皆北府人素伏裕莫有鬬志裕與劉毅等分爲數隊進突謙陣裕以身先之士卒皆殊死戰無不一當百呼聲動天地時東北風急因縱火焚之謙等諸軍一時奔潰玄帥親信數千人聲言赴戰遂出南掖門西至石頭使領軍將軍殷仲文具船相與南走裕入建康王仲德抱元德子方回出迎裕於馬上慟哭追贈元德給事中還止於桓謙故營遣劉鍾據東府庚申裕

屯石頭城立留臺具百官焚桓温神主於宣陽門外造晉新主納於太廟遣劉毅何無忌追玄且迎帝誅玄宗族在建康者使臧熹入宮收圖書器物封閉府庫熹裕之妻兄也微時嘗與溧陽令阮崇獵遇猛虎突圍射殺之因以勇著　壬戌裕以徐州刺史都督揚徐等八州軍事推王謐爲揚州刺史孟昶爲丹楊尹何無忌爲琅邪內史劉穆之領堂邑太守　初諸葛長民至歷陽失期不得發刁逵執送建康至當利而玄敗長民破檻出還禽逵送裕斬於石頭以建威將軍魏詠之爲豫州刺史鎮歷陽丁卯裕還鎮東府　丙戌留臺拜武陵王遵爲大將軍玄之篡也貶遵爲彭澤縣侯遣之國行次石頭濤水夜破船未得發而裕復京師乃推以承制焉夏四月己丑遵入居東宮　庚戌何無忌破玄於尋陽遣使送宗廟主祏及武康公主琅邪王妃還京師五月玄黨殷仲文亦奉永安何皇后及王皇后來歸壬午益州義軍斬玄傳首京師梟於大桁是月桓歆據歷陽魏詠之破走之　六月戊寅奉神主入於太廟　是月樂賢堂壞　秋七月戊申永安皇后何氏崩八月癸酉葬穆章皇后於永平陵

義熙元年春三月甲午帝至自江陵百官望拜於新亭乙未羣臣詣闕待罪詔令復職　戊戌舉章皇后哀帝臨於西堂三日　庚子以劉裕爲侍中都督中外諸軍事右將軍何無忌都督揚豫等五州諸軍事諸將皆進職裕讓督詔百官敦勸猶讓帝親幸其第裕惶懼復詣闕陳讓乃許歸藩夏四月裕還京口戊辰帝餞諸中堂　五月癸未禁絹扇及摴蒱　以劉道憐領堂邑太守戍石頭　冬十二月己未濤水入石頭　孫恩黨盧循據廣州遣使貢獻劉裕令放刺史吳隱之還從之隱之至建康居唯茅屋六間不容妻子裕賜車牛更爲起宅固辭拜度支尚書　是歲師子國獻玉像詔置瓦官寺與戴逵手製佛像五軀及顧愷之維摩圖世號三絕

二年冬十月論建義功封劉裕等爲郡公　十二月己未夜濤水入石頭

三年春二月車騎將軍劉裕入朝尋還京口　己丑除酒禁　夏五月大水　冬十月揚州刺史王謐卒劉毅等不欲裕入輔議以謝混爲揚州刺史或欲令裕於丹徒領揚州以內事付孟昶遣皮沈以二議咨裕劉穆之謂揚州根本前

授王謐出於權道若復他授便應受制於人勸裕自至京師共盡同異則劉孟輩不敢越次別授從之

四年春正月裕入朝遂爲揚州刺史錄尚書事居東府自是政出於裕　甲子裕妻臧氏卒於東府城　夏六月雷震太子西池合堂秋七月丁酉尚書殿中吏部曹火冬十一月辛卯朔西北方疾風發拔樹癸丑雷　十二月戊寅濤水入石頭

五年春三月乙亥大雪平地數尺　劉裕將伐南燕朝議以爲不可惟左僕射丹楊尹孟昶贊成之甲午建牙戒嚴以昶監中軍留府事夏四月帝餞裕於西堂　六月丙寅雷震太廟破東鴟尾徹柱　是月裕克臨朐獲其玉璽豹尾輦等送於京師

六年春二月裕滅南燕執其主慕容超送京師斬之　廣州賊盧循徐道覆聞裕北伐乘虛襲建康至尋陽安成公何無忌敗死於是京師震駭朝議欲奉帝就裕既而知賊未至乃止裕歸至山陽聞報慮京邑不守卷甲兼行與數千人

至江上風急不可濟裕曰若天命助國風當自息如其不然覆溺何害卽命登舟風亦旋止夏四月癸未裕還京師青州刺史諸葛長民兗州刺史劉藩并州刺史劉道憐各將兵入衛　五月戊子衛將軍劉毅敗績於桑落洲　己未大赦裕募人爲兵賞之同京口赴義之科發民治石頭城議者謂應守諸津要裕曰賊衆我少若分兵屯守則人測虛實且一處失利卽沮三軍之心今聚衆石頭隨宜應赴既令彼無以測又衆力不分於事爲便時北師初還將士多創病建康甲卒才數千賊連克二鎮戰士十餘萬舟車百里不絕樓船高十二丈諸將敗還者多張賊勢孟昶諸葛長民欲奉帝幸江北裕不聽昶以始勸裕北討致强賊伺隙上書謝罪仰藥而死衆情益恐惟龍驤將軍虞邱進參軍王仲德勸裕固守　乙丑盧循至淮口中外戒嚴瑯邪王德文都督宮城諸軍事屯中皇堂太尉裕鎮石頭使梁王珍之屯南掖門廣武將軍劉懷默屯建陽門冠軍將軍劉敬宣屯北郊輔國將軍孟懷玉領丹楊兵屯秦淮南岸建武將軍王仲德與孫處屯越城檀祗屯西明門外徙南岸居民渡淮北民多臨水望賊裕怪

之以問參軍張邵邵曰若節鉞未反民奔散之不暇何能觀望今當無復慮耳　丙寅劉毅聞道歸京師裕慰勉之使知中外留事　壬申大風拔北郊樹并吹琅邪揚州二射堂壞甲戌又風發屋折木丙子又大風拔樹　六月宮城及御道左右皆生蒺藜　盧循大軍次三山前鋒度新林裕謂將佐曰賊若於新林直進其鋒不可當宜且迴避若迴泊西岸此成禽耳徐道覆請於新亭至白石焚舟而上數道攻裕循曰大軍未至孟昶便望風自裁以大勢言之自當計日潰亂今決勝於一朝既非必克之道且殺傷士卒不如案兵待之裕登石頭城望賊初見引向新亭顧左右失色既而迴泊蔡洲乃悅於時衆軍轉集裕恐循侵軼用虞丘進計伐樹柵石頭淮口修治越城築查浦藥園廷尉三壘以兵守之賊數戰不利甯遠將軍索邈領鮮卑裝虎斑突騎千餘皆被練五色自淮南岸耀兵至於新亭循軍聚而觀之憚於陸戰乃設伏南岸使老弱乘舟向白石聲言悉衆步上裕留參軍沈林子徐赤特戍南岸斷查浦戒令堅守而自與劉毅諸葛長民北出拒之林子曰賊言未可信也裕曰石頭城險且淮柵甚固

留卿足矣庚辰循焚查浦進至張侯橋赤特將擊之林子曰賊聲北擊南必伏精銳以乘我赤特不從遇伏而敗渡淮北走林子以散卒據柵道覆卒勁勇繼上沿塘而陣延袤數里林子勉其衆曰塘既迮隘我扼其要賊陣雖長能鬭者不過一隊無能爲也與將軍劉鍾王鎭惡斷塘力戰神弩亂發會朱齡石救至賊乃退循引精兵大上至丹楊郡裕帥諸軍馳還石頭斬赤特以徇久之出陣南塘賊既寇掠無所得欲退裕遂帥兵進戰縛以大筏因風逼之大破循軍於江中秋七月庚申循南走裕遣將追之自還東府治水軍冬十月率衆南討以劉毅監太尉留府事癸巳裕發京師十二月破賊於左里而還先是童謠云官家養蘆花作荻蘆生不止自成積又云蘆荻泛泛逐水流東風吹即起那能入石頭至是果驗

七年春正月太尉裕振旅還京師帝大宴於西池　夏四月交州刺史杜慧度斬盧循首送京師梟於建康市　是歲郗僧施爲丹楊尹僧施宅在青溪每清風美景泛舟溪中每一曲作詩一首謝混聞之曰青溪中曲復何窮

八年夏四月以劉穆之代僧施爲丹楊尹　荆州刺史劉毅將赴鎮表求至京口辭墓還去都數十里不過拜闕陰有圖劉裕之志裕自出倪塘會之朝士畢集毅舅鄭鮮之亦在列鮮之祖襲嘗爲江乘令因居縣境遂家焉毅素好摴蒱於是會戲毅先擲得雉裕甚不悅良久乃答之既擲得盧毅意大惡謂裕曰知公不以大坐席與人鮮之大喜徒跣繞牀狂叫毅甚不平謂之曰此鄭君何爲者無復甥舅之敬甯遠將軍胡藩請於會取毅裕不許毅遂行　秋八月庚戌皇后王氏崩於徽音殿九月癸酉葬僖皇后於休平陵　己未太尉裕殺劉毅弟藩及尚書僕射謝混混風格高峻少所交納唯與族子靈運瞻晦曜及弘微以文義賞會所居在烏衣巷時謂爲烏衣之遊後與劉毅款昵故及難時張邵在西州直廬卽夜誡衆曹曰大軍將西討可各條倉庫及舟船人領至曉取辦旦日裕求諸簿應時卽至歎曰張邵可謂同人憂慮矣庚辰裕自將擊荆州以諸葛長民監留府事加劉穆之建威將軍置佐史配給資力以防之壬午裕發京師謂胡藩曰若從卿倪塘之謀無此舉也　冬十月裕克荆州殺劉毅諸葛長民不自安弟黎民

勸及裕未還而圖之長民猶豫不能決　十一月甲午加太尉裕太傅揚州牧辭不受　是歲於石頭東城內起高樓名曰入漢

九年春正月京師大火燒數千家　二月盜開故尚書卞壼墓詔給錢十萬修復之　太尉裕自江陵還前刻至日每淹留不進公卿頻日候於新亭輒差其期乙丑晦裕輕舟潛入東府三月丙寅朔諸葛長民聞之趨至裕伏壯士丁旿於幔後拉殺之并其弟黎民幼民輿尸付廷尉又從其從弟甯朔將軍秀之於東府　戊寅復申庚戌土斷制　夏四月罷臨沂湖孰皇后脂澤田以賜貧人弛湖池禁　五月辛巳大水國子聖堂壞　秋七月左將軍朱齡石平蜀斬譙縱傳首建康　是歲移秣陵縣治於鬬場柏社之地

十年春城東府起府舍　三月戊寅地震夏五月丁丑西明門地穿水涌出毀門扇及限

十一年春正月太尉裕惡荊州都督司馬休之自將擊之以中軍將軍劉道憐監留府事事皆決於劉穆之又以高陽內史劉鍾領石頭戍事屯冶亭辛巳裕

發京師二月克荆州休之奔秦　是月有盜夜襲冶亭京師震恐劉鍾討平之

夏五月詔加太尉裕太傅揚州牧殊禮　秋七月京師水壞太廟　八月裕還京師固辭太傅州牧　是歲京師所在火起

十二年春太尉裕將伐後秦二月加中外大都督秋八月以世子義符監留府事鎮石頭劉穆之領監軍中軍二府軍司入居東府總攝内外左將軍朱齡石守衛殿省徐州刺史劉懷慎守衛京師揚州别駕從事張裕任留州事丁巳裕與琅邪王德文發京師　裕既行青州刺史檀祗自廣陵率衆至涂中掩捕亡命劉穆之慮其爲變議欲遣軍參軍張劭曰檀韶據中流道濟爲軍首若有相疑之迹則大府立危不如逆遣慰勞必無患也穆之乃止祗果不動　冬十月裕克洛陽十一月遣長史王弘還建康諷朝廷求九錫十二月詔拜裕相國總百揆揚州牧宋公加九錫裕讓不受

十三年秋八月裕克長安收秦彝器渾儀土圭記里鼓指南車并執其主姚泓送京師斬於市建康百里内草木燋死　冬十月詔進裕爲宋王辭不受　十

一月丹楊尹劉穆之卒以建威將軍徐羡之代之兼管留任　閏月壬戌裕班師至彭城琅邪王德文先歸京師　右衛將軍謝晦自彭城還都迎家賓客輻湊其兄瞻見而歎曰吾家以素退爲業汝遂勢傾朝野此豈門戶福耶乃以籬隔門庭曰吾不忍見此

十四年夏六月裕始受宋公揚州牧之命　晉自孝武以來常居內殿武官主書於中通呈以省官一人管詔誥住西省謂之西省郎裕以王韶之博雅有文學補通直郎領西省事冬十二月戊寅遂使韶之弒帝於東堂因稱遺詔奉琅邪王德文卽皇帝位

恭帝元熙元年春正月甲午徵宋公裕入朝申進爵之命裕猶辭　庚申葬安帝於休平陵在鍾山陽　秋七月裕始受進爵之命八月移鎮壽陽九月裕解揚州牧冬十月以其子義眞爲揚州刺史鎮石頭　十二月己卯太史奏黑龍四見東方　省揚州禁防參軍移秣陵縣治於其地在宮城南八里小長干巷　是歲宋世子義符迎廬山周續之至都館於安樂寺延入講禮月餘還山又鑄丈六銅像於瓦

官寺旣成恨面瘦工人不能改戴顒曰非面瘦乃臂胛肥耳減之瘦患果除人皆歎服

二年春正月宋國中書令傅亮入於京師夏四月徵宋王裕入輔六月壬戌裕至京師亮以禪詔呈帝帝曰桓玄之時晉國已無天下重爲劉公所延將二十載今日之事本所甘心遂書赤紙爲詔以授亮甲子帝遜於瑯邪邸

金陵通紀卷二下

弟作儀參訂男詒茀校字

金陵通紀卷三上

江甯陳作霖伯雨編輯

宋武帝永初元年（卽晉元熙二年）夏六月甲子宋王裕爲壇於南郊卽皇帝位禮畢自石頭備法駕幸建康宮臨太極殿大赦改元奉晉帝爲零陵王卽宮於故秣陵縣初裕微時伐荻新洲見大蛇射之傷明日復至其處見有童子青衣擣藥問何爲答曰我王爲劉寄奴所射合散傅之裕曰王神何不殺之曰寄奴王者不死裕叱之皆散收其藥以傅金創甚驗其他符瑞非一至是果受禪尊母蕭氏爲皇太后居宣訓宮　詔中書令傅亮入直中書省聽於省見客每旦神虎門外車常數百兩　以檀道濟爲丹楊尹是時丹楊屬縣八建康秣陵丹陽湖熟江甯永世溧陽句容皆揚州領之其臨沂費陽都卽邱及江乘并割臨沂建康爲土隸南琅邪郡南徐州領之秦義成尉氏臨涂平邱外費沛雍邱浚儀頓邱并僑江北隸秦郡南豫州領之　秋七月戊申遷神主於太廟　閏八月壬午置晉帝諸陵守衞　冬十二月辛巳朔帝臨延賢堂聽訟會宜都王義隆來朝

乃遣訊建康囚辯對稱旨帝甚悅之

二年春正月辛酉帝祀南郊　尚書令徐羨之代廬陵王義眞爲揚州刺史居西州帝嘗思之便步出西掖門羽儀絡繹追隨已出西明門矣帝性簡易好著連齒木屐出神虎門逍遙侍從不過十餘人　二月己丑策試州郡秀孝於延賢堂　夏四月己卯朔詔所在淫祠自蔣子文以下皆除之　戊申聽訟於華林園五月甲戌復聽之六月壬寅又聽之　秋七月己巳地震　八月壬辰聽訟於華林園　初帝以毒酒一甖授前琅邪內史張偉使酖零陵王偉歎曰酖君以求生不如死乃自飲而卒王自遜位深慮禍及飲食所資皆出褚妃故宋人莫得伺其隙九月己丑帝令妃兄太常褚淡之兄弟往視妃妃出就別室相見兵人踰牆入進藥於王王不肯飲以被掩弑之帝帥百官臨於朝堂三日

冬十月癸卯聽訟於延賢堂　十一月辛亥葬晋恭帝於沖平陵在鍾山陽帝帥百官瞻送　是歲豫章太守謝瞻疾篤還都帝以其弟晦在禁旅不得出宿使瞻居晋南郡公主壻羊賁故第在領軍府東門瞻不肯曰吾有先人敝廬何爲於

此臨終勉晦以爲國爲家而已

三年春正月癸丑以揚州刺史徐羨之爲司空當拜時雙鶴集太極殿東鴟尾鳴喚又召衛將軍王弘領軍將軍謝晦同直殿省時鄭鮮之尤被寵帝嘗內殿宴飲故不召之坐定謂羣臣曰鄭鮮之當自來俄而外啟鄭尚書詣神虎門求啟事帝大笑　乙丑詔興國學　三月帝不豫使侍中謝方明以疾告宗廟丁未以廬陵王義眞爲南豫州刺史（南豫州錯今江浦界）將發列部伍於東府與謝靈運顏延之慧琳道人坐視因宴舫裏剔取每舫函道施己船而取其勝者慧琳秦郡人姓劉氏少出家住冶城寺能文章時又有慧嚴慧議道人並住東安寺都人以鬬場寺多禪僧因語曰鬬場禪師窟東安談義林　己未帝疾瘳大赦復徵周續之至都開館東郭外以居之帝親幸焉召顏延之與談禮義尋以疾移居鍾山　夏五月帝復病癸丑崩於西殿皇太子義符即皇帝位　六月壬申以謝方明爲丹楊尹方明善治郡所至有能名　秋七月己酉葬高祖武皇帝於初甯陵（在鍾山）　九月丁未有司奏武皇帝配南郊武敬皇后配北郊　是

歲吏部郎何尙之告休定省傾朝送別於冶渚

少帝景平元年春正月辛丑祀南郊　二月丁丑太皇太后蕭氏崩於顯陽殿　三月壬子葬孝懿皇后於興甯陵　徵永世令江秉之爲建康令爲政嚴察部下肅然　秋七月尊帝母張氏爲皇太后居永樂宮　帝居喪無禮特進致仕范泰上封事曰伏聞陛下時在後園頗習武備鼓鞞在宮聲聞于外黷武掖庭之內諠譁省闥之閒非徒不足威四夷祇生遠近之怪陛下踐祚委政宰臣實同高宗諒闇之美而更親狎小人懼非社稷至計不聽 泰甯之子也甯以儒學爲晉孝武帝所重致仕後屏居丹楊猶勤著述終年不輟 丁丑以旱故詔赦五歲以下罪人　是歲平陸令許桑捨宅立平陸寺

二年春正月乙巳大風天有五色雲占者以爲有兵　鸛巢太廟西鴟尾　徐羨之等因帝多過失密謀廢之召南兗州刺史檀道濟江州刺史王弘入朝夏五月皆至京師以謀告甲申謝晦以領軍府屋敗悉令家人出外聚將士於府內又結中書舍人邢安泰潘盛爲內應時帝於華林園爲列肆親自酤賣復開

瀆聚土以象破岡埭與左右引船叫呼以爲樂夕游天淵池卽龍舟而寢乙酉旦道濟晦引兵居前羨之等隨其後因東掖門開入自雲龍門安泰等先戒宿衛莫有禦者帝未興軍士進殺二侍者傷帝指扶出東閤收璽綬羣臣拜辭衛送故太子宮廢爲營陽王尋遷於吳弑之使傅亮奉百官法駕迎宜都王義隆於江陵檀道濟入守朝堂　秋八月丙申宜都王至建康羣臣迎拜於新亭丁酉王謁初甯陵還止中堂百官奉上璽綬王辭讓再四乃受之

文帝元嘉元年（卽景平二年）秋八月丁酉宜都王卽皇帝位於中堂備法駕入宮御太極前殿大赦改元戊戌謁太廟　詔復廬陵王先封迎其柩及孫修華謝妃還京師王亦徐羨之等所殺也　庚子都督荆州刺史謝晦赴鎮始懼不得去既發顧望石頭城喜曰今得脫矣　辛丑帝謁臨川烈武王陵　癸卯有司奏依故事華林園聽訟詔如先徐羨之傳亮權訊　甲辰立帝母章皇后胡氏廟於京師　以竟陵王義宣爲右將軍鎮石頭　九月彭城王太妃薨將葬僚故並集東府范曄范廣王深等夜中酣飲開北牖聽挽歌以爲樂義康怒左遷曄

等官　是歲外國僧毗舍闍造竹林寺又立下定林寺於蔣山

二年春正月帝始親政辛未祀南郊大赦　二月乙巳策試秀孝於中堂　有江鷗百許集太極前殿小階　是歲置嚴林清園二寺以王坦之祠堂爲尼業首精舍

三年春正月帝欲誅徐傅等以王弘檀道濟始不豫謀密使報弘且召道濟乙丑道濟至京師丙寅詔暴羡之亮晦殺營陽廬陵之罪且召之謝晦弟嚼爲黄門郎正直遣報亮云殿內有異處分亮告羨之羨之甫及西州門外聞之遽還乘內人問訊車出郭走至新林入陶竈中自經死亮亦乘車出郭易馬奔兄迪墓屯騎校尉郭泓收之至廣莫門帝使以詔示亮并謂曰以公江陵之誠當使諸子無恙於是亦被誅四謝嚼於東宮　丁卯以王弘爲司徒錄尙書事揚州刺史　帝親征謝晦二月庚申發京師以王弘與彭城王義康居守入居中書下省侍中殷景仁參掌留任帝姊會稽長公主留止臺內總攝六宮戊辰中領軍到彥之征北將軍檀道濟破晦於隱磯丙子帝自蕪湖班師己卯禽晦至都

并其弟皭斬於市三月辛巳帝還宮　夏五月丙午帝臨延賢堂聽訟自是歲凡三訊　六月以王華爲中護軍暨劉湛王曇首殷景仁俱侍中帝嘗與宴於合殿既出目送之曰此四賢一時之秀恐後難繼也黄門侍郎謝弘微亦爲帝所重當時并華等號曰五臣又慧琳道人善談論帝因與議朝政遂參權要賓客輻湊門車常數千兩慧琳披貂裘著高屐置通呈書佐孔覬謂之黑衣宰相　秋大旱蝗左光祿大夫范泰表請釋謝晦婦女之在尚方者詔原之泰晚年事佛甚謹於宅西立祇洹精舍　有白雀見於京師太清里　冬十二月徐羡之兄子前丹楊尹徐珮之聚黨百餘人謀以明年正會於殿中作亂事覺收斬之　是歲杯渡道人死葬於覆舟山

四年春正月乙亥朔曲赦建康百里　辛巳祀南郊　乙卯帝如丹徒謁陵二月丁亥還宮　三月戊辰甘露降京師　夏五月旱京師疾疫甲午遣使存問給醫藥死無家屬者賜以棺器　冬十一月辛未朔甘露降初甯陵　帝出北堂使三更開廣莫門南臺以無白虎幡銀字棨不肯開尚書左丞羊玄保奏免

御史中丞傅隆侍中王曇首以守者無罪特免問　是歲立永豐南林二寺

五年春正月庚午朔大風　甲申帝臨玄武館閱武　戊子京師大火遣使巡慰振卹　夏六月庚戌京師大水遣使檢行振贍　丙寅震太廟破鴟尾徹壁柱　秋七月己丑大風　秘書監謝靈運供職在都自以名輩應參時政上唯以文義相接意甚不平多稱疾不朝直穿池植援樹竹種果驅課公役無復期度出郭遊行或一百六七十里經旬不歸旣無表聞又不請急帝不欲傷大臣意諷令自解東歸

六年春正月丙寅雷且雪　辛巳祀南郊　司徒王弘求解揚州帝不許癸丑以彭城王義康代爲司徒分錄尙書事帝聞弘子僧達早慧召見德陽殿悅之妻以臨川王義慶女後爲太子舍人坐屬疾而於揚烈橋觀鬬鴨被劾原不問

三月皇太子劭居永福省使中庶子二率入直爲更築宮制度嚴麗　夏四月以尙書令王敬弘爲丹楊尹敬弘固讓表請東歸許之車駕幸冶亭餞送是月以尙書左僕射臨川王義慶爲丹楊尹有百姓黃初妻趙殺子婦遇赦應避

孫讐義慶以爲周禮父母之讐避之海外禮有過失之宥律無讐祖之文況趙之縱暴本由於酒論心卽實事盡荒耄豈得以荒耄之王母等行路之深讐宜共天同域無虧孝道

七年春二月壬戌雪且雷　冬十月以竟陵王義宣爲南徐州刺史猶戍石頭　戊午立錢署鑄四銖錢　甲午西北有赤氣中黑如旌旗　十二月乙亥京師火延燒太社北牆　彭城王義康與王弘並錄尚書意頗怏怏欲得揚州弘以老疾屢乞骸骨帝不許義康謂人曰王公久病不起神州詎宜臥治弘弟曇首勸減府中文武之半以授義康義康乃悅

八年春二月大雪　夏五月辛丑白雀集左衞府　閏六月揚州旱　冬十二月庚辰雷　征北將軍檀道濟薦沈慶之忠謹曉兵帝使領隊防東掖門出入禁省　是歲省郇邱入陽都以秦郡隸南兗州併臨涂於秦平邱於尉氏沛於頓邱

九年春丹楊雨雹　夏四月乙未雨雹傷牛馬鳥獸　五月揚州刺史王弘卒

以彭城王義康領揚州刺史義康嘗修東府城於塹中得古冢爲之改葬使謝惠連爲祭文其辭甚美　是歲併平陵於永世溧陽二縣

十年冬秦郡府將宋齊使至涂口行達桃墟村捕得七人云謝靈運徙廣州結健兒於三江口簒取之不得因緣路爲劫靈運坐是棄市

十一年春以舊樂遊苑爲曲水三月帝與羣臣禊飲賦詩使顏延之爲序　夏五月京師大水　冬十二月置竹園寺於檀橋臨川公主所造也

十二年春正月辛未祀南郊　夏四月丙辰京師地震　領軍將軍劉湛與僕射殷景仁素善暁更猜隙知帝信任景仁不可移奪乃結彭城王義康以傾之己巳景仁加中書令中護軍卽家爲府湛愈憤怒使義康毁景仁於帝景仁稱疾解職帝不許令停家養病湛議遣人若劫盜者於外殺之帝微聞其謀徙景仁於西掖門外晉鄱陽王第以爲護軍府密邇宫禁故其計不行自是景仁臥家不朝謁者五年而密函往來日以十數莫有窺其際者　六月揚州大水都下乘船己酉運徐豫南兖三州會稽宣城二郡穀賜遭水民揚州西曹主簿沈

亮請權斷酒詔從之　秋八月乙亥原遭水郡諸逋責　丹楊尹蕭摹之上言佛化被於中國已歷四代而頃來務於奢競不爲之防流遁未息請自今有欲鑄銅像興造塔寺精舍皆先列言須報乃得爲之詔從之時有求那跋摩居祇園寺帝嘗問之曰朕願持齋不殺生命對曰道在心不在事法由己不由人且帝王所修與凡庶不同出嘉言行善政刑不夭命役不勞力其持齋大矣其不殺多矣安在輟半日之餐全一禽之命然後爲宏濟耶帝稱善

十三年春正月癸丑朔帝有疾不朝會司空檀道濟功名甚盛劉湛恐宮車晏駕後將難制說彭城王義康除之乃召入朝及至帝疾已閒將遣還鎮下渚未發有鳥似鵲集船悲鳴會帝疾復動義康矯詔召入祖道因執之三月己未收付廷尉及其子十一人并誅時人歌曰可憐白浮鳩枉殺檀江州死之日建康地震白毛生　秋七月己未零陵王太妃褚氏崩九月辛未葬晉恭皇后於沖平陵　彭城王義康欲以劉斌爲丹楊尹帝不許以何尙之爲之尙之立宅南郭外招聚生徒東海徐秀廬江何曇頴川荀子華太原孫宗昌王延秀魯郡

孔熹宣並慕道來游謂之南學琅邪王球嘗曰倘之西河之風不墜　初高祖克長安得古銅渾儀儀狀雖舉不綴七曜是歲詔太史令錢樂之更鑄銅儀徑六尺八分以水轉之昏明中星與天相應

十四年春正月辛卯祀南郊　戊戌有大鳥二集秣陵民王闓園中李樹上狀如孔雀眾鳥隨之揚州刺史彭城王義康以聞改鳥所集永昌里爲鳳皇里即今之鳳皇臺址是也　二月宮內螽斯堂梨樹連理　潘淑儀施西營地於業首精舍　夏四月還蜀降賊張尋趙廣於京師尋以謀反伏誅　是歲雷震初甯陵口標四破至地

十五年秋七月辛未地震　修吳永安宮爲東宮　以陸徽爲建康令徽清平無私爲帝所重明年遷平越中郎將時又有秣陵令沈璞以清嚴制下端平待物奸猾斂手　徵豫章處士雷次宗至京師爲開儒學館於北郊雞籠山使聚徒教授車駕數幸其館資給甚厚久之還廬山公卿並設祖道俄又應聘入都爲築室於鍾山西巖下謂之招隱館使爲皇太子講喪服經次宗不入公門乃

令自華林東門入延賢堂就業時蕭道成年十三就次宗受禮及左氏春秋未幾爲建康令有名少府蕭惠開曰昔魏武爲洛陽北部時人服其英今蕭建康當過之耳　省費縣入建康臨沂

十六年春正月戊寅帝閱武於北郊　時國子學未立帝雅好文藝使丹楊尹何尚之立玄素學太子率更令何承天立史學司徒參軍謝元立文學并雷次宗儒學爲四學[illegible]館講誦相聞江左風俗於斯爲美　太子詹事劉湛欲領丹楊尹乃徙何尚之爲祠部尚書而代之　冬十二月乙亥皇太子劭冠出居東宮置兵與羽林等　以武陵王駿領石頭戍事　是歲置上定林寺沙門竺法秀自祇洹寺移居之

十七年夏五月丹楊尹劉湛以憂免湛善談論諳前代故事其初入朝也帝恩禮甚厚每入雲龍門御者卽解駕左右羽儀隨意分散不夕不出以此爲常及晚節驅煽義康帝意雖内離而接遇不改嘗謂所親曰劉班湛小字也方自西還宮與語常視日早晚慮其去比入吾亦視日早晚苦其不去至是解職以王准之

爲丹楊尹准之自曾祖彪之以來並諳江左故事緘之青箱世稱王氏青箱學

秋七月壬子皇后袁氏崩於顯陽殿九月壬子葬元皇后於長甯陵后亡後常有靈應沈美人以非罪將賜死過后所居徽音殿前流涕呼先后此殿自后崩卽閉應聲而開帝驚視之美人乃得釋　司徒彭城王義康專總朝權不識大體勢傾中外遠近輻輳每旦府門常有車數百乘四方供獻皆以上品薦義康而以次者供御帝嘗噉甘嫌味劣義康曰今年甘殊有佳者遣往東府取甘大供御者三寸帝浸不能平劉湛每推崇之無復人臣之禮劉斌等欲使大業終歸義康遂邀結朋黨伺察禁省帝以嫌隙已成恐致禍亂自去秋不復往東府冬十月收劉湛付廷尉誅之及其黨丹楊丞孔文秀等是日敕義康入宿留止中書省青州刺史杜驥勒兵殿內以備非常黜義康爲江州刺史當義康未敗時東府聽事前井水忽涌野雉江鷗并入所居齋前收湛之夕帝出華林園延賢堂召中護軍殷景仁誅討處分悉以相付開門召沈慶之使收殺劉斌驍騎將軍徐湛之罪當死其母會稽長公主素爲帝所禮藏有高祖微時布衫新

洲伐荻所著也至是公主入宮見帝號哭以錦囊盛衲衣擲地曰汝家本貧賤此是我母爲汝父作今日得一飽餐遽欲殺我兒耶乃赦之義康停省十餘日便辭下渚帝唯對之慟哭久之會稽長公主因宴泣拜曰車子義康小字歲暮必不爲陛下所容特乞其命帝亦流涕指蔣山曰必無此慮若違今誓便是負初甯陵卽封所飲酒以賜義康　以江夏王義恭爲侍中都督揚南兗徐三州軍事司徒錄尙書事殷景仁爲揚州刺史景仁拜畢卽病情理乖錯嘗出聽事望雪忽驚曰當閤何得有大樹旣而曰我誤耳疾篤帝爲敕西州道上不得有車聲又謂在州不利使還住僕射下省十一月癸丑卒　是月甘露降樂遊苑　詔前所給揚南徐二州種糧應督入者悉除半凡諸逋負優量申減　十二月戊辰以始興王濬爲揚州刺史

十八年春正月前龍驤參軍扶令育詣闕上表請召還義康收付建康獄賜死　三月庚子雨雹　夏五月甲申甘露降秣陵臨川王義慶薨　冬十一月己亥以丹楊尹孟顗爲尙書僕射徵領軍將軍趙伯符代之伯符在郡嚴酷曹局

苦之

十九年春三月壬寅帝親臨儒學處士雷次宗以巾構侍講賜諸生帛有差

夏四月甲戌帝久疾初愈始奉祠大赦　五月罷揚州府佐史　是月甘露降

建康　閏月京師雨水丁巳遣使巡行振恤　冬十一月丙戌詔奉聖之裔於

先廟地營造四時享祭　是歲立國子學博士何承天博見古今建康令張永

開乐武湖遇古冢冢上得一銅斗有柄承天曰此亡新威斗王莽三公亡皆賜

之一在冢外一在冢內時三台居江左者唯甄邯必邯墓也俄而冢內又得一

斗石銘大司徒甄邯之墓

二十年春正月辛亥祀南郊　是月於臺城東西開萬春千秋二門　二月甲

申帝閱武於白下　夏六月秣陵縣白雀見　冬十月雷　十一月壬午置藉

田

二十一年春正月己亥帝親耕藉田立先農壇御耕壇於千畝中　皇子宏少

而閑素篤好文籍二月立爲建平王置第於雞籠山盡山水之美　夏四月京

師連雨百餘日大水丁亥詔二縣長官及營署部司隨給百姓柴米　七月甘露降樂遊苑　冬十月丙子雷且電　起徐湛之爲丹楊尹

二十二年春三月乙未皇太子劭釋奠於國學　秋七月武陵王駿平涓山蠻徙萬餘口於京師　九月癸酉帝餞衡陽王於武帳岡敕諸子至會所設饌日旰不爲具食俾知有饑苦事　乙未開酒禁　冬十月浚淮起湖熟廢田千餘頃　藉田獲嘉禾　員外散騎侍郎孔熙先與太子詹事范曄謀奉彭城王義康爲逆並結徐湛之共事時有王國寺尼法靜出入義康家尼妹夫許曜領隊在臺宿衛宮省許爲內應遂密相署置以湛之爲撫軍將軍揚州刺史其餘並有選擬上之宴武帳岡也曄等將以其日作亂曜侍帝扣刀以目曄曄不敢仰視俄而坐散參互不得發湛之恐事不濟十一月上表告狀帝乃命收掩窮治其夜呼曄置客省先於外收熙先明日送曄廷尉皆款服繫經二旬獄吏戲曄曰外傳詹事當長繫曄聞驚喜熙先笑之曰詹事嘗共論事無不攘臂瞋目及在西池射堂上躍馬顧盼自以爲一世之雄而今畏死乃爾十二月乙未曄熙

先及黨與皆伏誅湛之釋不問詔免義康爲庶人　初江左二郊無樂宗廟雖有登歌亦無二舞是歲南郊始設登歌　造鳳光華光興光等殿一柱臺層城觀及醴泉堂花蕚池　置延壽寺義陽王昶母謝太妃所造也

二十三年夏六月築北堤立玄武湖於樂遊苑北帝欲於湖中起方丈瀛洲蓬萊三山何尚之諫乃止既而興景陽武壯諸山於華林園中鑿天淵池立景陽樓並盛暑役人尚之又諫不聽帝嘗登鍾山北嶺中道有盤石清泉使蕭思話於石上彈琴因賜以銀鍾酒曰相賞有松石間意又嘗與羣臣臨天淵池帝垂綸良久無獲王彧越席曰臣以爲垂綸者清故不獲貪餌衆皆稱善　秋九月乙卯帝幸國子學策試諸生賜學官帛有差　是歲嘉禾秀於華林園甘露降樂遊苑長甯陵皆徧

二十四年春蠲建康秣陵二縣今年田租之半藉田華林園職掌疇量賜之二月京師臨川王第木連理甘露降景陽山　夏六月京師疫丙戌使郡縣及營署都司給以醫藥　初帝以貨重物輕改鑄四銖錢民多翦鑿古錢取銅盜

鑄是月江夏王義恭請以大錢一當兩從之　以劉秀之爲建康令有政聲

二十五年春正月積雪冰寒詔檢行建康秣陵貧弊之室及營署賜以米薪

閏二月己酉大蒐於宣武場　辛亥雨雹　初劉湛既誅吏部尚書庾炳之見任勢傾朝野僕射何尚之請出之帝欲以爲丹楊尹尚之曰炳之蹈罪負恩乃有尹京赫赫之受更成其形勢也遂免炳之官復以徐湛之爲丹楊尹湛之貴戚驕侈產業甚厚伎樂之妙冠絶一時與何無忌子安成公勗孟昶子臨汝公靈休並名奢麗都下爲之語曰安成食臨汝飾湛之乃兼何孟之美　三月庚辰帝校獵宣武場設武帳於幕府山　夏四月乙巳新作閶闔廣莫二門改先廣莫門曰承明開陽門曰津陽　五月丁丑玄武湖青龍見戊戌黑龍又見帝嘗於湖中得蝦魚遂作一鼎其文曰蝦魚四足　是月罷當兩錢　雷次宗卒於鍾山　秋八月華林園嘉禾秀　是歲帝幸江甯經劉穆之墓詔致祭焉

二十六年春正月辛巳祀南郊　二月己亥帝幸丹徒夏五月壬午還京師

冬十月甲辰遷揚州刺史始興王濬爲徐兗二州刺史以廬陵王紹代之

二十七年春甯遠中兵參軍沈慶之遷雍州降蠻於京師以爲營戶　三月以軍興費廣減百官奉祿三之一　戊寅罷國子學　夏六月己未蕭道成生子賾於建康縣之青溪宅（將產之夕其母夢龍據屋故小字龍兒）　秋七月庚午詔大舉伐魏王公妃主朝士牧守各獻金帛以助國用又借揚南徐兖江四州富民家貲四之一事息卽還　冬閏十月伐魏軍敗還十二月魏主引兵南下庚午至瓜步壞民廬舍及伐葦爲筏聲言欲渡江建康震駭民皆荷擔而立徐湛之使子弟並著芒屩於齋前習行曰安不忘危也壬午內外戒嚴丹楊統內盡戶發丁王公以下子弟皆從役命諸將劉遵考守橫江劉興祖守白下蕭元邕守禪洲孟宗嗣守新洲上秦容守新洲下向柳守貴洲上接于湖下至蔡洲陳艦列營巡邏周帀皇太子劭出鎮石頭總統水軍丹楊尹徐湛之守石頭倉城吏部尚書江湛兼領軍軍事悉以委焉帝登石頭城烽火樓極望不悅因曰使檀道濟在不至此又於幕府山周覽形勢募人齎野葛酒置空村中欲以毒魏人竟不能傷魏主鑿瓜步山爲蟠道於其上設氈屋餉帝橐駝名馬甲申饋百牢以報之是時秦

郡陷於魏魏置秦州及橫山縣

二十八年春正月丙戌魏主大會羣臣於瓜步山上班爵行賞有差　魏人緣江舉火太子左衛率尹弘言於帝曰虜將遁矣丁亥魏掠居民焚廬舍而去秦州復爲秦郡先是童謠云虜馬飲江水佛貍死卯年後果驗焉　二月壬午解嚴帝如瓜步三月乙酉還宮　丙申拜初甯陵　是月大旱　夏四月京師疫使巡省給醫藥　秋猛虎入郭內爲災　冬十一月徙彭城流民於瓜步淮西流民於姑孰合萬餘家

二十九年春二月乙卯雷且雪三月大風拔木飛瓦壬午京師大火風雷甚壯夏五月丹楊霖雨傷稼　尚書令何尚之以老乞休退居方山著退居賦以明所守既而詔書敦迫六月戊申朔復起任事袁淑著眞隱傳以諷焉　京師大水己酉遣都司巡行賜樵米給船　冬十一月壬寅揚州刺史廬陵王紹卒十二月戊辰黃霧四塞　江夏王義恭自彭城還朝帝以所御蒼鸞船迎之改授南徐州刺史鎮東府

三十年春正月乙亥朔帝會羣臣於太極前殿有青黑氣從東南來覆映宮上大風霰且雷　戊寅以南譙王義宣爲揚州刺史　皇太子劭及潘淑妃之子始興王濬多過失慮上知與女巫嚴道育東陽公主婢王鸚鵡等爲巫蠱以玉人爲帝形像埋於含章殿前事發帝怒欲廢劭賜濬死以所立未定議久不決每夜與徐湛之屏人語劭微聞之乃密與隊主陳淑兒齋帥張超之等謀逆初帝以宗室强盛置東宮實甲萬人至是劭日饗將士或親自行酒侍中王僧綽密以聞六月癸亥夜劭詐爲詔云魯秀謀反令其帥衆守闕因使超之等集素所養士二千餘人皆被甲召內外幢隊主副豫加部勒並呼右軍長史蕭斌左衛率袁淑中舍人殷仲素左積弩將軍王正見入宮告以將行大事且脅之斌等懼聽命唯淑叱其妄因還省繞牀行至四更乃寢甲子宮門未開劭以朱衣加戎服上乘畫輪車與蕭斌共載至奉化門呼袁淑甚急淑故徐起又不登車劭怒殺之於槐樹下守門開從萬春門入舊制東宮隊不得入城劭以僞詔示門衛曰受敕有所收討令後隊速來超之等數十人馳入雲龍東中華門及齋

閤拔刀徑上合殿其夜帝與湛之語至旦燭猶未滅忽見超之入舉几捍之五指皆落遂被弑湛之驚起趣北戶未及開兵人殺之劭進至合殿中閤聞帝已崩出坐東堂蕭斌執刀侍直呼中書舍人顧嘏斬之江湛直崇禮闥聞諠譟聲匿旁小屋中遣兵就殺之左細仗主卜天與不暇披甲疾呼左右出戰手射劭於東堂幾中之劭黨擊之斷臂而死其隊將張泓之朱道欽陳滿皆見殺劭使人從東閤入殺潘淑妃并帝親信數十人急召始興王濬使帥衆屯中堂是日濬在西州府舍人朱法瑜先以太子反奔告濬陽驚曰今當奈何法瑜勸入據石頭濬未得劭信不知事之濟否騷擾不知所為將軍王慶曰今宮內有變臣子當投袂赴難憑城自守非臣節也濬不聽乃從南門出徑向石頭文武從者千餘人時南平王鑠戍石頭兵士亦千餘人俄而劭遣張超之馳馬召濬濬屏人問狀即戎服乘馬而去法瑜固止之不從出中門慶又諫曰太子反逆天下怨憤明公但堅閉城門坐食積粟不過三日凶黨自離今豈宜去濬曰皇太子令敢有復言者斬既入見劭劭曰潘淑妃遂為亂兵所害濬曰此是下情由來

所願劭詐以帝詔召大將軍義恭尚書令何尚之入拘於內并召百官至者裁數十人劭遽卽位下詔誣徐湛之江湛弑逆謂己勒兵誅之因大赦改元太初禮畢卽稱疾還永福省然後遷大行皇帝升太極殿不敢臨喪以白刃自守夜則列燈以防左右前弑一日甲夜太史奏東方有急兵其禍不測宜列萬人於太極前殿可以銷災帝不從而及難又顧歡解陰陽書初以元嘉中出都寄住東府忽題柱云三十年二月二十一日因東歸後劭弑逆正其日也　是日以前衛率檀和之戍石頭　乙丑悉收諸處兵還武庫　初謚大行皇帝曰中宗景皇帝　三月省揚州立司隸校尉以其妃父殷沖爲之　徵雍州刺史臧質爲丹楊尹時輔國將軍魯秀在建康使與屯騎校尉龐秀之對掌軍隊　甲申殺吏部尚書王僧綽初太社西空地本吳丁奉宅孫皓流徙其家東晉爲周顗蘇峻宅後爲袁悅及章武王司馬秀宅皆以凶終宋初給臧燾亦頻遇禍故世稱凶地僧綽嘗謂宅無吉凶請以爲第始造未及居而敗劭因誣北第諸王云與僧綽謀反殺長沙王瑾臨川王燁桂陽侯覬新渝侯玠　庚寅武陵王駿起

兵於西陽之五洲以討劭南譙王義宣隨王誕雍州刺史臧質司州刺史魯爽皆不受劭命與駿相應臧質子敦等在建康聞質起兵遂逃亡劭錄得敦欲相慰悅使義恭行訓杖三十厚給賜之　癸巳劭葬景皇帝於長甯陵　劭聞四方兵起憂懼戒嚴盡聚諸王及大臣於城內移義恭處尚書下省分義恭諸子處神虎門外侍中下省　夏四月庚戌武陵王檄至建康劭怒悉拘武陵諸子於侍中下省義宣諸子於太倉空舍劭疑舊臣不爲己用乃厚撫魯秀及右軍參軍王羅漢悉以軍事委之尚書僕射蕭斌勸劭勒水軍自上逆戰否則保據梁山義恭以義軍船小不宜水戰乃進說曰賊遠來疲倦宜以逸待之今遠出梁山則京都空弱東軍乘虛或能爲患若分力兩赴則兵散勢離不如養銳待期坐而觀釁割棄南岸柵斷石頭此先朝舊法不憂賊不破也劭善之或又勸劭保石頭劭曰昔人所以固石頭者俟諸侯勤王耳我若守此誰當見救唯有力戰決之耳日日自出行軍慰勞將士親督都水治船艦壬子焚淮南岸室屋淮內船舫悉驅民家度水北以褚湛之爲丹楊尹戍石頭將軍劉思孝鎮東府

是日太尉司馬龐秀之自石頭南奔人情由是大震　義軍前鋒柳元景以舟舫不堅憚於水戰乃倍道兼行丙辰至江甯步上使右軍將軍薛安都帥鐵騎耀兵於淮上　戊午武陵王至南洲降者相屬己未軍於溧洲辛酉至新林劭登烽火樓望之有懼色　癸亥柳元景潛至新亭依山建柵東西據險新降者皆勸元景速進元景曰不然理順難恃同惡相濟輕進無防實啟寇心元景營未立劭龍驤將軍詹叔兒覘知之勸劭出戰劭不許時魯秀屯白石令與王羅漢扼朱雀門甲子使蕭斌統步軍褚湛之統水軍與魯秀王羅漢劉簡之精兵合萬人攻新亭壘劭自登朱雀門督戰元景宿令軍中曰鼓繁氣易衰叫數力易竭但銜枚疾戰一聽吾鼓聲劭將士懷厚賞皆殊死戰元景水陸受敵意氣彌厲會魯秀擊退鼓劭衆遽止元景察敵衰竭乃命開壘鼓譟以乘之劭衆大潰墜淮死者無算劭更帥餘衆自來攻壘元景復大破之士卒爭赴死馬澗澗水爲之溢劭手斬退者不能禁簡之死斌被傷劭走還宮魯秀褚湛之檀和之皆南奔沈懷文託疾墜馬亦閒行歸新亭輔國將軍張柬出奔落淮而死　丙

寅武陵王至江甯　丁卯義恭謀據石頭會劭已備守乃自東堂單馬出東掖門濟於冶渚遂達新亭劭殺其十二子　是日劭憂惶無計以輦迎蔣侯神像置宮中稽顙乞恩拜爲大司馬封鍾山王拜蘇侯神爲驃騎將軍　戊辰武陵王軍於新亭大將軍義恭上表勸進己巳王卽皇帝位大赦文武進爵有差改謚大行皇帝曰文廟號太祖以義恭爲太尉南徐州刺史是日劭亦衮衣臨軒册太子偉之百官皆戎服以侍　庚子以義宣爲中書監丞相揚州刺史改新亭爲中興亭　五月癸酉臧質以雍州兵二萬至新亭豫州刺史劉遵考遣其將夏侯獻之帥步騎五千軍瓜步隨王誕所遣會稽軍亦至奔牛塘劭於是緣淮樹船舫爲樓多設大弩使司隸治中監琅邪軍事芊希柵斷班瀆白石諸水口以守又決破岡方山埭以絕東軍男丁既盡召婦女供役百姓苦之　甲戌魯秀等攻大航鉤得一舶而濟劭將王羅漢昏酣作妓聞義軍已度驚放仗降緣淮幢隊以次奔散是夜劭乃閉守六門於內作柵鑿塹以露車爲樓街衢沸亂丹楊尹尹弘等文武將吏爭踰城出降劭燒輦及衮冕於宮庭司空何尚之

自洗黃閤蕭斌宣令所統使皆解甲自石頭戴白幡歸順詔斬斌於軍門乙亥輔國將軍朱修之克東府丙子江夏王義恭登朱雀門總羣師遣薛安都魯秀程天祚直趨宣陽門劭腹心白直諸同逆先屯閶闔門外並走還入殿天祚等因而乘之俱入南掖門遂克臺城臧質自白下步上從廣莫門入同會太極殿前質留守朝堂獲王正見斬之張超之走至合殿御牀之所爲軍士所殺劭穿西垣入武庫井中隊副高禽執之至殿前謂臧質曰劭可啟得遠徙否質曰主上近在航南自有處分縛劭於馬上防送軍門時不見傳國璽以問劭劭曰在嚴道育處就取得之斬劭及四子於牙下濬帥左右數十人挾南平王鑠出西明門南走遇義恭於越城勒與俱歸於道斬之劭濬父子並梟首大航妃妾俱賜死於獄污潴劭所居齋嚴道育等並都街鞭殺於石頭四望山焚其尸揚灰於江庚辰解嚴　辛巳帝御龍舟如東府　甲申帝母皇太后路氏入居崇憲宮太后丹楊人也　壬辰以太傅義恭領大司馬揚南徐二州刺史　甲午帝謁初甯長甯二陵曲赦建康二百里內並蠲今年租稅　戊戌以蕭思話爲丹楊尹時

都下多劫掠二旬中十七發思話引咎請解職不許　六月丙午帝謁太廟還登太極殿哭盡哀　初置殿門及上閤屯兵并立衛尉官　戊申以護軍將軍柳元景領石頭戍事　甲子以竟陵王誕代南譙王義宣爲揚州刺史　右軍將軍薛安都弟道生犯罪爲秣陵令庾淑之所鞭安都怒欲殺之行至朱雀航遇柳元景詢得其故乃呼令入車讓之曰犯罪理應加罰卿爲勳臣輒於都邑殺人恐主上亦無辭相宥因載與俱歸事乃解　秋七月辛酉詔省細作并尙方彫文塗飾貴戚競利悉皆禁絶　冬十月癸未帝聽訟於閱武堂　瑯邪獻白鹿　十一月丙辰停臺省衆官朔望問訊　十二月癸未以將置東宮省太子率更令等官　是歲置齊福寺

金陵通紀卷三上

弟作儀參訂孫祖同校字

金陵通紀卷三下

江甯陳作霖伯雨編輯

宋孝武帝孝建元年春正月己亥朔祀南郊大赦　壬戌更鑄孝建四銖錢
丙寅詔皇太子子業未之東宮中庶子二率入直永福省　是月起正光殿
二月荆襄二州刺史南郡王義宣與江州刺史臧質豫州刺史魯爽兖州刺史徐遺寶皆反爽弟瑜在建康聞之逃叛時帝卽位日淺朝野震駭帝欲奉乘輿法物以迎義宣竟陵王誕不可乃假誕節仗士五十人出入六門使柳元景帥垣護之等出鎭新亭進據南州義宣及質諸子並匿建康秣陵湖熟江甯縣界帝怒免丹楊尹褚湛之官收建康令王興之江甯令沈道源等下獄以顔竣爲丹楊尹　文帝諱日羣臣並於中興寺八關齋以食魚肉免侍中袁愍孫等官
三月己亥內外戒嚴假江夏王義恭黃鉞白直百人入六門　夏五月義宣等至梁山臧質進計曰今以萬人取南州則梁山中絕萬人綴王玄謨必不敢動質浮舟外江直向石頭此上計也義宣不從乃攻梁山將軍王玄謨破走之

己未解嚴六月武昌人斬臧質傳首京師義宣於江陵賜死質將黃回遇赦下都於宣陽門與人鬭被鞭三百付右尚方中書舍人戴明寶啟免之　癸未分揚州東五郡置東揚州罷南蠻校尉遷其營於建康又併浚儀入秦郡　冬十月戊寅詔建仲尼廟　十一月甲申甘露降長甯陵　置禪岡寺於南岡下蕭惠開爲父思話所造也惠開晚年失意所住齋前花草悉剗除之別種白楊以自弔

二年春三月辛亥甘露降長甯陵　秋八月詔祀郊廟初設備樂　丙子詔弛諸苑禁假與貧民　九月丁亥帝閱武於宣武場　冬十月壬午以江夏王義恭代竟陵王誕領揚州刺史

三年春正月辛丑祀南郊　二月辛未帝策秀孝於東堂　丁丑制朔望臨西堂接羣下受奏事　閏月戊午以劉遵考爲丹楊尹　夏六月乙未帝聽訟於華林園　西陽王子尚有寵秋七月丙子解太傅義恭揚州刺史以授之適熒惑守南斗帝廢西州舊館使子尚居東城以厭之揚州別駕從事沈懷文以爲

無益帝不聽西州由是遂廢　九月壬戌復以顔竣代劉遵考爲丹楊尹　置揚州都部從事分掌二縣從違以沈攸之掌北岸孔璪掌南岸未幾罷

大明元年春正月庚午京師雨水辛未遣使檢行賜以樵米　三月壬戌制大臣加班劍者不得入宮城門　夏四月京師疫丙申遣使按行給醫藥賜斂埋

五月癸酉帝聽訟於華林園自是歲凡三訊　丙寅芳香琴堂東西有雙橋連理壬子景陽樓上層西南梁栱間有紫氣戊午清暑殿西鴟尾中央生嘉禾遂改景陽樓爲慶雲樓清暑殿爲嘉禾殿芳香琴堂爲連理堂　六月丁亥復以褚湛之代顔竣爲丹楊尹　秋七月有三脊茅生石頭西岸太宰義恭表請封禪帝悅　九月建康秣陵二縣各置都官從事一人司水火劫盜　以游擊將軍劉德願領石頭戍事德願善御嘗從帝幸義恭第岸著籠冠短朱衣執轡進止甚有容狀　是歲蕭衍生於秣陵同夏里三橋宅

二年春正月辛酉祀南郊壬戌拜初寧陵侍中蔡興宗負璽陪乘帝欲因以射雉興宗諫帝怒遣令下車　二月以劉秀之代褚湛之爲丹楊尹先是秀之從

叔穆之尹京時與子弟聽事上宴柱有一穿穆之謂汝等試以栗擲柱入穿者後必得是郡唯秀之得入焉至是果驗其從子瑀與親故書云吾家黑面阿秀遂居劉安衆處朝廷不爲多士然秀之莅官實清潔　三月乙卯以農桑要月大官停殺牛　夏四月辛丑地震　南彭城民高闍沙門曇標以妖妄相扇與秣陵人藍宕期謀作亂又結殿中將軍苗允等起兵欲攻宮門事發六月甲辰捕獲皆伏誅江甯令蘇寶生亦坐死於是下詔沙汰沙門而諸尼出入宮掖竟不果行　是年太子子業出居東宮

三年春三月以揚州六郡爲王畿更以東揚州爲揚州　南兗州刺史竟陵王誕有殊勳爲帝所忌會建康人陳文詔訴父饒爲誕府史無罪被殺吳郡人劉成上書言息道龍昔事誕見誕在石頭城修乘輿法物習唱警蹕向伴侶言之亦爲所殺豫章人陳談之稱弟詠之與建康右尉黃達往來誕疑其宣漏陰事誣殺之帝乃令有司奏貶誕夏四月誕遂反事聞詔內外戒嚴以沈慶之爲車騎大將軍討之甲子帝親總禁兵出頓宣武堂丹楊尹劉秀之入守東城凡誕

左右募親在建康者並誅之琅邪王璵之有才思爲誕錄事參軍其五子在建
康慶之使縛往招璵之不從悉撲殺焉東揚州刺史顏竣失職怨望時送母喪
還都帝乃誣其通誕五月收付廷尉賜死　豫州刺史宗慤乘驛赴都求往討
誕帝停輿慰勉慤聳躍數十左右顧盼帝壯之命隸大將軍　秋七月乙巳沈
慶之克廣陵斬誕傳首京師帝出宣陽門聞捷令左右皆呼萬歲詔悉殺廣陵
城中士民聚其首於石頭南以爲京觀謂之髑髏山傅澹坐誕黨誅其子昭年
十歲於朱雀航賣厤日袁顗見而奇之後歷事齊梁學行爲人所重　詔王畿
下貧之家蠲租一年　九月壬辰築上林苑於玄武湖北實錄云見有古池俗呼飲馬塘其西見有
望宮臺　甲午移南郊壇於牛首山西北郊壇於鍾山北原冬十一月甲子立皇后
蠶宮於西郊明年設先蠶兆域於白石壘又置蠶觀　帝留意禮樂命尚書左
丞荀萬秋造五路依金根車加羽葆蓋太極殿鐘聲嘶廷尉張永謂有銅滓叩
求其處鑿去之聲遂清越　築宣武城時帝欲北伐沈慶之擬兵二十萬帝疑
其多對曰攻守百倍帝因令慶之守此城自率六軍攻之不下乃止　建幽棲

寺於祖堂山南

四年春正月辛未祀南郊前期雨晦至旦而霽帝升壇悅焉　乙亥帝耕耤田

經侍中袁湛墓遣使致祭增守墓五戶　己卯詔祀郊廟初乘玉路　三月甲

申皇后王氏薨於西郊　夏四月癸卯詔以南琅邪隸王畿　京師疫辛酉遣

使存問振恤　冬十二月辛丑帝幸廷尉寺宥繫囚丁未幸建康寺放獄囚

甘露降秣陵龍山　是歲路太后於宣陽門外大社西藥園造莊嚴寺改舊莊

嚴寺爲謝鎮西寺帝嘗於中興寺設齋見一異僧名明慧云自天安寺來忽不

見天下無此寺名乃改中興寺曰天安寺又有外國沙門摩訶衍出新經勝鬘

經於都下尤爲釋學所重

五年春正月戊午朔朝賀雪落太宰義恭衣有六出奏以爲瑞　二月癸巳帝

閱武於幺武湖西　三月甲戌帝幸江乘遣祭故太保王弘光祿大夫王曇首

墓　夏五月起明堂於國學南制如太廟　丹楊尹王僧朗表獻蔣陵里所生

嘉瓜　帝遊畋無度嘗夜還勅啟門侍中謝莊居守以棨戟或虛須墨勅乃開

後帝因宴從容曰卿欲效郅君章耶莊有子朏年十歲遊土山爲文攬筆便就琅邪王景文甚賞之莊又有族弟孺子嘗與景文登桐臺孺子吹笙景文起舞旣而歎曰今日眞使人飄飄有伊洛閒意　秋七月丹楊雨水遣使巡行振䘏九月帝幸南琅邪郡原遣囚繫　沈慶之讓司空柳元景讓開府皆許之慶之居清明門外有四宅甚麗又有園舍在婁湖一夕攜家人徙居之以四宅輸官自非朝賀不出門每從遊幸及校獵據鞍陵厲不異少壯帝嘗歡飲令羣臣賦詩慶之曰臣不知書請口占帝乃令侍中顏師伯執筆慶之曰微生遇多幸得逢時運昌朽老筋力盡徒步還南岡辭榮此聖世何愧張子房帝大悅賞時勳貴多營產業惟元景僅有南岸菜園數十畝守園人賣菜得錢二萬送還宅元景怒其奪民之利以錢乞守園人　閏月戊子太子妃何氏薨於東宮徽光殿　丙申初立馳道自閶闔門至朱雀門又自承明門至玄武湖復立迎風觀徵劉延孫爲侍中疾病不任拜起詔於五城受封版乘船至平昌門仍入尚書下舍　冬十月乙卯以新安王子鸞爲南徐州刺史領南琅邪太守　十一

月壬辰詔遣尙書與守宰平治王畿庶獄　己巳甘露降新安王第　十二月甲戌制民戶輸布四匹　是歲省陽都入臨沂江乘又置懷德縣於尉氏隸秦郡在今江浦界非晉江南之懷德也

六年春正月辛卯祀南郊又宗祀文皇帝於明堂以配上帝　丁未策秀孝於中堂　二月戊午甘露降靈燿寺及諸苑囿自秣陵龍山至於婁湖　三月丙午青雀見華林園　晉安王長史沈懷文初以直諫忤旨嗣因朝正詣京未郎發免官禁錮又欲賣宅還東帝怒收付廷尉丁未賜死　夏四月庚申新作大航門　壬子殷淑儀卒追拜貴妃　五月丙戌置凌室於覆舟山修藏冰之禮

秋七月甲申地震有聲如雷　八月乙亥置淸臺令　冬十月詔上林苑內民庶邱墓欲還葬者勿禁　壬申葬宣貴妃於龍山鑿岡通道數十里民不堪役死亡甚衆又爲之別立廟葬日帝自於南掖門臨過喪車悲不自勝使謝莊爲哀冊文都下傳寫紙墨爲貴先是北中郎長史江智淵上諡曰懷帝以不盡美銜之後幸南山乘馬至妃墓以鞭指石柱謂智淵曰此上不容有懷字智淵

惶懼而卒帝又爲妃立寺以妃子子鸞爲新安王命曰新安寺　是歲祖沖之表上厤法詔置華林學省賜宅宇車服

七年春正月癸未詔尅日於玄武湖閱水師號湖曰昆明池　癸巳以王畿內郡屬南徐州　二月甲寅帝巡江右南兗南豫二州立行宮於歷陽蠑石浦丁巳校獵於烏江己未登六合山庚申分秦郡歷陽置臨江郡癸亥幸尉氏觀溫泉甲子如瓜步壬申至京師拜二廟乃還宮　夏四月大風吹初甯陵隧口左標折鍾山通天臺新成一夕飛倒散落山澗中　六月戊辰以秦郡太守劉德願爲豫州刺史德願從拜殷貴妃墓痛哭故有此授　自晉氏渡江以來宮室草創朝宴所臨東西二堂而已太元末始作清暑殿宋興無所增改帝乃大修宮室土木被錦繡壞高祖所居陰室於其處起玉燭殿見牀頭有土障上挂葛燈籠麻繩拂鄙之爲田舍翁焉　秋大旱　八月丁巳詔王畿內刑獄遣尚書及所在共訊　乙丑帝幸建康秣陵縣訊獄囚乙未幸廷尉寺亦如之　冬十月壬寅皇太子子業冠於太極前殿　戊申帝巡南豫州奉太后以行癸丑幸

江甯縣訊獄囚己巳校獵於姑孰十一月乙酉詔祭晉大司馬桓温征西將軍毛璩墓卽於行在所訊溧陽永世丹陽縣囚癸巳祀梁山大閱水師於中江有二白雀集華蓋有司請改元神雀不許丙午幸歷陽十二月於博望梁山立雙闕癸未還京減所過田租　江左甲族由來不居憲臺王氏分支住烏衣巷者位宦微滅是時王僧虔亦爲御史中丞乃曰此是烏衣諸郎坐處我聊爲之耳

八年春正月辛巳祀南郊并宗祀文皇帝於明堂　二月詔以去歲偏旱可出倉米付秣陵建康二縣隨宜振卹　夏四月雨雹　閏五月庚申帝崩於玉燭殿是日皇太子子業卽皇帝位傲惰無戚容　甲子以柳元景領丹楊尹賜沈慶之几杖三望車慶之謂人曰我每游行田園有人時與馬成三無人時與馬成二今乘此車安所之乎　秋七月丙午葬世祖孝武皇帝於景甯陵在秣陵縣巖山

庚戌奉皇太后王氏居永訓宮　乙卯罷南北二馳道毀紫極殿　八月己丑皇太后王氏崩於含章殿　京師雨水庚子遣御史與官長隨宜振恤　九月乙卯文穆皇后祔葬景甯陵　冬十月庚辰原除揚南徐二州大明七年逋

祖　十二月壬辰以王畿諸郡復爲揚州癸巳以豫章王子尙爲揚州刺史丹楊尹孔靈符爲子尙撫軍長史　連歲大旱都下米貴斗百餘錢江夏內史孔道存慮其兄司徒左長史覬匱乏遣吏載米五百斛餉之覬不受吏欲於都下貨之又不聽吏乃載米去

前廢帝永光元年春正月庚寅鑄二銖錢形式轉細官鑄每出人間即模效之而更薄小無輪郭不磨鑢謂之耒子錢未幾沈慶之啟通私鑄錢貨愈亂一千錢長不盈三寸謂之鵝眼錢劣於此者謂之綖環錢貫之以縷入水不沈隨手破碎十萬錢不盈一匊商貨由是不行　夏五月壬午加顏師伯丹楊尹師伯居權日久多納貨財妓樂園池冠絕當世縉紳多嫉之　帝性猜暴舍人戴法興每裁抑之閹人華願兒因帝不平譖之曰道路皆言法興爲眞天子官爲贋天子且官居深宮法興與太宰顏柳爲一體深恐此坐非復官有乃詔免法興官秋八月辛酉賜之死　員外散騎常侍奚顯度夙有寵於世祖常與作役課督苛虐百姓苦之時建康縣考囚或用方材壓額及踝脛人間謠曰寧得建康

壓額不能受奚度拍至是帝戲之曰顯度爲百姓患比當除之左右因宣旨殺之　庚午解顏師伯丹楊尹師伯懼因與尚書令柳元景謀立江夏王義恭沈慶之發其事癸酉帝自帥羽林兵誅義恭於第斷析肢體分裂腸胃挑取眼睛以蜜漬之謂之鬼目粽別遣使召元景以兵隨之元景整朝服乘車而行旣出巷軍士大至元景怡然受戮獲師伯於道亦殺之　詔改元景和令太廟別畫祖考之像　庚辰以石頭城爲長樂宮東府城爲未央宮甲申以北邸爲建章宮南第爲長楊宮　丙戌原除瑯邪等郡大明八年以前逋租　己丑復立南北二馳道　九月癸巳帝幸湖熟戊戌鼓吹還宮　辛丑賜新安王子鸞死發殷貴妃墓毀新安中興天寶諸寺復欲掘景甯陵太史言於帝不利乃止猶縱糞於陵詈爲齇奴又以謝莊作誄比殷妃於鉤弋囚諸尚方　帝姊會稽長公主尤淫恣見吏部郎褚淵悅之召至西上閤宿備見逼迫以死自誓乃得免淵尋爲丹楊尹　帝恨卽位以來未嘗戒嚴乃激徐州刺史義陽王昶反因下詔親征己酉自將由白下渡江至瓜步昶奔魏冬十月丙寅帝還京師　甯朔將

軍何邁尚帝姑新蔡長公主帝奪而納諸宮邁憤怒謀因帝出遊廢之事泄十一月壬辰帝自將兵殺邁初太尉沈慶之既發顔柳之謀數盡言規正帝浸不悦慶之懼杜門謝客吏部尚書蔡興宗説以廢立慶之以無兵力辭興宗曰公統戎累朝舊日部曲布在宮省殿中將軍陸攸之公之鄉人今入東討賊大有鎧仗在青溪未發公取以配衣麾下使攸之率以前驅僕在尚書中自當帥百官案前代故事更簡賢明以奉社稷天下事立定矣慶之謝非所及青州刺史沈文秀慶之弟子也將之鎮帥部曲屯白下亦説慶之因此衆力圖之慶之終不從文秀遂行及帝誅何邁量慶之必入諫先閉青溪諸橋以絶之慶之果往不得度而還帝乃使直閤將軍沈攸之賜慶之死并其子文叔昭明慶之諸子中文季最有才氣難作揮刀馳馬而去昭略性狂儁嘗醉負杖攜家賓子弟至婁湖苑逢王景文子約張目視之曰汝是王約邪何肥而癡約曰汝沈昭略邪何瘦而狂昭略撫掌曰瘦已勝肥狂又勝癡至是亦得免　壬寅以立皇后路氏四廂奏樂曲赦揚南徐二州　帝畏忌諸父恐其在外爲患皆拘於殿内毆

捶陵曳無復人理湘東王主衣阮佃夫輩密結帝左右壽寂之等謀共弒帝時帝將南巡直閤將軍宗越等並出外裝束惟隊主樊僧整防華林閤使柳光世要之卽受命戊午帝出華林園建安王休仁山陽王休祐並從湘東王彧獨不被召甚憂懼至夕帝悉屏侍衛與巫覡及綵女數百人射鬼於竹林堂先是帝使婦人倮相逐一人不從斬之夜夢所斬婦人肆罵諸嬖因言園中有鬼故射之事畢將奏靡靡之樂壽寂之懷刀前入衆隨其後休仁聞行聲甚疾謂休祐曰事作矣相隨奔景陽山帝見寂之至引弓射之不中乃走寂之追及手刃之大呼寂寂者三旋殂於華光殿休仁見事成遂就祕書省謁湘東王引升西堂登御坐召見諸大臣宣太皇太后令數帝罪惡命王嗣統己未賜帝弟豫章王子尙姊會稽公主死休仁等始出居外宮釋謝莊之囚時帝猶橫尸太醫閤口蔡興宗以爲言乃葬於秣陵縣南郊壇西　癸亥以建安王休仁爲司徒尙書令揚州刺史

明帝泰始元年（卽景和元年）冬十二月丙寅湘東王彧卽皇帝位於太極前殿大赦

改元　廢帝嬖人宗越譚金童太一謀作亂沈攸之以聞皆下獄死攸之復入直閤　以王景文爲丹楊尹　乙亥名帝母宣太后沈氏所葬曰崇甯陵在建康幕府山　戊寅路太后遷居崇憲宮　壬午帝謁太廟　罷二銖錢禁鵝眼綖環錢是歲罷臨江郡仍以懷德縣隸秦郡　初景平中顧琛爲朝請假還東日晚至方山先有一人執鞭屏諸船云顧吳郡應泊此岸俄而琛至聞向言竊喜因誓之曰若得郡當於此立廟至是果爲吳郡乃立廟方山號白馬廟云　先是廢帝未弒時晉安王子勛起兵尋陽帝卽位而猶不肯罷四方所在響應

二年春正月甲午中外戒嚴以建安王休仁都督征討諸軍事袁粲爲領軍將軍給仗士三十人入六門　左軍將軍直閤薛索兒徐州刺史安都從子也安都反密遣人於瓜步迎接乃攜家北奔是時四方會計皆歸尋陽朝廷所保唯丹楊淮南數郡會稽叛兵已至永世永世令孔景宣復反宮省危懼乃徵兗州刺史殷孝祖入朝孝祖卽日率文武二千人至建康人情大安　丙午帝親總六軍出頓中興堂遣諸將分道出討凡叛者親黨在建康者皆使居職如故

崇憲皇太后聞四方難作壬子延帝飲置毒以進帝疑之卽以其巵上壽太后遂崩　巴陵王休若督衆在延陵會稽兵逼諸將勸其退保破岡不可永世人徐崇之攻斬孔景宣賊將庾業於長塘湖口夾岸築城休若遣任農夫馳攻之業棄城走未幾東方諸郡皆平　三月壬子斷新錢專用古錢　癸丑原赦揚徐二州囚繫　夏五月甲寅葬昭太后於修甯陵　六月京師雨水丁卯遣殿中將軍檢行賜恤　秋八月建安王休仁克尋陽斬子勛傳首京師江郢湘荆雍五州皆平雍州刺史袁顗函首至赦羣臣從登南掖門以觀旋令投其尸江中其從子象微服求得密瘞於石頭後岡　九月癸巳六軍解嚴帝大會諸將於新亭摴蒲官賭李安民五擲皆盧帝大驚謂曰卿面方如田封侯相也　自四月至是月京師屢大風　天淵池白魚躍入御舟　冬十月戊寅以立皇太子昱曲赦揚南徐二州

三年春正月庚子詔農役將與太官權停宰牛　癸丑曲赦揚豫二州　閏正月庚午京師大雨雪遣使巡行振貸　夏五月丙辰詔宣太后崇甯陵禁內墳

瘞遷徙者給葬直蠲復其家　是歲置禪林寺

四年春正月丙辰朔雨草於宮　己未祀南郊　三月羊崇在都聞其父廣州刺史希爲劉思道所殺即日徒跣出新亭不能步涉頓伏江渚門義以小船致之後不勝哀而卒　秋九月帝幸東宮小會曲赦揚南徐兗豫四州　尋陽之亂巫師請發修甯陵戮乎宮爲厭勝是歲改葬宣太后　游擊將軍阮佃夫恃寵用事邸舍甲諸王嘗於宅內開瀆十餘里塘岸整潔汎輕舟奏女樂凡所作爲都下莫不法效焉

五年春正月癸亥帝耕藉田　三月丙寅帝聽訟於中堂　建安王休仁任總百揆朝野輻湊帝漸忌之冬十二月己未以桂陽王休範代爲揚州刺史時有句容令孫謙淸愼强記縣人號爲神明　加僕射袁粲中書令丹楊尹粲負才尙氣不以事務經懷郡南一家頗有竹石直造其所嘯咏與主人語笑款然俄而羽儀隨至方知爲尹又嘗步屧白楊郊野閒遇一士人便呼與飲明日來謁粲曰昨飲酒聊相要耳竟屏不見江斅爲丹楊丞粲見之歎曰風流不墜正在

江郎數與宴賞劉瓛聚徒教授粲於後堂夜集聞而請之指聽事前古柳謂曰人言此是劉尹時樹每想高風今復見卿清德可謂不衰矣諸名士嘗集粲舍初秋月夕褚淵奏別鵠之曲風神諧暢王景文謝莊並在坐歎曰以無累之神合有道之器宮商暫離不可得已　帝好周易嘗集羣臣於清暑殿講誦詔伏曼容執經曼容美風釆帝以方嵇叔夜使陸探微畫康像以賜之與袁粲同爲外兵尚書郎時衆以爲一臺二妙

六年春正月乙亥初制間二年一祀南郊間一年一祀明堂又立九州廟於雞籠山下大會羣神　夏六月癸卯以王景文爲揚州刺史　秋九月戊寅立總明觀於冶城又名東觀置祭酒一人徵學士以充之　冬十一月己酉帝聽訟於東堂　是歲帝講易於華林園茅堂袁粲爲執經　帝性好諧嘗使謝鳳子超宗謝莊子朏從鳳莊門入二人俱至超宗曰君命不可不往乃入朏曰君處臣以禮進退不入時人兩稱之　徵何點爲太子洗馬不就點家世信佛從弟遁以東籬門園居之孔德璋爲築室焉園有卞忠貞公冢點植花於側每飲必

酹之招攜勝侶清言賦詠弟肖嘗入鍾山定林寺聽內典所業皆通築室郊外與學徒游處其中

七年春二月甲寅晉安王休祐從帝於巖山射雉帝以太子幼弱深忌諸弟使左右郎圍場拉殺之聲言驃騎落馬氣絕輿還第帝嘗疾甚內外皆屬意建安王休仁主書以下羣往東府豫自結納帝聞惡之夏五月戊午召休仁入宿尚書下省夜遣人賷藥賜死帝慮有變力疾出端門休仁死乃入時訛言東城出天子故殺休仁而空東府不居又以建康民閒言巴陵王休若有至貴相因徵入朝秋七月乙丑賜死於第　徵南兗州刺史蕭道成入朝拜散騎常侍太子左衞率　帝以故宅起湘宮寺備極奢麗以孝武莊嚴寺刹七層欲起十層浮圖而不能乃各五層新安太守巢尚之入見帝問曰卿至湘宮寺未此是我大功德散騎常侍虞愿侍側曰此皆百姓賣兒貼婦錢所爲罪高浮圖何功德之有帝怒使人驅下殿愿徐去無異容

泰豫元年春正月甲寅朔帝以久疾改元　丁巳巨人迹見西池冰上　戊午

皇太子昱會四方朝賀使受計於東宮　帝夙愛文義在藩撰江左以來文章
志及即位才士多蒙引進末年好鬼神忌諱尤甚嘗以南苑借張永云且給三
百年宣陽門一名白門帝惡其不祥尚書右丞江謐嘗誤犯之帝變色曰白汝
家門軍旅不息府藏空虛令小黄門於殿中埋錢以爲私藏宋氏之業衰矣
帝疾篤慮晏駕後揚州刺史王景文以元舅爲宰相或有異圖二月己未手敕
賜景文死時景文正與客棊叩函看已即置局下神色不變局竟徐曰奉敕見
賜以死中直兵焦度趙智略憤怒曰丈夫安能坐受死州中文武數百足以一
奮景文曰知卿至心若見念者爲我百口計乃飲藥而卒　夏四月己亥帝崩
於景福殿庚子太子昱即皇帝位　乙巳以弟安成王準爲揚州刺史實桂陽王休範
子也　五月戊寅葬太宗明皇帝於高甯陵在幕府山前太子中舍人何求出赴國哀
寄住南澗寺不肯詣臺除永嘉太守不拜一夕遁歸吳　加右衛將軍蕭道成
侍中領石頭戍事　六月京師雨水詔振恤貧民　乙巳奉皇太后王氏居弘
訓宮皇太妃陳氏居弘化宮太妃家本建康縣居草屋兩三間孝武帝行過之

憐其貧賜錢三萬令起瓦屋尉送錢與之見太妃美以白孝武帝迎入宮在路太后房內數年明帝得之有寵一年以賜嬖人李道兒尋迎還生帝故民間謂帝爲李氏子焉

後廢帝元徽元年秋八月京師旱　以劉係宗帶秣陵令顧憲之爲建康令時有盜牛者與本主爭牛前令莫能決憲之至令解牛任其所之牛徑還本宅盜者乃伏罪衆號明察至於權要請託長吏貪殘皆無所阿縱又性清儉強力爲政甚得人和都人飲酒釀厚者輒謂爲顧建康

二年夏五月江州刺史桂陽王休範自以主幼時艱己爲宗戚應居宰輔事既不至怨憤彌結壬午遂反於尋陽以誅楊運長王道隆爲辭事聞朝廷惶駭諸執政集中書省議侍中蕭道成曰昔上流謀逆皆以淹緩致敗休範必輕兵急下應變之術不宜遠出當頓新亭白下堅守宮城東府石頭以待賊至千里孤軍求戰不得自然瓦解我將獨當其鋒請劉領軍屯宣陽門爲諸軍節度諸貴安坐殿中不須競出我自破賊必矣卽日內外戒嚴道成將前鋒兵出屯新亭

征北將軍張永屯白下前南兖州刺史沈懷明戍石頭衛將軍袁粲方遭母憂聞難扶曳而入與中軍將軍褚淵宿衛殿省時倉卒不及授甲開南北二府庫隨將士意所取辛卯休範前軍已至新林道成築壘猶未畢乃解衣高臥以安衆心徐索白虎幡登西垣使甯朔將軍高道慶羽林監陳顯達員外郎王敬則率舟師與賊戰頗有殺獲　壬辰休範自新林捨舟步上遣其將丁文豪别趣臺城而親率大衆攻新亭壘道成悉力拒擊休範白服乘肩輿自登城南臨滄觀以數十人自衛屯騎校尉黄回見其可乘與越騎校尉張敬兒謀詐降以取之道成謂敬兒曰卿能辦此當以本州相賞乃皆出城放仗走大呼稱降休範喜召至輿前回陽致道成密意休範信之以二子德宣德嗣付道成爲質至即斬之休範置回敬兒於左右日飲醕酒回以其無備目敬兒敬兒奪休範防身刀斬休範首左右驚散敬兒持首與回馳馬歸新亭道成因遣隊主陳靈寶送詣臺道逢休範兵棄首於水挺身得達唱云已平而無以爲驗衆莫之信休範軍中亦不知其將杜黑騾攻新亭甚急道成在射堂休範妃弟蕭惠朗帥死士

數十人突入東門道成上馬麾眾搏戰惠朗乃退道成復得保城自晡至明矢石不息其夜大雨鼓叫不復相聞將士積日飢疲軍中馬夜驚城内駭走道成秉燭正坐厲聲呵之如是者數四會丁文豪破臺軍於皁莢橋直至朱雀航南黑騾因捨新亭趣往會之右軍將軍王道隆將羽林精兵在朱雀門内急召領軍將軍劉勔於石頭勔至令撤航以折南軍之勢道隆不可趣勔進戰勔度航南戰死先是月犯右執法太白犯上將或勸勔解職禳之勔曰吾執心行已無愧幽明若災眚必至避豈得免晚年志慕高尚經始鍾嶺之南以爲栖息名爲東山頗忽世務道成規之不聽竟敗黑騾兵乘勝渡淮道隆棄眾走賊追殺之黃門侍郎王蘊重傷踣於御溝側或扶之以免於是中外大震道路皆云新亭已陷白下石頭之眾皆潰張永沈懷明逃還宮中甲午撫軍長史褚澄典籤茅恬開東府納賊擁安成王準據之稱桂陽王敎曰安成吾子也勿得侵犯黑騾眾進至杜姥宅中書舍人孫千齡開承明門出降賊入屯中堂宮省恇擾時府藏已竭皇太后太妃剔取宮中金銀器物以充賞眾莫有鬭志俄而丁文豪之

衆知休範已死賊勢稍沮其典籤許公輿猶稱桂陽王在新亭士民詣壘投刺者千數道成盡焚之登北城謂曰劉休範已戮尸在南岡下身是蕭平南諸君諦視之名刺已焚勿懼也隨遣陳顯達張敬兒等將兵自石頭濟淮從承明門入衞宮省袁粲慷慨謂諸將請同死社稷被甲上馬將驅之適顯達等至遂出戰大破杜黑騾於杜姥宅飛矢貫顯達目丙申敬兒又破賊於宣陽門莊嚴寺小市斬黑騾及丁文豪進克東府餘黨悉平道成振旅還臺城百姓緣道聚觀曰全國家者此公也丁酉解嚴詔建康秣陵二縣收瘞暴骨六月庚子以道成爲中領軍南兖州刺史留衞京師與袁粲褚淵劉秉分日入直決事號曰四貴秋九月以粲爲中書監領司徒即揚州廨爲府粲辭求反居墓所不許又加秉丹楊尹　是歲帝於蔣山鑄一劍銘曰永昌

三年春正月辛巳祀南郊明堂　戊辰建康大火延燒數千家己巳大水遣使檢行振賜　夏四月丙戌帝聽訟於中堂　五月乙卯京師雨雹　南徐州刺史建平王景素孝友有令譽楊運長阮佃夫深忌之會爲防閤將軍王季符挾

嫌告變將致討焉景素旋遣世子延齡詣闕自陳乃止

四年春正月己亥帝耕耤田原建康秣陵二縣元年以前逋調　建平王景素在京口謀爲自全計遣人往來京師要結才力之士羽林監垣祇祖冠軍將軍黃同等皆與通謀時帝好獨遊郊野輔國將軍曹欣之謀據石頭伺帝出作亂前軍將軍韓道清長水校尉郭蘭之欲說蕭道成因帝夜出執帝迎景素否則圖道成楊阮微聞其事使周天賜詐叛投景素景素知之斬其首送臺秋七月垣祇祖率衆奔京口云京師已潰亂勸令速入景素信之遂舉兵反己丑內外戒嚴遣驍騎將軍任農夫等討之蕭道成屯玄武湖冠軍將軍蕭賾（道成之子也）鎮東府景素欲斷竹里以拒臺軍祇祖等不從左軍將軍李安民破景素軍於葛橋進薄京口乙未拔之斬景素同黨皆伏誅唯釋黃同不問是日解嚴未幾以同爲南琅邪太守　八月庚午以黃門侍郎阮佃夫爲南豫州刺史留鎮京師

五年春正月祀南郊　阮佃夫以帝昏狂日甚謀立安成王準會帝將往江乘射雉留隊仗於樂游苑佃夫欲矯太后詔喚隊仗還閉城門分人守石頭東府

因執帝廢之而自領揚州輔政事洩夏四月甲戌誅佃夫并獲其黨張羊帝自於承明門以車轢殺之　五月戊申地震　六月帝自刺散騎常侍杜叔文於乎武湖北人告其與佃夫同謀也　帝好單騎出入承明門夕去晨反以爲常路逢行人牛馬輒刺之人間擾懼嘗過樂游苑外逢一孕婦欲剖視其男女徐文伯惻然爲鍼下驗之又於曜靈殿養驢數十頭自所乘馬繫於御牀側與右衛翼輦營女子私通每從之遊尤忌蕭道成威名嘗盛夏入領軍府值道成倮臥以骲箭射中其臍又欲劫道成青溪宅道成子嶷知之令左右舞刀戟於中庭帝見有備乃去道成日夜憂慮乃使直閤將軍王敬則陰結帝左右楊玉夫等十五人詗伺機便秋七月戊子帝微行出北湖躍馬先走羽儀不及嬖人張五兒馬墜湖帝怒取馬置明光亭前馳騎刺馬屠割之與左右作羌胡伎爲樂又於蠻岡賭跳仍乘露車往青園尼寺晚至新安寺偷狗就曇度道人煮之飲酒醉還仁壽殿東阿氈幄中寢令楊玉夫伺織女渡河時禁中諸閤夜皆不閉宿衛內外莫相禁攝是夕王敬則出外玉夫候帝熟寢與楊萬年取千牛刀刎

之敕廂下奏伎陳奉伯袖其首稱敕開承明門出以首與敬則馳詣領軍府扣門大呼道成疑帝誑之不敢開門敬則於牆上投其首道成洗視之乃戎服率左右數十人詐爲帝行還開承明門入門者弗之疑道成入殿殿中驚怖旣而聞帝死咸稱萬歲己丑旦道成出殿庭西槐樹下以太后令召袁粲褚淵劉秉等入會議敬則拔刃牀前跳躍且手取白紗帽加道成首曰今日事須及熱道成正色叱之淵手取事授道成曰非公無以了此道成乃下議立安成王於是長刀遮粲秉等各失色而去是日以太后令廢帝爲蒼梧王備法駕詣東府城迎安成王準準令門者勿內以待袁司徒粲至準始入居朝堂

順帝昇明元年（卽元徽五年）秋七月壬辰安成王準卽皇帝位大赦改元　葬蒼梧王於秣陵縣郊壇西　甲午蕭道成出鎮東府輔政以晉熙王燮爲揚州刺史　丙申詔約損車服儀制罷省御府二署凡工麗彫鐫一皆禁斷　癸卯帝謁太廟　秋八月癸亥詔司空袁粲鎮石頭粲性沖靜常固辭朝命至是知道成有異志陰欲圖之卽時順旨望氣者謂石城氣甚凶往必有禍粲不答詔又給

粲油絡通幰車仗士五十人入殿道成嘗坐東府高樓望石頭謂丹陽紀僧眞曰諸將勸我誅袁劉我意未願便爾然疑之愈甚　冬十二月荆州刺史沈攸之舉兵討蕭道成事聞丁卯道成入守朝堂其子侍中嶷代鎭東府嶷弟晃多從武容赫奕都街時人爲語曰煥煥蕭四繖戊辰内外戒嚴庚午以黄回督前鋒軍西討先是湘州刺史王蘊遭母喪還過巴陵與攸之密謀歸至東府期俟道成來弔作難道成不出蘊乃與袁粲劉秉密伺其便諸將黄回任候伯孫曇瓘王宜興卜伯興等皆與通謀伯興天興之子也天興死元凶之難時劉秉從弟韞爲領軍將軍入直門下省伯興爲直閤回等皆屯新亭粲以情告褚淵淵卽以白道成道成遣軍主蘇烈薛淵王天生將兵助守石頭實以防粲又令王敬則爲直閤與伯興總禁兵粲謀矯太后令使韞伯興帥宿衞兵攻道成於朝堂黄回等帥所領爲應劉秉任候伯等並赴石頭本期壬申夜發秉恇擾不知所爲晡後卽自丹陽郡盡室以行孫曇瓘聞之亦奔往袁粲見之驚曰何事遽來丹楊丞王遜及秣陵令劉寶秣陵丞劉遐走東府告變蕭嶷遽報道成道成密使告王敬則敬

則爲卜伯興所閉乃鋸所止屋壁得出至中書省收劉韞韞已成嚴猝見敬則驚起迎之敬則呵曰小子那敢作賊韞抱敬則敬則拳毆其頰仆地殺之併殺伯興按宋書王蘊本紀作薀又袁粲傳齊王使王敬則收蘊殺之承上王蘊而言似是王蘊及考順帝紀與劉秉傳則敬則所殺者劉韞非王蘊也今從之蘇烈等據石頭倉城拒粲王蘊聞秉已走歎曰事不成矣狼狽帥部曲向石頭時暗夜烈及薛淵據門射之蘊謂粲已敗即散走道成遣軍主戴僧靜帥衆助烈等烈縋之入粲登城西南門列燭坐臺軍射之火滅同登東門使孫曇瓘力戰王天生臺軍死者百餘人宵中有流星赤光照地墜城中戴僧靜分兵攻府西門粲與秉在城東門見火起欲還赴府秉及二子俁陔先踰城走粲下城列燭自照僧靜挺身暗往粲子最覺有異以身衛粲僧靜直前斫之粲謂最曰我不失忠臣汝不失孝子遂俱死初大明中粲與蕭惠開周朗同車行逢大航開駐車惠開自照鏡曰無年可仕朗執鏡良久曰視死如歸粲最後曰當至三公而不終至是果然百姓哀之謠曰可憐石頭城寧爲袁粲死不作褚淵生劉秉父子走至額擔湖王蘊逃於鬭場並禽獲斬於秣陵市任候伯等並乘船走

石頭既至臺軍已集不得入乃馳還黃回嚴兵期詰旦從御道向臺城先遣人覘視還曰朱雀橋南一長者英威毅然坐胡牀南向回曰蕭順之也遂不敢出及聞石頭已下因稱救援道成知而不言撫之愈厚方事之起也城中望石頭火光及叫聲甚盛人懷不測紀僧眞謂道成曰叫聲不絕蓋爲官軍所攻火光起者彼不容自燒其城是必官軍勝也俄報石頭城平　乙亥以王奐爲丹楊尹　蕭道成移屯閱武堂猶以重兵付黃回使西上詔假道成黃鉞　閏月乙巳道成出頓新亭

二年春正月己酉朔百官戎服入朝　己巳沈攸之爲張敬兒所斬傳首京師長沙內史庾佩玉坐攸之事誅其子沙彌至孝晝夜號痛墓在新林忽生旅松百許株人皆異之　丙子解嚴蕭道成還鎮東府二月癸未加道成太尉都督南徐十六州諸軍事道成表送黃鉞　道成以黃回終爲禍亂夏四月召入東府至停外齋使桓康數其罪殺之時人語曰欲侜張問桓康　秋八月太尉道成奏罷御府省二尚書彫飾器玩辛卯又奏禁民間華僞雜物十七條　九月

丙午詔假道成黃鉞大都督中外諸軍事太傅領揚州牧賜殊禮以揚州刺史晉熙王燮爲司徒　冬十二月丙戌皇后謝氏見於太廟　以領軍將軍蕭賾領石頭戍事　義興太守謝超宗爲太傅道成所重嘗詣東府門自通其日風寒道成謂四坐曰此人來令人不衣自煖時有秣陵人陶尙爲倖臣誣繫其弟子鏘泣血緣訴超宗憫之乃詣建康令勞彥遠言其情尙因得釋又豫章太守謝歆至石頭白服登烽火樓坐免官詣道成謝言容清雅乃宥而不問　是歲王僧虔爲尙書令飛白題省壁曰圓行方止物之定質修之不已則溢高之不已則慄馳之不已則躓引之不已則迭是故去之宜疾人以爲座右銘

三年春二月丙申震建陽門　三月甲辰加太傅道成相國總百揆封齊公加九錫揚州牧如故　己巳詔齊國官爵禮儀並放天朝道成欲置齊郡於都下議者以江右土沃流人所歸乃置於瓜步以劉懷慰爲齊郡太守懷慰至郡繕修城郭安集居人墾廢田二百頃決沈湖灌溉不受禮謁進督秦沛二郡　以石頭爲齊世子宮名聽事曰崇光殿外齋曰宣德殿　夏四月壬申朔進齊公

道成爵為王卞彬嘗謁於東府謂齊王曰殿下即東府為宮則以青溪為鴻溝鴻溝以東為齊以西為宋仍詠詩云誰謂宋遠企予望之遂大忤旨因此永廢

辛卯詔禪位於齊壬辰帝當臨軒不肯出逃於佛蓋下王敬則勒兵殿庭以板輿入迎帝太后懼自索得之引升車宮中皆哭是日百僚陪位侍中謝朏當解璽綬陽為不知朝服步出東掖門登車還宅乃以王儉代之禮畢帝乘畫輪車出東掖門就東邸右光祿大夫王琨攀車獺尾慟哭司空兼太保褚淵等奉璽綬帥百官詣齊宮大司馬門勸進

通紀[illegible]終　　　　弟作儀參訂男詒紱校字

金陵通紀卷四

江甯陳作霖伯雨編輯

齊高帝建元元年（卽宋昇明三年）夏四月甲午齊王道成卽皇帝位於南郊禮畢備法駕幸建康宮臨太極前殿大赦改元奉宋帝爲汝陰王築宮丹陽縣故治置兵衛之遷宋神主於汝陰廟奉朝請裴顗上表數帝過惡挂冠徑去帝怒殺之帝少與蕭順之款狎嘗共登金牛山路側有枯骨帝謂曰周文王以後當復有掩此者乎順之由此知帝有大志遂參佐命功蒼梧之廢也集議中華門帝見劉悛問曰君昨直耶答曰僕昨取急在外至是帝謂悛曰功名之際人所不忘卿昔在中華門答我何其欲謝世事以爲平西記室參軍又劉係宗爲帝主四方書疏皆稱旨除龍驤將軍建康令帝新立勵精圖治嘗問政於前撫軍參軍劉瓛對曰政在孝經帝歎爲儒者之言瓛初居青龍山四十未婚其友爲娶王氏乃詣澗折蘼蕪而去後住檀橋瓦屋數間上皆穿漏學徒敬慕謂之青溪先生

戊戌以皇子豫章王嶷爲揚州刺史　己亥詔二宮諸王悉不得營立屯邸

封略山湖　庚子詔宋帝后藩王諸陵墓量置守衛　自泰始以來内外多虞將帥各募部曲屯聚建康左軍將軍李安民以爲言五月辛亥詔斷衆募時有亡命王元初聚黨六合山僭大號積久無能討者安民生禽之斬建康市　己未衛士弒汝陰王以疾聞帝不之罪更爲汝陰太妃置邸都下未幾亦薨　六月庚辰帝備法駕奉七廟主入太廟　皇太子賾自以年長與帝同創大業事皆專斷信任左右張景眞司空諮議荀伯玉因太子拜陵日密啟之帝怒命檢校東宫太子還至方山豫章王嶷自東府乘飛鸞迎太子告以帝怒之意太子夜歸東宫帝亦停門鑰待之明日宣敕詰責使以太子令收殺景眞太子懼稱疾月餘帝怒不解晝臥太陽殿王敬則直入叩頭請幸東宫以慰太子帝無言敬則即呼左右索輿牽挽使登因召諸王宴於東宫之玄圃長沙王晃捉華蓋臨川王映執雉扇聞喜公子良持酒鎗南郡王長懋行酒太子與豫章王嶷王敬則自捧酒饌至暮盡醉乃還　乙酉葬宋順帝於遂甯陵　秋九月乙巳以臨川王映代豫章王嶷爲揚州刺史映臨事聰察府州曹司皆重足以奉禁令

時帝以建康多姦盜欲立符伍以相檢括右僕射王儉曰京師四方輻湊必也持符於事既煩理成不曠謝安所謂不爾何以爲京師也乃止　戊申帝幸宣武堂宴會詔諸王以下賦詩　是月秣陵縣獲白雀　冬十月己卯享太廟

十二月朱雀航華表柱生枝葉　初宋明帝紫極殿珠簾綺柱飾以金玉帝欲以其材起宣陽門褚淵等表諫乃止　是歲徵何點爲太子中庶子不就豫章王嶷嘗命駕造點點從後門遁去聞喜公子良曰豫章王尙望塵不及吾當望岫息心後點在法輪寺子良就見之點角巾登席子良欣悅無已遺以嵇叔夜酒杯徐景山酒鎗點性通脫嘗行朱雀門街或自車後盜其衣被禽點予以衣而縱之

二年春正月辛丑祀南郊　魏師南侵癸卯戒嚴詔南郡王長懋爲中軍將軍鎭石頭又於梁山置二軍南置三軍慈姥山置一軍烈洲置三軍三山置二軍白沙置一軍蔡洲置五軍長蘆置三軍徐浦置一軍以備之未幾魏師退解嚴

三月己亥帝幸樂遊苑宴會詔王公以下賦詩旣而詣華林園使各效伎藝

褚淵彈琵琶王僧虔柳世隆彈琴沈文季歌子夜來張敬兒舞王儉曰臣無所解唯知誦書因跪誦相如封禪書帝笑曰此盛德事吾無以堪之褚淵與沈文季語屢相失太子嘗宴羣臣於玄圃文季曰淵自謂忠臣不知死日何以見宋明帝太子笑曰沈率醉矣文季蓋爲右衛率云又嘗集豫章王北宅後堂二人並善琵琶酒闌淵取樂器爲明君曲文季大唱曰沈文季不能作伎兒豫章王嶷解之曰此亦無損仲容之德淵顏色無忤終曲而止淵於時多被譏切一日入朝以腰扇障面征虜功曹劉祥從側過曰作如此舉止羞面向人扇障何益淵曰寒士不遜祥曰不能殺袁劉安能免寒士未幾王奐爲尚書僕射祥與其子融同載行至中堂見路人驅驢祥曰驢汝好爲之如汝人才皆已令僕矣祥之好陵忽朝士又如此　自晉以來建康宮外城唯設竹籬而有六門西州城則樹烏榜與建康分界會有發白虎樽者言白門三重關竹籬穿不完帝感其言夏五月立六門都牆　六月癸未詔昔歲水旱曲赦丹楊等郡遭患尤劇之縣元年以前三調詳所除宥　秋七月戊午詔南郡王長懋移鎮西州　冬十

一月戊寅丹楊尹王僧虔言郡縣獄相承有上湯殺囚名爲救疾實行冤暴請禁止從之　乙巳帝幸中堂聽訟　以聞喜公子良代王僧虔爲丹楊尹子良開私倉振屬縣貧人　壬子復以豫章王嶷爲揚州刺史　豫州刺史劉善明卒帝聞其家貧賜善明子滌葛塘屯穀五百斛

三年夏六月豫章王嶷有疾帝爲大赦疾愈詔幸東府設金石樂使得乘輿至宮六門　秋七月帝親嘗酎盛暑欲夜入太廟以中書監褚淵等諫而止　焦度以破沈攸之功欲求郡不知所以置辭親人授之數百言會帝履行石頭城度卒忘所教乃大言曰度啟公度無食帝大笑賜米百斛輔國將軍周山圖亦破攸之者於新林立墅晨夜往還帝謂曰卿罷萬人都督而輕行郊外自今往墅可咨仗身自隨以備不虞　是歲帝於齋中池內見龍鬭有簫鼓音遂埋一鼎以鎮之其文曰龍鼎

四年春正月壬戌詔立國學置學生二百人以張緒爲祭酒帝重緒文學嘗幸莊嚴寺聽僧達道人講維摩經坐遠緒不聞其言乃遷僧達以近之時又有張

融善言論嘗謁帝於太極殿西室彌時乃入帝怪其遲對曰自地升天理不得速　二月乙未帝不豫庚戌詔原都下囚繫有差除元年以前逋責　壬戌帝崩於臨光殿是日太子賾即皇帝位　庚辰詔遣中書舍人優恤京師二岸貧民　夏四月庚寅奉太祖高皇帝梓宮於東府前渚升龍舟歸葬武進　舊顯陽昭陽二殿太后皇后所居也時無太后皇后羊貴嬪居昭陽殿西范貴妃居昭陽殿東寵姬荀昭華居鳳華柏殿又有婦人韓蘭英自宋孝武時入宮博識善文辭人皆以韓公呼之帝乃用爲博士使教六宮書學其宮內御所居壽昌畫殿南閤置白鷺鼓吹二部乾元殿東西頭置鐘磬兩廂皆爲宴樂之處　癸未詔雨水頻降二岸居民多所淹漬遣中書舍人與兩縣官長優量振卹　五月雷震樂游苑安昌殿電火焚蕩殆盡　六月皇太子長懋既立多招集文武士家令沈約直壽光省校四部圖書又有許懋嘗侍講崇明殿人稱經史笥　戊戌詔水潦爲災星緯失序尅日訊都下囚建康秣陵二縣貧民悉加振賜　秋九月丁巳以國哀罷國子學　是歲以王敬則領丹楊尹

武帝永明元年春正月辛亥祀南郊　時望氣者曰新林婁湖東府西有王氣甲子築青溪舊宮作新婁湖苑以厭之益州刺史劉悛獻蜀柳數株枝條甚長適舊宮芳林苑新成帝以植於太昌靈和殿前曰此柳風流可愛似張緒當年帝在東宮與劉悛最契及踐阼徵拜侍中親幸其宅宅盛修山池造甕牖帝著鹿皮冠悛披菟皮衾於牖中宴樂以冠賜悛至夜乃去後從駕登蔣山帝數歎曰貧賤之交不可忘糟糠之妻不下堂顧謂悛曰此況卿也悛拜謝又新吳侯景先嘗與帝共車行泥路至領軍府西門轅折俱狼狽景先曰兩人脫作領軍不得今日至是除景先領軍將軍還未至府詔曰今日當無折轅事耶又嘗坐景陽樓召景先語故舊唯豫章王嶷在席而已　三月丙辰詔原京師繫囚遣三署軍徒恤都邑鰥寡　帝疑車騎將軍張敬兒有異志會華林園設八關齋於坐收之夏五月丁酉殺敬兒征北諮議參軍謝超宗以姻戚坐徙越巂其子幾卿八歲別父新亭不勝痛自投於江人救之始出　冬十二月己卯雷詔振恤鰥寡貧民　以散騎常侍安成王暠領石頭戍事李安民爲丹楊尹帝嘗幸

丹楊郡宴飲御史到撝恃恩舊侮同列爲左丞庾杲之所糾以贖論　是歲移瑯邪城於白下罷秦郡以所隸縣屬齊郡

二年春正月乙亥以護軍將軍竟陵王子良鎮西州子良少有清尚嘗開西邸於雞籠山多聚古人器服以充之延集學士纂四部要略千卷一日置酒後園援琴以授柳惲使彈惲播爲雅弄子良曰卿巧越嵇心妙臻羊體以受琴法於嵇元榮羊蓋故也每夜讌輒刻燭爲詩蕭文琰猶以爲緩乃與邱令楷江洪等共打銅鉢響絕而詩成時後進名流以劉繪爲領袖與張融周顒並臨淮水而居時人語曰三人共宅夾清漳張南周北劉中央　壬寅以王儉代李安民領丹楊尹儉嘗宴於樂遊苑蕭琛負其才氣著虎皮靴策桃枝杖直造儉坐儉與語大悅辟爲主簿又嘗指北堂謂功曹袁昂曰卿必居此　敕朝臣集總明觀聽講時邱靈鞠爲東觀祭酒曰人居官願數遷使我終身爲祭酒不恨也何佟之以揚州從事爲總明觀學士都下稱爲醇儒　夏六月中書舍人茹法亮封望蔡男時中書四人各住一省謂之四戶法亮及呂文顯尤擅權文顯曾爲秣

陵令有能名法亮廣開宅宇杉齋光麗與延昌殿相埒後爲魚池釣臺土山樓館長廊將一里竹木花藥之美公家苑囿所不及　秋八月丙午帝幸青溪舊宮小會設金石樂在位者賦詩詔降宥京師獄及三署見徒戊申幸玄武湖講武壬子詔掩埋都下毀發墳墓疾病窮困詳加霑賚　冬十月丁巳以南徐州刺史長沙王晃爲中書監時禁諸王畜仗在都下者唯置捉刀左右四十人晃愛武飾罷郡還私載數百人仗入建康爲禁司所覺投諸江帝將糾以法豫章王嶷解之而止後帝幸鍾山晃騎從以矟刺道邊枯蘖帝令數人引之不出晃復馳馬拔之應手便去每邊州獻駿馬帝輒令晃於華林中調試之帝待諸弟疏薄唯與豫章王嶷友愛無閒嶷邸起土山列種桐竹名爲桐山帝幸之顧臨川王映曰王邸山亦有嘉名不曰臣好棲靜因以爲稱又問武陵王曄曄曰臣山卑不足棲靈昭景唯有薇蕨直號首陽帝曰此勞者之歌也後宴豫章王東田獨不召曄嶷曰風景殊美今日甚憶武陵王帝乃呼至酒所既又於華林賭射屢發皆中賜錢五萬久之出爲江州刺史帝求其宅給諸皇子曄曰先帝賜

臣此宅使歌哭有所陛下欲以州易宅臣請不以宅易州帝銜之尋入爲丹楊尹　宋元嘉之世諸王入齋閤得白服帬帽見人主唯出太極四廂乃備朝服自後此制遂絕帝與嶷宮中曲宴聽依故事嶷固辭唯車駕幸其第乃白服烏紗帽以侍宴帝嘗出新林苑與嶷同輦夜歸至宮門嶷辭出帝曰今夜行無爲尉司呵也對曰京輦之內皆屬臣州願陛下無慮帝大笑嶷妃庾氏嘗有疾及瘳帝幸嶷邸設金石樂宮人畢至登桐臺眺望盡日極歡嶷自以位望隆重深懷退素北宅舊有田園之美因作小眠齋其中爲退休所聞東宮玄圃中柏屋古拙乃啟送東府所居之齋於皇太子帝不許又求解揚州以授竟陵王子良帝曰終汝一世無所多言

三年春正月辛卯祀南郊大赦都邑三百里內振卹二縣貧民　詔復立國學以陸澄爲博士王儉嘗問曰崇禮門有鼓不鳴何也澄曰江左草創崇禮闥皆是茅茨故設鼓有火則扣以集衆相傳至今　二月辛丑祭北郊　夏五月乙未帝以國學既立省總明觀時王儉爲國子祭酒詔於儉宅開學士館以總明

四部書充之又詔儉以家爲府十日一還學監試諸生巾卷在庭儀衛甚盛嘗作解散髻斜插簪朝野傚之　皇太子長懋講孝經於崇正殿少傅王儉令太子僕周顒撰爲義疏顒於鍾山西立隱舍休沐則歸儉謂曰卿山中何食曰赤米白鹽綠葵紫蓼太子嘗問菜味孰美顒曰春初早韭秋末晚菘顒又爲太子書玄圃茅齋壁得衛恒散隸法秋太子觀穫東田顧范雲曰此刈甚快意雲曰願殿下毋忘稼穡之艱難　七月辛丑詔丹楊所領及餘二百里見囚同集京師八月乙未帝聽訟於中堂　以新吳侯景先爲丹楊尹昇明中景先在江州夜登城聞塹中有人呼蕭丹楊尋之不見以白帝帝曰安知汝後不領丹楊及是授謂曰此以驗塹中言耳　是夏琅邪郡旱枯苗至秋復熟　以呂僧珍知行軍衆局事隨蕭順之討富陽賊僧珍宅在建陽門既受任不復入焉

四年春正月辛卯策試秀才於中堂　閏月辛亥耕藉田　甲寅帝幸閱武堂勞酒小會戊午幸宣武堂講武三月幸國學講孝經　臨沂縣麥不登刈爲馬芻至夏更苗秀　五月癸巳詔揚南徐二州今年戶租三分二取見錢一分取

布　帝欲修白下城而難於動役建康令劉係宗啟謫役在東人丁隨唐寓之爲逆者帝從之後因講武履行白下曰劉係宗爲國家得此一城齊世畿縣令多有能名建康令劉系明吏治爲天下第一孫廉亦爲建康令問爲政於傅翽翽曰清則憲綱行而吏不能欺勤則事自理而物無凝滯時以爲名言又鍾岏爲建康令著良吏傳十卷江革爲建康正頻遷秣陵建康令爲政明肅王沈爲秣陵令清廉戒愼周洽爲句容令廉約無私賈希鏡爲句容令貫通譜學褚球爲溧陽令在縣清白轉建康令强直不畏權貴皆其卓卓者也　是歲丹陽縣獲白兎

五年春正月衛將軍王儉與王敬則並加開府儀同三司徐孝嗣候儉於崇禮門嘲曰今日可謂連璧儉曰不意老子與韓非同傳孝嗣嘗從幸方山帝曰朕經始此山之南復爲離宮應有過靈邱（靈邱山者新婁湖苑也）對曰繞黃山款牛首乃盛漢之事今江南未廣願陛下少更留神乃止　是月皇太子長懋臨國學策試諸生　三月戊子帝幸華林園禊宴　夏四月庚午殷祠太廟詔減京師罪囚

六月京師水遣官隨宜振賜　秋七月戊申詔貸丹楊屬縣逋租　帝數游幸諸苑囿載宮人從後車宮內不聞端門鼓漏聲置鐘於景陽樓宮人三更聞鐘即起莊飾嘗往琅邪城早發至湖北埭雞始鳴故埭以雞鳴名焉每七月七日使宮人集層城觀穿鍼乞巧又立商飈館於孫陵岡是歲九月辛卯車駕登高於此世遂呼爲九日臺　冬十月起新林苑帝幸之敕羽林監張欣泰隨駕廉察欣泰宅在南岡下面接松山嘗負弩射雉以自樂焉　十一月戊子皇孫南郡王昭業冠於東宮崇正殿　立正覺禪靈二寺使徐希秀書碑（希秀子瀰後歷秣陵建康令）

六年春正月壬午詔二百里內囚集京師剋日太子長懋於玄圃園宣猷堂臨訊　夏四月石子岡柏木化爲石　以王晏爲丹楊尹監吳郡袁彖嘗忤晏晏因事陷之免官付東冶既而帝遊孫陵岡望東冶曰此中有一貴囚數日與朝臣幸冶釋出之　祖沖之有巧思高帝嘗使於樂游苑與北人索馭驎各造指南車校試不及乃毀之後造千里船試行於新亭江日百餘里至是又造水碓

磨帝親臨苑視之　秋九月壬寅帝幸琅邪城講武未幾又登烽火樓召羣臣賦詩　冬十月立冬初臨太極殿讀時令　十一月丙戌土霧竟天如煙入人眼鼻三日乃止　有甘露降芳林園故山堂桐樹　是歲以南海王子罕爲南琅邪太守鎮白下

七年春正月辛亥祀南郊大赦普賜建康秣陵貧民　帝優禮南昌公王儉詔三日一造朝尚書令史出外諮事後猶以往來煩數命還尚書下省月聽十日出外儉固求解選事乃改中書監夏五月乙巳儉卒其子騫性凝簡不事產業有舊墅在鍾山八十餘頃與諸宅及故舊共佃之　六月丁亥帝幸琅邪城揚州刺史豫章王嶷以疾啟求還第帝令其世子子廉代鎮東府車駕數幸嶷第以宋長甯陵隧道當前路惡之徙其表闕騏驎於東岡　帝從弟西昌侯鸞夫人劉氏卒葬於江乘之張山　竟陵王子良表爲劉瓛立館詔以揚烈橋故主第給之時吳苞亦聚徒教學與瓛俱於褚淵宅講授諸生朝聽瓛夕聽苞也

以太子詹事張緒領揚州中正

八年夏四月己巳京師陰雨十七日　六月丙申大雷雨有黃光竟天照地色如金司徒法曹王融上金天頌王摛曰是非金天乃榮光也帝大悅摛嘗爲秣陵令清直自遂羽林隊主潘敞有寵二宮婦弟犯法敞爲請摛投書於地更鞭四十敞怨譖之明日而代　乙酉京師大風發屋水涌百官戎服救太廟虞悰朱衣乘車鹵簿於宣陽門外入行馬內驅人被奏見原悰與帝有布衣之舊帝嘗幸華林園就悰求味悰獻粣及雜肴數十輿太官鼎味不及也　秋八月荆州刺史巴東王子響殺長史劉寅等詔丹楊尹蕭順之將兵討捕且命豫章王嶷還鎮東府竟陵王子良還鎮石頭子響聞臺軍上白服迎詔順之承太子旨害之帝心甚恨百日於華林爲子響作齋見順之嗚咽移時他日出景陽山有一猨透擲悲鳴問後堂丞知因其子墮崖死乃念及子響悲不自勝順之慙懼以憂卒以鄱陽王鏘爲丹楊尹　丙寅建康霖雨遣中書舍人及長吏振恤

冬十月桃李再華占曰人君妃妾過制虛飾無實則桃李再華時後宮萬餘人宮內不容太樂內茅屋皆暴露　是歲以散騎常侍始興王鑑領石頭戍事

九年春正月辛丑祀南郊降都下見四　詔太廟四時祭薦並以生平所嗜上獻時帝夢太祖謂已宋氏諸帝常在廟求食可別爲吾致祠乃命豫章王妃庾氏祠二帝二后於青溪故宅　帝以與始興王鑑久別乃幸石頭宴會賞賜還爲右衛將軍未拜遇疾二月南康王子琳青楊巷新第成帝與後宮臨幸樂飲聞鑑疾篤爲之止樂俄報鑑卒　三月帝禊飲華林園使王融爲曲水詩序癸巳明堂災　夏四月帝幸琅邪城送魏使李彪命羣臣賦詩以寵之　五月己未樂游苑正陽堂災　秋八月甘露降上定林寺　都下大水司徒子良開倉振救於第北立廨收養給衣及藥　秋九月戊辰帝幸琅邪城講武觀者傾都時帝欲北侵於石頭造露車三千乘使毛惠秀畫漢武北伐圖張琅邪城射堂壁上丹楊丞王融因上北伐議焉融自恃門地三十望爲公輔及爲中書郎行遇朱雀桁開路人填塞乃搥車壁曰車中乃可無七尺車前那可無八騶左光祿大夫柳世隆曉數術於倪塘創墓與賓客踐履常坐一處至是卒墓工圖墓正取其坐處焉世隆子惔嘗豫烽火樓宴帝甚賞其詩　先是明僧紹居江乘攝山聞釋僧

遠夙德往候定林寺太祖嘗欲出寺見之僧遠謂曰天子若來居士何以相對僧紹曰山藪之人正當鑿坏以遁若不獲命當依戴公故事既而遁還山至是帝徵爲國子博士不就乃建棲霞寺以居之賜竹根如意筍籜冠儒者以爲榮

是歲秣陵縣鬬場里安明寺有木剖之自然有法大德三字

十年夏四月揚州刺史太傅豫章王嶷卒敕貨雜物服飾數百萬爲起集善寺

五月己巳以竟陵王子良爲揚州刺史沈瑀時爲揚州從事建康令沈徽孚恃勢傲瑀瑀以法繩之衆憚其强後有建康令蕭誕與秣陵令司馬迪同乘車前導四卒左丞沈昭略奏凡有鹵簿官共乘不得兼列騶寺請免誕等官詔以贖論　秋七月宴魏使宋弁於瑤池堂　冬十月殷祭太廟　乙丑帝幸玄武湖講武　敕太子家令沈約撰宋書又使王智深撰宋紀召見扶容堂賜衣服給宅後書成於濬明殿獎慰之時有王斌者亦名士初爲道人於瓦官寺聽雲法師講弊衣坐僧正慧超席側慧超罵爲隊父斌笑曰既有敘勳僧正何爲無隊父道人未幾還俗因約有四聲譜遂著四聲論焉　奉朝請陶弘景脫朝服挂

神虎門上表辭祿詔許之及發公卿祖於征虜亭供帳甚盛遂歸止句曲山自號華陽陶隱居　釋寶誌自宋泰始以來出入鍾山常顯靈異帝惡其惑衆收付建康獄旦日咸見游行市里既而檢校猶在獄中縣令呂文顯以聞乃迎入華林園供養靈味寺釋寶亮欲遺以衲被未言寶誌來忽掣被去衆益神之

以安成王子敬代鄱陽王鏘爲丹楊尹　十一月霖雨遣振建康秣陵窮民

是歲蘭陵民齊伯生於六合山獲金璽一紐文曰年予玉

十一年春正月癸丑詔原遣京師見囚　太子長懋與竟陵王子良俱好佛立六疾館以養貧人太子嘗召道士孟景翼入玄圃衆僧大會子良欲使禮佛景翼不肯太子性奢靡宮內殿堂皆雕飾精綺過於上宮開玄圃園妙極山水慮帝宮中望見乃旁列修竹外施高障又求於東田立小苑使東宮將吏更番築役營城包巷彌亘華遠體素多病是月丙子薨於東宮崇明殿帝臨哭盡哀見其服玩過制敕有司隨事毀除以東田殿堂爲崇虛館　三月震東齋棟崩

夏四月詔東宮文武悉改爲太孫官屬管書記宗夬以昭業多失德求出爲秣

陵令　五月戊辰以旱故都下二縣權斷酒　朱幼方子懌殺朱謙之於津陽門報父仇也謙之兄翼之又刺殺懌帝以其皆義事赦之　六月壬午詔霖雨既過遣使振䘏京師貧民　秋七月丁巳詔風水爲災二岸居人宜加優給先是童謡云赤火南流喪南國至是有沙門𧶽赤火至云以療疾都下咸言聖火禁之不止　是月魏人揚言南伐詔發揚徐民丁以備之竟陵王子良於東府募兵板王融爲甯朔將軍使典其事（融爲道琰子與前云奐子融是二人）會帝不豫徙御延昌殿始登階而屋鳴帝惡之詔子良甲仗入殿侍醫藥戊辰魏師信急帝慮朝野憂遑力疾召樂府奏伎子良啟進沙門於殿戶前誦經帝爲感夢見優曇鉢花子良案佛經宣旨使御府以銅爲花插御牀四角日夜在殿內太孫昭業閒日參承戊寅帝疾暴絕太孫未入王融欲矯詔立子良於中書省閤口斷東宮仗不得進頃之帝蘇問太孫因召東宮器甲皆入俄而帝崩遺詔子良輔政事無大小與西昌侯鸞參懷又云內殿鳳華壽昌曜靈三處是吾所改制奢儉得中愼勿壞去顯陽殿玉像諸佛可盡心供養王融聞喪乃處分以子良兵禁諸門

西昌侯鸞急馳至排雲龍門而入因奉太孫登殿命左右扶子良出指揮部署殿內無不從命融知事不遂釋仗還省以待譴　是日太孫昭業卽皇帝位昭業少養於子良妃袁氏從住西州矯情飾詐別作鑰鉤夜開後閤至諸營署淫宴及爲太孫居東宮當世祖疾甚時作喜字三十六報何妃於西州大斂始畢悉呼諸伎奏樂素好狗馬毀世祖所起招婉殿爲馬埒以其材賜閹人徐龍駒因王融之謀深忌子良大行出太極殿子良居中書省使虎賁中郎將潘敞領仗屯太極西階以防之既成服諸王皆出子良請停至山陵不許俄收融付廷尉賜死　癸未蠲除三調及衆逋省御府及無用池田邸冶減關市征稅　九月世祖武皇帝梓宮下渚帝於端門內奉辭亟稱疾還裁入閤卽奏胡伎焉冬十月壬寅奉皇太后王氏居崇德宮　十二月皇太后與皇后何氏謁太廟皇后嬖人何澄嘗於南岸逼略人女爲秣陵令所錄帝命出之澄又逼取姨女爲妾姨訟之建康令沈徽孚曰姨女可爲婦不可爲妾澄曰僕父爲給事中門戶已成姨寒賤正可爲妾耳徽孚呵遣之　是歲以徐孝嗣爲丹楊尹

鬱林王隆昌元年春正月辛亥祀南郊戊午拜世宗文皇帝崇安陵（文惠太子墓也）二月辛卯祀明堂　夏四月揚州刺史竟陵王子良疾篤淮中魚無算皆浮出水上戊子王卒先是豫章王葬金牛山文惠太子葬夾石子良臨送望祖硎山歎曰北瞻吾叔前望吾兄死而有知請葬茲地至是竟葬焉閏月戊辰以新安王昭文爲揚州刺史　帝寵幸中書舍人綦毋珍之朱隆之直閤將軍曹道剛周奉叔宦者徐龍駒等珍之專擅自恣迎母湖熟輒將青氅百人鼓角橫吹塡咽都下得一銅鏡背有三公字乃就蔣王廟乞應鏡兆龍駒爲後閤舍人常居含章殿著黃綸帽被貂裘南面向案代帝畫敕左右侍直與帝無異帝自山陵之後卽與左右微服遊走市里賞賜無數世祖所聚上庫齋庫錢帛未期歲用垂盡好於崇安陵隧中擲塗賭跳作諸鄙戲嘗夜醉乘馬從宮內西步廊向北馳倒地征南諮議蕭坦之與曹道剛扶抱還壽昌殿瑇瑁牀上臥請譬良久乃眠韓護善騎馬帝呼入華林園令騎大賞之又召皇后親戚入宮居曜靈殿齋閤通夜洞開外內淆雜無復分別西昌侯鸞以帝淫昏有異謀連啓收龍駒奉叔

珍之殺之帝深憚鸞謀出之於西州未行一日在華林園華光殿露著黃縠褌跂腳垂下牀謂蕭坦之曰人言鎮軍與王晏蕭諶謀我有諸坦之方爲鸞耳目乃曰天下甯當有此誰樂無事廢天子耶鸞慮事變遂趣坦之等行事秋七月壬辰衛尉蕭諶先入省殺曹道剛朱隆之等鸞引兵自尚書省入雲龍門帝在壽昌殿聞亂使閉內殿諸房閤令閹人登興光樓望還報云一人戎服從數百人急裝在西鐘樓下須臾諶領衆入宮截壽昌閤帝走趨後房自刺不殊輿出延德殿行至西弄弑之殯於徐龍駒宅先是沙門寶誌住東宮嘗從平昌門入忽云門限上血污人褰裳走至是載帝尸出頸血果流於門限焉又永明中百姓好著破後帽始自建康達於四遠人皆以爲服妖　癸巳以太后令廢帝爲鬱林王迎立新安王昭文朝臣被召入宮國子祭酒江斆至雲龍門託疾而去

海陵王延興元年 卽隆昌元年 秋七月丁酉新安王昭文卽皇帝位大赦改元以鸞爲驃騎大將軍錄尚書事揚州刺史封宣城郡公鎮東府　鸞權勢隆重志意叵測制局監謝粲說鄱陽王鏘及隨王子隆曰殿下但乘油壁車入宮出天子

置朝堂夾輔號令粲等閉城門上仗誰敢不從東城人正當縛送蕭令耳子隆欲定計銲猶豫九月謀泄癸酉鸞遣兵圍銲第殺銲并子隆謝粲等　冬十月丁酉進鸞太傅揚州牧爵爲王鸞謀繼大統多引朝廷名士侍中謝朏求出守吳興弟瀹送至征虜渚朏指瀹口曰此中唯宜飲酒　戊戌宣城王鸞大殺諸王桂陽王鑠見鸞東府還謂左右曰錄公見接殷勤而面有慙色必殺我也是夕遇害江夏王鋒遺書誚鸞鸞不敢於第收鋒使兼祠官於太廟夜遣人殺之巴陵王子倫鎮琅邪有守兵鸞恐其不肯就死使典籤華伯茂酖之又殺衡陽王鈞建安王子眞於是宗室有才望者盡矣　辛亥宣城王鸞以太后令廢帝爲海陵王而自立

明帝建武元年（即延興元年）冬十月辛亥宣城王鸞即皇帝位大赦改元皇太后出居鄱陽王故第號宣德宮　十一月癸酉詔省新林苑民地悉以還主　是日以始安王遙光爲揚州刺史其從事沈瑀部送人丁速而無怨乃令瑀專知州獄事湖熟縣方山埭高峻冬月行旅以爲艱帝使瑀行修之瑀乃開四洪斷行

客就作三日便辦揚州書佐私行詐稱州使不肯就作瑀鞭之書佐歸訴遙光曰沈瑀必不枉鞭汝覆之果詐帝復使瑀築赤山塘工費減材官所量數十萬帝益重之　詔省尚方雕刻舊延昌殿爲武帝陰室藏諸服御二少帝並居西殿及帝居東齋開陰室出武帝白紗帽防身刀中書舍人茹法亮唏噓流涕乙酉立寢廟於御道西（祀帝父景皇母懿后也）改華林鳳莊門爲望賢門太極東堂畫鳳鳥題爲神鳥而改鸞鳥爲神雀（避帝兄始安靖王諱及御名也）弑海陵王　是歲以晉安王寶義爲右衛將軍鎮石頭

二年春正月辛未詔降京師繫囚殊死以下己卯詔京師二縣毀發墳壠隨宜掩埋　丁酉以魏師南伐內外纂嚴使太尉陳顯達都督諸軍事往來新亭白下以壯聲勢二月丁卯魏主使臨江數帝罪惡時魏使盧昶等猶在建康帝使飼以蒸豆昶怖懼食之謁者張思甯辭氣不屈死於館下三月魏師退甲申解嚴　夏四月己亥朔詔三百里內獄訟集京師尅日聽覽　南徐州刺史蕭諶以不得揚州怨望六月壬戌帝遊宴華林園坐罷留諶晚出至閤仗身執還省

使數其罪殺之　冬十月癸卯詔罷世宗東田毀興光樓　十二月丁酉詔修晉陵增守衛

三年以蕭衍爲羽林監領四廂直鎭石頭　永世令樂預卒官有一媪擔槲蔌葉造市貨之聞而大泣棄葉溪中曰失樂令我輩正應就死市人亦皆泣其惠化如此

四年春正月虎犯郊壇攫傷人　尚書令王晏自恃佐命功事多專決浸爲帝所忌丙辰召晏於華林省殺之　伏曼容拜中散大夫有宅在瓦官寺東施高坐於聽事每客至輒升而講説生徒常數十百人後其孫挺亦於潮溝宅中講論語聽者傾都　是歲青溪宮東門無故自崩大風拔東宮門外楊樹尉氏阮孝緒曰青溪皇家故宅齊爲木行東爲木位今東門自壞木其衰矣

永泰元年春正月帝有疾以諸子幼弱欲盡殺高武子孫以問始安王遥光遥光有足疾令乘輿自望賢門入遂勸帝以次施行丁未殺河東等十王　夏四月會稽太守王敬則自以高武舊將心不自安遂舉兵反以奉南康侯子恪爲

名子恪豫章王嶷子也亡走未知所在帝於是悉召諸王侯入宮晉安王寶義江陵公寶覽等處中書省高武諸孫處西省其夜令太醫煮椒二斛都水辦棺材數十具須三更當盡殺之子恪徒跣自歸二更達建陽門刺啟帝時已眠撫牀驚曰遥光幾誤人事乃賜王侯供饌明日悉遣還第　五月以尚書右僕射沈文季爲持節都督屯湖頭備京口路驃騎將軍劉悛出守瑯邪城時帝疾已篤敬則倉卒起事朝廷震懼太子寶卷使人上屋望見征虜亭失火謂敬則至急裝欲走敬則聞之喜未幾前軍司馬左興盛斬敬則乙酉傳首京師　秋七月己酉帝崩於正福殿當帝疾時巫云後湖水頭經過宮內致帝有疾帝乃自至太官行水溝左右啟太官無此水則不立帝決意塞之欲引淮流會崩事遂寢　是日太子寶卷卽皇帝位惡梓宮在太極殿欲速葬八月奉高宗明皇帝歸葬武進劉悛父勔戰死朱雀航終身不行此路及是衞送山陵過之感慟至曲阿而卒　冬十月癸亥詔右將軍蕭坦之右僕射江祏更直殿省總監宿衞辛未詔衞尉劉暄侍中江祀更直延明殿時始安王遥光尚書令徐孝嗣與坦

之等在內省分日帖敕謂之六貴　徵吳苞爲太學博士不就遙光等乃爲立館鍾山下教授時又有孔嗣之自廬江太守去官隱居鍾山詔以爲太中大夫

東昏侯永元元年春正月辛卯祀南郊　秋七月辛未淮水變赤如血　建康大風十圍樹及官舍民屋皆偃拔　京師地震自此至來歲晝夜不止　丁亥濤水入石頭漂殺緣淮居民詔賜死者材器並振恤　八月乙巳蠲京邑今年調稅　右僕射江祏侍中江祀以帝多失德欲廢帝而立始安王遙光衛尉劉暄意不同遙光怒遣左右黃曇慶刺暄於青溪橋曇慶見暄部伍多不敢發暄覺之遂發祏祀謀時祀直內殿帝就收之而召祏入見停中書省使袁文曠并祀殺之因召遙光入告以祏罪遙光懼還省即陽狂稱疾不復入臺先是遙光弟豫州刺史遙昌卒其部曲皆歸遙光及荊州刺史遙欣喪還停東府前渚亦遙光弟也荊州送力甚盛帝慮遙光不自安欲遷爲司徒使還第召入喻旨遙光恐見殺乙卯晡時收集荊豫二州部曲於東府東門召丹楊丞劉渢等議舉兵以討劉暄爲名夜遣人破東冶出囚於尙方取仗又召驍騎將軍垣歷生歷

生隨信而至右將軍蕭坦之宅在東府城東遣人掩取之坦之露袒踰垣走向臺道逢遊軍主顏端告以遙光反不信自往訶得實乃以馬與坦之相隨去比至新亭逕中收遙光所虜之餘凡二百餘人因進西掖門開鼓後遂入殿內遙光又掩尙書左僕射沈文季於其宅不得其夕四更主書馮元嗣叩北掖門告變向曉召尙書令徐孝嗣入左將軍沈約聞亂馳入西掖門或勸戎服約曰戎服啟人疑乃朱衣赴臺垣歷生勸遙光帥兵夜攻宮城輦荻燒門遙光狐疑不敢出天稍明遙光戎服出聽事命上仗登城行賞歷生復請出軍遙光不肯冀臺中自有變丙辰臺中部分粗定假蕭坦之節督軍並曲赦都下中外戒嚴徐孝嗣以衣屯衛宮城孝嗣內自疑懼與沈文季共坐南掖門上欲要文季以門爲應四五日之文季輒亂以他語乃止坦之屯湘宮寺太子右衛率左興盛屯東籬門鎭軍司馬曹虎屯青溪大橋衆軍圍東城三面燒司徒府遙光遣垣歷生自西門出戰敗臺軍戊午遙光諮議參軍蕭暢與撫軍長史沈昭略自南門出詣臺自歸衆情大沮己未歷生從南門出戰因棄矟降曹虎斬之其晚臺軍

以火箭射東北角樓至夜城潰遙光還小齋帳中著衣帢坐秉燭自照齋閤皆重關軍主劉國寶等先入遙光滅火入牀下軍人牽出斬之劉渢爲亂軍所殺帝爲兒時遙光與共齋居住帝每呼爲安兒後登舊宮土山望東府愴然呼曰安兒其見思如此揚州從事陸閑知遙光將作難感心疾不豫州事及遙光反或勸去之閑曰吾爲人臣豈可逃死城陷被收行至杜姥宅徐世標命殺之子絳抱閑頸求代不獲俱見害　己巳以蕭坦之爲丹楊尹　以晉安王寶義爲揚州刺史　江祏等既敗帝益無所忌日夜與近習於後堂鼓叫戲馬常以五更就寢至晡乃起捉刀應敕之徒恣横用事京師語曰欲求貴職依刀敕須得富豪事捉刀諸嬖倖憚蕭坦之剛狠遙光死後二十餘日帝遣延明主帥黄文濟將兵圍坦之宅殺之未幾劉暄亦爲茹法珍所譖賜死於是大臣人莫自保司空徐孝嗣欲因帝出遊而行廢立未果冬十月帝召孝嗣及領軍將軍沈文季文季從子侍中昭略入華林省賜以藥酒孝嗣謂昭略曰始安事起賢叔若同吾謀無今日之恨乃皆就死　江州刺史陳顯達聞大臣屢誅内懷危懼十

一月舉兵尋陽云奉建安王爲主乙丑詔護軍將軍崔慧景討之加號平南將軍以左衛將軍左興盛督前鋒軍屯新亭輔國將軍徐世標屯杜姥宅十二月甲申顯達自采石進軍於新林興盛帥諸軍拒之顯達多置屯火於岸側潛軍夜渡由石頭北上乙酉親帥數千人登落星岡新亭諸軍聞之奔還宮城大駭閉門設守復召諸王侯入臺顯達執馬矟從步兵數百與臺軍戰於西州前再合皆勝手殺數人矟折臺軍繼至顯達不能抗走至烏榜村騎官趙潭刺落馬斬之血涌湔籬門如湇于伯之被刑是時大雪梟首朱雀航而雪不集其長史庾弘遠斬於航側謂觀者曰吾非賊乃是義兵爲諸君請命耳子曜年十四抱父乞代亦殺之　帝既誅顯達益自驕恣喜出遊走所過先驅斥人家唯存空宅尉司擊鼓蹋圍聞聲者奔走不及輒殺之從萬春門以東至郊外數十里初無定所巷陌縣幔爲障置人防守謂之屏除亦曰長圍每三四更中鼓聲四出幡戟橫路老幼震驚有棄病人於青溪邊者吏懼爲有司所問推置水中嘗至沈公城有一婦臨產未去因剖視其胎丹楊尹王志被驅急匿朱雀航南酒壚

中中夜方得羽儀而歸又嘗至蔣山定林寺有病沙門藏草間命左右射殺之素有膂力好擔幢學乘馬於東冶營兵俞靈韻常急裝縛袴淩冒雨雪不避阬穽渴乏輒解取腰間蠡器酌水飲之復上馬馳去又置射雉場二百九十六處往來略不暇息

二年春正月元會帝食後方出朝賀甫畢卽還殿西序寢自巳至申百僚陪位皆僵仆飢甚比起就會匆遽而罷　二月豫州刺史裴叔業以壽陽降魏詔平西將軍崔慧景討之軍頓白下將發帝屏除出瑯邪城餞送召慧景單騎入圍慧景心惴恐旣辭去喜曰頭非復小豎等所折也至廣陵反還兵內向壬子詔右衛將軍左興盛督建康水陸軍討之慧景率衆自京口濟江南徐州刺史江夏王寶玄開門納之乘八掆輿手執絳麾隨慧景向建康驍騎將軍張佛護直閤將軍徐元稱等據竹里爲數城以拒之與慧景軍合戰慧景前鋒崔覺崔恭祖所將皆荒傖善戰又輕行不爨食以數舫緣江載軍糧每見臺軍煙火起輒擾之臺軍不復得食以此飢困恭祖遂拔其城斬佛護元稱降慧景至臨沂縣

令李玉之發橋斷路慧景收殺之乙卯中領軍王瑩都督衆軍據湖頭築壘上帶蔣山西巖實甲數萬慧景至查硎竹塘人萬副兒進計曰今平路皆爲臺軍所斷不可議進唯宜從蔣山龍尾上出其不意耳乃分遣千餘人魚貫緣山自西巖夜下鼓叫臨城中臺軍卽時驚奔王瑩赴水乘舫入樂遊苑因得還臺左興盛帥衆三萬人拒慧景於北籬門亦望風退走不得入宮逃淮濱荻渚中慧景禽殺之甲子慧景入樂遊苑崔恭祖帥輕騎十餘突入北掖門乃復出宮門皆閉慧景引衆圍之於是東府石頭白下新亭諸城皆潰宮中遣兵出盪不克慧景燒蘭臺府署爲戰場守御尉蕭暢屯南掖門處分城內隨方應拒衆心稍安巴陵王昭胄出投慧景慧景欲舍寶玄而立之猶豫未定崔恭祖勸慧景以火箭燒北掖樓慧景以大事垂成後若更造費用功多不從慧景深解佛理頓法輪寺逼召何點赴其軍與之終日談義不恤軍事時人閒無薪點悉伐園樹以贍親黨臺城圍急帝密召豫州刺史蕭懿於小峴懿帥軍主胡松李居士等數千人自采石渡江頓越城舉火城中鼓叫稱慶恭祖先欲以二千人斷西岸

兵令不得渡慧景不從至是請擊懿軍又不許獨遣崔覺將精手數千渡南岸懿軍昧旦進戰覺大敗赴淮死者無算覺單馬退開桁阻淮恭祖頓軍興皇寺掠得東宮女伎覺逼奪之恭祖積忿遂與驍將劉靈運詣城降夏四月癸酉慧景棄軍潛遁懿軍度北岸慧景餘衆皆走圍城凡十二日而敗慧景單馬至蟹浦爲漁人所斬以頭納鰌鰪內送建康恭祖繫尚方少時與覺皆伏誅　寶夤初至建康軍東城士民多往投集及是逃亡數日乃出帝召入後堂以步障裹之令左右鳴鼓角繞其外謂曰汝近圍我亦如此尋殺之昭胄兄弟出投軍主胡松詔各以王侯就第　乙丑曲赦建康南徐兗二州　六月庚寅帝於樂遊苑內會如三元都下女人放觀　秋七月甲辰夜後宮火時帝出未還諸房閤已閉不敢輒開死者相枕領軍將軍王瑩率衆救火唯東閤內明帝舊殿及太極殿得全餘皆蕩盡帝慮有變不敢便歸先至東宮久之乃入八月甲申後宮又火燒曜靈等殿及柏寢北至華林西至祕閣三千餘間皆盡時有趙鬼能誦西京賦謂帝曰柏梁既災建章是營帝乃大起芳樂芳德仙華大興含德清曜

安壽等殿又別爲潘妃起神仙永壽玉壽三殿皆帀飾以金璧其玉壽殿中作飛仙帳江左舊物有古玉律數枚裁以鈿笛莊嚴寺玉九子鈴外國寺佛面光相禪靈寺塔諸寶珥悉剝以施潘妃殿飾又取瓦官寺玉像爲潘妃作釵釧武帝興光樓上施青漆世人謂之青樓帝曰武帝不巧何不純用琉璃府庫舊物不復充用貴市民閒金寶價皆數倍建康酒租皆折使輸金猶不足又下揚南徐二州橋桁塘埭丁計功爲直斂取見錢由是百姓困盡號泣道路　尚書令蕭懿勳高望重茹法珍譖之長史徐曜甫偵得密具舟江渚勸懿西奔懿曰自古皆有死豈有叛走尚書令耶冬十月己卯帝賜懿藥於省中與弟融俱死子業藻象逃匿於王嚴秀家詔收嚴秀付建康獄榜掠至死不言其處遂免懿弟雍州刺史衍聞之因起兵襄陽與荊州西中郎長史蕭穎胄共奉南康王寶融爲主移檄建康數帝罪惡　是歲以建安王寶寅領石頭戍事

三年春正月丙申朔帝與宮人於閱武堂元會皇后褚氏正位閹人行儀帝戎服臨視　辛亥祀南郊　二月丙寅乾和殿西廂火　壬午詔遣羽林兵征雍

州中外戒嚴　始納橫吹五部於殿內晝夜奏之　夏六月京師雨水遣中書舍人二縣官長振賜有差　帝以閱武堂爲芳樂苑當暑種樹百無一生插葉繫花取玩俄頃山石皆塗以五采跨池水立紫閣諸樓又於苑內立市使宮人宦者共爲販買潘妃爲市令自爲市吏錄事小有得失妃輒予杖復開渠立埭躬自引船埭上設店坐而屠肉時人歌云閱武堂種楊柳至尊屠肉潘妃沽酒嘗東入樂游苑人馬皆驚以問覡鬼人朱光尙光尙曰曏見先帝大嗔不許數出帝大怒縛菰作明帝形北向斬之縣首苑門　竟陵王故防閤桑偃與巴西太守蕭寅謀立巴陵王昭冑時軍主胡松屯新亭寅遣人說之曰須昏人出寅等奉巴陵王向臺閉城號令昏人必還就將軍但閉壘不應則三公不足得也松許諾御刀朱光尙微聞之以鬼道說帝曰昨見蔣王云巴陵王在外欲反須官出行乃從萬春門入事不可量帝大懼四十餘日不出謀遂泄昭冑與偃寅皆伏誅新除雍州刺史張欣泰亦密結胡松及前南譙太守王靈秀等誅諸嬖倖而廢帝會帝遣中書舍人馮元嗣監軍救郢秋七月甲午帝左右茹法珍梅

蟲兒及太子右率李居士制局監楊明泰送之中興堂欣泰等使人懷刀於坐斫元嗣首墜果柈中又斫明泰破其腹蟲兒傷數創手指皆墮居士法珍等散走還臺靈秀詣石頭迎建安王寶寅帥城中將吏去車輪載之文武數百唱警蹕向臺城百姓數千人皆空手隨之欣泰聞事作馳馬入宮冀城內處分必以見委俄而法珍等返閉門上仗不配欣泰兵寶寅至杜姥宅日已暝城上人射外人外人棄寶寅去寶寅亦逃三日乃戎服詣草市尉尉以告帝召入宮問之寶寅詭辭以對詔復其爵位欣泰等事尋覺與胡松俱伏誅　丙辰龍鬬於建康激水五里　八月辛未以光祿大夫張瓌鎮石頭辛巳以李居士總督西討諸軍事屯新亭初帝聞雍州兵起游騁如舊謂茹法珍曰須來至白門前當一決及警報日近乃聚兵爲守計簡二尙方二冶囚徒以配軍其不可赦者於朱雀門內日斬百餘人　九月西軍次蕪湖蕭衍遣前鋒曹景宗蕭穎達領馬步由溧洲進頓江甯營壘未立丙辰李居士自新亭選精騎一千鼓譟突前景宗奮擊破之因乘勝進至皁莢橋於是王茂鄧元起呂僧珍軍前據赤鼻邏以陳

伯之爲遊兵新亭城主江道林引衆出戰諸軍禽之於陣未幾衍至新林士庶傾都而至或以血書送款衍子弟藏匿里巷者皆自拔赴軍衍命王茂進據越城鄧元起據道士墩陳伯之據籬門呂僧珍據白板橋居士覘知僧珍衆少帥銳卒萬人直來薄壘僧珍分人上城不遽迎戰俟其越塹拔柵矢石俱發自帥馬步三百繞出其後城上人復踰城下内外奮擊居士敗走獲其器甲不可勝計時江道林餘衆尚屯淮南義軍迫之因退保朱雀憑航自固居士復請燒南岸民屋以開戰場自大航以西新亭以北邑里皆盡　冬十月甲戌詔遣征虜將軍王珍國軍主胡虎牙將精兵十萬陳於朱雀航南宦官王寶孫持白虎幡督戰開航背水以絕歸路義軍中王茂下馬單刀直前其甥韋欣慶執鐵纏矟以翼之衝擊東軍應時而陷曹景宗驅兵乘之呂僧珍復縱火焚其營將士皆殊死戰珍國等不能抗王寶孫切罵諸將帥直閤將軍席豪發憤突陣死軍乃大奔投淮死者積尸與航等後至者乘之以濟於是朱雀諸軍望之皆潰義軍長驅至宣陽門諸將移營稍前陳伯之屯西明門　戊寅甯朔將軍徐元瑜以

東府降青冀二州刺史桓和以兵入援屯東宮己卯因出戰來降張瓌棄石頭還宮石頭城主朱僧勇率水軍出降李居士以新亭降琅邪城主張木亦降壬午蕭衍入鎮石頭命諸軍攻六門臺內燒營署官府驅逼士民悉入宮城閉門自守衍命築長圍守之景宗軍士皆桀黠無賴御道左右富室多被抄掠及衍頓西城嚴申號令然後稍息楊公則自越城進屯領軍府壘北樓與南掖門相對嘗登樓望戰城中遥見麾蓋以神鋒弩射之矢貫胡牀公則談笑自若勇士夜攻公則柵軍中驚擾公則堅臥不起徐命擊之臺軍乃退時又諭降瓜步李元獻破墩申胄等軍　崔慧景之逼建康也帝拜蔣子文爲假黃鉞使持節相國太宰大將軍錄尚書事揚州牧鍾山王及衍至又尊爲靈帝迎神像入後堂禱祠求福城中軍事悉委王珍國以兗州刺史張稷爲副實甲猶七萬人帝常著烏帽袴褶備羽儀登南掖門臨望又虛設鎧馬齋仗千人皆張弓拔刃出東掖門稱蔣王出盪還與黃門刀敕及宮人於華光殿習戰鬭詐作被創狀使人以板摑之用爲厭勝又於閱武堂設牙門軍頓每戎服騎馬自鳳莊門入徽

明門晝眠夜起一如平時聞外鼓叫聲登景陽樓屋上望幾爲弩中長圍既合城中閤道及西掖門內市販死牛馬肉帝猶惜金錢不肯賞賜後堂儲數百具榜欲留作殿軍中啟爲城防竟不與又督御府作三百人精仗待圍解以擬屏除茹法珍等以軍事欲誅王珍國珍國懼因兗州中兵參軍張齊密與張稷謀應衍以告後閤舍人錢强强許諾十二月丙寅夜强潛令人開雲龍門珍國稷勒兵入殿分兵從西上閤入後宮御刀豐勇之爲內應會帝在含德殿吹笙作女兒子臥未熟聞兵入趨出北戶欲還後宮清曜閤已閉宦者黃泰平刀傷其膝仆地張齊斬之稷召尚書右僕射王亮等列坐太極殿西鐘下令百僚署牋右衛將軍王志取庭中樹葉挼服之僞悶不書名國子博士范雲齎帝首送詣石頭衍留雲參帷幄時城中出者或被劫剝楊公則親率兵屯東掖門衛送公卿士民人多趨之衍使張弘策先入清宮呂僧珍封府庫及圖籍城中珍寶委積弘策禁勒部曲秋毫無犯收潘妃及茹法珍等四十一人皆誅之乙巳以宣德太后令追廢帝爲東昏侯先已廢爲涪陵王至是重貶之

是歲春三月南康王寶融即皇

帝位於江陵及聞建康捷至乃授蕭衍爲中書監大司馬錄尚書事都督揚南徐二州軍事揚州刺史承制以後處分皆衍承制封拜 以王亮爲長史帶丹楊尹 己卯大司馬衍入屯閱武堂大赦 乙酉以中護軍蕭宏領石頭戍事 義軍之東也豫州刺史馬仙琕擁兵不附及圍宮城吳興太守袁昂不送款至是檻車送仙琕建康及石頭而脫之衍使待昂俱入曰令天下見兩義士昂後爲丹楊尹 乙酉甘露降於茅山彌漫數里 丙戌鳳皇集京師是日大司馬衍入鎮殿中 城中夜火衆並驚懼侍中柳慶遠至宮衍悉斂諸門鑰付之 以何遠爲建康令遠性清介秋毫無所愛

和帝中興二年春正月帝在江陵甲午詔兼侍中席闡文等慰勞建康 乙未大司馬衍下令朱雀之役死者許家人殯葬若無親屬二縣令尉即爲掩埋建康城內抗拒者亦同此科 戊戌宣德太后臨朝入居內殿大司馬衍解承制以後處分皆衍假太后令行之 壬寅進衍都督中外諸軍事甲寅又進位相國揚州牧封梁公備九錫 二月辛酉焚東昏淫奢異服六十二種於都街 乙丑南兗隊主陳

文興於宣武城內鑿井得玉鏤麒麟金鏤玉璧水晶環各二枚建康令羊瞻稱鳳皇見桐下里宣德太后稱美符瑞歸於相府　丙戌梁公衍進爵爲王是時衍殺齊諸王鄱陽王闇人顏文智等穿牆夜出寶寅具小舟於江岸待之寶寅假作釣者隨流上下追者不疑乃度西岸以奔魏　丙辰帝自姑孰下詔禪位於梁夏四月辛酉禪詔至宣德太后遜居外宮壬戌發策遣尚書令王亮等奉皇帝璽綬詣梁宮勸進先是東昏與羣小别立帽驁其口而舒兩翅名曰鳳度三橋梁王舊宅在三橋而鳳度之名鳳翔之應也臺內有宿衛爲巫常見太極殿有六龍守柱未失其二後見在蕭懿宅巫乃往蜀事懿及還都見六龍俱在衍所寢齋推此而言未始非天命云

金陵通紀卷四

弟作儀參訂男詒壽校字

金陵通紀卷五上

江甯陳作霖伯雨編輯

梁武帝天監元年（即中興二年）夏四月丙寅梁王衍即皇帝位於南郊禮畢備法駕還建康宮臨太極前殿大赦改元　丁卯奉齊帝為巴陵王宮於姑孰尋弒之　尊皇考太祖文皇帝墓曰建陵號德皇后墓曰修陵后郗氏性酷妒沒化為龍入後宮光采照灼帝體將不安龍輒激水騰涌於露井上為殿衣服委積常置銀鹿盧金瓶灌百味以祀之故帝終不立后　以弟臨川王宏為揚州刺史　詔凡後宮樂府西解暴室諸婦女一切放遣　辛未土斷南徐州諸僑縣詔以所生之秣陵同夏里為同夏縣隸南琅邪郡又置臨涂郡於江北復秦郡始立六合縣　帝與何點有舊召入華林園欲以為侍中不就　癸酉詔公車府謗木肺石傍各置一函以達幽隱　齊東昏侯嬖人孫文明等雖經赦令猶不自安又嘗夢乘馬至雲龍門心惑其兆遂作亂五月乙亥帥徒數百人因運荻炬束仗入南北掖門至夜燒神虎門總章觀入衛尉府衛尉張弘策踰垣匿於

龍廄見害賊又遣燒尚書省及閤道雲龍門前軍司馬呂僧珍直殿省帥羽林兵邀擊不能卻帝戎服御前殿謂僧珍曰賊夜來是其衆少曉則走矣命擊五鼓領軍將軍王茂率所領應赴爲賊所射茂躍馬而進驍騎將軍張惠紹亦引兵至賊謂已曉乃散走官軍捕得文明斬於東市　秋八月戊戌置建康三官

癸卯鸞鳥見樂遊苑　冬十一月己未立小廟以祭皇祖妣　甲子詔以太子統尚幼東宮文武入直永福省每逢稱賀施敬太子所生宜同吏禮詣神虎門奉牋致謁　是月醴陵侯江淹卒淹始自宣城守罷歸泊禪靈渚夢一人自稱張景陽謂曰前以匹錦相寄今可見還淹探懷得數尺與之此人恚曰那得割截都盡顧見邱遲遂以與之又嘗宿於冶亭夢郭璞向其索還五色筆自此爲詩絕無美句邱遲亦以文名梁初諸册皆其所草遷中書郎待詔文德殿

十二月大雪深三尺　以丹楊尹蕭穎達爲豫章内史穎達穎胄弟也嘗豫華林園宴酒後怒罵沈約帝數責之而心内愧故有此授又嘗於樂壽殿内宴領軍張稷有怨辭帝時亦醉曰卿袖提帝首衣染天血有何名稱稷曰東昏暴虐

義師亦來伐之豈獨臣而已帝捋其須曰張公可畏人王珍國後爲丹楊尹亦以失職怨望　以到沆爲太子洗馬時文德殿置學士省召高材碩學待詔沆通籍焉嘗宴華光殿賦詩沆三刻成二百字與從兄洽辭皆工帝曰諸到可謂才子洽兄溉居近淮水齋前山池有奇礓石帝戲與賭得之詔迎石至華林園宴殿前都人傾城縱觀所謂到公石也溉洽兄弟甚友愛恒共居一室洽卒後便捨爲寺又蔣山有延賢寺溉家所立溉得祿奉皆充二寺用因斷葷腥終身

建康初置獄司比廷尉以孔休源爲獄正平反辨析時無冤人　是歲大旱米斗五千人多餓死先是旱甚禱雨於蔣帝神十旬不降帝怒命焚廟火猶未舉忽神上有雲如繖俄而驟雨宮殿皆動帝懼乃備法駕率羣臣修謁致謝初立長干在長干里智度在青溪邊二寺

二年春正月辛酉祀南郊　益州刺史鄧元起平蜀送前刺史劉季連至都季連詣闕謝罪自東掖門入數步一稽首詔赦爲庶人　夏多癘疫　六月謝朏輕舟詣闕詔以爲侍中司徒尚書令朏辭腳疾不堪拜謁乃角巾自輿詣雲龍

門謝召見於華林園乘小車就席明旦帝幸朏宅宴語盡歡朏固陳本志不許因請自還東迎母許之臨發帝復往餞賦詩及還敕材官起府於舊宅帝臨軒遣謁者節府拜授　以張率爲司徒掾直文德殿待詔敕使鈔乙部書又令撰古婦人事遣工書人琅邪王琛等寫給後宮尋引見於玉衡殿以爲祕書丞時待詔文德殿者又有庾於陵王僧孺焉　冬十月以皇子綱生降京師死罪以下囚　十一月乙卯雷電大雨晦是夜又雷　馮翊吉翂父爲原鄉令爲姦吏所誣逮詣廷尉論死翂年十五撾登聞鼓乞代父命帝異而宥之丹楊尹王志欲於來歲首舉翂純孝固拒而止後秣陵鄉人裴儉丹楊郡守臧盾楊州中正張仄連名薦翂敕付太常旌舉時又有建康人張悌因養犯劫與前母子松景二人爭死縣以讞上帝以爲孝義特赦之王志爲政清靜都下有寡婦無子姑亡舉責以斂志愍之以俸錢代償年饑每旦爲粥於都門以振百姓衆悉稱惠志家居建康禁中里馬糞巷自父僧虔門風寬厚志尤惇篤子姪皆誠實謙和時人號馬糞諸王爲長者　以特進光祿大夫王份監丹楊尹　是歲置法王

寺於新林苑又立永建佛窟二寺及永修觀

三年春正月起復尚書左僕射沈約爲丹楊尹置佐史　三月隕霜殺草建康疫

四年春正月癸卯朔詔建國學開五經館置博士各一人以會稽賀瑒平原明山賓吳興沈峻吳郡陸璉建平嚴植之分充之館有數百生給其廩餼賀瑒嘗預華林講子革能傳其業敕於永福省爲邵陵湘東武陵三王講禮沈峻通經尤精周禮前爲建康令有能名中書舍人賀琛奉敕撰梁官乃啟峻及孔子袪補西省學士助撰錄嚴植之館在潮溝每開講五館生畢至聽者千餘人嘗緣柵塘行見道側有病人爲船主所棄惻然載還經年而愈請爲奴以報恩不許以資糧遣之去其好行陰德如此　辛亥祀南郊　是月蜀人藺相加殺劉季連於建陽門報父仇也帝壯而赦之　二月立建興苑於秣陵建興里　三月帝禊飲於華光殿是日河南國獻赤龍駒詔周興嗣爲舞馬賦最工拜員外散騎侍郎由華林省進直文德壽光省既又直西省焉又有蕭孝儼從幸華林

園獻相風烏華光殿景陽山等頌帝賞異之　以任昉爲御史中丞昉好文學招集名流劉孝綽劉苞劉孺陸倕張率殷芸劉顯到溉等皆豫焉號曰蘭臺聚又謂之龍門之游　夏四月甘露連降華林園　五月辛卯建康縣朔陰里生嘉禾莖十二穗（南史作定陰里）　六月庚戌立孔子廟　冬十月丙午以揚州刺史臨川王宏督軍伐魏王公以下各上國租及田穀以助軍　十一月甲午天晴朗西南有電光聞雷聲者三　陶弘景移居積金東澗帝早與弘景游卽位後恩禮益篤每有大事手敕咨詢人謂山中宰相　是歲大穰斗米三十錢　初置敬業寺

五年夏四月甲寅初立詔獄詔建康縣三官與廷尉三官分掌獄事號建康爲南獄廷尉爲北獄　五月置集雅館以招遠學　六月庚戌太子統出居東宮太子性至孝常思戀宮中帝知之令每五日一朝多留宿永福省　秋八月辛酉作太子宮　九月臨川王宏自洛口潰歸乘小舟濟江夜至白石壘叩城門求入臨汝侯淵猷登城謂曰百萬之師一朝奔潰恐奸人乘閒爲變城門不可

夜開乃絕食餉之待曉始入　旱甚雩祭備至而雨不降帝請雲光於華光殿講鬘華經寶誌索水貯淨器安刀其上以祝須臾大雨　冬十一月甲子京師地震生白毛　是歲置淨居寺

六年春三月庚申隕霜殺草　是月有三象入建康猛虎至郭門尚書令王瑩曰昔擊石拊石百獸率舞陛下膺籙御圖虎象來格帝大悅　夏四月丁巳以建安王偉代臨川王宏為揚州刺史　將軍曹景宗破魏於鍾離還帝與宴華光殿詔羣臣賦詩景宗唯分得競病二韻提筆立成曰去時兒女悲歸來笳鼓競借問行路人何如霍去病帝嘉之令上左史　秋八月戊戌大風折木京師大水因濤入加御道七尺　帝捨三橋宅為光宅寺先造無量壽佛於小莊嚴寺九月光宅寺成移置寺中敕周興嗣製寺碑又造明慶寺寺有泉嘗取以供御愈疾　乙亥改閱武堂為德陽堂聽訟堂為儀賢堂後朱异於儀賢堂講老子聽者千餘人　袁峻擬揚雄言箴詣南闕奏之詔賜束帛令直文德學士省

是歲以中護軍長沙王業領石頭戍事

七年春正月戊戌新作神龍仁虎闕於端門大司馬門外使陸倕與袁峻銘之

二月乙卯作國門於越城南亦曰望國門　夏四月辛未秣陵縣獲靈龜一

五月京師大水　六月辛酉復建修二陵週迴五里內居民改陵監爲令

詔皇太子宗室王侯皆入學帝親釋奠於先師先聖　秋七月置涅盤寺寺峯

又有翠微寺天晴日朗望見廣陵城焉　劉訏與族兄歊及阮孝緒並履高操

都人謂之三隱訏善玄言尤精釋典嘗與歊聽講鍾山諸寺因共卜築宋熙寺

東澗有終焉之志至是卒謚玄貞處士釋寶誌嘗遇歊於興皇寺驚起曰隱居

學道清淨登仙明年亦卒謚貞節處士　以張率直壽光省修丙丁部書抄後

爲揚州別駕帝嘗宴壽光殿率與劉孺詩後成帝取孺手版題詩以嘲之孺從

兄苞侍講壽光殿亦以文藻見知

八年春正月辛巳祀南郊　夏四月戊申復以臨川王宏爲揚州刺史　秋九

月太子統講孝經於壽安殿旋臨國學釋奠　是歲以晉安王綱領石頭戍事

九年春正月庚寅新作緣淮塘北岸起石頭迄東冶南岸起後渚籬門迄三橋

二月己丑帝幸國子學親臨講肄時帝所開五館有一館在袁憲宅西憲常招引諸生與之講論焉　乙未詔皇太子以下及王侯之子皆入學祭酒張充登堂講說衆皆執經以拜　夏移雩壇於東郊　冬十二月癸未帝幸國子學策試胄子學中有宋元凶講孝經碑博士周弘正表請刊除是時何妥年八歲來遊於學後與蕭昚齊名昚住青楊巷妥住白楊頭語曰世有兩雋白楊何妥青楊蕭昚　初置本業寺（在蔣山里）

十年春正月辛丑祀南郊有秣陵老人遮車駕言曰陛下法急庶民而緩權貴非長久之道帝納之　辛酉祠明堂　夏五月乙酉嘉蓮生樂遊苑（一莖三花）　秋九月丙申天西北有聲赤氣下至地　初作宮城門三重樓及開二道　爲德皇后作解脫寺（在太清里）

十一年春三月丁巳爲旱故曲赦揚南徐二州　築西靜壇於鍾山

十二年春正月辛卯祀南郊　二月辛巳新作太極殿改爲十三間以從閏數　太子洗馬王規獻賦甚工　中軍將軍丹楊尹沈約有志台司意望不遂立宅

東田爲郊居賦以序其事其齋閣請王筠爲草木十韻書之壁既而屢被譴責閏月因慙懼卒　夏四月京師大水　六月癸巳新作太廟增基九尺　以朱雀門東北淮水紆曲數有水患又舟行旋衝太廟灣乃鑿通中央爲舟子洲諸郡上計秀才多止於此　冬十月丁亥詔增明堂　是歲徵處士阮孝緒不至孝緒嘗於鍾山聽講母王氏有疾心驚而反合藥須生人葠躬歷幽險忽見一鹿因得此草人名其地爲隨鹿谷

十三年春二月庚辰朔震於西南天如裂　丁亥耕藉田　夏六月都下訛言有棖棖取人肝肺及血以飼天狗百姓大懼二旬而止　以韋叡爲丹楊尹釋寶誌卒於開善寺寶誌嘗於臺城對帝食鱠帝怪之乃吐出小魚依依鱗尾所謂鱠殘魚也又嘗臨江縱望有旃檀木浮至詔供奉官俞紹雕寶誌像甚肖惟少鬢髮寶誌自拔與之髮即隨長帝大悦命置中庭將死移寺金剛像出戶外語人云菩薩當去旬日無疾而化先是王筠至莊嚴寺寶誌遇之與交言歡飲若有所託者至是果敕筠爲碑云　以茅山許長史宅爲紫陽觀　置勸善

寺

十四年春正月乙巳朔帝冠太子統於太極殿太子愛文學士嘗與眾遊玄圃獨執王筠袖撫劉孝綽肩曰所謂左把浮邱袖右拍洪崖肩也及起樂賢堂使先圖孝綽像於中一日泛舟後池番禺侯軌謂宜奏女樂太子徵吟曰何必絲與竹山水有清音其素尚如此　辛亥祀南郊　以湘東王繹爲丹楊尹時蕭子雲爲丞契好如布衣之交百濟國嘗使人至都求子雲書逢子雲維舟將發使人於渚次候之望船便拜子雲乃書三十紙與之獲金貨數百萬　初於東宮中別立慧義殿爲集法之所

十五年夏六月以王瑩爲光祿大夫開府儀同三司丹楊尹瑩旣爲公嘗開黃閤宅前促欲侵南鄰朱侃半宅侃重賄之乃同閤向東時人語曰欲向南錢可貪遂向東爲黃銅拜職六日而卒　丙申改作小廟　以王茂爲丹楊尹　敕太子詹事徐勉舉學士入華林省撰遍略勉舉何思澄顧協劉杳王子雲鍾嶼以應選時有江子一求觀書祕閣帝許之亦敕直華林省

十六年春正月辛未祀南郊詔恤冤獄振孤窮尤貧者勿收今年三調　二月辛亥耕藉田　夏四月詔宗廟以麪代牲　潮溝獲白雀一　冬十月詔去宗廟脯脩始用蔬果起至敬殿景陽臺置七廟座每月中再設淨醮　以宣毅將軍南康王績領石頭戍事其長史司馬褧雖居外官敕豫文德武德二殿長名問訊不限日　帝餞豫州刺史馮道根於武德殿召畫工圖其形時同圖形者有康絢以在德陽殿戲馬發矢貫的也　十一月湘東王繹納妃徐氏車至西州而疾風大起發屋折木無何雪霰交下帷簾皆白及長還之日又大雷震西州聽事兩柱俱碎後果不終婦道

十七年夏五月戊寅揚州刺史臨川王宏坐法免宏自洛口之敗常懷愧憤帝一日幸光宅寺有盜伏於驃騎航將犯車駕帝心動乃改由朱雀航過事發稱爲宏所使宏辭無之於是因事罷其官宏殖貨無厭庫屋垂百間關鑰甚嚴都下有數十邸出懸錢立劵期訖便驅劵主奪其田宅百姓失業非一帝後知而禁之　以吳平侯昺監揚州卽宅爲府昺雅有風力在州尤明斷有老姥訴得

符還至縣縣吏未卽發姥曰蕭監州符如火汝何敢留之後出督郢州帝幸建興苑餞焉　建康令樂法才不受俸秩比去將及百金縣曹請輸臺庫帝嘉其清節謂爲百城之表

十八年春正月辛卯祀南郊　夏四月丁巳帝於無礙殿受佛戒初置惠日寺時帝溺情內教都下佛寺五百餘所凡造塔及名僧碑誌必請劉勰爲文俄敕勰與沙門慧震於定林寺撰經證詔任孝恭製建陵寺刹下銘孝恭少從蕭寺雲法師讀經論初以奉朝請直壽光省復召入西省撰史同直西省者又有劉峻嘗與學士賀蹤典校祕閣仕不得志乃著辨命論秣陵令劉沼致書以難之會沼卒不見峻報峻因爲書以序其事沼亦嘗歷建康令並有善政　以蕭昞素爲丹楊尹丞初拜日賜錢八萬一朝散之

普通元年春正月復以臨川王宏爲揚州刺史　夏四月甘露降東宮慧義殿

秋七月己卯江溢　敕宴魏使劉善明於南苑　以宣毅將軍廬陵王續領石頭戍事　造大愛敬寺於鍾山寺側有王導賜田帝欲市以施寺王騫不肯

逼取之又置永明須陀二寺及果願尼寺

二年春正月辛巳祀南郊　詔置孤獨園於建康以養窮民　二月辛丑祠明堂　三月庚寅大雪平地三尺　夏四月乙卯改作南北郊丙辰徙藉田於東郊十五里築兆域大小列種梨柏便殿及齋宮省如南郊别有望耕壇在東帝耕畢登此以望公卿之推又有祈年殿在其間　五月癸卯琬琰殿火延燒後宮屋三千間

三年春正月庚戌京師地震霆擊大航華表然盡　西豐縣侯正德初養爲帝嗣及太子生還本自以失職怨望奔魏至是歸帝見於文德殿泣誨之復本封正德志行無悛常公行劫掠江乘湖頭行旅斷路時東府有正德及其弟樂山侯正則潮溝有董當門子暹南岸有夏侯夔子洪並爲百姓巨蠹多聚亡命黄昏殺人於道謂之打稽　冬十一月造猛信尼寺及福静寺

四年春正月辛卯祀南郊　辛亥祠明堂　二月乙亥耕藉田　冬十二月戊午始鑄鐵錢　是歲復以雲麾將軍南康王績領石頭戍事

五年置善覺尼寺　何氏自晉司空充宋司空尚之世奉佛法並建塔寺至敬容爲梁侍中又捨宅東爲伽藍趨權者因助財造構故堂宇頗宏麗人遂戲呼爲衆造寺

六年春正月辛亥祀南郊　三月己酉帝幸白下城履行六軍頓所　夏五月豫州刺史裴邃卒邃廟在光宅寺西堂宇宏敞松柏鬱茂范雲廟在三橋蓬蒿不翦帝後道經二廟顧歎曰范爲已死裴爲更生及大同初都下旱蝗四籬門外桐柏凋盡唯邃墓犬牙不入時人異之　初帝納東昏侯妃吳淑媛七月而生豫章王綜綜自以非帝子在西州時於別室祭齊七廟然猶不自信乃私發東昏墓以血滲之驗是年出鎮彭城遂奔魏魏封爲丹楊王改名贊　冬十二月壬辰京師地震　謝幾卿初爲尚書左丞性通脫嘗與樂遊苑宴不得醉因詣道邊酒壚與車前三騶共飲觀者如堵幾卿處之自若尋以在省署夜著犢鼻褌與門生登閤道飲酣呼爲有司劾免復爲西昌侯藻長史至是罷歸居白楊石井宅客常隨之飲醉則執鐸挽歌不屑物議　是歲元景仲爲廣州刺史

帝餞之於文德殿命羣臣賦詩王規援筆立成授侍中規常以門宗鼎盛恆思退減後遂於鍾山宋熙寺築室居焉

七年夏四月揚州刺史臨川王宏卒詔贈侍中大將軍揚州牧以宣惠將軍孔休源監揚州事神州都會簿領殷繁休源剖決如流門無私謁　是月南州津改置校尉以郭祖深爲之搜撿來往不避勢家　元略歸魏帝餞之於武德殿命羣臣賦詩　京師米貴太子統遣左右周行閭巷賑賜貧窮又出絹帛爲襦袴冬月以施寒者若死亡無可斂則爲備棺槥　丁貴嬪以帝崇佛教長進蔬膳受戒日甘露降於殿前及有疾太子統還永福省朝夕侍奉衣不解帶冬十一月庚辰貴嬪卒移殯於東宮臨雲殿太子統每哭輒慟絕葬寧陵祔於小廟是年帝迎達摩至都應對不合乃折葦渡江去時傳弜居鍾山定林寺建經輪藏雲光居法雲寺講經花墜皆號高僧

大通元年春正月辛未祀南郊　初帝創同泰寺又開大通門以對寺之南門自是幸寺皆由此門出入三月辛未幸寺捨身甲戌還宮大赦改元時有藏法

師於開善寺講說門徒數百壽光省司義郎周弘正年少未知名著紅褌錦絞髻踞門而聽乘閒進難舉坐皆傾又江蒨患眼疾其子紑有孝性夢一僧教飲慧眼水莫解所謂紑叔祿訪於草堂寺僧智者智者曰無量壽經云慧眼見眞能度彼岸乃啟捨同夏縣牛屯里宅爲寺敕名慧眼因泄故井水極清洌取以洗眼及煮藥蒨疾果瘳是歲又置園居尼寺　埋一鼎於蔣山文曰大通又鑄一鼎書老子五千言沈之江中

二年夏四月魏大亂臨淮王彧等來奔帝見之於樂遊苑未幾還北

中大通元年春正月辛酉祀南郊　辛巳祠明堂　夏六月京師大疫帝於重雲殿爲百姓設救苦齋以身爲禱　秋九月辛巳朱雀航華表災　癸巳帝幸同泰寺設四部無遮大會甲午升講堂法坐爲大衆開涅槃經題癸卯羣臣以錢一億萬贖帝乙巳百辟詣寺東門奉表請還冬十月己酉又設四部無遮大會會畢帝御金輅還宮臨太極殿大赦改元　是歲置禪巖寺

二年夏四月癸丑帝幸同泰寺設平等會　庚申大雨雹　六月遣元悅還北

秋八月庚戌帝幸德陽堂餞之

三年春正月辛巳祀南郊　二月辛丑祠明堂　三月太子統游後池乘雕文舸摘芙蓉舟没溺而得出因感疾夏四月乙巳薨帝臨哭盡哀遣中書舍人臧厥追華容公歡於崇正殿解髮臨哭都下士民奔走宫門號泣滿路　太子妃蔡氏出居金華宫　帝將立晉安王綱爲太子夜召孔休源於宴居殿參定謀議自公卿珥貂插筆奏決於休源前時人名爲兼天子焉秋七月乙亥帝臨軒授策以修繕東宫命太子綱權居東府其家令徐摛文體輕豔春坊皆學之時人謂之宫體摛子陵亦爲東宫學士太子撰長春殿義記使陵序之光宅寺僧慧雲每嗟陵早就謂之顔回　昭明太子有琉璃盌紫玉盃隨葬梓宫後更葬開墳爲閹人攜入大航有燕雀數萬擊之爲有司所縛帝驚異詔賜太孫封墳之際復有燕雀銜土焉（即今之燕雀湖）　冬十月己酉帝幸同泰寺升法座爲四部衆説涅槃經十一月乙未又幸寺説般若經皆七日而罷　以蕭藻爲丹楊尹

四年春二月新除揚州刺史邵陵王綸就市强買器服百姓並關邸店不出少

府丞何智通以聞綸被責還第遣戴子高馬容刺殺智通於白馬巷詔懸賞購賊有西州遊軍將宋鵲子詗得之敕遣舍人諸曇粲領齋仗圍綸第獲子高等庚戌綸坐免爲庶人智通子敞之割子高等炙食之即載出新亭以火炮之焦熟車載錢設鹽蒜募民食一臠賞錢一千經三旬乃復綸封爵　以武陵王紀爲揚州刺史時雷震太陽門成字云紹宗梁位唯武王解者以武陵王當之朝野咸屬意焉紀以蕭介爲長史介性高簡寡交遊唯與族兄琛及從兄弟眎素洽淑等文酒宴會人以比謝氏烏衣之遊時又有蕭象嘗爲丹楊尹　秋九月太子綱移還東宮太子嘗於玄圃述帝所製五經講疏聽者傾朝野又於宣猷堂餞家令謝嘏蕭愷詩先成尤美太子開文德省置學士庾肩吾張長公傅弘鮑至紀少瑜皆充其選又引鄭灼爲西省義學士時儒學極盛有賀德基少游都下精通禮記衣資罄乏遇一婦人於白馬寺前贈以白綸巾曰君方爲重器不久貧寒不告姓名而去至是德基爲尚書祠部郎又有顧越賀發齊名都下謂之發越帝嘗於重雲殿講老子僕射徐勉舉越論義越容止可觀帝深重之

五年春正月辛卯祀南郊先一日丙夜南郊令解滌之等履行郊所忽聞異香三隨風至及將行事有神光圓滿壇上食頃乃滅　戊申京師地震　辛亥祠明堂　二月癸未帝幸同泰寺設四部大會升法座發金字般若經題七日而罷　三月中書令南平王偉卒齊世青溪宮改爲芳林苑天監初詔賜偉爲第又加穿築果木珍奇窮極彫靡立游客省與賓朋處其中性多恩惠恤貧窮晚年尤信佛理云　夏五月京師大水御道通船　帝宴羣臣於樂遊苑褚翔詩最先成爲帝所賞又天淵池新製鯿魚舟形狹而短帝暇日泛之所引唯太常劉之遴國子祭酒到溉右衛朱异陸雲公年位尙輕亦與焉　以何敬容兼丹楊尹　初置法苑寺

六年春二月癸亥耕藉田　夏四月丁卯熒惑入南斗帝乃跣而下殿以禳之　冬十二月丙午西南有雷聲三　是歲以臨賀王正德爲丹楊尹

大同元年春二月辛巳祠明堂丁亥耕藉田　三月丙寅帝幸同泰寺設無遮大會夏四月壬戌再幸寺鑄十方銀像並設無礙會　冬十月雨黃塵如雪又

嘗驟兩殿前往往有雜色寶珠虞寄上瑞雨頌焉　侍中中衛將軍徐勉雖居顯職不營産業嘗書戒其子崧略云吾家本清廉顯貴以來將十三載或使創闢田園興立邸店皆拒而不納非謂拔葵去織且欲省息紛紜中年聊於東田開營小園者政欲少寄情賞又郊際閑曠終可爲宅慧日十住等既應營昏又須住止吾清明門宅無相容處所以爾者亦復有以前割西邊施宣武寺既失西廂不復方幅亦謂此逆旅舍爾何事須華但不能不爲培塿之山聚石移果雜以花卉以娛休沐用託性靈近修東邊兒孫二宅乃藉十住南還之資其中所須猶爲不少既牽挽不至又不可中輟郊閒之園遂不辦保貨與韋黯乃獲百金成就兩宅已消其半聞汝所買湖熟田地甚爲舄鹵彌復可安既已營之宜使成立若有所收穫汝可分贍內外大小直令得所其質素如此冬十一月丁未卒帝臨殯太子綱舉哀朝堂自是以後朱异當國梁業衰矣　是歲置頭陀寺於蔣山頂又造萬福本願二尼寺及巖棲觀

二年春二月乙亥耕藉田　三月戊申徵士陶弘景卒於茅山詔贈太中大夫

謚曰貞白先生弘景妙解術數逆知未來爲詩曰夷甫任散誕平叔坐論空豈悟昭陽殿遂作單于宮後果驗　戊寅帝幸同泰寺設平等法會　秋七月魏賀拔勝北歸帝餞之於南苑　九月辛亥帝幸同泰寺設四部無礙法會冬十月壬午再幸寺設會　十一月雨黄塵如雪攬之盈匊　辛亥京師地震生白毛長二尺　是歲帝爲文帝造皇基寺以追福適曲阿弘氏自湘州販木東下南津校尉孟少卿誣以罪而殺之沒其材以爲寺帝又遣光宅寺僧敬脫等迎會稽鄮縣塔中舍利還臺並置普化化成慈恩福興善業寒林等寺

三年春正月辛丑祀南郊　壬寅天無雲雨灰黄色　二月丁亥耕藉田　夏四月辛丑夜朱雀門災帝謂羣臣曰此門制狹我始欲改構遂遭天火丹楊尹何敬容曰此所謂先天而天不違時以爲名對後帝夢具朝服入太廟拜伏悲慼且於延務殿說之敬容曰臣聞孝弟之至通於神明陛下性與天通故應感斯夢上深然之　五月癸未帝幸同泰寺鑄十方金像設無礙法會　秋七月東魏使李諧盧元明至建康帝引見與語賞其應對又有李恕者爲北使帝時

於長命洲放生謂曰北方頗知此否對曰魏國不殺亦不放帝無以應後李同軌來聘帝集名僧於愛敬同泰二寺講涅槃大品經引之與席同軌論難久之道俗咸以爲善　秋八月帝改造阿育王塔出舊塔下舍利及佛爪髮觀之先是吳時有尼居長干里爲小精舍孫綝尋毀除之吳平諸道人復於舊處建立晉南渡初更修飾之簡文咸安中使沙門安法程造小塔未及成弟子僧顯繼而修立孝武太元九年上金相輪及承露其後有西河胡僧慧遠遊行禮塔至丹楊登越城四望見長干里有異氣因得先阿育王塔所乃集眾開掘入一丈得三石碑並長六尺中一碑有鐵函函中有銀函及金函三重盛三舍利及髮爪各一枚卽遷舍利近北對簡文所造塔西建一層塔十六年又使僧尙加爲三層卽帝之所開者也　辛卯帝幸阿育王寺設無礙法喜食九月己亥又於寺設無礙大會遣皇太子王侯朝貴等迎一舍利還臺供養並施錢一千萬爲寺基業時又出瓦官寺塔舍利敕市寺側數百家宅地造諸臺殿並瑞像周迴閣等窮於輪奐焉　冬十月丙辰京師地震　是歲饑　初置一乘寺寺門徧畫凸凹

花世稱張僧繇手迹其畫乃
天竺遺法人又謂之凹凸寺及玉清觀
四年春二月己亥耕藉田　秋七月癸亥詔以東冶徒李胤之降象牙如來眞形大赦　九月帝閱武於樂遊苑　是月帝幸阿育王寺設無礙大會豎二刹各以金罂次玉罂重盛舍利爪髮納七寶塔內又以石函盛塔分入兩刹下王侯妃主以次所捨珍寶充積　冬十二月國子助教皇侃表獻禮記疏義五十卷　初置洞靈觀

五年春正月辛未祀南郊　秋八月乙酉扶南國貢生犀於京師　是歲都下譌言天子取人肝以飴天狗大小相驚數月乃止

六年春二月己亥耕藉田　夏四月癸未詔晉宋齊諸陵有職司者勤加守護　冬十一月己卯曲赦京師　是歲江州刺史湘東王繹母阮修容歸葬江甯通望山

七年春正月辛巳祀南郊　辛丑祠明堂　二月辛亥耕藉田　乙卯京師地震　是月皇太子綱釋奠於國學令杜之偉撰登歌詞時東宮多文學士有白

雀來集率更令劉孝威獻頌甚美又中庶子陸罩以母老歸公卿餞於征虜亭太子賜黃金五十斤時人以比疏廣　冬十一月丙辰立士林館於宮城西以延學者領軍朱异太府卿賀琛舍人孔子袪國子博士周弘正等遞互講述虞荔製碑文奏上帝命勒諸石仍用荔爲士林館學士每講常使沈洙爲都講焉皇太子嘗出士林館發孝經題學士張譏以論辯見賞先是帝於文德殿釋乾坤文言諸儒論議唯譏辭令嫺雅周弘正在國學開講亦曰吾每登座見張譏在席使人懍然後甘露降士林館外兵記室參軍謝藺獻頌帝嘉之　以皇太子長子宣城王大器爲揚州刺史顧野王王褒並充賓客王嘗開講於東宮宣猷堂及揚州廨又於東府起齋命野王畫古賢褒書贊焉

八年春二月江州禽送妖人劉敬躬斬於建康市　加朱异侍中异博解多藝而貪冒財賄起宅東陂窮極美麗自潮溝至青溪與諸子列宅相屬晚日來下酣飲其中慮臺門或閉乃引鹵簿自宅至城使停留管籥聲勢所驅熏灼內外產與羊侃相埒侃本降人亦官侍中帝嘗幸樂遊苑令侃試新造兩刃矟及河

南國紫騮馬左右擊刺特盡其妙觀者登樹帝曰此樹必爲侍中折矣俄而果折因號其矟爲折樹矟侃又卽席和御製武宴詩三十韻帝愈賞之是日詔入直殿省

九年春閏正月丙申京師地震生毛　平西諮議參軍劉顯卒葬於秣陵劉惔舊塋皇太子銘之　是歲自新亭鑿渠通新林浦置江潭苑又起王游苑於法王寺側

十年春三月甲午帝幸蘭陵夏四月乙卯還宮放所經縣邑一年租調　冬十一月大雪平地三尺　是歲皇太子延香園竹林生芝

十一年春正月震華林園光嚴殿重雲閣帝自貶拜謝上天累刻乃止　冬十一月阿育王寺僧請帝於寺發般若經題爾夕二塔俱放光明敕邵陵王綸製寺大功德碑文　帝嘗不豫皇太子以下並入侍疾內外譌傳帝崩太子右衛率韋粲將率宮甲度臺問所由那不辦長梯以爲大行幸前殿須升屋以復也帝後聞之怒曰韋粲願我死出爲衡州刺史皇太子餞之新亭執粲手曰與卿

不爲久別　以甯國公大臨爲琅邪太守　是歲置履道渴寒二寺
中大同元年春三月庚戌帝幸同泰寺遂停寺省講金字三慧經夏四月丙戌解講設法會大赦改元是夜寺中浮圖災先是釋寶誌於天監中爲詩云昔年三十八今年八十三四中復有四城北火酣酣帝使周捨封記之及是啟封見捨手迹爲之流涕解者曰帝生於甲辰三十八克建康之年也遇災歲實丙寅八十三矣起火於四月十四日在浮圖第三層三者帝昆弟之次也帝惡之乃曰此魔鬼也宜窮極土木以禳之遂起十三層浮圖焉　六月辛巳竟天有聲如風水相薄　帝即位之後鑄五銖及女錢二品並行禁諸古錢普通中更鑄鐵錢由是私鑄者多物價騰踊建康以九十爲百名曰長錢秋七月丙寅詔通用足陌錢詔下而人不從至於季年遂以三十五爲陌云　帝年老諸子各不相下邵陵王綸爲丹楊尹威震都下太子綱惡之乃選精兵以衛宮內俄以王銓代綸爲丹楊尹

金陵通紀卷五上

弟作儀參訂男詒弗校字

金陵通紀卷五下

江甯陳作霖伯雨編輯

梁武帝太清元年春正月辛酉祀南郊甲子祠明堂　二月庚辰東魏侯景以河南十三州內附先是正月乙卯帝於善言殿講佛經謂左右黃慧弼曰我昨夢天下太平爾其識之及景使至稱景定計實以正月乙卯帝愈神之然意猶未決嘗夙興至武德閤口獨言我國家如金甌無缺今忽受景地脫致紛紜悔之何及朱异揣知帝意力勸納之　丁亥耕藉田　三月庚子帝幸同泰寺設無遮大會釋御服服法衣行清淨大捨名曰羯磨以五明殿爲房設素木牀葛帳土瓦器以用乙巳帝升光嚴重雲殿講堂坐師子講金字三慧經捨身游仙化生皆震動三日乃止又有三足烏集殿之東戶自戶適於西南懸楣三飛三集白雀一見於重雲閣前連理樹五色雲浮於華林園昆明池蕭子暉退爲講賦奏之甚見賞異時有童子郎岑之敬與重雲法會帝親行香熟視之曰未幾見兮突而弁兮卽日除太學限內學士尋爲壽光學士　夏四月庚午羣臣以

錢一億萬贖帝戊寅奉表詣鳳莊門三請乃許丁亥帝服袞冕御輦還宮幸太極殿如卽位禮大赦改元　是月神馬出太子綱獻寶馬頌　五月丁酉帝幸德陽堂宴羣臣設絲竹樂　秋九月癸卯王游苑成庚戌帝臨幸焉　是歲丞康公主造幽巖寺又立儀香尼寺明年置靈隱寺

二年春正月癸巳朔兩月相承如鉤見西方　太子綱講老莊於玄圃詹事何敬容謂學士吳孜曰昔西晉祖尙玄虛使中原淪於胡羯今東宮復爾江南亦將爲戎乎　侯景爲東魏所敗竊據壽陽夏六月帝遣散騎常侍徐陵建康令謝挺通好東魏景聞之遂有反謀　是月天裂於西北光如電聲如雷　臨賀王正德陰養死士常思國釁聚蓄米粟宅內四十間屋並以爲倉自征虜亭至方山悉略爲墅奴僕數百皆黥其面侯景詗得之使徐思玉至建康結爲內應又使邀羊鴉仁同反鴉仁執其使以聞敕付建康獄俄解遣之景益無所憚秋八月戊戌侯景舉兵反以誅中領軍朱异少府卿徐驎太子右衛率陸驗制局監周石珍爲名（石珍丹楊人與驎驗俱以苛刻爲務蔽主弄權時人謂爲三蠹故景託以興兵）甲辰加邵陵王綸征

討大都督以討景綸發白下中江而浪起有物蕩舟將覆識者知其不祥　九月戊辰京師地震壞屋殺人地生白毛長二尺　王偉勸侯景以輕騎直掩建康冬十月景襲陷譙州庚子詔遣甯遠將軍王質率兵三千巡江遏防丁未景攻歷陽太守莊鐵降乃留田英郭駱守歷陽以鐵爲導引兵臨江江上鎮戍相次啟聞　戊申以臨賀王正德爲平北將軍都督京師諸軍事屯丹楊郡正德遣大船數十艘詐稱載荻密以濟景景將濟慮王質爲梗會徵質爲丹楊尹以雲旗將軍陳昕代戍采石質去而昕未下渚景大喜己酉自橫江濟於采石分兵襲姑孰南津校尉江子一奔還建康皇太子見事急戎服見帝帝以內外軍事悉付之始命戒嚴因停中書省指授方略物情惶駭莫有應募者朝廷猶不知正德之情命屯朱雀門並遣甯國公大臨屯新亭太府卿韋黯屯六門繕修宮城爲受敵之備又使太子中庶子王質領步騎頓宣陽門外都官尚書羊侃領千餘騎頓望國門以江總兼太常卿守小廟　是日景進至慈湖建康大駭御街人更相劫掠不復通行赦東西冶尚方錢署及建康繫囚以揚州刺史宣

城王大器都督城內諸軍事追羊侃入爲軍師將軍副之使南浦侯推守東府西豐公大春守石頭輕車長史謝禧始興太守元貞守白下韋黯與右衛將軍柳津等分守宮城諸門及朝堂攝諸庫寺公藏錢聚之德陽堂以充軍實　庚戌景由新林至板橋遣徐思玉入見且覘城中虛實帝遣中書舍人賀季主書郭寶亮勞景景留季獨遣寶亮還宮百姓聞景至競入城公私混亂無復次第羊侃區分防擬皆以宗室間之軍人爭入武庫自取器甲所司不能禁侃命斬數人乃定是時梁宿將皆盡軍旅指揮一決於侃太子深仗之　辛亥景至建康以夏侯譒爲前驅次朱雀桁南太子使臨賀王正德守宣陽門東宮學士兼建康令庾信守朱雀門率宮中文武三千人營桁北太子命信開大桁以挫賊鋒正德詭曰百姓見開桁必驚可且安物情乃止俄而景至信率眾開桁始除一舶見景軍皆著鐵面退隱於門信方食甘蔗有飛矢中門柱信手甘蔗應弦而落遂棄軍走南塘游軍沈子睦黨於正德復閉桁度景太子配王質精兵三千使援信至領軍府遇賊未陳而走正德帥眾迎景於張侯橋馬上交揖既入

宣陽門望闕而拜隨景渡淮景軍皆青袍正德軍本絳袍碧裏已與景合悉反其袍景乘勝至闕下夏侯譒頓兵士林館西豐公大春棄石頭奔京口謝禧元貞亦棄白下走津主彭文粲以石頭降景景遣其黨于子悅守之　壬子景列兵繞臺城旌旗皆黑吹脣鳴鼓百道進攻縱火燒大司馬門東西華諸門羊侃使鑿門爲竅下水沃火直閤將軍朱思率數人踰城出灑滅之賊又以長柯斧斫東掖門侃從扉孔出槊刺殺二人乃退景據公車府正德據左衛府宋子仙據東宮范桃棒據同泰寺東宮近城景衆登其牆以射城內至夜景置酒奏樂於中太子遣人焚之臺殿及所聚圖書皆盡景亦燒乘黃廄士林館太府寺

癸丑景作木驢數百攻城城上投石碎之乃改爲尖項矢石不能制侃作雉尾炬施鐵鏃灌以膏蠟叢擲焚之景又作登城樓高十餘丈欲臨射城中侃曰車高塹虛彼來必倒可臥而觀之及車動果倒景攻既不克乃築長圍以絕內外朱异議出兵擊之侃曰不可今少出兵不足破賊少或失利門小橋隘必大致喪亡异不從使千餘人出戰見賊卽走赴水死者大半侃子鷟爲景所獲執至

城下以示侃侃引弓射之景以其忠義亦不殺賀琛被創不死賊輿令招降僕射王克讓之景囚諸莊嚴寺明年逃歸會稽　莊鐵慮景不克詭稱迎母與左右趣歷陽先以書紿田英郭駱曰侯王已爲臺軍所殺國家使我歸鎮英等懼棄城走鐵亦不敢守奔尋陽　十一月戊午朔設壇刑白馬祀蚩尤於太極殿前以皇太子爲臺內大都督甯國公大臨屯端門都督城南諸軍事　己未景立正德爲天子於南闕前居儀賢堂改元正平而自爲丞相令畿內王侯三日不出者誅之於是景營於闕前分三千人攻東府南浦侯推拒之三日不克景自往攻之設百尺樓車鉤城堞盡落宣城王防閤許伯衆潛引景兵登城辛酉城陷推握節而死并殺中軍司馬楊暾景使其儀同盧暉略率數十人持刀夾城門悉驅城內文武倮身出交兵殺之死者三千餘人中書通事舍人任孝恭始隸正德正德叛還赴臺爲景所獲使作檄求還私第檢討因走入東府至是景剉斬之又聚所殺東府尸於杜姥宅遙語城中曰若不早降正當如此　景聲言帝已晏駕雖城中亦以爲然壬戌太子請帝巡城帝乃幸大司馬門城上

聞警躍聲皆鼓譟流涕　江子一之奔還也帝見之於文德殿深加責讓子一誓以死報癸亥與弟尚書左丞子四東宮主帥子五帥所領百餘人開承明門出直抵賊營賊坐甲不起子一引矟撞之賊縱突騎衆並縮子一刺其騎騎倒矟折賊解其肩而死子四子五皆免冑赴賊子四中矟洞胸子五傷脰並遇害

景初到建康號令明肅既久攻不下人心離沮又恐援兵四集一旦潰去乃縱兵殺掠富室豪家無得免者又食石頭常平諸倉米既盡軍人乏食便奪民米米升至七八萬錢人相食餓死者什五六秦郡吳明徹有粟麥三千餘斛乃白諸兄曰今人不圖久奈何不與鄉里共此於是計口平分同其豐嗇羣盜聞而避之瑯邪王志舊宅被焚寓居國子祭酒蕭子雲宅夜忽有盜攻懼墜井卒家人皆遇害　乙丑景於城東西起土山驅迫士民亂加毆捶號哭動地城中亦築土山以應之太子以下躬親畚鍤會大雨城內土山崩賊乘之入苦戰不能禁羊侃令多擲火以斷其路徐於內築城賊不能進　景募人奴降者悉免爲良得朱异奴以爲儀同三司异家資產悉與之於是三日之內羣奴出就景

者千數景皆厚撫以配軍　雲旗將軍陳昕爲景所獲說其黨范桃棒反正桃棒遣昕夜縋入請帥所領至城下脫甲入城太子猶豫未卽許桃棒遂爲部下所告景拉殺之昕猶不知如期而出景逼使射書賺門昕不肯景亦殺之　景使正德子見理與盧暉略戍東府見理兇險夜與羣盜剽劫於大桁中矢死其從弟賁亦躁薄出投景專造攻具以攻臺城焉　邵陵王綸自鍾離旋軍入援濟江遇風人馬溺者什一二遂帥甯遠將軍西豐公大春新塗公大成永安侯確安南侯駿前譙州刺史趙伯超武州刺史蕭弄璋等步騎三萬由京口西上景遣軍至江乘拒之伯超曰若從黃城大路必與賊遇不如徑指鍾山突據廣莫門出賊不意破之必矣綸從之夜行失道迂二十餘里庚辰旦營於蔣山景見之大駭分兵三道攻綸綸擊敗之時山巔寒雪乃引軍下愛敬寺永安侯確所向披靡景尤憚之悉送所掠於石頭具舟欲走任約止之乃留宋子仙守壁自將拒綸於覆舟山北乙酉綸進軍玄武湖側與景對軍不戰會暮景軍退安南侯駿逐之景旋軍奮擊駿敗走趣綸軍景乘勝追之諸軍皆潰綸收餘兵入

天保寺景縱火焚寺綸奔京口士卒踐冰雪往往墮足景收綸輜重生禽西豐公大春主帥霍俊等而還丙戌景陳所獲於城下使言曰邵陵王已爲亂兵所殺霍俊獨曰王小失利還京口城中但堅守援軍不久即至賊以刀毆其背亦義而不殺後爲正德所害　是日晚合州刺史鄱陽王範遣其世子嗣與西豫州刺史裴之高建安太守趙鳳舉各將兵入援至後渚軍於蔡洲以待上游諸軍範以之高督江右援軍事景分兵屯南岸悉驅居民於水北焚其廬舍大街以西掃地俱盡　十二月癸巳侍中都官尚書羊侃卒城中益懼　景大造攻具有飛樓橦車登城車鉤堞車階道車火車並高數丈陳於闕下丁酉復進攻城以蝦蟆車運土石填塹戰士升樓車四面並至城內飛石碎其車壬寅景又以火車焚臺城東南大樓材官吳景構新樓火才滅即補其處賊以爲神景因火起潛遣人穿城城將崩乃覺之吳景於城內更築迂城狀如卻月以捍之兼擲火焚其攻具賊乃退太子遣洗馬元孟恭將千人自大司馬門出盪孟恭奔降於景是時景土山成城內土山亦成以韋黯守西土山柳津守東土山山起芙蓉層樓飾以錦罽捍以

烏笙山峯相近募敢死士厚衣袍鎧名僧騰客配二山交矟以戰鼓叫沸騰昏旦不息韋黯尋卒於臺內　戊申天西北裂光如火　尚書令謝舉性剛正邵陵王綸嘗於婁湖立園廣讌酒酣好聚衆賓冠裂以爲笑舉獨不與夙信佛敎宅內山齋泉石甚美捨以爲寺至是卒於圍內侍中何敬容聞景反卽移家入臺未幾亦卒　己酉景土山稍逼城樓柳津命作地道以虛其土外山崩壓賊且盡城內又作飛橋懸罩二土山賊駭走津乃擲雉尾炬燒其東山樓柵賊於是棄土山不修而決玄武湖水以灌臺城闕前御街並爲洪流矣　衡州刺史韋粲被徵還聞亂簡精兵五千倍道赴援至南州外弟司州刺史柳仲禮亦率萬餘人次橫江粲卽送糧仗給之裴之高自張公洲遣船度仲禮丙辰夜粲仲禮及宣猛將軍李孝欽前司州刺史羊鴉仁南陵太守陳文徹合衆屯新林王游苑衆推仲禮爲大都督進次新亭緣淮樹柵景亦柵北岸以應之旋帥步騎萬餘人於中興寺後渚挑戰仲禮欲擊之粲曰日晚我勞未可戰也乃堅壁不出是夜仲禮親入粲營部分諸軍令粲營青塘裴之高營南苑鄱陽世子嗣營

小桁南陳文徹李孝欽屯丹楊郡而自營朱雀桁南岸

二年春正月丁巳朔柳仲禮帥衆徙營會大霧韋粲軍迷失道比及青塘夜已半立柵未合景登禪靈寺門望見之亟率鋭卒來攻粲使軍主鄭逸逆擊之直閤將軍劉叔胤以舟師截其後叔胤畏懦不敢進逸遂敗景乘勝入粲營粲不動叱子弟力戰遂與三弟助警構從弟昂及子尼皆戰死仲禮方食聞之投箸被甲馳救之騎能屬者七十比至粲已敗因與景戰於青塘大敗之沈淮死者千餘人仲禮亦被重創自是景不敢濟南岸仲禮氣索不復言戰矣賊傳粲首以示城內皇太子為之流涕追贈護軍韋鼎負兄昂尸出寄於中興寺求棺未得忽江中浮一新棺至因以充斂時謂鼎精誠所感　邵陵王綸復收散卒與臨城公大連新淦公大成自東道並至庚申列營於桁南驃騎洲亦推柳仲禮為大都督是日白虹貫日三重帝嘗登南城望賊顧曰四郊多壘誰之罪也朱异流汗不能對因發病至是卒　甲子湘東世子方等及王僧辯援軍至屯於州子岸　戊辰有流星長三十丈墜武庫　己巳皇太子遷居永福省　高州

刺史李遷仕天門太守樊文皎將兵萬餘人至城下臺城與援軍信命久絕有羊車兒獻策作紙鳶南史作鴟藏敕於內太子自出太極殿前乘西北風縱之冀達援軍賊疑爲厭勝術射而下之鄱陽世子嗣遣左右李朗詐投賊乘間入城城中方知援兵四集歡呼鼓譟以朗爲直閤將軍朗緣鍾山之後宵行晝伏積日乃還　癸未鄱陽世子嗣與李遷仕等將兵渡淮焚東府前柵侯景退衆軍營於青溪之東遷仕及樊文皎帥銳卒五千深入文皎從子猛與景軍短兵相接殺傷甚衆至菰首橋東遇伏文皎死遷仕遁還時東宮直閤陳道談亦以援臺中流矢死　援軍之初至也士民扶老攜幼以候之甫過淮即縱兵劫掠由是百姓失望　二月己丑臨賀王記室顧野王起兵討景至建康　初臺城之閉公卿以食爲念聚米數十萬斛收諸府藏錢帛五十億萬並儲德陽堂而不備薪芻魚鹽至是壞尙書省爲薪撤薦剉以飼馬薦盡又食以飯軍士無膎或煮鎧熏鼠捕雀食之御甘露廚有乾苔分給戰士軍人屠馬於殿省閒雜以人肉食者必病賊又置毒於水竇於是稍行腫滿之疾城中疫死者大半侯景軍亦

饑抄掠無所得東城有米可支一年援軍斷其路景患之乃僞拜表城下以求和冀運東城米入石頭太子以城中窮困白帝請許之景求宣城王出送然後濟江中領軍傅岐爭曰賊特欲卻援軍耳宣城嫡嗣之重豈可爲質乃使石城公大款詣景軍己亥設壇於西華門外遣僕射王克上甲侯韶吏部郎蕭瑳與于子悅任約王偉登盟太子詹事柳津出西華門侯景出柵門遥相對更殺牲歃血焉然長圍終不解託云無船不得發遣石城公還臺仍求宣城王出送邀求稍廣了無去志　庚子前南兗州刺史南康王會理前青冀二州刺史湘潭侯退西昌侯世子彧衆合三萬至於馬卬洲景慮其自白下而上斷其江路請悉勒聚南岸太子卽令會理移軍江潭苑丁未又命頓於蘭亭苑庚戌景又啟永安侯確直閤趙威方頻隔柵見詬乞召之入城卽當引路帝曲從之時御厨蔬茹皆絕邵陵王綸因路暫通上雞子數百枚帝手自料檢欷歔哽咽既而景運米已畢乃背盟復舉兵向闕　三月丙辰朔立壇於太極殿前以景違盟告天地神祇初圍城之日男女十餘萬被困已久死者十八九至是乘城者不滿

四千人猶望外援而柳仲禮閉營不戰侯景嘗登朱雀樓與之語遺以金環安南侯駿說邵陵王綸分軍三道出賊不意攻之綸亦不從柳津嘗語帝曰陛下有邵陵臣有仲禮不忠不孝賊何由平　戊午南康王會理與羊鴉仁趙伯超等進營東府城北約夜度軍鴉仁等曉猶未至景覺之使宋子仙馳擊營不得立伯超望風先走會理等軍遂敗景積其首於闕下以示城中於是決石闕前水晝夜攻城矣　邵陵世子堅屯太陽門不恤軍事其書佐白曇朗董勛華怨之丁卯夜向晨曇朗等於城西北樓引賊登城永安侯確力戰不能卻乃排闥入文德殿見帝言狀帝安臥不動歎曰自我得之自我失之亦復何恨城既陷景入見帝於太極東堂以甲士五百人自衛帝神色不變問勞景景不敢仰視復至永福省見太子太子亦無懼容景於是悉徹兩宮侍衛縱兵掠乘輿服御宮人皆盡收王侯朝士送永福省景自屯兵西州使僞儀同陳慶以甲防太極殿于子悅屯太極東堂王偉守武德殿矯詔大赦自加大都督中外諸軍大丞相錄尚書事以西州爲府降正德爲侍中大司馬復太淸年號方城之初啟也

正德揮刀欲入宮，景先使其徒守門，故不果。至是見帝，拜且泣。帝曰：「啜其泣矣，何嗟及矣。」建康士民逃難四出，太子洗馬蕭允曰：「死生有命，如何可逃？禍之所來，皆生於利，苟不求利，禍何從生。」此處亂世之格言也，故備錄之　己巳，景遣石城公大款以白虎幡解外援軍。柳仲禮召諸將會議，裴之高、王僧辯曰：「將軍擁衆百萬，致宮闕淪沒，正當悉力決戰，何所多言。」仲禮竟不能從，諸軍乃隨方各散。仲禮及弟敬禮、王僧辯、趙伯超等開營降。湘東王繹使全盛將軍王琳送米二十萬石以饋軍，至姑孰，聞臺城陷，沈米於江而還　景命燒臺內積尸，病篤未絕者亦聚焚之　庚午，景留柳敬禮於京師，而遣仲禮與王僧辯西上經略，餞於新亭。敬禮欲於會取景，仲禮見景備衛嚴，不敢動。僧辯尋歸湘東　秦郡降景，景以爲西兗州，尋改秦州。即今六合　以董紹先爲江北行臺　是月，太子妃王氏卒於永福省，使蕭子範製哀冊文。子範經亂無居室，尋卒於招提寺僧房　夏四月己丑，京師地震。丙申又震　帝外爲侯景所制，而內甚不平。景使其軍士直省中，或驅驢馬，帶弓刀，出入宮庭。帝怪問之，直閤將軍周石珍曰：「侯丞相甲士。」帝怒叱曰：「是侯景，何謂丞相！」左右皆懼帝憂憤成疾皇太子日中再朝每問安否涕泗交面五月丙辰帝卧淨居殿口苦索蜜不得再曰荷荷遂崩景祕不發喪太子問起居不得見慟於閤下尋遷殯於昭陽殿迎太子於永福省使如常入朝太子嗚咽流涕殿外皆莫之知　辛巳發大行喪升梓宮於太極前殿是日太子綱即皇帝位侯景出屯朝堂分兵守衛　帝與景升重雲殿禮佛爲盟　臨賀王正德怨景賣己密召鄱陽王範使以兵入事覺六月癸丑景殺正德於永福省　景以郭元建爲北道行臺總江北軍事鎮新秦　永安侯確與景遊鍾山引弓射鳥因欲射景弦斷不發景覺而殺之　冬十月丁未地震　百濟國遣使入貢見城闕荒圮哭於端門景大怒錄送莊嚴寺不聽出　十一月乙卯葬高祖武皇帝於修陵景使衛士以大釘於要地釘之令子孫滅絕

簡文帝大寶元年春正月辛亥朔大赦　丁巳天雨黃沙丙寅月晝見於東方

廣陵來嶷說前太守祖皓誅景黨董紹先邵陵王承制除嶷爲秦郡太守嶷父成梁六合令卒官　丙午景逼帝幸西州　三月甲申景請帝禊飲於樂遊苑三日帝

還宮景卽與妻溧陽公主共據御牀而坐羣臣列侍焉　夏四月辛卯帝御素輦幸西州侍衛四百人景浴鐵數千翼衛左右帝與景宴聞絲竹聲淒然淚下景起舞爲壽遂逼帝起舞逮夜乃罷　京師大旱百姓流亡相與入山谷江湖采草根木葉菱芡而食所在俱盡死者蔽野富室無食皆鳥面鵠形衣羅綺懷珠玉伏牀以待命　景性殘酷於石頭立大碓有犯者輒擣殺之法令煩苛禁及偶語　六月辛巳以南郡王大連行揚州事樂梁王大圜西陽王大鈞相繼爲丹楊尹　庚子前司州刺史羊鴉仁自尚書省出奔盜疑其懷金遮殺之冬十月乙未景召帝幸西州曲宴時景以漢王自加宇宙大將軍都督六合諸軍事　十一月景出屯晉熙都下虛弱南康王會理與左衛將軍柳敬禮西鄉侯勸東鄉侯勔謀曰湖熟吾有故舊三千餘人可以刻期營集計賊守兵不過千人若大兵外攻吾等內應直取王偉事必可成縱景復歸無能爲也安樂侯乂理出奔長蘆（在今六合境）集衆得千餘人未發事覺偉收會理敬禮勸勔等殺之乂理亦爲左右所害　帝自卽位以來景防衛甚嚴唯武陵侯諮及僕射王克

舍人殷不害以文弱得侍及會理死克不害懼禍稍自疏諮獨不離帝側景惡之使其仇刁戌刺殺諮於廣莫門外帝自知不久指所居殿謂殷不害曰龐涓死此樹下　十二月景還建康

二年春景於大航跨水築城名曰捍國　以西陽王大鈞監揚州武甯王大威爲丹楊尹　三月景帥衆西寇丁未發京師自石頭至新林舳艫相接遂進至巴陵夏六月景爲王僧辯所敗遁還秋七月丁亥至建康　八月戊午景遣衛尉卿彭儁廂公王僧貴帥兵入殿廢帝爲晉安王幽於永福省殺太子大器及諸王侯在建康者二十餘人　壬戌景立豫章王棟於武德殿欻有回風從地涌起翻飛華蓋徑出端門遂大赦改元天正　冬十月壬寅景使王偉等進酒於帝既醉而寢彭儁進土囊王脩纂坐其上而崩偉徹戶扉爲棺遷殯於城北酒庫中謚之曰明皇帝廟號高宗（帝自經幽縶嘗書壁及板鄣爲文自序云立身行道終始如一數至於此命也如何）十一月己卯景自加九錫陳備物於庭忽有鳥如山鵲翔於冊書之上賊徒射之不能中建康獲白鼠以獻　己丑景廢豫章王棟而自立先夕即大莊嚴寺

爲南郊柴燎於天升壇受禪大風拔木旂蓋盡偃有兔自前而走俄失所在還升太極前殿其黨數萬皆吹脣呼譟而上及升御牀牀腳自陷大赦改元太始幽棟於監省於時景修飾臺城及朱雀宣陽等門有鳥萬許集於門樓童謠云的脰烏拂朱雀還與吳都下王侯五等廟樹咸見殘毀唯阮修容廟四周柏樹獨茂及景修南郊路呂季略說景伐此樹以立三橋始斫南面十餘株再宿悉生賊大驚悉令伐之識者以爲湘東之祥　景作七廟神主自曾祖以上名皆有司所撰焉

元帝承聖元年十一月帝始即位改元以不紀侯景篡號故豫錄此春二月湘東王繹遣征東將軍王僧辯東揚州刺史陳霸先會兵東伐三月丁丑至姑孰與侯子鑒合戰於中江子鑒大敗收散卒走還建康據東府僧辯引兵而前歷陽戍迎降　景自篡後每登武帝所常御殿若有芒刺在身恆聞叱咤聲又處宴居殿一夜驚起若有物扣其心自是不敢處內多在昭陽殿廡下及聞子鑒敗大懼歎曰誤殺乃公

庚辰王僧辯督諸軍至張公洲景以盧暉略守石頭紇奚斤守捍國城悉逼百

姓及軍士家累入臺城僧辯使杜僧明燒賊水門大艦辛巳乘潮入淮進至禪靈寺前景登石頭烽火樓望之密謂左右曰此軍上有紫氣不易當也乃召石頭津主張賓使引淮中舣艕及海艟以石縋之塞淮口緣淮作城自石頭至於朱雀街十餘里中樓堞相望陳霸先言於僧辯曰前柳仲禮數十萬兵隔水而坐韋粲在青塘竟不度岸賊登高望之表裏俱盡故能覆我師徒今圍石頭須度北岸諸將若不能當鋒霸先請先往立柵壬午霸先於石頭西橫壠築柵至於落星墩衆軍次連八城直出石頭東北景恐西州路斷亦於東北果林作五城以遏大路使王偉守臺城宋長貴守延祚寺丁亥僧辯進至招提寺北景帥衆萬餘人鐵騎八百餘匹陳於西州之西霸先曰我衆賊寡應分其兵勢以强制弱何故聚彼鋒銳令致死於我乎乃命諸將分處置兵景衝將軍王僧志陣僧志小卻霸先遣將軍徐度將弩手二千橫截其後景兵退霸先與王琳杜龕等以鐵騎乘之僧辯大兵繼進景兵遂敗退據其柵盧暉略以石頭降僧辯入據之景與霸先殊死戰帥百餘騎棄矟執刀左右衝陣陣不動衆遂大潰諸軍

逐北至西明門景至闕下不敢入臺而東走王偉亦委臺城遁僧辯命裴之橫屯杜姥宅杜崱入守臺城是夜軍士遺火焚太極殿及東西堂寶器羽儀輦輅無遺唯餘武德五明重雲殿及門下中書尚書省僧辯雖有平賊之功而馭軍無法兵人鹵掠自石頭至於東府被執縛者緣淮號叫杜崱怨岳陽王詧誅其六宗親乃掘昭明太子安甯陵焚之僧辯亦不之禁　戊子王克元羅等帥臺內舊臣迎僧辯於道僧辯入城奉明帝梓宮升朝堂哭踊如禮　表袁泌爲丹楊尹尋以王沖代之　己丑僧辯等上表於湘東王勸進且迎都建康　庚寅秦郡戍主郭正買據城來降　辛卯宣猛將軍朱買臣承湘東王旨沈豫章王棟於水直瀆戍主黃公喜獲王偉送建康　夏四月羊鵾殺侯景於胡豆洲傳首西臺暴尸建康市士民爭食之景之將敗也有僧通者景甚敬愛之景嘗射於後堂僧通奪其弓射景陽山大呼曰得奴已景後宴集僧通取肉揾鹽進景景曰太鹹僧通曰不鹹則爛及是果以鹽五斗實景腹焉僧辯斬景黨房世貴於市送王偉等於江陵　乙丑改謚明帝曰太宗簡文皇帝葬莊陵　五月湘東

王遣兼司空豐城侯泰祠部尚書樂子雲謁山陵修復廟社焚僞神主於宣陽門　庚辰以南平王恪爲揚州刺史使先歸鎮社稷　樂梁王大圜亂後無居寓善覺佛寺人以告王僧辯給船送往江陵湘東王改封爲晉熙王除琅邪太守　丙戌齊合州刺史斛斯昭攻拔我歷陽　齊潘樂郭元建將兵圍秦郡陳霸先命別將徐度助嚴超達固守齊衆七萬起土山穿地道攻之甚急王僧辯使左衛將軍杜崱救之霸先亦自歐陽來會與元建大戰於士林破走之　秋九月揚州刺史南平王恪卒以王僧辯代之　冬十一月湘東王繹卽皇帝位於江陵遣奉所生文宣太后阮氏主還祔小廟

二年春正月乙丑王僧辯奉詔討湘州陸納承制使陳霸先代鎮揚州　秋八月詔還都建康不果　九月庚午王僧辯還鎮建康陳霸先返京口以杜稜監琅邪郡事　齊郭元建治水軍於合肥將襲建康王僧辯聞之出鎮姑孰遣侯瑱敗其兵於東關乃振旅而還　國子祭酒周弘讓少隱茅山頻徵不起是歲就加仁威將軍城句容以居之命日仁威壘時避亂隱茅山者又有學士馬樞

馬

三年冬十月魏師圍江陵辛未李膺奉詔至建康徵王僧辯爲大都督命陳霸先代鎮揚州十一月江陵陷十二月魏人弑帝僧辯霸先共迎晉安王方智爲太宰承制

敬帝紹泰元年春二月癸丑晉安王方智至自尋陽入居朝堂卽梁王位　三月齊人送貞陽侯淵明歸使主梁嗣先遣其殿中尚書邢子才至建康諭王僧辯奉迎僧辯不從丙戌齊克東關散騎常侍裴之橫敗死僧辯大懼乃出屯姑孰謀納淵明夏五月遣左民尚書周弘正至歷陽求以晉安王爲太子淵明許之庚子命龍舟法駕往迎辛丑淵明自采石濟江僧辯擁楫中流不敢就西岸齊侍中裴英衛送淵明乃就與僧辯會於江寧浦癸卯淵明入建康望朱雀門而哭丙午卽皇帝位改元天成以僧辯爲大司馬領太子太傅揚州牧　侍中陳霸先鎮京口惡王僧辯援立非次謀襲之秋九月壬寅夜遣部將侯安都徐度帥水軍趣石頭霸先自帥馬步從江乘羅落橋會之甲辰安都至石頭城北

棄舟登岸踰女垣而入進及僧辯臥室霸先兵亦至南門僧辯方視事外白有兵俄而安都自內出僧辯遽走遇子頠與俱出閤帥左右數十人苦戰於聽事前力不敵走登南門樓霸先因風縱火僧辯窮迫與子頠俱就禽是夜霸先縊殺之前青州刺史程靈洗率所領救僧辯力戰於石頭西門霸先兵不利遣使招諭久之乃降所司收僧辯父子尸同坎瘞於石頭城下後故吏許亨表請葬之凡七棺皆改窆於方山東南焉　丙午貞陽侯淵明遜位居邸百僚上晉安王方智表勸進冬十月己酉晉安王方智卽皇帝位大赦改元仍稱臣於齊齊行臺司馬恭與梁人盟於歷陽　壬子加陳霸先尚書令都督中外諸軍事揚南徐二州刺史仍詔甲仗百人出入殿省　王僧辯部將震州刺史杜龕據吳興反前琅邪太守韋載以義興應之辛未陳霸先奉帝東討留高州刺史侯安都石州刺史杜稜宿衛臺省譙秦二州刺史徐嗣徽僧辯之姻也與南豫州刺史任約謀叛丙子乘虛襲石頭據之遊騎至闕下安都閉門藏旗幟示之以弱及夕嗣徽收兵還石頭安都夜爲戰備將旦嗣徽兵又至安都帥甲三百開東

西掖門出戰大敗之嗣徽奔還石頭丁丑韋載等降霸先奉帝卷甲還都十一月己卯齊遣兵五千度江據姑孰以應嗣徽霸先使合州刺史徐度於冶城寺立柵南抵淮渚庚辰齊安州刺史翟子崇淮州刺史柳達摩將兵萬人於胡墅度江入於石頭霸先問計於韋載載曰齊若分兵先據三吳之路略地東境則大事去矣今可急於淮南因侯景故壘築城以通東道轉輸分兵絶彼之糧運則齊將之首旬日可致霸先然之癸未使侯安都領水軍夜襲胡墅燒齊船千艘仁威將軍周鐵虎帥舟師斷齊運輸仍遣韋載於大航築侯景故壘使杜稜守之齊人於倉門水南立二柵與我兵相拒甲辰嗣徽攻冶城柵霸先領鐵騎自西明門出擊之嗣徽大敗留柳達摩等守石頭而自往采石迎齊援　十二月癸丑侯安都襲破秦郡收嗣徽家琵琶及鷹遣使送還嗣徽嗣徽大懼　丙辰陳霸先對冶城立航度軍攻其水南二柵柳達摩等度淮置陣霸先督兵疾戰齊兵大敗溺死者以千數百姓夾淮觀戰呼聲動天地是日徐嗣徽與任約引齊兵萬人欲還據石頭霸先遣兵詣江寧據險要嗣徽等不敢過頓於江寧

浦口侯安都帥水軍襲破之嗣徽等單舸走達摩仍入保石頭丁巳霸先移石頭南岸柵於北岸以絶其汲路又堙塞東門故城中諸井己未督軍四面攻石頭城中無水升水直絹一匹或炒米食之達摩謂其衆曰頃在北童謠云石頭擣兩襠擣青復擣黄侯景衣青已倒於此吾徒衣黄謠言豈復驗耶是日霸先拔其東北小城至夜不解庚申達摩遣使求和霸先以糧運不濟許之乃於城門外刑牲盟辛酉霸先陳兵石頭南門送齊人北歸嗣徽約皆隨之壬戌齊和州刺史烏丸軌自姑孰奔還歷陽　江甯令陳嗣黄門侍郎曹朗據姑孰不從霸先侯安都討平之聚其首爲京觀　以杜稜爲丹楊尹

太平元年即本年九月所改春二月甲子詔司空霸先有軍旅之事可騎馬出入城内

戊辰外兵參軍王位於石頭沙際獲玉璽四紐送臺　三月壬午班下遠近並雜用古今錢　自去冬至是月甘露頻降於鍾山梅岡南澗等處　戊戌齊將蕭軌東方老與任約徐嗣徽合兵十萬南侵出柵口向梁山司空霸先遣兵逆擊破之齊兵退保蕪湖定州刺史沈泰與侯安都遂屯梁山夏四月丁巳霸

先如梁山巡撫諸軍使安都襲齊行臺司馬恭於歷陽大破之　五月司空霸先具舟送貞陽侯淵明於齊以求退師未行而卒　庚寅齊兵自蕪湖進至丹陽縣內外戒嚴　丙申齊兵至秣陵故治司空霸先遣部將周文育屯方山徐度頓馬牧杜稜營大航南　己亥司空霸先率宗室王侯及朝臣於大司馬門外白虎闕前以齊人背約刑牲告天發言慷慨觀者皆奮　辛丑齊兵自秣陵跨淮立橋柵夜度至方山徐嗣徽等列艦於青墩至於七磯以斷周文育歸路文育鼓譟而發嗣徽等不能制至旦反攻嗣徽嗣徽驍將鮑砰獨以小艦殿文育乘單舴艋與戰斬砰牽其艦而還嗣徽大駭因留船蕪湖自丹陽步上司空霸先聞之乃追侯安都徐度還京師而自拒嗣徽於湖熟白城適與文育兵會將戰風急霸先曰兵不逆風文育曰事急矣何用古法抽矟上馬先進風亦尋轉殺傷數百人而還　癸卯齊兵自方山進及倪塘游騎至臺帝總禁兵出頓長樂寺侯安都與徐嗣徽等戰於耕壇南破之禽齊將乞伏無勞刺東方老墜馬跳而免霸先潛徹精卒三千配沈泰度江襲齊行臺趙彥深於瓜步獲舟百

餘艘粟萬斛　六月甲辰齊兵潛至蔣山侯安都與戰於龍尾軍主張纂陷陣死　丁未齊兵斜趨幕府山司空霸先遣別將錢明將水軍出江乘邀擊其糧運盡獲之　庚戌齊兵踰蔣山衆軍分頓樂遊苑東及覆舟山北斷其衝要　壬子齊兵至玄武湖西北幕府山南將據北郊壇衆軍自覆舟山東移頓壇北周文育侯安都屯白土岡與齊軍相對其夜大雨震電暴風拔木平地水丈餘齊兵晝夜坐立泥中足指皆爛懸鬲以爨而臺中及潮溝北水退路燥我軍每得番易時四方壅隔糧運不至建康戶口流散徵求無所甲寅少霽霸先將戰調市人饋軍使建康令孔奐多營麥飯分給戰士會陳蒨遣送米三千斛鴨千頭霸先命炊米煮鴨士及防身計糧數臠人人以荷葉裹之乙卯未明蓐食比曉霸先帥麾下出幕府山與齊師戰安都墜馬部將蕭摩訶單騎大呼直衝入陣齊軍披靡安都獲免霸先與吳明徹沈泰等首尾齊舉安都復自白下引兵橫出其後齊兵大潰斬獲數千人禽徐嗣徽殺之追奔至臨沂其江乘攝山鍾山諸軍相次克捷虜蕭軌東方老等四十六人潰軍得竄至江者自蘆龍縛荻

筏以濟溺死無算唯任約王僧愔得免丁巳衆軍出南州燒齊舟艦己未解嚴庚申誅蕭軌東方老等於建康市先是童謡云虜萬夫入五湖城南酒家使虜胡是時果以賞俘貿酒一人裁得一醉云　秋七月丙子以中書監司徒霸先爲揚州刺史　九月壬寅改元加司徒霸先丞相揚州牧　是月龍見於御路自太社至於象魏　冬十一月乙卯起雲龍神虎門

二年春正月壬寅帝朝萬國於太極東堂　夏四月己卯鑄四柱錢一當二十壬辰改四柱錢一當十丙申復閉細錢　六月丞相霸先使將軍周文育侯安都討湘州王琳百官餞之於新林安都躍馬度橋墜水中觀者以爲不祥　秋八月甲午進丞相霸先位太傅加殊禮九月辛丑進丞相爲相國封陳公備九錫冬十月戊辰進陳公爵爲王辛未帝禪位於陳陳王使中書舍人劉師知引宣猛將軍沈恪勒兵入宫衛送帝如别宫恪排闥入見叩頭辭曰身昔經事蕭氏今日不忍見此分受死耳決不受命王嘉其意不復逼更以盪主王僧志代之

金陵通紀卷五下

弟作儀參訂孫祖同校字

金陵通紀卷六

江甯陳作霖伯雨編輯

陳武帝永定元年（即梁太平二年）冬十月乙亥陳王霸先即皇帝位於南郊禮畢輿駕還宮臨太極前殿大赦改元奉梁帝爲江陰王尋弑之　以太子少傅王沖領丹楊尹　丙子帝幸鍾山祭蔣帝廟戊寅幸華林園覽詞訟臨赦囚徒　庚辰詔出佛牙於杜姥宅集四部設無遮大會帝親出大司馬門膜拜（齊初僧統法獻於烏纏國得佛牙常在定林寺梁天監末爲攝山慶雲寺沙門慧興保藏承聖中其弟子慧志密送於帝至是帝乃命出之）　戊子遷皇考景皇帝神主祔太廟　十一月己亥甘露降鍾山庚子開善寺僧採以獻　庚申京師火　十二月庚辰皇后章氏謁太廟　以沈孝軌爲建康令

二年春正月辛丑祀南郊乙巳祀北郊戊午祠明堂　三月乙卯帝幸後堂聽訟還於橋上觀山水賦詩　夏四月甲子享太廟　司空侯瑱討王琳丙寅帝幸石頭餞之　戊辰重雲殿東鴟尾有紫煙屬天　五月乙未京師地震　壬寅立梁邵陵攜王廟　辛酉帝幸大莊嚴寺捨身壬戌羣臣表請還宮　侯景

之平也太極殿被焚承聖中議欲營之獨闕一柱是歲秋七月有大樟木流泊陶家後渚詔中書令沈眾兼起部尚書少府卿蔡儔兼將作大匠取以構太極殿焉　甲寅嘉禾生於五城　八月辛未詔臨川王蒨西討以舟師五萬發建康帝幸冶城寺餞之去歲周文育侯安都爲王琳所執至是逃還以安都爲丹陽尹琳尋請和乃詔罷軍　冬十月乙亥帝幸大莊嚴寺發金光明經題　甲寅太極殿成　十二月庚申臨川王蒨率百官朝前殿拜上牛酒　甲子帝幸大莊嚴寺設無礙大會捨乘輿法物羣臣備法駕奉迎即日還宮　丙寅帝設樂於太極東堂宴羣臣以路寢告成也　是歲嶺南馮僕帥諸酋長入朝於京師

三年春正月丁酉夜大雪及旦太極殿前有龍迹見　戊申詔臨川王蒨省揚徐二州獄訟　夏閏四月旱丙午帝禱雨於鍾山蔣帝廟是日降雨迄於月晦

六月丁酉帝不豫遣兼太宰尚書右僕射王通以疾告太廟兼太宰中書令謝哲告太社南北郊辛酉帝小瘳　司空周文育爲北江州刺史熊曇朗所殺

喪至建康壬寅帝素服哭於朝堂　癸卯帝臨訊獄訟　丙午帝崩於璿璣殿時皇子昌在長安內無嫡嗣宿將皆將兵在外朝無重臣唯中領軍杜稜典宿衞兵居京師章皇后召稜及中書侍郎蔡景歷入禁中定議祕不發喪急召臨川王蒨於南皖甲寅王至建康入居中書省皇后下令以蒨纂承大統乃發喪遷殯大行於太極西階是日蒨卽皇帝位於太極前殿秋七月丙辰奉皇太后章氏居慈訓宮　乙丑重雲殿災　八月甲申葬高祖武皇帝於萬安陵在彭城驛側今名石馬沖　九月皇太子伯宗居永福省令沈文阿於省中講論語孝經　是歲以始興王伯茂爲揚州刺史永修侯擬爲丹楊尹擬尋卒以沈君理代之

文帝天嘉元年春正月辛酉祀南郊辛未祀北郊　三月丁巳江州刺史周迪斬熊曇朗傳首建康懸於朱雀航　周人歸衡陽王昌於我江陵之役陷沒在北者　丙子濟江侯安都往迎沈之於中流夏四月庚寅喪柩至都詔贈太宰揚州牧　六月壬辰詔葬梁元帝於江甯悉用舊典　辛丑國哀周忌帝臨於太極前殿赦建康殊死以下　秋七月丙辰以將封皇子伯山遣度支尚書蕭睿告太廟五

兵尚書王質告太社　八月癸未帝臨景陽殿聽訟丁酉幸正陽堂閲武　冬十月帝臨軒策命鄱陽王伯山並令王公以下宴於王第　散騎常侍韋載有田十頃在江乘之北山是歲以疾去官遂築室屏居不入籬門者幾十載　詔逐食流移不問僑舊悉著籍同土斷法

二年秋九月以王沖代沈君理爲丹楊尹　冬十二月甲申立始興廟於京師用王者禮　太子中庶子虞荔當侯景之亂將家入臺母卒於城内情禮不申因終身蔬食又以弟寄爲閩中陳寶應所留思之成疾帝欲數往臨視令居省中蘭臺未幾卒

三年春正月辛亥祀南郊先期設帷宫於壇告胡公以配天二月辛酉祀北郊　閏二月甲子改鑄五銖錢一當鵝眼之十　三月丙子皇弟安成王頊歸自周尋拜揚州刺史　秋九月以到仲舉爲丹楊尹　自梁季喪亂國學未立嘉德殿學士沈不害請崇建儒宫詔優答之時陸珍亦直嘉德殿嘗爲帝製刀銘其文甚美　作臨政殿　冬十月詔以軍旅費廣減乘輿服食及宫中用度

四年夏四月辛丑帝設無礙大會捨身於太極前殿　司空侯安都恃功不法嘗陪樂遊園褉飲啟借供張水飾明日遂率賓客妻妾於御坐宴會後又因救火領將士帶甲入殿帝甚惡之中書舍人蔡景歷奏其刺探省中事帝欲誅之乃用爲江州刺史五月安都自京口還都部伍入於石頭六月帝宴安都於嘉德殿卽坐收之囚於西省又集其部下將帥會於尚書朝堂盡奪馬仗而釋之乃下詔暴安都罪惡賜死　丁未夜白虹二出北斗間　秋九月癸亥曲赦都下　以袁樞領丹陽尹

五年春正月辛巳祀南郊　秋七月丁丑曲赦都下　九月城西城　冬十一月司空章昭達平陳寶應擒送京師斬之禮遣虞寄至建康帝勞之曰管甯無恙以爲衡陽王掌書記　帝嘗宴羣臣召始興中錄事陰鏗預焉鏗立賦新成安樂宮詩以獻

六年春正月庚戌復以杜稜爲丹楊尹　秋七月癸未有風自西南來激壞靈臺候樓甲申儀賢堂無故自壞　丙戌臨川太守駱牙斬反帥周迪傳首京師

梟於朱雀航　九月新作大航　冬十二月癸亥曲赦都下

天康元年春正月癸酉帝崩於有覺殿是日太子伯宗卽位於太極前殿五月奉太后沈氏居安德宮六月丙寅葬世祖文皇帝於永寧陵在陵山之陽　冬十月庚申享太廟

廢帝光大元年春正月辛卯祀南郊　以吳明徹代杜稜爲丹楊尹　司徒安成王頊與中書舍人劉師知尚書僕射到仲舉同受遺輔政頊常居尚書省師知仲舉在禁中參決衆事忌頊地望權勢矯詔出之令還東府理州事頊使中記室毛喜白太后及帝皆辭以不知頊乃囚師知於獄賜死仲舉廢歸私第右衞將軍韓子高文帝舊人也文帝當梁季時還長城遇子高於淮渚遂委事焉在建康諸將中士馬極盛仲舉復與謀頊爲人所告秋八月頊執仲舉子高付廷尉殺之帝弟伯茂預是謀頊恐其扇動內外以爲中衞大將軍使居禁中　秋九月以新安王伯固代吳明徹爲丹楊尹　冬十月甲申享太廟

二年春正月己亥進安成王頊太傅揚州牧　秋七月丙午享太廟冬十月庚

午再享太廟　冬十一月甲寅慈訓皇太后集羣臣於朝堂令廢帝爲臨海王以安成王頊入纂又降始興王伯茂爲温麻侯使居昏第在六門之外爲諸王冠昏所居　頊遣盜殞諸車中

宣帝太建元年春正月甲午安成王頊卽皇帝位於太極前殿大赦乙未謁太廟辛丑祀南郊戊午享大廟二月庚午皇后柳氏謁太廟辛未皇太子叔寶謁太廟乙亥耕耤田　夏四月齊人於秦郡置秦州　冬十月壬午享太廟　以衡陽王伯信爲丹楊尹　是歲謝鎮西寺火

二年春正月丙午享太廟　三月丙寅皇太后章氏崩於紫極殿夏四月戊寅葬武宣皇后於萬安陵　閏四月戊申謁太廟　六月辛卯大雨雹　冬十月乙酉享太廟　十二月癸巳夜雷

三年春正月辛酉祀南郊辛未祀北郊二月辛巳祠明堂丁酉耕耤田　秋八月辛丑皇太子叔寶釋奠於太學時東宮多文學之士學士張譏嘗於温文殿講莊老帝親臨聽賜衣一襲又有姚察亦由宣明殿學士轉東宮學士　冬十

月甲申享太廟
四年春正月庚午享太廟　八月丁丑景雲見　冬十月乙酉享太廟　十一
月己亥地震　十二月壬寅甘露降樂遊苑甲辰帝幸苑宴賜百官羽林監袁
憲嘗侍宴承香閣賓退帝留與衞尉樊俊移席山亭談宴終日歎曰袁家有人
丁卯作東宮
五年春正月辛巳祀南郊甲午享太廟二月辛丑祠明堂　乙卯有白虹貫北
斗紫宮　三月詔伐齊以吴明徹爲侍中都督征討諸軍事統十萬衆發京師
周羅睺以句容令隨征明徹軍出秦郡都督黄灋氍軍出歷陽齊人以其秦州
前江浦通涂水置大木柵於水中夏四月辛亥明徹遣部將程文季拔其柵齊
大將尉破胡來援辛酉戰於石梁蕭摩訶擲鐵鋧殺西域善射者及蒼頭犀角
大力十餘人齊師大敗五月己巳瓦梁城降丙子歷陽降戊子秦州城降癸巳
瓜步胡墅二城降帝以秦郡明徹鄉里詔具太牢令拜祠上冢羽儀甚盛鄉人
榮之　廢秦州及臨涂縣　六月治明堂　秋九月壬辰晦夜明　冬十月吴

明徹克壽陽斬王琳傳首京師梟於朱雀航餘帥皆囚於東冶明徹入朝帝幸其第賜鐘磬一部　是歲豫州刺史程文季修謝鎮西寺敕改名興嚴寺

六年春正月壬子享太廟二月辛亥耕耤田　以衡陽王伯信爲揚州刺史

七年春正月辛未祀南郊辛巳祀北郊夏四月甲午享太廟　庚寅監豫州陳桃根獻青牛詔以還民乙未又上織成羅文錦被裘各二詔焚諸雲龍門外六月己酉改作雲龍神虎門　秋九月甘露降樂遊苑丁未帝幸苑采露宴百官詔於苑中龍舟山立甘露亭　是歲天臺僧智者至都居瓦官寺僕射徐陵重之詔住光宅寺

八年春正月庚辰西南紫雲見　夏四月己未享太廟　甲寅詔宴凱旋將士於樂遊苑設絲竹之樂

九年春正月辛卯祀北郊　以始興王叔陵爲揚州刺史　二月壬子耕耤田　秋七月庚辰大雨震萬安陵華表己丑震慧日寺刹及瓦官寺重門一女子震死　冬十二月戊申東宮成皇太子徙居之　是歲秣陵令司馬申以清著

有白雀見於庭

十年春三月辛未震武庫　始興王叔陵居東府擅權自恣又好發古冢取其石誌器玩女子微有姿者並即偪納辟謝貞爲州主簿尋遷府録事參軍領丹楊丞貞知其有異志每有宴遊輒以疾辭　夏四月庚申大雨雹　閏六月丁卯大雨震大皇寺刹莊嚴寺露盤重陽閣東樓千秋門內槐樹鴻臚寺門　秋八月改秦郡爲義州　戊寅隕霜殺稻菽　九月乙巳立方明壇於婁湖戊申以始興王叔陵兼王官伯臨盟百官甲寅帝幸婁湖誓衆以彭城喪師故也　冬十月罷義州及南琅邪郡（此義州在江北今六合境陳本紀載其與琅邪郡同罷故景定志譌於江南）立建興郡領同夏江乘臨沂湖熟等縣屬揚州其建康秣陵江甯丹陽等縣仍隸丹楊郡（義州雖罷其爲秦郡如故觀後可見）

十一年春二月癸卯耕藉田　秋七月辛卯初用大貨六銖錢　八月丁卯帝幸大壯觀閱武命都督任忠領步騎十萬陳於玄武湖都督陳景領樓艦五百出瓜步江車駕登玄武門觀宴羣臣以觀之既而幸樂游苑設絲竹會仍重幸

大壯觀集諸軍振旅而歸戊寅帝還宫俄又校獵於幕府山尚書左丞虞世基爲講武賦奏之　周師入寇淮南冬十一月癸卯都督任忠帥步騎七千趣秦郡武毅將軍蕭摩訶趣歷陽以始興王叔陵爲大都督總水陸諸軍叔陵時丁所生母彭氏憂起爲本職晉世王公貴人多葬梅岡叔陵啟求其地爲母墓因發太傅謝安冢以營窀穸焉　十二月乙丑南北兗晉三州及秦歷陽等九郡民皆自拔歸江南自是江北地皆入周周以秦郡爲方州　癸酉以前信州刺史楊寶安鎮白下開遠將軍徐道奴鎮柵口平北將軍沈恪電威將軍裴子烈鎮南徐州於是修飾都城爲扞衛之備獲銘曰二百年後當有癡人修破吾城者時莫測所從云　是歲以長沙王叔堅爲丹楊尹

十二年春正月戊戌以任忠爲平南將軍督緣江軍防事　夏四月己卯大雩壬午雨　六月壬戌大風壞皋門中闥　秋八月詔出兵應司馬消難南豫州刺史任忠帥衆趣歷陽　甲戌大雨霖　九月癸未夜天東南有聲如風水相激三夜乃止　丁亥周將王延貴援歷陽任忠擊禽之　冬十月癸丑大雨雹

十一月己丑詔原丹楊建興等郡田稅　丹楊尹徐陵表求致仕詔將作爲造大齋令陵就第視事　是歲鑄一鼎於太極殿文曰忠烈常侍丁初正書

十三年春正月以新安王伯固爲都督揚州刺史伯固諂附叔陵與之共圖不軌朝野疾之　以毛喜代徐陵爲丹楊尹　二月乙亥耕藉田　秋七月徵士馬樞卒於茅山樞辭徵不起常有白鷺一雙巢其庭樹　九月癸亥夜大風發屋拔樹大雷雨雹　庚午將軍周羅睺拔隋胡墅蕭摩訶度江北攻　是歲隱士徐則應召至都憩於至眞觀期月還天台山

十四年春正月甲寅帝崩於宣福殿乙卯小斂太子叔寶伏哭始興王叔陵抽剉藥刀斫之中項皇后柳氏來救又斫之數下東宮乳媪樂安君吳氏自後掣其肘太子乃得免避去長沙王叔堅手搤叔陵奪其刀仍牽就柱以褶袖縛之棄池水中將殺之以未得太子命求太子所在叔陵因奮得脫突出雲龍門馳還東府召左右斷靑溪橋道赦東城囚以充戰士又遣人往新林追所部兵仍自被甲著白布帽登城西門招募百姓莫有應者外召諸王將帥亦不至唯新

安王伯固單馬赴之叔陵聚兵僅得千人欲據城自守時臺軍並緣江設防宫省空虛叔堅白柳后使太子舍人司馬申急召右衛將軍蕭摩訶入受敕帥馬步數百趣東府屯城西門叔陵惶恐遣記室韋諒招之摩訶紿報曰須王心膂將自來方敢從命叔陵令戴温譚騏驎二人往摩訶執以送臺斬於閣道下持其首徇東城仍懸於朱雀門叔陵自知不濟沉其妃妾於井中而帥步騎數百自小航度欲趣新林以舟艦入北行至白楊路爲臺軍所遮伯固避入巷叔陵拔刀追之伯固復還叔陵部下多潰散摩訶馬容陳智深等刺殺叔陵伯固亦被殺於昌館門自寅至巳乃定叔陵諸子皆賜死　丁巳太子叔寶卽皇帝位於太極前殿大赦　癸亥以長沙王叔堅爲揚州刺史晉熙王叔文代爲丹楊尹　乙丑奉皇太后柳氏居弘範宫時帝病創臥承香殿不能聽政太后日御柏梁殿百司庶務皆取決焉皇后沈氏無寵別居求賢殿唯張貴妃得侍帝側　戊辰遣使請和於隋歸其胡墅　甲戌設無礙大會於太極前殿　秋七月自建康至荆州江水赤如血　八月癸未天有聲如風水相激乙酉夜又如

之丁酉天赤如火　九月丙午設無礙大會於太極前殿捨身及乘輿御服大赦　辛亥夜天東北有聲如蟲飛漸移西北　司空長沙王叔堅總理庶政權傾朝廷帝頗疏忌之

後主至德元年春正月以晉熙王叔文代叔堅爲揚州刺史二月丁丑又以始興王叔重代之　癸巳葬高宗宣皇帝於顯寧陵　帝創愈置酒後殿以自慶引吏部尚書江總以下展樂賦詩　以岳陽王叔韶爲丹楊尹　秋九月丁巳天東南有聲如蟲飛　長沙王叔堅既失職心不自安因爲厭醮以求福爲人所告冬十二月囚叔堅於西省將殺之既而念其前功乃赦免　戊午夜天開自西北至東南其內有青黃雜色隆隆如雷聲　太府卿章鼎善望氣盡貨田宅寓居僧寺謂友人毛彪曰江東王氣盡矣吾與爾當葬長安故破產爾　以蕭引爲建康令時殿中隊主吳璡及宦者李善度等多所請屬引皆不許俄坐免官　是歲隋置六合鎭於桃葉山

二年夏五月以南平王嶷爲揚州刺史未幾始安王深代之　起臨春結綺望

仙三閣於昭光殿前高數十丈窗牖壁帶懸楣闌檻皆以沈檀香爲之金玉珠翠塗飾間錯每微風暫至馨聞數里朝日初照光映後庭其下積石爲山引水爲池雜植奇花異卉帝自居臨春張貴妃居結綺龔孔二貴嬪居望仙並複道往來貴妃嘗於閣上靚妝俯臨軒檻宮中望之飄若神仙帝好倚隱囊置貴妃於膝上與共決事貴妃有厭魅術常置淫祀於宮聚女巫以歌舞又有王李二美人張薛二淑媛袁昭儀何婕妤江修容等七人皆被寵以宮人有文學者袁大捨等爲女學士僕射江總雖爲宰輔日與都官尚書孔範散騎常侍王瑳等侍帝遊宴謂之狎客帝每飲酒先令張孔八婦人襞牋製詩十客一時繼和采其尤麗者被以新聲選宮女習歌之其曲有臨春樂黃鸝留及玉樹後庭花春江花月夜金釵兩鬢垂等名君臣酣歌自夕達旦習以爲常　是歲隋改尉氏縣爲六合省堂邑方山併入焉仍屬方州

三年冬十一月己未詔修復仲尼廟　辛巳帝幸長干寺大赦　十二月辛卯太子胤出太學講孝經辛丑釋奠於先師禮畢設金石樂宴王公卿士　右衛

將軍兼中書通事舍人傅縡負才使氣爲中書舍人施文慶所譾下建康獄復於獄中上書極言時事帝大怒賜之死

四年秋九月以岳陽王叔愼爲丹楊尹叔愼善文章與衡陽王伯信新蔡王叔齊等皆陪曲宴一日飲酒歡甚將移入弘範宮唯蔡凝不行曰長樂尊嚴非酒後所過臣不敢奉詔時又置德教殿學士以阮卓爲之　甲午帝幸玄武湖肄艫艦閱武復宴羣臣賦詩車駕又嘗遊鍾山開善寺與羣臣坐寺西南松林下敕張譏竪義折松枝付之以代麈尾焉

禎明元年春正月戊寅大赦　乙未地震　以義陽王叔達爲丹楊尹　秋九月梁蕭巖蕭瓛自荆州來降辛卯率其文武渡江至京師　左軍將軍孫瑒宅在青溪東大路北極林泉之致歌鐘舞女當世罕儔帝頻幸其第時興皇寺僧朗該通釋典瑒每造講筵時有抗論法侶莫不傾心至是卒江總爲銘帝又題四十字遣左戶尚書蔡徵就宅宣敕鐫之其詞曰秋風動竹煙水驚波幾人樵徑何處山阿今時明月宿昔綺羅天長路遠地久靈多功成未勒此意如何　冬覆舟山及蔣山常多采醴俗呼爲雀餳帝以爲甘露

之瑞　是歲起齊雲觀國人歌之曰齊雲觀寇來無畔岸帝聞臨平湖塞自開惡之乃自賣於佛寺爲奴以厭之又於京師造大皇寺起七級浮圖未畢火自中起飛至石頭燒死者甚衆

二年春帝幸故太常卿蔡景歷宅　以徐孝克爲都官尚書自晉以來尚書官僚皆攜家屬居省省在臺城內丁舍門中有閣道東西跨路通於朝堂其第一即都官省年代久遠多有鬼怪尚書周確實卒於此孝克代確即便居之妖變皆息素性清正帝敕以石頭津税給之孝克悉用以設齋寫經　夏四月戊申有羣鼠無數自蔡洲岸入石頭度淮至於青塘兩岸數日死隨流入江時蔣山有衆鳥鼓翼拊膺呼曰奈何帝奈何帝又有神游於都下自稱老子與人對語而不見形言吉凶多驗得酒輒釂之　五月甲午東冶鑄鐵有物赤色大如數升自天墜鎔所有聲如雷鐵飛出牆外燒人家　六月以會稽王莊代始安王深爲揚州刺史時廢皇太子胤立深故也　丁巳大風自西北至拔朱雀門激濤水入石頭城淮渚暴溢漂没舟乘又建康門無故自壞青龍出建陽門井涌

赤霧地生黑白毛時災異甚衆帝嘗夜中索飲忽變爲血有血沾階至於坐牀頭而火起有狐入於牀下捕之不見帝又夢黄衣圍城乃盡伐繞城橘樹　冬十月己酉帝校獵於幕府山　十一月丁卯詔剋日於大政殿訊獄　隋人大舉來伐命晉王廣出六合爲諸軍節度十二月隋軍臨江東西齊進中書舍人沈客卿施文慶掌機密用事不以爲意忠武將軍孔範亦言虜無渡江理護軍將軍樊毅與僕射袁憲以京口采石俱爲衝要欲出鋭兵五千金翅二百緣江爲防皆不從帝從容謂侍臣曰王氣在此齊軍三來周師再至無不摧敗彼何爲者哉猶奏伎縱酒賦詩不輟尋敕施文慶頓兵樂遊苑内外事以沈客卿總之

三年春正月乙丑朔大霧四塞入人鼻皆辛酸　隋吳州總管賀若弼自廣陵濟江至京口廬州總管韓擒虎自横江宵渡采石丙寅采石戍主徐子建馳啟告變戊辰詔内外戒嚴以驃騎將軍蕭摩訶爲皇畿大都督中領軍魯廣達及樊毅並領兵戍别遣南豫州刺史樊猛帥舟師出白下　庚午賀若弼攻陷南

徐州辛未韓擒虎攻陷南豫州南北並進時樊猛與左衛將軍蔣元遜將青龍八十艘於白下遊奕以禦六合兵孔範與魯廣達頓於白塔寺司馬消難言於帝曰賀若弼若登高舉烽與韓擒虎相應鼓聲交震人情必離請急遣兵北據蔣山南斷淮水陛下以精兵萬人守城莫出不過十日二將之頭可致闕下範冀立功不從其計帝因使司徒豫章王叔英屯朝堂蕭摩訶屯樂遊苑樊毅屯耆闍寺魯廣達屯白土岡孔範屯寶田寺中書令蔡徵守宮城西北大營尋令督衆軍戰事己卯鎮東大將軍任忠自吳興入赴遣屯朱雀門　辛巳賀若弼進據鍾山頓白土岡之東南　隋晉王廣遣總管杜彦與韓擒虎合軍屯新林總管宇文述自六合濟據石頭以爲兩軍聲援　帝見隋師日偪不知所爲唯日夜泣涕與諸臣共議於内殿蕭摩訶曰弼懸軍深入壘塹未堅出兵掩襲可以必克任忠曰兵法客貴速戰主貴持重今當固守臺城緣淮立柵北軍雖來勿與交戰分兵斷江路無令彼信得通給臣精兵一萬金翅三百艘下江徑掩六合彼大軍必謂其度江將士巳被俘獲自然挫氣臣復揚聲欲往徐州斷彼

歸路則諸軍不擊自去此良策也帝不能從明日欻然曰兵久不決令人腹煩可呼蕭郎一出決之乃多出金帛賦諸軍以充賞　甲申魯廣達陳兵白土岡居衆軍東南任忠樊毅孔範蕭摩訶以次而北置陣亘二十里首尾進退不相知賀若弼初謂未戰將輕騎登山望見衆軍因馳下與所部七總管楊牙員明等甲兵凡八千人勒陣以待之廣達以其徒力戰隋軍退走者數四弼縱煙以自隱窘而復振陳兵得人頭皆走獻上以求賞弼知其驕惰更引兵趣孔範範兵走諸軍顧之驚潰員明擒摩訶任忠馳入臺言敗狀帝與金兩縢使於南岸募人出戰忠曰陛下唯當具舟楫就上游諸軍臣以死奉衛帝信之敕忠出部分令宮人裝束以待時韓擒虎自新林進軍忠竟迎降於石子岡領軍蔡徵守朱雀航聞擒虎將至衆懼而潰忠引隋軍直入朱雀門擒虎因趣宮城自南掖門入文武百司皆遁唯尙書僕射袁憲在殿內尙書令江總吏部尙書姚察度支尙書袁權前度支尙書王瑗侍中王克在省中帝惶遽甚與宮人十餘出後堂景陽殿自投於井及夜爲隋軍所執弼乘勝至樂遊苑廣達猶督餘兵苦戰

會日暮乃解甲面臺再拜曰我身不能救國負罪深矣遂就縛弼將黄昕夜燒北掖門弼馳入聞擒虎已得陳主恥功在其下欲令陳主作降牋乘騾車歸己事不果弼置陳主於德教殿以兵守衛晉王長史高熲入建康斬陳貴妃張麗華於青溪牓於中橋丙戌晉王廣入據臺城送陳主於東宮使高熲與元帥府記室裴矩收圖籍封府庫資財一無所犯以施文慶沈客卿暨惠景陽惠朗徐皙五人刻削害民皆斬於石闕下以謝江南先是江東謡多唱王獻之桃葉辭云桃葉復桃葉渡江不用楫但渡無所苦我自迎接汝及晉王廣軍於六合桃葉山果乘陳船而渡　隋開府儀同三司王頒僧辯之子也從韓擒虎渡江密召父時士卒夜發陳武帝萬安陵焚骨取灰投水飲之既而自縛歸罪隋主嘉其義而赦之初武帝即位之後奉朝請史普直殿省夢有人自天下導從數十至太極殿前北面執玉策金字曰陳氏五帝三十二年及後主在東宮有婦人突入唱曰畢國主有鳥一足集殿庭以觜畫地成文云獨足上高臺盛草變爲灰欲知我家處朱門當水開解者以爲獨足指後主獨行無衆盛草言荒穢隋

承火運草得火而灰及至京師館於都水臺所謂上高臺也又梁末童謡云可憐巴馬子一日行千里不見馬上郎但見黃塵起黃塵污人衣皁莢相料理及僧辯滅羣臣以謡言奏聞云僧辯本乘巴馬以擊侯景馬上郎王字也塵謂陳也而不解皁莢之謂既而陳滅於隋說者以爲江東謂羖羊角爲皁莢隋姓楊楊羊也言終滅於隋云

金陵通紀卷六

弟作儀參訂男詒紱校字

金陵通紀卷七

江甯陳作霖伯雨編輯

隋文帝開皇九年（陳禎明三年）春正月平陳癸巳詔使者巡撫建康宮室城闕並平蕩耕墾其陳氏三陵總給五戸以分守　置蔣州於石頭城廢丹楊郡徙揚州總管府治所於蔣州城內尋移江都　晉王廣大獵於蔣山有猛虎突圍出行軍總管韓洪馳射之應弦而倒陳氏故將列觀皆歎伏焉王大喜賜縑百匹以爲蔣州刺史　三月己巳陳主叔寶與其王公百官發建康　晉王廣班師留王韶於石頭防遏委以後事故陳之境內給復十年

十年冬十一月蔣山李棱舉兵反自稱大都督江表自東晉以來刑法疏緩世族陵駕寒門平陳之後牧民者盡更變之士民嗟怨民間復訛言將徙入關遠近驚駭於是陳之故境皆反詔上柱國內史令楊素討之　晉王廣復鎮揚州以長史張煚檢校蔣州事未幾江南平郭衍以功除蔣州刺史　移江甯縣治於冶城

十一年析溧陽及丹陽之地置溧水縣屬蔣州

十五年秋七月遣邳公蘇威巡省江南

十八年併溧陽入溧水

煬帝大業元年廢方州以六合屬揚州句容亦來隸焉尋立方山府於上沛領方山縣

二年春正月省建康秣陵同夏臨沂丹陽湖熟六縣皆入江甯

三年夏四月改州爲郡蔣州復名丹楊郡江甯與溧水二縣仍隸焉

六年置丹楊郡城

十一年冬十一月餘杭賊劉元進攻丹楊左屯衞大將軍吐萬緒濟江擊走之

十二年章邱賊杜伏威掠淮南據六合光祿大夫陳稜將宿衞兵討之　方山府廢

十三年春正月陳稜畏杜伏威之衆閉營不出伏威以婦人服遺之謂之陳姥稜怒出戰伏威奮擊大破之復乘勝據歷陽　自淮及江東西數百里絶水無

魚

十四年春帝在江都見中原已亂不欲北歸命治丹楊宮將徙都之未及遷而難作吳興太守沈法興聞帝被弒舉兵以討宇文化及爲名時賊帥樂伯通據丹楊爲化及守法興使陳果仁攻陷之遂據江表十餘郡自稱江南道大總管

唐高祖武德元年（即隋大業十四年）帝即位於關中丹楊尙爲沈法興所據

二年秋九月歷陽賊帥杜伏威請降授東南道行臺尚書令封楚王

三年春海陵賊帥李子通攻沈法興取京口法興奔吳郡於是丹楊降於子通杜伏威遣長史輔公祏帥卒數千攻子通丹楊克之進屯溧水子通率衆拒之公祏簡精甲千人執長刀爲前鋒又使千人躡其後曰有退者斬之自帥餘衆復居其後子通爲方陣而前公祏前鋒殊死戰公祏復張兩翼擊之子通敗走公祏逐之反爲所敗還閉壁不出王雄誕時爲公祏副曰子通無壁壘又狃於初勝乘其無備擊之可破也公祏不從雄誕以其私屬夜擊之因風縱火子通大敗退保京口伏威乃徙居丹楊遣使奏捷　夏六月以江寧溧水二縣地置

揚州析置丹陽安業溧陽三縣更名江甯爲歸化壬辰詔以杜伏威爲使持節總管江淮以南軍事揚州刺史徙封吳王

四年以句容延陵二縣置茅州

五年秋七月吳王伏威入朝留輔公祏守丹楊領揚州刺史令右將軍王雄誕典兵爲之副陰謂曰吾至長安茍不失職無令公祏爲變

六年省安業縣入歸化　輔公祏將反奪王雄誕兵縊殺之秋八月壬子稱帝於丹楊國號宋修陳故宮而居之遣其將馮慧亮等統舟師屯博望山陳正通等統步騎屯青林山仍於梁山連鐵鎖以斷江路詔遣趙郡王孝恭嶺南道大使李靖討之

七年春孝恭等兵次硤石諸將欲踰馮慧亮等壘直掩丹楊李靖曰不可公祏自將尚有精兵使進攻石頭旬月不下慧亮等躡吾後腹背受敵此危道也不如先攻慧亮等以挑之孝恭以爲然使羸兵先攻賊營而勒精兵以爲繼大敗之博望青林二戍皆潰三月李靖至丹楊公祏棄城走衆尚數萬李世勣追之

公祏至句容騎能屬者才五百人爲武康野人所執送丹楊梟首分捕餘黨悉誅之江南平以孝恭爲東南道行臺右僕射孝恭威名甚盛厚自崇重築宅於石頭陳廬徼以自衛　更揚州爲蔣州廢茅州仍以句容縣屬蔣州復置方州以盧祖尚爲蔣州刺史

八年改蔣州爲揚州更歸化縣爲金陵揚州領金陵句容丹陽溧水等六縣廢行臺以趙郡王孝恭爲揚州大都督李靖爲長史丹楊連罹兵寇百姓凋弊靖鎮撫之江南以安　冬十二月以襄邑王神符檢校揚州大都督始自丹楊徙州府於江北自是揚州之名專屬江都矣

九年徙金陵於白下村曰白下縣與句容俱隸潤州丹陽與二溧隸宣州

太宗貞觀元年分天下爲十道宣潤二州屬江南道揚滁和三州屬淮南道

七年移白下縣於冶城東省丹陽縣　廢方州以六合縣屬揚州

八年秋七月江淮大水

九年更白下縣曰江甯　是時釋法融於幽棲寺入定有百鳥獻花之異因開

南宗一派號牛頭宗今牛首祖堂即其遺址

高宗麟德元年句容令楊延嘉因梁故隄置絳巖湖以溉田先是岑植爲句容令明達善斷與從弟溧水令岑文林並有政績

總章元年江淮旱饑

儀鳳元年冬十二月以尚書左丞崔知悌國子司業鄭祖玄巡撫江南道

武后光宅元年秋九月英國公徐敬業舉兵揚州圖匡復將據金陵使崔洪渡江修石頭城冬十月大總管李孝逸平之分兵三百守石頭尋置爲鎮徙縣倉以實之

垂拱四年夏以冬官侍郎狄仁傑巡撫江南道

如意元年夏五月江淮旱饑時禁屠採民不得捕魚蝦餓死甚衆

長壽元年溧水令王通以清勤爲治戶口增益

中宗神龍二年移石頭倉於冶城

睿宗景雲元年江甯令陸彥恭於五城側造橋渡秦淮名五城渡

玄宗開元四年春二月升江甯爲望縣

九年秋七月丙辰揚潤等州大風發屋拔樹漂損船舫千餘隻

十四年秋七月甲子大風自東北來海濤沒瓜步

二十一年分江南爲二道宣潤二州並屬江南東道

天寶元年復置丹陽郡句容江甯並隸焉按此丹陽郡治今鎮江之丹陽非復江甯之丹陽矣

七年修齊崇元館

十年改晉天寶寺爲天保寺

十五載以永王璘充江南等路節度大使駐江陵　時翰林供奉李白被放遊金陵

肅宗至德元載以同平章事崔渙巡撫江南　永王璘欲據金陵如東晉故事冬十二月引兵東下至當塗擊斬丹陽太守閻敬之

二載春二月淮南採訪使李成式河北招討判官李銑合兵討璘銑軍於揚子成式使判官裴茂屯瓜步廣張旗幟於江津璘登城望之有懼色其別將渾惟

明奔江甯江北軍多列炬火光照江中璘以爲官軍已濟遽挈家屬潛遁未幾敗死　是歲置江甯郡於江甯縣治領江甯句容溧水當塗四縣

乾元元年冬十二月改江甯郡爲昇州置浙江西道節度兼江甯軍使領昇潤宣等十州治昇州以昇州刺史韋黃裳爲之

二年夏六月以顏眞卿爲昇州刺史充浙江西道節度使時詔天下臨江帶郭各置放生池始自江州迄於昇州秦淮太平橋凡八十一所眞卿爲勒碑以記焉眞卿知淮西節度副使劉展將反豫飭戰備都統李峘以爲生事非毀之被召爲刑部侍郎

上元元年春正月以侯令儀爲昇州刺史充浙江西道節度使　冬十一月江淮都統劉展反自白沙濟江襲下蜀昇州軍士萬五千人謀應展不克而遁侯令儀懼棄城走兵馬使姜昌羣詣展降丙申展入昇州以昌羣爲刺史旬日閒陷宣和等十州

二年春正月平盧節度使田神功奉敕討展既入揚州亦遣兵自白沙趣下蜀

展慶敗其弟殷欲入海展不從更帥眾力戰將軍賈隱林射展中目而仆遂斬之餘黨悉降平盧兵大掠十日　江淮大饑　廢江甯置上元縣句容縣改屬潤州　以前宋延壽寺爲延熙寺

寶應元年廢昇州以上元隸潤州溧水隸宣州　江東大疫人民死者過半

代宗大厤三年以張萬福爲和州刺史行營防禦使討平盧叛將許杲於當塗杲懼移軍上元因北至楚州走死　時江南北多循吏六合令獨孤及政尙簡靜建清風亭吟嘯其中句容令王昕復置絳巖湖周百里爲塘立二斗門以節旱潦開田萬頃溧水令竇叔向政績爲諸邑冠白季康繼之性清介而以誠信化人縣民久而思之

四年上元縣芝草生一莖四葉高七寸

德宗建中二年夏六月以浙江西道爲鎮海軍

四年朱泚亂長安鎮海軍節度使韓滉築石頭五城穿井百所毀上元佛寺道觀四十餘區以其材繕館第數十修塢壁起建業抵京峴樓堞相屬以備遊幸

且自固也淮南節度使陳少游奪鹽鐵使包佶上供錢帛佶與數十人走至上元復爲滉所掠

貞元二年夏六月江溢魚鼈隨流而下皆無首明年滉卒於鎮

六年夏江浙旱

八年秋七月江淮大水害稼漂沒人民廬舍八月遣官宣撫

順宗永貞元年秋江浙旱

憲宗元和元年鎮海軍節度使李錡驕縱無忌冬十月以御史大夫李元素代其任錡拒命詔淮南節度使王諤討之未至錡遣牙將庾伯良將兵三千治石頭其兵馬使張子良知錡必敗癸酉引兵趨牙門錡跣走匿樓下親將李鈞引挽强卒三百趨山亭欲戰錡甥裴行立與子良應伏兵邀斬之左右執錡裹之以幕械送京師

三年江南旱

四年春江南旱饑詔左司郎中鄭敬德爲江淮二浙等道宣慰使振卹之

七年潤州水害稼

八年江西從事李公佐泊舟建業登瓦官寺閣爲妙果寺尼謝小娥解隱語車中猴門東草禾中走一日夫十二字爲申蘭申春俾得復父夫之讐

十一年潤州大水

穆宗長慶二年冬十月詔江淮諸州旱損令所在觀察使取常平義倉斛㪷估減半糶以惠貧民　是歲烏江民殺縣令以取官米

三年春江南旱遣使宣撫　冬十二月浙西觀察使李德裕毁管内淫祠千餘所

敬宗寶曆元年夏詔訪茅山眞隱　秋江浙旱

文宗太和四年江南大水害稼出官米振給

八年夏江淮大旱　冬十月浙西水

九年漳王傅母杜仲陽放歸金陵詔鎮海軍節度使李德裕存撫之會德裕已離浙西牒留後李蟾使如詔旨後左丞王璠以此誣德裕爲罪

開成四年夏江溢大水害稼

武宗會昌元年秋七月江南大水

四年冬十一月升句容爲望縣

宣宗大中二年夏六月禮院檢討官王皞以爭郭太后祔廟事貶句容令

十二年秋潤州水害稼

懿宗咸通二年江淮旱

七年江淮大水

九年夏江淮旱蝗六合令康某禱雨不應乃跨白馬投江死民爲立祠祀之

冬十二月徐賊龐勛自安南戍歸破烏江

僖宗乾符二年帝遣使受大洞籙於茅山道士吳法通賜號希微先生其弟子

上元劉得常居紫陽觀

廣明元年秋七月黃巢自采石北渡圍六合遂犯中原

中和四年江南大旱饑人相食

光啟元年江水赤數日　時上元令卜吉安和不擾公餘輒閉戶讀書而政事亦辦

二年感化軍牙將張雄馮弘鐸爲節度使時溥所忌合兵三百渡江壁白下號天成軍因襲據蘇州

三年春三月鎮海軍亂淮南六合鎮遏使徐約擊蘇州張雄雄逃入海夏四月自海泝江屯揚州之東塘遣其將趙暉據上元五月宣州觀察使秦彥將兵救淮南畢師鐸過上元甲午暉邀擊敗之有衆數萬以上元爲西州大治臺城而居之不與張雄通問雄泝江而上暉以兵塞其中流雄怒閏十一月戊午拔其城而坑之自屯上元

昭宗大順元年置昇州於上元以張雄爲刺史舊隸諸縣皆復舊

二年春正月淮蔡叛將孫儒悉衆渡江自潤州轉戰而南甯國軍節度使楊行密將李神福拒之於溧水陽退示怯儒軍不設備神福夜襲其營俘斬千計儒軍乃遁

景福二年秋七月昇州刺史張雄卒雄善馭衆人多思之爲立廟馮弘鐸代爲刺史

三年淮南楊行密將臺濛作五堰於魯陽拕輕舟以運糧軍得不困卒破孫儒

乾甯三年昇州刺史馮弘鐸以州遙附於淮南

天復二年馮弘鐸欲擊宣州田頵而州數有怪大風發屋巨木飛舞州人駭曰州且易主矣弘鐸不以爲意帥衆西上敗績於曷山收餘衆沿江將入海吳王楊行密遣人招之弘鐸遂歸於淮南淮南因取昇州以李神福爲刺史

三年秋宣州田頵叛淮南九月襲昇州得李神福妻子時神福西征聞信還討未至頵逆以書招之神福斬使而進冬十一月克頵代其任以秦裴爲昇州刺史

昭宣帝天祐六年（昭宣帝止四年淮南不從梁正朔故仍稱天祐）春正月淮南左右牙指揮使徐溫以金陵形勝戰艦所聚乃遙領昇州刺史遣假子知誥爲昇州防遏使兼樓船軍使往治之

七年以徐知誥爲昇州副使

八年建淨相寺

九年夏五月以徐知誥爲昇州刺史時諸州長吏多武夫不恤民事知誥獨修明政教招納賢才洪州進士宋齊邱嘗陪遊讌託鳳凰臺詩以見志知誥署爲推官俾主謀議齊邱性剛每有不合輒攜衣笥望秦淮門欲去知誥陰戒門者止之先是布衣錢亮嘗謂人曰金陵王氣復興當有申生子應運於此及是亮謁知誥退謂左右曰建業之地復興帝都卽郡侯是也後知誥得位以亮爲霸國先生

十一年始城昇州建大都督府

十二年淮南封徐温爲齊國公鎭潤州昇潤宣常歙池爲其巡屬

十四年夏四月昇州刺史徐知誥治府舍城市甚盛五月齊公温行部至昇愛其繁富乃移鎭海軍於是州自居之以知誥爲潤州團練使　是歲析上元南十九鄉當塗北二鄉置江甯縣

吳惠帝武義元年夏四月淮南始建國號曰吳進温爲大丞相都督中外諸軍事東海郡王時有童謠云東海鯉魚飛上天又云江北李花作雪飛江南李花王園枝李花結子可憐在不似楊花無了期

二年夏四月大丞相温自昇州朝吳主於廣陵　秋七月改昇州大都督府爲金陵府拜温爲金陵尹　冬十一月金陵城成陳彥謙上費用籍册温曰吾既任公不復會計悉焚之　建紫極宮於冶城故址　時有褚雅隱於茅山樂施輕財拯物無倦

睿帝順義二年以同泰寺之半置臺城千福院

四年冬十月大丞相温自金陵逆朝吳主於白沙　建興教寺於石頭城

乾貞元年冬十月大丞相温卒子知詢代爲鎮海甯國軍節度使金陵尹

二年冬知詢入朝於廣陵知誥時輔吳政留之以弟知諤代爲金陵尹

太和二年改安德鄉禪居寺爲崇果院

三年秋九月金陵尹徐知諤命句容令黃鸞重建靈寶院於茅山　冬十二月

徐知誥以鎮海甯國軍節度使諸道都統歸鎮金陵　茅山有道士王棲霞知誥嘗召至金陵館於玄眞觀

四年春二月都統知誥作禮賢院於府舍聚圖書以延士大夫宋齊邱上勸農桑策略言徵民稅宜虛擡時價以折紬絹及蠲課調等事知誥決行之不十年閒野無閒田又有汪台符上書陳民閒九患及利害十條齊邱忌之密使人誘其乘舟痛飲至石頭蚵蚾磯下沈於江　秋八月廣金陵城周回二十里　九月都統知誥以水火爲災兵民困苦悉縱遣侍妓取樂器焚之　是歲鍾山之陽積蝗厚尺餘有數千僧白晝聚啗之立盡

五年夏五月都統知誥欲徙吳主都金陵乃繕府治爲宮以蔡宏業爲宮城營奉使徙都統府於臺城令都教練使孔昌祚營之　封東嶽三郎爲雄武將軍建廟金陵

六年春正月都統府成凡二千四百閒乙未知誥徙居之虛府舍以俟車駕　閏正月金陵火　二月丙子吳主遣宋齊邱如金陵諭知誥罷還都己卯知誥還居府

舍　甲申金陵大火乙酉又火知誥懼有變勒兵自衛　都押牙周宗勸知誥受吳禪宋齊邱以其先已疾之手疏切諫知誥由是疏齊邱秋七月給南園以居之不令預國事　冬十一月知誥召其子景通於廣陵使還金陵爲副大使諸道都統判中外諸軍事　是歲故東海王温孫景運建報先院於金陵

天祚元年冬十月加知誥太師天下兵馬大元帥進封齊王以昇潤等十州爲齊國

二年春正月建大元帥府於金陵　冬十一月癸巳詔以金陵爲西都　是歲立韓將軍廟於金陵城西報功也

三年春正月齊王知誥始建國立宗廟社稷改金陵府曰江甯府牙城曰宮城廳堂曰殿置騎兵八軍步兵九軍　三月戊子吳主使宜陽王璪如西都冊命齊王知誥知誥受冊赦境內更名誥　夏六月齊王次子景遷卒葬飲馬池之陽　秋八月吳主下詔禪位於齊九月丙寅江夏王璘奉璽綬如金陵

南唐烈祖昪元元年即吳天祚三年冬十月甲申齊王誥即皇帝位奉吳主爲讓皇是

日白雀翔於中庭改齊明門爲朝元門　十一月丁卯荆南高從誨請置邸金陵許之

二年春升上元爲赤縣以張易爲令　夏五月丁卯廣濟倉火焚米三十萬石　作渾天儀　六月改吳興閣爲昇元閣瓦官寺爲昇元寺　高麗使貢方物帝御武功殿設細仗受之命學士承旨孫晟宴其使於崇英殿奏龜茲樂作番戲以爲樂　冬十月丙子立太學　壬辰命吳王璟（即景通）勒步騎八萬講武銅駝橋　南平王李德誠自洪州來朝帝遣內夫人逆勞於道百官班謁於都門入對日朝堂設次以待復賜曲宴於天泉閣

三年春二月己卯帝御興祥殿改國號曰唐復姓李更名昪立唐宗廟三月庚午作南郊行宮千間夏四月庚辰享太廟辛巳祀南郊　五月丙寅以吳王璟爲昇揚二州牧　是月作北郊於玄武湖西　秋七月詔放諸州所獻珍禽奇獸於鍾山　自五月不雨至於是月　冬十月丁丑帝御後樓閱戰馬

四年春二月吳故太子璉謁平陵歸至竹篠口暴卒其妃永興公主還居金陵

宮縞素誓佛以終身　冬十月以齊王璟讓儲赦殊死以下京師賜酺　庚戌帝自保德門御舟由迎鑾鎮幸東都十二月丙申還宮　是歲改崇英殿爲延英殿凝華內殿前爲昇元殿後爲雍和殿興祥殿爲昭德殿積慶殿爲穆清殿又有玉燭等殿

五年冬十一月詔定民田稅以肥瘠爲準

六年春正月都下大水秦淮溢東關尤被害左街使刁彥能請築隄爲斗門疏導之患乃稍息　溧水天興寺桑生木人長六寸形如僧右袒左跪衣裓皆備國人號曰須菩提帝迎置宮中事之占者曰木人生桑國有大喪　帝奉佛甚謹嘗創清涼道場延僧休復居之　先是有潘扆者至金陵泊舟秦淮口遇老父求同載時大雪扆市酒與飲及江中流酒盡老父解巾於髻中取小胡盧傾之不竭扆驚異老父謂曰子有道氣可教也乃授以秘術自是往來江淮間自稱野客復與方士史守沖獻金丹於帝帝服之疽發背祕不令人知

七年春二月庚午帝大漸召齊王璟謂曰德昌宮儲戎器金帛七百餘萬汝守

成業宜善交鄰國以保社稷是夕殂於昇元殿祕不發喪丙子始宣遺制

元宗保大元年即昇元七年春三月己卯齊王璟即皇帝位祕書郎韓熙載請俟明年改元不從　秋七月以金陵尹燕王景遂爲諸道兵馬元帥徙封齊王居東宮　冬十月朔清涼寺僧休復疏辭帝取三日子時入滅帝令本院至期擊鐘因登臺遙禮收其舍利建塔貯之時清涼寺有帝八分書題名李蕭遠草書董羽畫海水爲三絶　十一月壬寅葬烈祖高皇帝於永陵　帝常構一小殿處以視事謂之龜頭居又於宮中作樓召侍臣觀之皆歎美給事中蕭儼曰恨樓下無井不及景陽耳帝怒貶其官時有木平和尚帝亦召見於百尺樓木平曰此樓宜望火後淮甸交兵果望烽燧於此或云木平初見時杖頭挂木餅引以自蔽帝不能見因爲置木餅寺於宮側又延高僧文益住報恩禪院焉

二年秋八月帝幸飲香亭觀蘭詔苑令取滬溪美土爲馨烈侯壅培之具　召前校書郎史虛白至金陵訪以國政不對賜宴便殿溺於陛閒帝曰眞隱者也放還山

三年秋八月我師克建州執閩王王延政送金陵後建陽進茶油花子大小形製各別宮女皆鏤金於面以此花餅施額上號北苑妝　時有軍士耿謙女通黃白術因宋齊邱以入宮帝處之別院號曰先生是秋太后宋氏與耿忽失所在中外大駭月餘或告在方山寶華宮帝亟命景遂迎太后入宮冬十月太后殂耿遂不復見焉

五年春正月丁亥朔大雪帝召齊王景遂等登樓賜宴賦詩俄立景遂爲太弟以景達代爲齊王景遂與宮僚飲於昭慶宮傳玩玉杯贊善大夫張易有所諫遂忘顧易大言曰殿下重寶輕士何也取玉杯抵柱礎碎之眾皆失色景遂斂容謝之景達孝友純至嘗從遊後苑泛舟池中帝舟覆景達在他舟初不善泅遽躍入水負帝出　是歲契丹入中原密州刺史皇甫暉來奔懼不爲時所容至秦淮赴水求死舟人亟援出之入朝除歙州刺史　改六合爲雄州

七年春正月召大臣宗室赴內香宴凡中外名香九十二種皆江南所無也　詔摹勒古今法帖上石

八年齊王景達改長慶寺曰奉先以資烈祖冥福　侍中李金全卒葬上元金陵鄉

九年夏五月辛未有星大如五升器自西南流墜西北火燭地聲如雷　秋七月樂安公弭茂卒追贈慶王葬於婁湖橋在金陵城南五里　冬十一月我師平湖南遷馬氏之族於金陵　時右僕射孫晟宅在鳳凰山西岡壠之間韓熙載見其門巷卑陋謂曰湫隘如此何當爲相國第耶明年果拜相

十年春李建勳召拜司空營亭榭於鍾山適意泉石累表稱疾以司徒致仕賜號鍾山公妻亦自號鍾山老媪疾革遺令勿封樹立碑貽他日毀掘之禍夏五月卒　是時大旱帝遊後苑登臺望鍾山曰雨卽至矣伶人李家明曰雨雖來必不入城怪問之曰懼陛下重稅帝遽命減徵榷之半　冬十一月劉言據湖南守將敗歸詔斬宋德權任鎬於太社斬申洪泰尹建於都門外

十一年春三月金陵大火踰月焚廬舍營署殆盡　夏六月大旱井泉竭淮流涸蝗起民饑　馮延魯與宋齊邱等結爲朋黨內躁競而外言高退嘗早朝集

漏舍歎曰玄宗賜賀監鏡湖三百里非僕敢望但賜後湖數曲亦遂素志祠部郎中徐鉉笑曰上於近臣豈惜一玄武湖恨無知章耳延魯默然

十二年春正月有大星隕於西北聲如雷　置宣政院於內庭以常夢錫掌密命爲魏岑馮延巳等所惡罷職爲翰林學士　自去年八月不雨至於三月大饑疫

十三年冬十一月周人來侵十二月以安定郡公從嘉爲沿江巡撫置烽堠於龍安山以應江北　是歲天裂東南長二十丈

十四年春三月以奉使私許割地斬李德明於都市　夏四月周遣其將趙匡胤屯六合齊王景達將兵二萬自瓜步濟江相距二十餘里設柵不進周師欲擊之匡胤曰彼設柵自固畏我也今吾衆不滿二千若往擊之則彼見我衆寡矣不如俟其來而擊之居數日齊王進軍六合匡胤奮擊大破之未幾退齊王進攻壽州

十五年春三月齊王景達自壽州遁歸金陵　冬十二月都城大火一日數發

時伏龜山圯得釋寶誌所埋石函銘曰莫問江南事江南自有憑乘雞登寶位跨犬出金陵子建司南位安仁秉夜燈東鄰家道闕隨虎遇明徵

交泰元年夏五月割江北地與周和下令去帝號用周正朔自稱國主遣官告於太廟是日金陵大霧通夕不解　是歲周徙雄州仍以爲六合縣

顯德六年春三月朝貴出秦淮禊飲坐中有稱周爲大朝者常夢錫曰諸公平時每言致君堯舜今反自爲小朝耶　夏六月城金陵　秋七月鑄大錢以一當十文曰永通泉寶與舊錢並行已又鑄唐國通寶錢二當開通錢之一　前年立宏冀爲太子而黜太弟景遂宏冀猶忌之因酖殺焉至是見其爲厲於昭慶宮九月丙午宏冀遂卒句容尉張洎以議謚稱旨遷上元尉　冬十二月罷鑄大錢

建隆元年春正月周禪位於殿前都點檢趙匡胤國號宋江南遂用宋正朔是月始鑄鐵錢　冬十一月宋習戰艦於江杜著叛奔於宋師宋主命斬之於下蜀市

二年春二月國主遷於南都以太子從嘉留守金陵從嘉工書畫嘗自稱鍾峯隱居開崇文館以招賢潘佑與焉佑與李平善平曰六朝塚墓多寶鑑寶劍佩之可以辟鬼會張坦亦好其說乃共買雞籠山古塚地遇休沐則具畚鍤破塚得古器必傳玩之佑後坐直諫死　夏六月國主殂於南都秋七月太子從嘉即位於金陵改名煜令諸司四品至九品無職事者日二員待制於内殿　八月梓宫至金陵丁未殯於宫中萬壽殿告哀於宋且請追復帝號許之　冬十二月置龍翔軍以敎水戰

三年春正月戊寅葬元宗孝皇帝於順陵　句容尉張泌上封事召拜監察御史　國主性奢侈嘗於宫中製銷金紅綃幕壁而以白金釘瑇瑁押之又以緑鈿刷隔眼中障以朱綃植梅於外當春盛時梁棟宫壁柱栱階砌並作隔筒密插雜花榜曰錦洞天詔取廬山僧舍麝囊花植於移風殿賜名蓬萊紫每七夕延巧必命取紅白羅千餘疋爲月宫天河之狀常患淸暑閣前草生徐鍇令以桂屑布甎縫中宿草果死

乾德元年春二月始行鐵錢　置澄心堂於內苑清輝殿後引文士居之中書密旨由之以出　國后周氏寵嬖專房創爲高髻纖裳及首翹鬢朵之妝人皆效之嘗雪夜酣飲請國主起舞創邀醉舞破命牋綴譜俄頃成曲又有恨來遲破亦后所製故唐盛時霓裳羽衣最爲大曲亂後絕不復傳后得殘譜以琵琶寫之於是開元天寶之音復傳於江南冬十一月后疾篤親取元宗所賜燒槽琵琶及平時約臂玉環爲別越三日沐浴妝澤自納含玉殂於瑶光殿之西室三年春正月葬昭惠后於懿陵國主哀甚自製誄刻之石與后所愛金屑檀槽琵琶同葬　秋九月雨沙聖尊后鍾氏殂冬葬光穆皇后於順陵

五年春命兩省侍郎諫議中書舍人集賢勤政殿學士更直光政殿召對咨訪率至夜分復爲張洎建第於宮城東北隅賜書萬餘卷國主嘗臨幸焉　都城烽火使韓德霸怙權暴橫國人畏之出遇盧郢調笛不輟使數卒捕郢郢奮肱搏之卒不能逼後與黃夢錫自國學出又遇德霸不避其呵導德霸叱收之郢等投瓦石擊走其導從毆德霸傷面德霸訴於國主國主讓曰國子監先帝育

才之地孤亦賴此等與之共治汝闞監前是必淩辱士人也遂罷其職明年郢舉進士

開寶元年冬十一月國主納故后女弟周氏爲后特舉親迎之禮以校鴛代白雁使銜書民庶觀者如堵后被寵過於昭惠后國主嘗於羣花中作小亭冪以紅羅與后酣飲其閒柔儀殿有主香宮女其焚香之器凡數十種璀璨奪目有把子蓮三雲鳳折腰獅子小三神山亙字金鳳口罌玉太古容華鼎等名　又有秋水窅娘二宮人秋水喜簪異花常有蜨遶其上窅娘纖麗善舞國主爲作金蓮高六尺命窅娘以帛纏足作新月形素襪舞於其中由是人多效之　是歲鄧王從鎰出鎮宣州國主率近臣賦詩餞之於綺霞閣

二年冬國主校獵於青龍山還幸大理寺錄囚原貸甚衆時諸郡斷死囚必先期奏牘遇齋日則於宮內然佛燈達旦不滅則貸死謂之命燈

三年春命境內崇修佛寺改寶公院爲開善道場國主與后僧服誦經拜跪終日嘗創報慈院令僧行言居之創淨德院令僧智筠居之又有淮北僧自言慕

化遠來善談禪國主令於牛頭山大起蘭若廣召僧徒人謂之小長老

四年秋七月中書侍郎韓熙載卒熙載自去歲即臥疾戚家山後葬梅岡謝安墓側徐鉉爲銘　南楚國公從善奉方物朝宋爲宋所留九月國主作卻登高文以懷焉

五年春二月下令貶損儀制先是金陵殿閣皆用鴟吻至是盡去之

六年江南饑　宋屢徵朝國主稱疾不行

甲戌歲冬十月國主聞宋將興師築城聚糧大爲守備閏十月宋大舉來伐十一月以浮梁自采石濟每歲江水春夏盛漲謂之黃花水及是水忽縮小衆皆異之　國主聞宋師至近遣杜彥華督水軍萬人杜眞督步軍萬人逆戰宋大將曹彬敗諸新林寨獲樓船戰棹三十餘艘十二月己酉江南兵又敗於白鷺洲國主始下令戒嚴去開寶年號繫以干支益募民爲兵初烈祖有國凡民產二千以上出一卒號義軍分籍者又出一卒號新擬生軍新置產亦出一卒號新擬軍客戶有三丁者出一卒號團軍保大中村社競渡打標舟子皆籍姓名至是亦蒐爲兵號凌波軍又率民間傭奴贅壻號義勇軍募豪民以私財招聚無賴亡命號自在軍大括境內自老弱外皆爲卒號排門軍民間又自相率拒敵積紙爲甲農器爲

兵號白甲軍凡十三等皆使捍禦然實不可用　丙寅江南兵又敗於新林港口時諸軍屢挫惟凌波都虞候沿江都部署盧絳守秦淮水柵戰屢勝諸將復忌之說國主使出援潤州　國主以軍旅委皇甫繼勳機事委陳喬張洎分兵署字皆出澄心堂直承宣命謂之澄心堂承旨率徐遊等主之又以徐元楀刁衎爲內殿傳詔軍書狎至元楀等匿不以聞國主方幸淨居室聽沙門講楞嚴圓覺經用鄱陽隱士周維簡爲文館詩易侍講學士延入後苑講易否卦賜金紫　時災異迭見金陵苑中鹿作人語叱牧者明年今日汝等作鬼物有神首見於城樓大如車輪頷有珠光數日而沒城外沿江列大樓船皆號將軍忽一艘吼如雷國主降杖決之又鳧雁自北來者千羣繞城悲鳴遺矢白臭月餘乃止衛士秦友登壽昌堂榻覆鞾而坐訊之風狂不寤識者曰鞾履也履與李同音友與有同音而趙則與秦同出李氏其將覆而爲趙乎僧元寂素嗜酒嘗歌道中曰酒禿酒禿何榮何辱但見衣冠成古邱不見江河變陵谷一日醉死石子岡

乙亥歲春正月庚寅宋師進攻金陵行營馬軍都指揮使李漢瓊率所部渡淮

取巨艦實以葭葦順風縱火拔其水柵時宋師十餘萬皆在秦淮南岸舟楫未具副將潘美曰豈限此一衣帶水耶率衆先濟擊敗江南軍　統軍使李雄帥師入援遇宋將田欽祚於溧水與其子八人皆戰死欽祚遂克溧水　二月癸丑宋敗江南兵於白鷺洲乙卯拔昇州關城　三月庚寅宋敗江南兵於江中夏四月又敗之於秦淮北　宋師百道攻城晝夜不息城中米斗萬錢死者枕藉國主猶不知一日登城見列柵徧野知爲左右所蔽大懼召前神衛統軍都指揮使皇甫繼勳以屬吏繼勳者暉子也以家世拜大將軍貲産優贍名園宅第甲於金陵保惜富貴無效死之志兵民切齒至是甫出宮門軍士雲集臠割之頃刻而盡國主又召小長老問禍福對曰臣當以佛力禦之乃登城大呼周迴數四國主令僧俗軍士念救苦菩薩滿城沸涌未幾四面矢石交下復召小長老麾之稱疾不起始疑其爲諜酖殺之　夏六月丁卯宋敗江南兵於城下

壬午宋主令李穆送其江國公從鎰還金陵促國主入朝且令緩攻以俟之國主不從　冬十月朱令贇之師敗於皖口金陵愈危　十一月丙戌宋又敗

江南兵於城下先是曹彬等列三栅攻城潘美居其北以圖上宋主指北寨謂曰此宜深溝自固江南人必以夜來寇亟語曹彬等并力速成之彬等即承命自督丁夫掘塹塹成江南果出兵五千襲北寨彬等縱其至徐擊之皆殲焉彬知城破在旦夕乃與諸將焚香設誓不殺一人　己未白虹貫日晝晦金陵城陷將軍咼彥馬承信及弟承俊帥壯士數百力戰而死勤政殿學士鍾蒨右內史侍郎陳喬皆死之曹彬整軍至宮城國主帥羣臣肉袒降彬慰安之申嚴禁暴之令府庫委轉運使按籍一無所問宮中圖籍萬卷保儀黃氏掌之城將陷國主謂之曰此皆先帝所寶城若不守汝即焚之毋爲他人所得又淨德院尼八十餘人皆宮人入道者國主與之約曰如有不虞宮中舉火爲應吾與汝輩皆死及是黃氏焚圖籍諸尼望見煙燄遂爇積薪自焚死　吳越兵焚昇元閣士大夫及豪民富商避難其上者殆數百人皆死　宋諸將置酒會飲召伶工奏樂伶工大痛諸將怒殺而瘞之於江上後人名其地爲樂官山

金陵通紀卷七　弟作儀參訂男詒壽校字

金陵通紀卷八上

江甯陳作霖伯雨編輯

宋太祖開寶八年（即乙亥歲）冬十一月江南平詔出米十萬石振城中饑民大赦江南令呂龜祥詣金陵籍其圖書赴闕得六萬餘卷　以江甯府爲昇州使楊克讓知州事（景定志作克遜避宋諱也）初江南後主嘗夢羊升武德殿御牀意惡之至是克讓首坐此府每視事決斷如流以清幹稱　以南唐太廟爲乾明尼寺毀天保寺

九年春正月曹彬遣送江南後主於汴後主渡中江迴望石頭泣下賦詩　詔贖諸軍所虜人口還本主　曹彬等班師置上元縣都監寨

太宗太平興國元年（即開寶九年）冬以唐興龍寺爲太平興國寺取蔣山大鐘置其中

二年春二月以賈黃中代楊克讓知昇州事州舍有一室封記具全黃中至啟之得李氏珠寶數十匱皆未著籍者即表上之帝嘉之賜錢三十萬黃中又於治所建觀風亭　江南轉運使樊若水建策於昇州出銅處置官鑄錢歲得三

十萬緡即改鑄鐵錢爲農器以給流民之歸附者　以吕蒙正通判昇州民事
不便者許騎置以聞
五年夏五月以劉保勳代賈黄中知昇州事冬十月又以韓遂代之時汰李氏
時所度僧昇州通判胡旦曰彼無所歸將爲盜矣悉黥爲兵　以修眞觀址重
建天保寺
八年春二月詔禁江南諸州民家私畜兵器　秋七月江水溢
雍熙元年春三月以許驤代韓遂知昇州事
二年春三月江南饑許民渡江自占夏四月遣使振之　秋九月以源護代許
驤知昇州事
三年秋八月詔昇宣等州雍熙二年官所振貸並蠲之　立文宣王廟於冶城
端拱元年秋九月以雷有終代源護知昇州事
淳化元年春正月以盧文正代雷有終知昇州事
二年春三月以陳欽祚代盧文正知昇州事

四年春正月江南饑遣使巡撫

五年夏六月以高象先代盧文正知昇州事　江南疫　冬十二月以郭異代高象先知昇州事　是歲置上元縣清化鎮　改廣孝寺爲壽寧禪院南唐張洎賜宅也

至道元年春三月以李偉代郭異知昇州事　秋九月詔給昇州每月係省酒三石

二年以六合隸眞州

三年春三月以宋覃代李偉知昇州事　江南旱除昇州今年秋稅

眞宗咸平元年冬十月以張繼美代宋覃知昇州事　江東轉運使陳靖請江東二稅外沿征錢物二十四事皆除之

二年夏六月知昇州張繼美卒秋七月以呂祐之代之

三年江南旱遣使振之

四年春二月以劉知信代呂祐之知昇州事

景德元年秋九月以馬亮代劉知信知昇州事亮務求民瘼憫忿鬭之俗挾仇縱火大殲其黨又以藩儀未緝知南唐德昌宮故址積有鉛汞掘得二百餘斤鬻之以備供張　閏九月江南旱遣使決獄訪民疾苦祠境內山川　時民閒饑甚湖湘漕舟適至馬亮悉發以振貧因奏瀕江州郡皆大歉願罷官糴令民轉粟相濟從之

二年改陶吳鋪爲金陵鎭　句容知縣水邱濬明天文建占星臺於所治名曰先春

三年立祭龍壇　置江甯縣秣陵鎭　是歲簰槍洲潰出大樹木二十餘條

四年秋八月以張詠代馬亮知昇州事

大中祥符元年夏四月戊子昇州火遣御史訪民疾苦蠲被焚屋稅張詠廉得縱火之人斬之　是月黃雀蔽日飛過昇州又聞空中若水聲　詔抽昇州雜犯配軍移淮南州軍有少壯堪披帶者部送赴闕　五月入內供奉官鄭志誠取茅山池龍入都帝召輔臣觀之俄遣送還

三年秋八月以昇州亢旱火災遣内使撫問軍民醮禱山川　州民以張詠秩滿借留得允給昇州公用錢歲千貫以優之

四年夏五月張詠言當州水陸要衝有凶頑犯法者請許刺配充軍　六月遣使安撫江南水師　秋八月以江南歲歉命張詠兼江南東路安撫使并提舉兵甲巡檢捉賊公事知州帶安撫使自此始　詔葺太平興國寺及寶誌塔殿

五年夏五月江淮旱給占城稻種教民種之　張詠病瘍御下嚴峻通判成悦以法規之詠頗憚焉累求退閒秋九月以薛映代知昇州事映爲政明恕吏不敢欺每黎明據案決事寒暑無異州有官牛賦牛死不得蠲請除之報允　冬閏十月詔昇州鑄玉皇聖祖太祖太宗尊像尋迎置玉清昭應宮　遣知制誥陳堯咨詣蔣山祭誌公謚曰眞覺　句容知縣水邱濬早遊華陽洞及秩滿作詩寄茅山道士而去

六年賜天禧寺額曰長干寺先是南唐宮人喬氏出後主手書金字心經捨東京相國寺後江南僧持歸置天禧寺塔相輪中

七年秋八月除江淮被災民租　改崇元館爲崇元觀

八年冬十月以馬亮代薛映再知昇州事

九年冬十月以丁謂代馬亮知昇州事嘗張御賜袁安臥雪圖於賞心亭以宴賓客

天禧元年夏六月丁謂請疏後湖爲塘陂以蓄水備旱廣植蒲芡養魚鼈縱貧民采捕又乞減湖租五百五十餘貫並從之　提點淮南刑獄楊大雅按部過昇遇風舟覆冠服盡喪丁謂遺以衣一襲辭不受　秋八月詔太平興國寺歲度僧二人給米百石　置句容縣常甯鎮　是歲改長干寺曰天禧塔曰聖感

二年春改昇州爲江甯府建康軍節度治上元江甯二縣以皇子受益行江甯尹充建康軍節度管下觀察處置等使封昇王　江東轉運使范仲淹開江北長蘆西河

三年秋九月以薛顔代丁謂知江甯府事有邏者晝劫誣平人顔察其色訊之果伏

四年春遣使安撫江淮饑民至秋乃稔　以玄武湖爲放生池　改句容縣曰

常甯未幾復舊

五年冬十月以馬亮代薛顏知江甯府事閭里喜其三至多相慶

仁宗天聖元年春二月以王欽若代馬亮知江甯府事夏六月欽若言溧水朱砂已取掘進呈即令並無苗脈詔罷采取　秋九月以王隨代王欽若知江甯府事會歲饑轉運使令發常平倉米計口以給隨不可曰民饑由兼并閉糴者耳乃大出官粟以糶而私價遂平　句容處士侯遺於茅山營書院教授生徒十餘年王隨奏於茅山齋糧莊田內量給三頃以充用從之　時句容令龔宗元政稱神明部使者重之

三年秋九月以李迪代王隨知江甯府事　冬詔塑王欽若像於茅山列爲仙官

四年夏閏四月戊申減江淮歲漕米五十萬石　六月江淮水肆赦蠲租撫流民

五年秋七月以馬亮代李迪知江甯府事凡四至　鑿義井於天禧寺側

六年秋七月六合江水溢壞官民廬舍遣使安撫振䘏
七年夏四月以前平章事張士遜代馬亮知江甯府事奏建江甯府學且請賜
國子監書
八年冬十月以滕涉代張士遜知江甯府事
九年冬滕涉卒詔江甯府知府自今並與三司判官轉運副使一等上差遣
明道元年夏四月以李允元知江甯府事　秋江淮旱災官發米爲糜以哺流民江甯府觀察推官元絳躬自閱給全活甚衆尋攝上元令豪民王豹子占人田掠男女爲僕妾屢殺告者以滅口絳捕置於法有妻告人殺其夫訊之實不殺絳敕其妻曰歸治而夫喪某已伏矣陰敕吏迹其後見一僧迎笑私語卽取繫廡下詰姦狀因得實人稱神明　徵上元主簿吳嗣復爲館閣校勘
二年春詔發運使以上供米百萬斛振江淮饑民民被災死者官爲之葬　夏四月以晏殊代李允元知江甯府事　秋七月命范仲淹安撫江淮所至開倉振之蠲江東丁口鹽錢　晏殊未至改他官八月以李若谷代知府事　六合

重建長蘆寺

景祐元年春二月減江淮漕米二百萬石　夏四月李若谷疏言乾元節進奉銀絹向係配買今已進絹二十匹候豐歲依舊買銀詔自今買銀並依市價不得虧損人民若谷存心愷悌運卒挽舟過境其寒瘠者留養之須春遣去以丐者分隸僧寺助給春爨時循良吏又有上元令方楷獲盜不干賞曰吾爲天子舉職耳何功之有　國子監直講張元用乞致仕以嘗爲江寧府學助教欲於府學居住詔守本官歸江寧府說書　以陳執中代李若谷知江寧府事執中徙府學於古涔橋東北在府治東南

三年春二月以張若谷代陳執中知江寧府事

寶元元年冬十一月以盛京代張若谷知江寧府事京天資仁厚而吏自不忍欺

康定元年夏四月以鄭戩代盛京知江寧府事

慶厯元年春三月以葉清臣代鄭戩知江寧府事清臣建望雲臺於廨中

三年夏四月以劉沆代葉清臣知江甯府事冬十月又以楊告代之有盜殺商人鑿舟沈尸被誣者已笞服告疑而釋之未幾果得眞盜　建業承李氏後版籍賦輿皆無法制每有發斂府移追攝江甯令蘇頌曰此令職也府何與焉每因治訴旁問鄰里丁產多寡悉得其詳及更定戶籍有自占不實者輒曰汝家尚有某丁某產何不言民顧而驚毋敢隱又爲革宿弊設條教簡而易行諸縣取以爲法民有忿爭者喻以鄉黨宜相親善若以小忿失歡心緩急何賴往往釋憾去或半道思其言歸縣以大治又句容令方竣興學校重修孔廟亦有政聲

四年江甯開寶寺塔災詔取舊瘞舍利入內瞻禮畢送還本寺

五年冬十月楊告卒十一月以李宥代知江甯府事

八年春正月江甯府營兵謀亂事覺伏誅俄而府治火李宥懼有變閉門不救一府盡焚惟存一便廳南唐之玉燭殿也帝怒以江甯始封之地宜擇才臣繕治之二月以張奎代李宥知府事至則簡材料工府居立全鉏姦植良江表稱

治

皇祐元年夏四月以張方平代張奎知江甯府事

三年夏四月以皇甫泌代張方平知江甯府事始帶提轄本路兵甲盜賊公事益屯禁兵　秋八月江南饑遣使安撫

四年春三月丙辰詔江南民所貸種糧數十萬斛皆蠲之　夏四月以劉湜代皇甫泌知江甯府事湜見民饑甚奏運蘇州米五十萬斛以振之

五年江甯蝗

至和元年秋九月以向傳式代劉湜知江甯府事

嘉祐元年夏五月江溢　秋九月以包拯代向傳式知江甯府事

二年春二月以王珙代包拯知江甯府事於時境多火災或託以鬼神人不敢救珙召厢邏作賞捕法得姦人誅之其患遂息

三年秋九月以梅摯代王珙知江甯府事摯初爲上元令性純靜至是不改其度

四年詔江甯府置江南東路兵馬鈐轄
五年春二月以王琪代梅摯再知江甯府事夏四月以馮京代之
七年春二月以魏琰代馮京知江甯府事夏四月以郭申錫代之冬十月以王贄代之
八年上元主簿程顥以近府良田多爲豪家所占小民之稅獨重乃以法均之尋攝令事江南稻畦皆資陂塘以溉盛夏隄決顥不及上請發民塞之歲則大熟運卒病者舊爲壘處之曰小營子既留始請於府給券乃得食人多飢死顥白轉運使儲米營中生全者大半茅山有池畜龍衆以爲神物顥捕而膾之又折人黏竿以全禽鳥
英宗治平元年夏四月以彭思永代王贄知江甯府事自涖任迄去無火災人以爲異
二年建吉祥寺
三年春二月以呂溱代彭思永知江甯府事冬十一月以龔鼎臣代之　召發

書江甯節度判官孫昌齡爲殿中侍御史

四年夏五月以王安石代龔鼎臣知江甯府事安石居金陵有重名屢召不起及聞是命卽詣府視事　冬十月詔選使臣差禁軍一二百人駐江甯龍安港增戰棹三兩隻移巡檢廨宇止絕鹽賊　是月以孫思恭代王安石知江甯府事

神宗熙甯元年夏四月以吳中復代孫思恭知江甯府事時屬部鄆兵苦巡轄者苛刻輒共縛鞭之中復以便宜戮其魁餘並配流奏著於令　有蝗飛自江北來

二年秋八月以錢公輔代吳中復知江甯府事　時溧水令闞起整飭機務興學校

三年夏四月監察御史裏行王子韶坐言事不當落職知上元縣事　冬十月詔江甯府織羅務自今並三班差人不用內侍十一月詔江甯府緣事參罷人後差職官知縣及奏舉縣令人充

四年夏六月以沈起代錢公輔知江甯府事
五年春二月以傅堯俞代沈起知江甯府事　秋閏七月分京東武衞軍權駐泊江甯府以備盜賊
六年夏四月以沈立代傅堯俞知江甯府事　冬十月振江淮饑
七年夏六月以前平章事王安石代沈立再知江甯府事　賜江甯府常平倉米五萬石以修水利時有議開馬昌河通滁州者六合令朱定國以費大利微止之
八年春正月輟江南東路上供米給災傷州軍　夏六月以葉均代王安石知江甯府事
九年詔發運使體實江東米價州縣所存上供米減直予民　初王安石築室於白門外去蔣山七里是冬罷政居之其妻弟吳某來謁寓止佛寺行香廳會同天節知江甯府葉均欲遣吳出吳謾駡之轉運使毛沆判官李琮不平牒縣遣二皁逮吳吳奔安石家皁追入安石叱出之均聞杖二皁而與沆琮往謝適

遇中使存問安石歸即奏聞於是均等皆罷十一月安石以左僕射門下侍郎平章事判江寧府事

十年春王安石奏請於永武湖開十字河泄去餘水使貧民得贏蚌魚蝦之饒水退後假以牛種使得耕種隨其土色高低歲收水面錢勿令豪强侵占車駕巡守復爲湖面則公私兩便矣從之至冬懇辭府任乃以爲集禧宫使復使其弟安國爲江寧府監當安上提點江東刑獄遷治所於金陵以便省視十月以元積中知江寧府事十二月以呂嘉問代之

元豐元年冬十月以孫昌齡代呂嘉問知江寧府事

二年秋七月以元積中代孫昌齡再知江寧府事

三年秋八月以孫坦代元積中知江寧府事冬十月又以劉庠代之　中書檢正官張商英爲舒亶所陷落職監江寧縣税　王安石居金陵每於鍾山書院壁上寫福建子三字悔爲呂惠卿所誤也是年蘇軾自黄州移汝過見安石意甚款洽

四年秋七月大風江潮漂没廬舍損禾稼　時溧水令周邠性廉稅賦外秋毫不取

五年春三月以陳繹代劉庠知江甯府事

六年秋八月以王益柔代陳繹知江甯府事

七年夏五月詔中書舍人蔡卞往江甯府省視王安石病六月安石請以所居上元縣園屋爲僧寺敕賜報甯爲額（即今之半山寺也）　秋九月以王安禮知江甯府事

八年帝聞王安石貧命中使甘師顔賜之金安石好爲詭異即以施定林僧舍

哲宗元祐元年冬十二月以蔡卞代王安禮知江甯府事

四年夏四月以林希代蔡卞知江甯府事六月以熊本代之

六年春二月賜蔣子文祠額曰惠烈　夏四月以謝麟代熊本知江甯府事秋八月以黃履代之

七年冬十月以陸佃代黃履知江甯府事時有盜嫂害其兄者別誣三人同謀

皆抵罪一囚父稱冤通判以下皆曰獄已成不可變佃爲開實之人皆得生

八年夏四月以曾肇代陸佃知江甯府事　時溧水令周邦彦留意文章不妨政事有蕭閒堂插竹亭題名諸記

紹聖二年以何正臣知江甯府事兼江南東路鈐轄知府兼鈐轄自此始　左司郎中張商英坐與蓋漸交通又謫添差江甯府稅務

三年夏六月江甯上元二縣並行謁禁法從敕令所言也　以呂惠卿知江甯府事

四年秋九月詔茅山道士劉混康詣闕轉運司給路費百緡　以陳軒知江甯府事

元符元年差王旂監江甯府糧料院旂安國子也

二年以呂升卿知江甯府事

三年以葉濤知江甯府事秋七月以蔡卞代之冬十一月以蔡京代之皆不至

徽宗建中靖國元年以鄧祐甫知江甯府事祐甫乙以府學所建王安石祠列

祀典從之

崇甯元年以陳祐甫知江甯府事　冬十二月詔江南開遇明河自宣化江口至泗州淮河口

二年春正月乙丑詔許茅山道士劉混康修建道觀　以朱顔知江甯府事

三年夏五月頒元祐黨人姓名於州縣令刻石江甯府立碑於笪橋　六月江甯府進士侍其瑀以經行被薦詔赴闕　以王漢之知江甯府事

四年以徐勣知江甯府事尋以黨人免

五年春正月以蔣靜知江甯府事時劉混康之徒倚勢爲奸靜悉抵於法因罷去以姚祐代之

大觀元年以曾孝序代姚祐知江甯府事　詔以江甯府險固足守改爲帥府　冬十月詔修茅山元符觀句曲眞人祠三茅君皆加眞君號又封元符萬甯宮神祠爲護聖侯廟萬甯宮二使者祠爲靈佑靈護侯廟

二年以盧航知江甯府事　時溧水令張革以强明清白著名

三年詔江寧府管界巡檢今後並差大使臣充　以沈錫知江寧府事秋七月以曾孝序代之是時大旱孝序再莅茲任乃出糶常平米穀並措置振濟仍將常平司諸色錢諸司封樁錢收糴稻種候來春糶與耕農　詔減江寧府歲貢生白瓜子羅三分之一

四年以薛昂代曾孝序知江寧府事刑不加峻而豪猾斂迹盜警火患皆無復聞

政和元年改崇寧觀爲天寧萬壽觀

三年以吳拭知江寧府事　江東旱

四年以盧航再知江寧府事　圍溧水南湖爲田名永豐圩招民認佃

五年夏六月江寧府水　改齊安寺爲淨妙寺

六年以蔡嶷知江寧府事嶷建石橋於府治前人呼蔡公橋

八年以俞㮚知江寧府事

重和元年江淮水詔監司督責州縣還集流民

宣和元年以王漢之再知江寧府事漢之經術政理文辭字畫當時皆推第一
二年冬十月詔減省江寧府添差兵官人數
三年春正月詔以方臘猖獗金陵乃喉襟之地當扼要以守時王稟扼揚子江口劉鎮守江寧未幾寧國陷旌德令劉延慶退至金陵江東大震王漢之誓死登陴日夜訓練數獲閒諜人心乃安俄而賊平夏五月詔睦賊雖靖餘孽當防江寧府可帶安撫使留兵戍守並令修江寧府城壁仍招置修城兵二百人
秋八月曲赦江東路
五年夏四月江南東西路設提舉鹽事官置司江寧府　以盧襄知江寧府事
六年發運使盧某得古漕河於靖安鎮之下缺口乃開新河於南岸以避大江之險
七年秋九月盧襄奏請罷丹陽石臼固城三湖爲圩田又言開銀林河非急務從之
欽宗靖康元年春以曾孝序三知江寧府事夏五月以宇文粹中代之

金陵通紀卷八下

江甯陳作霖伯雨編輯

宋高宗建炎元年夏五月江甯府禁卒周德叛執知府宇文粹中嬰城拒守會經制司屬官鮑貽遜統勤王兵過境發運使判官方孟卿檄其進兵逼城德懼乃降而殺掠如故新除尙書僕射李綱行次江甯密與轉運使權府事李彌遠遠畢鑑作遜今從景定志謀大犒羣賊於轉運司誅首惡五十人其餘衆令常平提舉王枋部送行在時溧陽縣卒亦起應德縣令楊邦乂捕滅之遷本府通判　是月詔江甯府修建景靈宮諸帝后分爲二殿　以翁彥國知江甯府事充經制使六月李綱至行在請以建康爲東都命守臣葺城池治宮室積糧儲以備巡幸於是置沿江帥府江甯府帶本路安撫使馬步軍都總管　翁彥國以營造經費不足請詔令撥移神霄宮及常平司廨宇一切拆舊修蓋城壁亦因舊增葺尋爲黃潛善所陷以騷擾令致仕秋八月起復趙明誠知江甯府事　是月殿前都指揮使郭仲荀護衛隆祐太后赴江甯節制一行軍馬未幾適杭州　徙

宗室於江淮避敵於是南班至江甯者三十餘人　冬十月以劉光世爲江淮及江甯府界招捉盜賊制置使

二年春正月黄州賊張遇東下犯江甯劉光世擊走之　夏六月詔疏決江甯繫囚雜犯死罪以下減一等杖以下釋之　戸部尚書葉夢得請以重臣爲宣撫使居江甯以備退保　冬十月大霖雨　十二月詔江東路武臣提刑於江甯府置司

三年春正月帝幸浙西以楊惟忠節制江南東路軍馬屯江甯　二月御營統制王亦將京軍駐江甯謀作亂江東副使李謨覘知之以告知府事趙明誠不信乃率所團民兵伏塗巷中柵其隘夜半天慶觀火諸軍譟而出王亦至不得入斧南門以遁遲明訪守臣則明誠與通判毋丘絳等皆縋城出矣　三月詔將移蹕江甯應江甯府合豫辦一行程頓等事仍命呂頤浩以同簽書樞密院領江甯府事兼江南東路安撫制置等使　是月苗傅劉正彥作亂杭州逼帝内禪改元明受赦書至江甯呂頤浩倡議討賊檄主管侍衞馬軍司公事楊惟

忠留鎮江甯甲午頤浩發江甯晚次句容驛援筆紀起師月日且大書建炎之號諭縣令粢石刊之以堅士心遂由丹陽而進至杭州夏四月帝復位二兇遁頤浩留相以連南夫知江甯府事　五月帝自杭州幸江甯駐蹕神霄宫御筆改江甯府爲建康府　六月帝以久雨不止詔郎官以上赴都堂言闕失　庚申隆祐太后至建康帝率羣臣迎於郊外　甲戌帝自神霄宫入居建康府行宫　秋七月浙江制置使韓世忠執苗傅劉正彦至建康詔磔於市　丙戌太子旉疾甫瘳有宫人誤觸金鼎有聲太子聞而驚疾遂復發帝怒命斬宫人於廡下俄而太子薨年三歲攢於建康城中鐵塔寺西偏之小室　時建康府寓治保甯僧舍而韓世忠屯蔣山以知府事連南夫緩不及事遂逐之而奪其治寺　庚子以湯東野知建康府事戍兵故多羣盜喜攘奪市井東野峻法繩之不少貸民情以安　是日川陝宣撫制置使張浚將赴鎮出屯雨花臺東京留守杜充棄汴還至江甯鎮與浚遇屏人語久之　壬寅以金兵漸近詔奉皇太后率六宫赴豫章且載太廟神主景靈宫神御以行壬戌太后發建康百官辭

於內東門　八月庚午奉安滁州端命殿太祖御容於建康府天甯萬壽觀閏八月以胡舜陟代湯東野知建康府事兼沿江制置使以杜充兼江淮宣撫使領行營守建康節制諸將壬寅帝發建康如浙西　冬十月建康府都總管司於東陽鎮添置巡檢一員撥禁軍一百人捍禦　置榷貨務都茶場於建康以陳邦光代胡舜陟知建康府事　十一月戊申金烏珠破和州遂與李成共寇烏江縣丁巳陷六合縣　杜充在建康以其兵六萬列戍江南岸而閉門不出統制岳飛扣閤切諫不聽　壬戌金人由馬家渡濟江都統制陳淬率岳飛等將兵三萬拒之御營前軍統制王瓔率千人爲援甲子淬與金人戰瓔引兵先遁淬孤軍力不敵還屯蔣山水軍統制邵青以一舟十八人當金人於江中舟師張青中十七矢遂退於竹篠港金兵進再戰陳淬敗死諸將皆潰岳飛獨力戰灑血厲衆曰今日之事有死無二輒出此門者斬戰未決杜充竟以金陵府庫與其家絕江遁飛不能支亦敗去充至眞州諸將欲害之充聞不敢入營居長蘆寺烏珠遣人說之遂降金　辛未金兵逼建康前上元縣丞趙壘之

迎戰死戶部尚書李梲及知府陳邦光具降狀遣人即十里亭投之烏珠大喜遂入城邦光帥官屬迎拜獨通判楊邦乂不從烏珠遣人誘以官以首觸階求死不能屈時居民爭出城取薦山路而去金人馳騎往遮之約居民復同城中

癸酉金人宴李梲陳邦光於堂立楊邦乂階下邦乂熟視二降臣曰天子以若抒城既不能死又不能抗尚何面目見我乎金人怒命引去明日再引以見邦乂遂望烏珠大罵烏珠令殺之剖其心事聞贈直祕閣諡忠襄即死所立廟曰褒忠從死者有忠義陳都義山寨賈偶官傔從陳大伯三人　十二月辛巳烏珠陷溧水縣尉潘振死之遂趣廣德軍入浙　是歲江南大旱

四年夏四月烏珠自浙歸欲渡鎮江浙西制置使韓世忠以海舟扼諸金山下不得濟或曰老鸛河故道雖塞若鑿之可通秦淮乃於蘆場地穿渠二十餘里直指冶城西南隅一夜渠成次晨引舟師入渠世忠大驚尾擊敗之金人遂悉趣建康右軍統制岳飛設伏於牛首山待之夜半令百人衣黑混金營中使自相驚擾有邏卒出則伺而禽之遂敗其衆於清水亭　五月壬子金人焚建康

掠人民財物欲自靜安渡宣化而去岳飛聞之馳至南門新城爲營大破其衆於龍灣　烏珠率舟師出江與韓世忠相持於黃天蕩仍不得濟乃揭榜募人獻破海舟策有教其以火箭射者明日天霽無風海舟皆不能動金人以火箭射之世忠軍亂遂敗至瓜步棄舟而陸旋還鎮江烏珠因絕江而去時眞州守將王冠棄城率軍民渡江屯溧水溧陽之間權通判建康府錢需糾率鄉民邀敵之後因從岳飛入城遂攝府事　烏珠屯六合輜重自瓜步口運轉軸轤不絕無敢擊者　是月沿江分三路置安撫大使以建康等府屬東路駐池州

秋八月以趙㠓知建康府事兼江東兵馬鈐轄節制管內軍馬省安撫使都總管銜　九月江東安撫使復置於建康府　冬十月江東賊張琪犯建康旋退

紹興元年春二月宣州賊祝友降於劉光世以兵馬副鈐轄王冠駐溧水移書假道冠不答友遂擊冠敗之而自句容趣鎮江　夏五月眞揚鎮撫使郭仲威欲往九江從李成以滁濠鎮撫使劉綱屯建康之雨花臺不敢過乃取他道行　六月以張緽代趙㠓知建康府事　置兩淮屯田局於建康　冬十一月以

葉夢得代張縝知建康府事兼江東安撫大使馬步軍都總管夢得始至建康見兵不滿三千人乃調統制韓世清一軍自宣州移屯金陵未至淮南賊王才來降舉充建康府兵馬鈐轄汰留其衆得正兵三千人分隸諸軍時當大兵之後暴骨如莽復出羨穀私錢募近城五寺二十僧於城四隅高原隙地各為穴以掩藏之經營甫定即修整學校延集諸生得軍賦餘緡六百萬以授學官使刊六經於學

二年春詔沿江修守備時知無為軍王彥恢言建康古都乃用武之地欲保建康必內以大江為控扼外以淮甸為藩籬又必措置軍食以贍國費大江以南千里浩渺若欲控扼非戰艦不可大江以北萬里坦夷欲遏長驅非戰車不可舒廬滁和良田萬頃欲措置軍食非營田不可又言江面自建康至姑孰一百八十里其間可守之險六則江甯鎮碙砂夾采石大信蕪湖繁昌而已吳表臣亦言大江自荆至潤其要不過七渡下游最緊處如建康之宣化鎮江之瓜步是也此處嚴為之防餘從略可矣皆以付江東帥臣　夏以李光代葉夢得知

建康府事詔以府治爲行宮築子城曰皇城光因乞行宮增刱後殿許之仍修葢三省樞密院百司及營房等秋八月乙卯詔防秋屆期建康修大內可罷詔自九月朔日江口渡處量留一二舟以備轉送文字餘皆泊南岸至十月以後大江更不得通行如違並依軍法俟過防秋如舊　九月命沿江岸置烽火臺凡八建康之馬家渡大城堽三山與焉　是月江東西宣撫使韓世忠移司建康　冬十一月詔孟庾韓世忠措置建康府南北岸屯田　十二月以趙鼎代李光知建康府事時孟庾韓世忠軍多招安强寇鼎爲二府素號剛直庾世忠皆加禮兩軍肅然知懼民旣安堵商旅通行焉　江東轉運使月椿錢十萬緡以酒稅上供經制等鈔應副韓世忠軍民苦之江東有月椿錢自此始

三年春正月詔戶部侍郎姚舜明赴建康總領都督府錢糧建康榷貨務都茶場亦歸提領　夏五月以歐陽懋代趙鼎知建康府事秋八月以沈晦代之冬十月僞齊將王彥先揚兵淮上有南渡意移韓世忠軍屯淮東以江東宣撫使劉光世駐建康扼馬家渡　十二月以呂祉代沈晦知建康府事　是歲移

建康府榷貨務都茶場於鎮江

四年夏五月辛亥呂祉乞存舊行宫以爲便殿許之　六月詔車駕不測行幸令建康速備頓遞不得擾民　秋七月呂祉招置水軍三指揮以五千人爲額並支錢三萬貫造船　冬十月詔劉光世援鎮江淮西宣撫使張俊自采石移軍建康　時金齊合兵南侵烏珠屯六合之竹墩淮東宣撫使韓世忠扼之不得進十二月神武右軍統制盧師廸至竹墩鎮遇金兵敗之

五年春正月詔江東轉運使司修治建康行宫及城壁　是月徙張俊爲江東宣撫使置司建康　三月以葉宗諤代呂祉知建康府事

六年夏六月都督張浚會諸將於江上且請帝臨幸建康撫三軍以圖恢復冬十二月都督行府參議呂祉至建康措置移蹕事務　詔撥建康官田十頃賜王稟家以其盡節太原也

七年春正月詔差內侍一員詣建康元符萬壽宫爲道君皇帝修建祈福道場置御前軍器局於建康　三月帝幸建康宣撫使岳飛扈從已巳抵下蜀庚

午宿東陽辛未至金陵行宮皆因張浚所修之舊寢殿之後庖圊皆無帝既駐蹕加葺小屋數閒爲宴居及宮人寢息之所　是日詔奉安太廟神主於天慶觀天章閣神御於法寶寺　癸酉詔減建康流罪以下囚蠲建康逋賦及下戶今年身丁錢又免五等戶科數一年　知建康府葉宗諤率文武官朝獻　丙子胡安國見於行宮上所纂春秋傳　乙酉賜少師劉光世第於建康　江東安撫司幹辦公事王璆獻六朝進取事類與陞擢差遣　癸巳築太廟於建康戊戌濬建康城濠　詔修楊邦乂褒忠廟賜田三頃　夏四月以張澄知建康府事　秋七月建康旱疫壬申張浚乞率從官禱雨　甲申詔建康民貧病者畀之藥死者助其葬　乙酉詔就建康權正社稷之位　九月戊寅帝致齋於射殿己卯酌獻聖祖於常朝殿庚辰朝享太廟辛巳合祀天地於明堂　冬十月久雨詔侍從官詣保甯寺祈晴仍令建康府如法籲禱時都督府請修府城期會迫促又以軍儲不足夏稅正絹每疋折錢八緡以知府張澄言罷役減稅著爲例　十一月置贍軍酒庫於建康　乙卯徽宗喪卒哭埋重於報恩觀十

二月丁卯祔徽宗神主於太廟癸未奉九廟神主還浙西百官辭於城外　是月寓建康朝官張宗元家槃冰有文如畫變態日異至春暄乃止　是年築宣化渡城

八年春正月戊子朔帝在建康尚書左僕射趙鼎率百官遙拜淵聖皇帝於南宮門外退詣常朝殿進名奉慰　帝將還浙二月以章誼代張澄知建康府事充江東安撫大使兼行宮留守司公事安撫兼留守始此　癸亥帝發建康宿東陽甲子次下蜀遂如臨安　是月減建康夏稅折輸錢蠲民戶逋租和市科調　夏六月以葉夢得代章誼再知建康府事充江南東路制置大使兼留守夢得以公府羨錢售經史諸書建紬書閣藏之嘉溧水主簿魯訔之材命行江甯縣事百里以治　秋八月蠲江東月樁錢　是歲建轉運司於行宮西又建總領所廨中有光華堂碧鮮亭

九年春葉夢得修建康府學闢門南向以面秦淮又作小學於大門之東奏增教官一員重建晉卞壼祠於墓側賜額忠烈　夏四月詔建康府以永豐圩田

撥賜韓世忠　改天甯萬壽觀爲報恩光孝觀專充追崇徽宗道場

十年建康大火延燒府治惟軍資庫及大軍庫無損　初元豐間句容令葉表以學舍汚漏度縣南廢驛造之至是復圯知縣事龔濤重修焉　溧水令李朝正均稅不擾政績著聞詔遷一官賜五品服繼之者爲章籍亦以清勤稱

十一年春二月金人寇邊烏珠自合肥趨歷陽江東宣撫使張俊時駐建康遣統制王德渡江擊之而自引軍爲繼德曰明旦當會食歷陽已而夜拔和州晨迎俊入乙亥金人來攻俊敗之　葉夢得團集民兵數萬分布江津遣其子書寫機宜文字模領眾守馬家渡鄺瓊來犯知有備乃去　三月張俊歸建康人號鐵山軍時禁旅及諸道之軍四集葉夢得兼領四路漕計饋餉不乏朝廷嘉之　置江淮軍馬錢糧總領所於建康　秋大旱　九月參知政事范同歸溧水葬父詔本路轉運司應副

十二年春正月以王德爲御前諸軍統制總張俊兵駐建康時以將與金和諸將兵皆罷故也

十三年春正月以孟宗厚代葉夢得知建康府事　是年溧水尉喻仲遠得漢

光和校官碑於固城湖中

十四年春二月以張守代孟宗厚知建康府事

十五年夏四月以晁謙之代張守知建康府事　秋七月戶部請免建康民戶見欠官錢六萬餘貫冬十月晁謙之請免本府近年增起上供米額二萬四千石皆從之

十六年夏五月以御書石經頒建康府學

十七年建康火　秋九月蠲江東月樁錢　時秦檜勢橫甚江甯令葉義問召役所親同僚不可義問曰舍是何以服他人卒役之又溧水令姚聓宗亦詳明不苟或稱六合冶山有金鑛將發之縣令龔相謂地近邊恐生釁乃止龍津石橋圮相設浮航以濟民便之

十八年夏建康旱　五月以鄭滋代晁謙之知建康府事

十九年夏四月以俞俟代鄭滋知建康府事　秋七月俞俟言江東屯駐大軍轉運判官鄭僑年才術精敏有裨軍事乞再任許之　冬十二月以王晌代知

建康府事
二十年秋八月建康府選鋒軍使臣張橫毆死百姓馬皐詔貸死除名送饒州編管
二十一年冬十二月內侍吳曇主管建康行宮匙鑰盜錢入已詔貸死除名
二十二年夏四月以楊愿代王晌知建康府事
二十三年春二月以王循友代楊愿知建康府事在任斷配秦檜族人檜銜之
二十四年夏四月假事興獄安置王循友於藤州五月以宋貺代知建康府事時秦熺還省祖墓因遊茅山留詩華陽觀有家山福地古之魁一日三峯秀氣同句貺爲鐫板置梁間或和題其側云富貴而驕是罪魁朱顏綠鬢幾時回莫知所來貺大懼
二十五年冬十一月秦熺言舅王會見知平江府乞與宋貺兩易其任俾得照顧家屬詔許之遂以會知建康府事　是年封秦檜爲建康郡王
二十六年春二月以張燾代王會知建康府事　秋八月上元縣丞汪萬奏乞

將元豐崇甯以來見行學法纂類頒降仍令監司覺察從之　是年增解額一名

二十七年張燾奏免積歲欠負內庫錢帛鉅萬　詔以川馬給諸軍建康得七百五十匹

二十九年夏閏六月詔建康府起發冰段勞費人力令截止津遣　以口仲通知建康府事仲通以法律進御僚吏嚴事無敢可否民有刃傷盜桑者盜投繯死吏當其主故殺抵罪推官蕭之敏抗執不署仲通初大怒已而薦之改秩

三十年夏六月詔賜建康城北黑龍神祠額曰孚澤茅山天聖觀龍神祠額曰廣濟　殿中侍御史杜莘老言逆虜敗盟請車駕駐建康以督諸將

三十一年春三月以王綸知建康府事綸建晝錦堂於府治以紀恩寵　夏四月金人犯淮西詔都統制王權戍建康　秋九月江淮制置使劉錡檄王權渡江迎敵權以舟載其家泊新河為遁計錡再檄督之乃往廬州尋退屯和州築城以居　冬十月金統軍蕭琦引兵至瓦梁扼滁河不得渡執鄉民歐大大懼

其爲浮橋以濟乃答以有路自竹岡鎮可徑至六合迂途半日六合居民皆遁右軍統制邵宏淵聞之率衆至與戰於胥浦橋敗還眞州　庚申王權退屯東采石金主入和州　是月以樞密使葉義問督視江淮軍馬虞允文參贊軍事以張燾再知建康府事　十一月葉義問至建康詔除李顯忠建康都統制代王權乃命虞允文馳往池州趣顯忠交權軍事　時金騎日逼建康民驚徙過半聞張燾至人情稍安會諜言敵期明日渡江晨炊玉麟堂（在府治中）燾鎮之以靜誓死守留鑰未幾虞允文采石之捷聞矣　金兵還和州謀東出乃屯重兵滁河口造三牐以儲水因塞瓜洲口虞允文還過建康三宿盧龍山下聞京口急遂赴鎮江命張深守滁口扼大江之衝以苗定屯下蜀爲援　丙申天重陰胡賦能爲天文告樞密行府官洪邁曰虜死祥也俄報金主被殺兵退去　十二月詔起張浚判建康府事兼行宮留守專一措置兩淮事務兼建康等府軍馬浚既至建康即乞車駕臨幸因牒通判劉子昂辦行宮儀物　詔建康府特許添辟通判一員　葉義問以虜臨江不渡爲水府陰祐請立廟建康額曰佑

德

三十二年春正月遣中書舍人虞允文先往建康措置供頓庚午帝次下蜀辛未宿東陽壬申至建康張浚迎謁道左風采凝然　己卯淮西制置使李顯忠引兵還建康　詔建康選鋒軍統領姚興昨戰沒於和州尉子橋特許本寨立廟賜額旌忠　時以欽宗祔廟期迫將回鑾殿中侍御史吳芾請留蹕建康以繫中原之望不從二月癸卯帝發建康如臨安　丙戌賜張浚錢十九萬緡以爲沿江諸軍造舟費　夏五月置御前萬弩營於建康以招募淮楚人　秋八月以陳俊卿知建康府事　冬十月上元縣令李闢之乞除金陵鍾山慈仁三鄉灘江田租從之　十二月陳俊卿乞免催理歲額上供錢絹以寬民力許之

孝宗隆興元年春除張浚樞密使仍都督江淮軍馬開府建康陳俊卿授督府參贊軍務仍知建康府事俊卿力辭府事許之　夏五月壬寅張浚渡江視師以陳之茂知建康府事　六月詔建康府前軍統領王珙戰死宿州特許本寨立廟賜額忠節　太傅楊存中至建康措置沿江守備　戶部奏收糴米穀

撥赴建康等處安頓以助軍馬支用　是月宿州師失利張浚分布諸屯使郭振守六合邵宏淵貶官仍前建康都統制　秋八月江東大水悉蠲其租　是年李衡蘇楷相繼知溧水縣衡重學校楷有吏才

二年春三月以張孝祥代陳之茂知建康府事　夏詔置忠毅柵於石頭城以處降人除降將蕭琦爲都統制命建康都統制王彥以北軍千人與之　六月建康大水浸城郭壞廬舍操舟行市者累日詔振其民　冬十月以呂擢代張孝祥知建康府事　十一月甲辰步軍司統制崔泉敗金兵於六合明年復與金和

乾道元年春二月以汪澈代呂擢知建康府事先是張孝祥奏秦淮之水流入府城別無兩派正河自鎮淮橋直注大江其一爲青溪自天津橋出柵寨門亦入於江緣柵寨門地近爲有力者所得遂築斷青溪水口創爲花圃每雨水暴至正河不能宣洩水勢於是泛溢城內居民被害今欲復通柵寨門使青溪徑直入江則城內永無水患矣及是詔汪澈措定以聞澈言開西園古河道通柵

寨門尤便從之　三月詔建康都統制提舉措置沿邊屯田守臣兼管屯田使　夏汪澈請修築建康府城許之　四月罷江淮都督府　秋八月以建康行宮所隸永豐圩藏米三萬餘石撥付本府軍食　九月詔故太尉蕭琦妻耶律氏孀居俸薄令建康府按月存卹　冬十月以王佐代汪澈知建康府事

二年春正月省六合戍兵以所墾田還民　二月丁丑振江東饑　夏五月江東安撫司建康府并都統司酒庫並撥付淮西總領所　癸丑以太白經天罷修建康府行宮　六月建康民朱端明崔光烈謀反伏誅　秋詔建康府守臣存卹貧乏歸正人　八月以陳之茂代王佐再知建康府事　九月上元縣令李允升私置上庫收糴盜錢入已詔貸死籍沒　冬十月以方滋代王佐知建康府事　十二月詔建康府管橋酒庫依舊撥蕭鷓巴軍管幹收息錢充犒賞用　是年六合武鋒軍壘火

三年春二月以武經龜鑑賜建康都統制劉源　夏江東蝗振之　秋九月以史正志知建康府事兼沿江水軍制置使並提舉學事冬十月就令建康都統

司招水軍五百人　十二月增修六合縣城淮西制置使胡昉奏興瓦梁堰以不便六合遂已

四年春三月史正志置船場於建康增造一車十二槳四百料戰船又以蔡寬夫宅創貢院重建新亭東冶亭二水亭移放生池於淮水東建青溪閣　置廣濟新倉　設和州鑄錢監　秋七月建康水　冬十二月減江東明年夏稅和市之半

五年春二月詔殿前馬步軍司各差統制一員前往建康同江東帥漕措置修蓋牧馬官兵寨屋　是年修建康府城及鎮淮飲虹二橋橋上爲大屋數十楹極壯麗

六年春正月詔罷和州屯田　三月以唐瑑代史正志知建康府事　夏五月建康水城市有深丈餘者閏月詔江東轉運司免被水人戶今年身丁錢　冬十一月詔建康府添置行宫酒庫一所以息錢貼助移屯軍馬支遣聽候御前支用

七年春丞相虞允文移馬軍司屯於建康　三月振江東旱饑　夏五月詔建康府都統李舜舉移廬州所置軍酒庫於建康　六月以洪遵知建康府事初至牓民苗米正額外不輸耗納稅時聽民自持槩量又有威重斬營卒妄言搖衆者軍無敢譁

八年春詔以正覺禪院彭普海管幹元懿太子攢宮香火年勞賜度牒一道

秋七月詔免建康府絹二千五百匹　冬十一月詔建康府都統郭剛將戰馬就近牧養

九年建康旱

淳熙元年春正月以葉衡代洪遵知建康府兼管內勸農營田使守臣以勸農營田繫銜始此夏五月以胡元質代之

二年春三月以劉珙代胡元質知建康府事夏大旱饑珙首奏倚閣三等戶夏稅分遣官吏行田蠲租出官錢糴米數萬斛借發常平米十餘萬斛助振饑民令州縣勿徵舊逋又奏禁上流郡縣稅米遏糴違者劾治穀價以平闔境數十

萬人無一人捐瘠流徙者鄰境亦賴以濟官民感之爲立生祠　時司馬倩爲溧水令爲政不苛　冬十月建康都統制郭振請造多槳飛江船詔令仍將車船修葺

三年秋劉珙重修府學立程明道祠朱熹爲文記之　冬十月開六合新河

四年春正月詔沿江諸軍歲再習水戰　夏建康雨雹民饑

五年夏六月置建康府轉般倉　閏六月連雨雹　冬十月以陳俊卿判建康府事凡再至

八年夏四月以范成大代陳俊卿知建康府事適歲旱成大招徠商賈捐閣夏稅蠲苗額三之二以軍儲二十萬石振饑民　冬十二月范成大進上元縣所種二麥　是年曾炎爲江甯縣令江甯軍民雜處治訟多牽制炎不以利害回撓壹意字民催科不擾而辦暇時摭前輩賢令言行爲邑政總類一書故施於臨民迎刃而解

九年秋七月六合蝗　盜發柴溝去城二十里又劫江賊徐五稱靜江大將軍

范成大皆捕誅之　是年張孝伯爲江甯縣令奏停年租額外徵辦

十年夏六月詔經理屯田建康都統郭剛奏開歷陽荒屯五百餘頃用官兵千五百人　建康旱　秋八月范成大乞祠去成大在鎮二年以餘財代輸下戶秋苗及丁錢一半九月以錢良臣知建康府事上元縣荒地五百餘頃良臣令修築開耕

十一年夏建康大水五月詔支常平錢米振之始立養濟院　秋七月禁諸州遏糴

十二年建蛇盤驛　詔戒飭建康都統閻仲　時溧水縣令吳友聞以折獄知名

十三年春三月移采石水軍二千五百人屯靖安鎮

十五年夏四月陳亮上經營建業疏其略曰今之建業非昔之建業也臣嘗登石頭鍾阜而望今也直在沙觜之旁耳鍾阜之支隴隱隱而下今行宮據其平處以臨城市之前則逼山而斗絕焉此必後世之讀山經而相宅者之所定江

南李氏之所爲非有據高臨下以乘正氣而用之之意也本朝以至仁平天下不恃險以爲固而與天下共守之故因而不廢耳臣嘗問之鍾阜之僧亦能言臺城在鍾阜之側大司馬門適當今馬軍新營之旁耳其地據高臨下東環平岡以爲固西城石頭以爲重帶乎武以爲險擁秦淮青溪以爲阻是以王氣可乘而運動如意若如今城則費侯景數日力耳曹彬之登長干烏珠之上雨花臺皆俯瞰城市雖一飛鳥不能逃也臣又嘗問之守臣以爲今城不必改作若上有北方之志則此直寄路焉耳臣疑其言未切也據其地而命將出師不使之乘正氣而有爲雖省目前經營之勞烏知其異日不垂得而復失哉縱今歲未爲北舉之謀而爲經理建康之計以震動天下則陛下之志庶幾少伸矣

秋八月以章森代錢良臣知建康府事　是年六合大水

光宗紹熙元年春正月修六合城　章森築廂禁二軍新營易茅廬爲瓦屋

二年春二月以余端禮代章森知建康府事

三年余端禮以貢院湫隘修而廣之　江東水

四年秋七月以鄭僑代余端禮知建康府事　八月戊午詔振江東旱傷貧民

五年江東大水振之仍蠲其賦

甯宗慶元元年春正月以張杓代鄭僑知建康府事　詔江東荒歉收養遺棄小兒　張杓建御書閣議道堂於府學重修北門親兵寨移社壇於秦淮南

三年夏五月以趙彥逾代張杓知建康府事

四年春正月丁卯詔寬恤江淮流民　建康饑軍乏食　冬十二月以錢象祖代趙彥逾知建康府事

六年春閏二月以吳琚代錢象祖知建康府事時句容增科和買久爲民害縣令趙時侃請於琚歲出府帑萬三千餘緡爲代輸凡免人戶和買絹二千餘匹綿萬一千餘兩又修建學宮取沒官田以養士　振建康旱　是歲朱舜庸獻所編金陵事迹於府遂據修爲建康續志

嘉泰元年江東旱振之仍蠲其賦

二年冬十二月以李林代吳琚知建康府事

四年夏四月以邱崈代李林知建康府事　冬十一月修六合城

開禧元年重修鎮淮飲虹二大橋

二年夏六月以葉適代邱崈知建康府事時金人大入羽檄旁午適治事如平時軍需皆從官給民以不擾　冬十二月丁未金人圍和州時我軍萬五千騎屯六合金布薩覘知之即以右翼掩擊斬首八千級進至瓦梁河且整軍列騎張旗幟以臨江建康大震　甲寅金人去和州攻六合前軍統制郭倪救之大敗於胥浦橋金人遂屯竹鎮距六合二十五里鎮江副都統畢再遇引兵至縣登城偃旗鼓伏兵南門列弩手於城上敵方臨濠萬弩齊發乃出戰城上聞鼓聲旗幟盡舉金人驚遁散將完顏圖拉等以十萬騎駐成家橋馬鞍山進兵復圍城欲燒壩木決濠水再遇令勁弩射退之既而與赫舍哩子仁合兵進攻益急城中矢盡再遇令人張青蓋往來城上以誘之金人爭發矢須臾集城樓者如蝟獲矢二十餘萬旋又增兵環城四面營帳亘三十里再遇令臨門作樂以示閒暇而間出奇兵擾之金人晝夜不得休乃引退再遇追至滁遇大雨雪始

還六合縣尉程克巳與其子附鳳俱戰死

三年春二月葉適謂三國孫氏嘗以江北守江南唐以來始失之乃請兼江北節制許之因充江淮制置使專一措置屯田適遂乞置沿江三堡塢石跋則屏蔽采石定山則屏蔽靜安瓜步則屏蔽東陽下蜀西護溧陽東連儀眞緩急應援首尾聯絡東西三百里南北三四十里各爲圖冊以獻　秋九月以徐誼代葉適知建康府事兌兼制置使時淮人避亂在建康者以數十萬計誼晝夜拊循民間安堵如常　冬十二月以邱宻代徐誼再知建康府事未幾詔復除江淮制置大使

嘉定元年秋八月以何澹代邱宻知建康府事　是月詔發米振卹江淮流民

二年夏建康大旱蝗斗米數千錢人食草木詔收養遺棄小兒　秋八月行鐵錢於沿江諸州　是月以楊輔代何澹知建康府事　時溧水縣令湯詵以仁恕稱繼之者史彌鞏嚴學校之敎

三年春正月以黃度代楊輔知建康府事時年饑盜起度至盡發帑廩所活百

餘萬人蠲夏稅二十餘萬賊夜劫城東南立就禽而橫山鬱山賊皆奔散悉奏赦之韓侂胄所募雄淮軍已收刺者十餘萬人未有所屬度慮其爲變人給以錢復其役遣之

四年增城南北養濟二院以處饑民院各度僧掌之歲用米千五百斛錢二千緡

五年夏六月禁銅錢過江　作晉元帝廟以王導等從祀建冶城樓忠孝堂於卞壺墓側　黃度在鎮三年江淮稱治夜引賓佐質難經義民服其化畫象立生祠祀之

六年春正月以劉榘代知建康府事

七年詔江北每戶三丁取一號義武民兵六合守卒原額二千餘人并有忠勇軍開禧兵後民多流亡僅餘五百二十一人縣令劉昌詩招得七百有奇分隸盤城瓦梁等寨又請降官會三千紙貯庫收息爲教練費政暇復修邑志續題名記焉

八年夏四月六合蝗　六月詔江淮農民雜種粟豆有司毋收賦又除豁江甯城南民户增科家業營運錢並起認和買綿絹錢三千七百餘貫　秋七月建康旱甚轉運使眞德秀憂之合本道義倉及轉般米數十萬斛而厚其積因户部罷夏稅之請以蠲其租取郡縣官及寓公之賢以覈其實大家勿勸分貧者糶之者濟巳甚者輦粟賜之病者載藥與之本之以河北救災之議行之以青州之政不足則開寄納倉出官錢糴之吳中又不足則以翰苑槖中金益之不忍留都之不及則發私財以贍之訖事民益急則轉糶爲振又開東門外新河因役以飽饑民禱雨白鷺洲其應如響迄以稔告　創置唐灣水軍二千五百人　冬十一月以李大東知建康府事先是上元縣主簿危和好文學善折獄請於前守臣劉棨卽簿廨之東建程明道先生祠并立精舍眞德秀助以緡錢棨去大東續成之德秀又立范純仁祠於漕司榜其堂曰忠宣復葺轉運司堂名曰戲綵以將母出使也

九年秋江東水詔蠲其租　漕司試士舊皆借寓僧寺九月眞德秀創建貢院

於青溪西

十年春二月以李珏知建康府事秋七月浚行宮後古珍珠河見水底有柒板乃止

十二年春閏二月金人犯和州及六合淮南民渡江者相屬建康大恐未幾退去（時蒙古已入中原宋久罷金歲幣故也） 秋七月以李大東代李珏再知建康府事

十四年夏大水 淮西總領商碩以鄭介公俠嘗讀書清涼寺立祠祀之 冬十一月併唐灣靖安水軍爲一軍置統制統領各一員

十五年冬十月以余嶸代李大東知建康府事建平止倉於廣濟倉左（冬糴夏糶取價平則止之義） 又以父端禮所創貢院傾圯乃撤新之楊萬里爲文以記 是年趙時僑爲上元縣令不嚴而威令行不擾而催科辦

十六年秋九月詔振江東被水貧民

十七年冬十一月詔增建康兵屯令制司招刺步軍三千馬軍二百名防江軍

理宗寶慶元年春正月以邱壽邁代余嶸權知建康府事

三年春二月以趙善湘代邱壽邁知建康府事　夏溧水澇　創沿江制置司僉廳　江甯縣令劉㞐以賢能著趙善湘薦之於朝

紹定元年趙善湘以李全叛募效用軍一千四百五十五人以防江臨淮爲名

二年趙善湘增收後湖田租遂爲額　句容開放生池縣令張侃築亭作記是年有五色芝生於境繼之者吳珙軍興供應絡繹而民不擾時溧水令衛社亦以仁惠聞

六年秋七月以李壽朋代趙善湘知建康府事

端平元年冬十月以陳韡知建康府事　詔建康以行闕比臨安恩例增解額二名

三年冬十一月蒙古兵陷六合知眞州邱岳敗諸胥浦橋敵引退時淮民避亂在諸沙者陳韡以制司差官撫卹招募涅刺俾充民兵又以江北戰死者衆十二月立二義冢於覆舟山龍光寺側收葬之度僧二人掌其事

嘉熙元年夏四月陳韡取罪犯人面刺雙旗名破敵軍　府學置房廊立貢士

庫　是年建康旱

二年春正月以別之傑知建康府事

淳祐元年修建康府學

二年夏四月以杜杲代別之傑知建康府事杲入境先謁程純公祠已而以楊林堡戍兵爲無益罷之調舟師循護兩淮流民之寓沙上者　秋七月建康大水　九月蒙古兵犯眞州杜杲將救之蒐卒於龍灣治礮於東陽不三日嚴辦遂行敵聞風遁

三年杜杲以天禧寺後南軒乃張栻讀書之所立宣公祠以祀之　增建康府學養士田置貢士莊　閣建康民舊租蠲新租二萬八千餘石禁吏胥收糜費民樂輸焉

四年夏四月以董槐知建康府事時軍政久弛槐爲賞三等以敎射歲餘皆爲精兵

五年夏六月以趙以夫知建康府事秋八月以夫招策勝六軍每軍五千人其

右軍中軍屯建康　冬十二月壬戌朔以祈雪釋建康府杖以下繫囚

六年夏江淮蝗飛蔽天集食禾豆　修建康府學創明德堂闢大成殿廊以妥從祀

七年夏六月以趙葵知建康府事葵以蒙古日迫視師江上廣親兵教場建指授堂置爐鞴於馬鞍山下古冶溝旁以鑄兵募兩淮壯士二千五百三十一人立精鋭軍

九年春二月以趙葵督府結局加右丞相兼樞密使不拜吴淵代知建康府事

十年夏五月詔以吴淵立山寨耕屯功進封金陵侯　建康府學增築先賢祠撥後湖田七千二百畝創義莊以䘏貧士明道書院燬於火因更創之增廪稍程講課焉

十一年建錦繡堂於府治之左上爲忠勤樓建鎮青堂於郡圃上爲鍾山樓御書堂樓二額以賜吴淵　時上元縣令曹之格留心政術奸猾屏迹昧旦卽坐堂皇治事有訟者立與剖斷獄無停囚建政達存愛二堂於廨中

十二年春二月以王埜代吳淵知建康府事　淮西總領陳綺建翠微亭於石頭山擅登臨之勝　句容縣令張棨敦儒重敎制祭服定禮儀設文會試生徒

寶祐二年春三月詔蠲江淮今年二稅　秋八月以邱岳代王埜知建康府事

三年秋八月以馬光祖代邱岳知建康府事光祖以到任送例冊并備公用器皿見錢等二十萬犒軍民減沙租課額三分之一倚閣元年夏稅秋苗折帛等錢有差

四年馬光祖以沿江制司招御前遊擊軍三千餘人水軍二千人並創軍寨於武定橋東措置軍器庫申嚴火禁親閱水軍於龍灣以建康十一隘分上中下三節旬一會敎罷諸酒坊吉凶靑冊額錢除秋苗斛面令人戶自槩倚閣二年夏稅折帛等錢

五年夏五月壬午錄建康繫囚杖以下釋之　重建府廨御書忠實不欺之堂以額之　甃御街自天津至南門重修飮虹鎭淮二橋復建新亭　蠲上元江甯二縣欺隱稅額錢免溧水縣酒息額錢并逋欠給借百姓錢本營運措置居

養院以處窮民創安樂廬以拯道途之無歸者　冬大雪以錢三十萬振軍民倚閣二税

六年春二月以趙與簋代馬光祖知建康府事　移平江府新招軍三千屯建康　鎮淮橋燬於火重建之改鎮淮樓爲嘉瑞樓　上元令陳寅以廢圖爲學宫

開慶元年春二月己丑詔蠲建康沙田租　三月以馬光祖再知建康府事初上仍用前例普犒軍民　置禮倘庫於府治右取禮尚往來之義以備施報　創遊擊新軍寨於西門内合前後所招萬二千餘人置都統制募土豪强壯爲義士軍良家子設安樂房療新軍之疾患者　秋九月蒙古犯黄州建康震動馬光祖以制置大使循視江面冬閏十一月乙亥返建康十二月復進司池州

景定元年春正月浚建康府城濠築羊馬牆創柵寨門甕城增築滁河隘　三月馬光祖還建康　重建制置安撫二司僉廳及府都廳　創野亭馬之純祠於轉運司建先賢祠於青溪祀吴泰伯以下四十一人　建都作院於青溪南修城内外諸

橋皆馬光祖自書榜　增安樂南廬於安樂坊　重建公使酒庫　蠲前政所出營運
逋負減諸坊酒額　葺義阡四所　浚青溪增堂館亭榭三十餘所築隄飛橋
盡遊觀之勝重建東冶知稼望岑三亭於半山寺側築東南佳麗樓復賞心白
鷺二亭又臨水作折柳亭為賓餞之所作橫江通江二館以待四方之賓客
二年夏上元縣惟政鄉獻瑞麥建瑞麥亭於東冶亭側　秋八月安撫司幹官
周應合新修建康志成　上元縣令鍾蜚英始建學繼之者楊應善改存愛堂
曰存心　冬十一月以姚希得代馬光祖知建康府事亦以到任例冊錢支犒
軍民倚閣句溧二縣苗稅　至日濟丙丁戶貧民雪寒又濟之
三年春三月修諸城門砌錦繡坊街夏六月修行宮增創轉般倉繕教場亭秋
八月建蜀三神祠於青溪側三神清源君梓潼君白崖君也　蠲減營運官錢逋負倚閣上元
句容溧水三縣苗稅　冬寒撥米平價振糶至日歲節皆濟貧民　是歲溧水
縣經界民田
四年修社壇府倉江甯館建康府學明道書院東南兩嶽廟及姚顯王王將軍

謝將軍三廟又創祠神宮於三神祠側　重建都僉廳撫司制司僉廳招募甯江新軍六千二百八十人創寨居之浚諸營井　江甯縣令王鏜建學於廨北置廩田　蠲減營運息錢倚閣上元江甯溧水三縣苗稅至日歲節祈雪皆濟貧民　上元江甯二縣經界民田

五年春雪給貧民錢　重建吳晉二帝廟修卞將軍廟及養濟院　蠲減營運逋負倚閣上元江甯二縣稅濟丙丁貧戶錢　三月以馬光祖代姚希得復知建康府事命下民大悅爭迎拜於道中夏四月至建康創制司參機四廳於青溪南增招江甯軍千二百七十四人買戰馬造水哨馬船創先鋒馬寨及船寨建和州屯田倉

度宗咸淳元年創建四郭門接官亭東曰迎暉西曰致爽南曰來薰北曰拱極築靜亭於青溪上後累石爲山亭其巔曰最高山後跨飛梁涉修徑建堂三所前曰節暇中曰觀心後曰近民以後臨通衢也青溪之勝畢萃於此又修行宮養種園及雨花臺烏衣園　重建長干橋　創無爲軍屯田倉平糶倉助糴庫倉中

有堂曰稷思堂　設及幼局收養棄孩　創船寨於龍灣　增明道書院養士錢五百千代納五縣人戶夏稅秋苗放減王沙局商稅　秋八月馬光祖以制司巡江九月還建康　是年句容縣令王子巽建清明堂於廨中

二年招塡闕額軍建康都統司及帳前各百人改築礮藥庫於青溪中造富陽船及舠船共四十二隻修廣濟倉七敖更名廣儲創制司倉四敖於左　修建康府學　修四義阡分命上元江甯二縣簿尉主之　夏五月大雨水發錢粟以濟貧秋民饑發平糴倉米振糶　八月馬光祖以制司巡江九月還建康

三年重建貢院於青溪南修南軒祠創小學　築誓清館於龍灣又起儀賓館　秋七月蠲減河稅務歲額商稅錢一分

四年春正月創助糴西庫　閏正月建康大風雷雨　二月創南軒書院於古長干因山爲祠堂曰主一樓曰極高明齋曰求仁任道明理潛心　三月軍民病疫委官監醫日給以錢粟　蠲放銀林東壩歲額車船稅錢四萬貫　夏四月代輸五縣下戶夏稅放免夏稅市例錢秋九月代輸下戶秋苗　冬十月依

文思院式鑄銅斛受納秋苗并造木斛一百隻焚舊斛於通衢　是年元兵圍襄陽荆湖安撫使汪立信以書抵賈似道請沿江設督府以資聯絡不從立信遂歸建康

五年春正月禮高年　修嶽廟　重設藥局　創三至堂建野航於玉麟堂後

三月淮民避兵入境分遣官屬振之　是月以吳革代馬光祖知建康府事

六年江南大旱

七年以黄萬石代吳革知建康府事

九年夏四月以趙溍代黄萬石知建康府事　冬十二月免沿江旱潦屯田租

是年江南地生白毛

十年春正月詔減江東沙圩租米十之四　秋元中書左丞相伯顔總兵來伐賈似道議分兵九路迎敵趙溍以制司留鎮建康　冬十二月趙溍總師巡江遇夏貴單舟走淮西曰公何不同建康北兵勢不可當建康有降將家屬當防之軍人聞言已有逃歸爲亂者溍還建康悉誅之　詔建康府振避兵流民

恭宗德祐元年春正月趙溍以制使置司於龍灣　是月賈似道督諸軍過建康二月潰於蕪湖元兵進屯雨花臺趙溍棄建康府城取行宮公帑金帛遁上元縣主簿程洙沐浴自經死馬步軍都統翁福徐王榮遣人納款於元　時以汪立信爲江淮招討使俾就建康募兵以援諸郡立信至建康守兵悉潰乃轉至高郵扼吭而卒　元丞相伯顏平章阿朮等入城於建康府治玉麟堂開省大饗將士遣哨騎四出招降州縣先時童謠云江南若破白雁來過至是果驗

金陵通紀卷八下　　弟作儀參訂姪詒慶校字

金陵通紀卷九

江寧陳作霖伯雨編輯

元世祖至元十二年（即宋德祐元年）春二月江東平設建康宣撫司置新附軍以康希愿兼宣撫使徐王榮爲副使同知建康府事於舊內直殿及制司僉廳君子堂內置司江寧上元等縣皆設達魯花赤縣尹主簿縣尉等官　阿朮居明道書院軍士不戢儒人古之學等請於伯顏給榜文還復書院遂設路學儒籍　宋溧水句容以次降附知句容縣葛秉戰敗被殺知和州聶某不署降款阿朮敲而殺之　宋太府寺丞趙淮戍銀林東壩與徐王榮戰敗　夏行中書省駐兵建康江東大疫民多乏食伯顏開倉振饑發醫起病人心大悅　秋七月伯顏入覲阿剌罕權行省事冬十月阿剌罕會伯顏於鎮江伯顏令起建康兵出右道十一月戊寅破東壩趙淮被執不屈死二妾殉焉阿剌罕軍遂由廣德入浙

時銅關將貝寶胡巖起兵攻溧水敗死

十三年春二月行中書省徙治揚州　江寧縣達魯花赤吳德徙縣治於越城

側　是年破宋信州執謝枋得妻李氏及二子一女送建康獄李氏不屈死
十四年設江東建康道提刑按察司於宋馬帥衙江東道宣慰司於宋府治時民新脫鋒鏑宣慰使張弘範撫安之期月境内稱治　夏四月罷建康宣撫司立建康路總管府於宋都錢庫廉希愿以宣慰使兼本路總管府達魯花赤徐王榮充本路總管兼建康府尹總管府管錄事司江甯上元句容溧水四縣又設宣課提舉司平準行用交鈔庫於建康　宋招討使汪立信先居建康與政坊是年歸葬溧水都堂鄉
十五年夏四月壬午立行中書省於建康以廉希愿爲右丞
十六年以阿剌罕代廉希愿爲行中書省右丞　設東西二織染局於建康
宋丞相文天祥被執北行道經建康宿留驛中數日有題天慶觀詩
十七年秋七月劄建康民二萬戶種秫歲輸釀米三萬石　已巳遣中使歷江南名山訪高士且於句容茅山建醮　是年招勇大將軍張珪以營軍萬戶統兵鎮建康

十八年春三月以李某代徐王榮充建康路總管　秋八月丁巳括江南戶口稅課　設淘金總管府於花林市下僉撥句溧民戶五千充淘金戶歲有額賦大爲民害

十九年江南大水令所在官司振饑　立養濟院

二十年夏五月免江南稅糧十之二　以六合縣隸眞州

二十一年徙行中書省於杭州

二十二年春三月回買江南民土田　設江淮等處行樞密院於建康以阿答海同知院事徙宣慰司於大軍庫內即其地開院　詔江南百姓典賣親子官爲收贖田主所收佃客租課十分免一村社農民造醋毋得收課　冬十二月弛江南魚禁

二十三年秋八月行御史臺移治建康路以博羅歡行御史大夫李仲信爲建康路總管　設句容縣生帛局造木棉　置建康等處哈剌赤戶計長官於溧水縣

二十四年夏四月以阿剌帖木兒行御史大夫　罷淘金總管府改立建康等處淘金提舉司淘金戶增課

二十五年春改天禧寺爲元興天禧慈恩忠敎寺詔高僧德公開講賜號佛光大師　三月以答占行御史大夫史弼任樞密副使思蘭不花爲建康路總管

立江淮財賦提舉司於宋轉運司治

二十六年夏四月禁江南民挾弓矢犯者籍爲兵　秋七月行御史臺移治揚州

二十七年夏江南大水發粟以振流民　冬十一月沿江建康等處置七萬戶府自東而西曰急水港曰老鸛觜曰觀山曰攔河曰韓橋曰新開河曰大城港曰三山磯曰礌砂夾

二十八年春正月免江淮貧民逋租　以不鄰吉同知行樞密院事張珪爲副使阿昔帖木兒爲建康路達魯花赤　夏五月改按察使爲肅政廉訪司　詔南方各路歲舉儒行可取者一人

二十九年春三月行御史臺復移治建康徙行樞密院於鎮江　以百家奴爲

建康路總管　革罷淘金提舉司并入金銀銅冶轉運司管領
三十年以宋廷秀爲建康路總管　行樞密院撥江北各萬戸府軍二千教於龍灣
三十一年夏六月免江淮今年夏稅之半
成宗元貞元年夏四月以囊嘉歹行御史大夫閏四月以阿老瓦丁代之　五月升溧水縣爲州　建康水　詔改天慶觀爲元妙觀毀所奉宋太祖神主
設巡檢司江甯鎮秣陵鎮竹篠港龍都下蜀東陽皆有之
二年夏六月建康蝗振之　以廉希哲爲建康路總管　知溧水州儀武義修學校
大德元年以要束木爲建康路達魯花赤　夏六月歷陽江水溢　益都新軍萬戸府移鎮建康　建南軒書院
二年春正月建康水振之仍弛澤梁之禁　二月以徹里行御史大夫　罷金銀銅冶轉運司除免建康路金額淘金戸併入元籍當差士民立碑頌德

三年春正月免江南夏稅十之三　二月例革江東宣慰司建康路直隸江浙行中書省　置惠民藥局　是歲江甯縣尹王蒙修築圩堤以政績聞

四年春建康旱　以獨吉禮爲建康路總管　秋八月儒學災惟存尊經閣及東西二教授廳　九月振建康饑冬十一月普免江南租稅一分十二月大雪踰尺再振

五年秋七月大風江溢六合災尤甚發米振之江甯主簿梅鼎實心救濟民無流移　重建廟學建康人王進德作明德堂　旌表節婦王阿楊門閭　冬十一月開後湖河道於鍾山鄉

六年春三月詔免江南夏稅　秋七月建康饑以米二萬石振之

七年春三月旌表溧水州民湯大有五世同居　以陳元凱爲建康路總管

八年春正月詔江南佃戶私租十分減二　以阿里馬爲行臺御史大夫　徙建康路廉訪司於甯國其建康簿書命監察御史鈎考　句容民樊淵當宋亡之際負母陳避兵茅山後還鄉里奉養不替是年以孝廉表其門

九年春二月江南租税均免二分　冬十月新學成　建康路總管俟珪以事罷黜
十年以岳天禎爲建康路總管
十一年夏五月詔免江南夏税五分秋糧三分　秋九月旌表節婦周氏門閭
建康大饑行御史中丞廉道安總管岳天禎治中楊翼勸富民出鈔振濟活饑人四十一萬有奇先是米價踊貴牙儈旁緣爲奸天禎杖其尤黠者以義諭商旅估値乃平
武宗至大元年夏五月以火你赤行御史大夫牙亦迷失爲建康路達魯花赤　民大饑疫官爲振濟　秋七月詔免建康夏税冬十一月又免酒課十之三
二年春三月詔免江淮災區今年夏税及逋負　夏六月江甯上元溧水句容蝗　冬十一月立建康等處財賦提舉司　封和綽爾爲句容郡王　重修建康路學　句容縣尹趙靖到任首崇學校上官歲科紅花靖以非土產請免民頗德之

三年鎮江堵潤任建康路錄事聽訟明察民以無冤

四年春正月詔江南夏稅免三分並蠲民間逋負

仁宗皇慶元年以王瑛爲建康路總管抄都爲達魯花赤　旌表節婦建康楊李氏句容曹王氏門閭

二年秋九月以塔失海牙行御史大夫

延祐元年秋八月建康大水發廩減價振糶　時句容縣尹謝潤治有異政

二年春正月勑以江南行臺贓罰鈔振饑　以阿老瓦丁行御史大夫罷行臺哈必赤百餘人皆恃勢擾民者市里稱慶　冬十一月詔江淮夏稅免三分句容移風鄉孔聖村人王榮五世同居荒年振濟卒之日崙山震響行省旌其門閭

四年春閏正月詔江淮夏稅免三分　秋八月溧水州劉詠江浙省鄉試第二十名

五年冬十一月以伯顏行御史大夫　句容豪民王訓王熙白身受官被劾詔

奪之

六年改茅山崇禧觀爲崇禧萬壽宮　江甯尉魏居仁上元尉張義以污濫不法罷

七年春二月以脫歡答剌罕行御史大夫　三月詔江南夏稅免三分並蠲逋負　詔建康流民擾害居人官爲資遣還鄉　建帝師寺於保甯寺北　建康人掘井深數丈得香柟木

英宗至治元年建康人王霖立江東書院行省爲設山長　夏六月以脫脫行御史大夫　葢廣運倉於龍灣山前受諸路漕糧下海　禁江南廟祝師巫扇惑人衆

二年以任居敬爲建康路總管　革罷財賦提舉司　旌表溧水州節婦藍法禮門閭　冬十一月詔免江淮今年包銀及官田租十之三

三年春二月以伯顔行御史大夫　秋七月免江淮增科糧　八月建康人李桓江浙省鄉試第二十七名　冬十二月詔免江淮剏科包銀三年

泰定帝泰定元年春正月旌表溧水州高年許桂一百一歲　閏正月詔革撥江南包銀　夏六月六合水江東旱傷田　冬十月懷王圖貼睦爾來居建康太平興國寺時鑄大鐘方在冶王至取嵌碧珠指環默祝曰若天命在躬此當不壞即投液中鐘成而珠宛然在上焉王旋建大崇禧萬壽寺於太平興國寺後　十一月以相嘉碩利行御史大夫

二年春正月蔣山太平興國寺災　夏四月以多禮智行御史大夫必實溫沙班爲建康路總管總管初至集士民於明德堂勗以本業有貧不能從師者代備束脩焉

三年建康饑振之　六合大水　句容縣尹程恭勤於撫字闢縣治之後廢址植桑萬株以勸民蠶又能修舉學校聘禮師儒焉　以那懷爲建康路總管議開濬陰山運糧河道以動土例禁罷役

四年以彰閭爲建康路達魯花赤　夏四月建康及六合饑振糧鈔有差

致和元年秋八月免建康路科買軍需是歲九月懷王登極改元

文宗天厤元年（即致和元年）冬十月以阿思蘭海牙行御史大夫

二年以迷沙爲建康路達魯花赤唆住爲總管　夏旱勸率上戶振濟　旌表節婦周氏門閭　秋八月建康人李懋行省鄉試第十六名　冬十一月改建康路爲集慶路詔即潛邸建大龍翔集慶寺命僧大訢住持號廣智全悟大禪師釋教宗主賜黃服僧徒衣黃自此始　設集慶萬壽寺營繕都司所屬有財賦提領所隸龍翔寺

至順元年春正月集慶路饑疫　夏四月以脫歡爲集慶路達魯花赤郭朶兒伯臺爲總管　五月免江淮夏稅十之三　秋七月江南水　追封句容武毅王土土哈爲昇王

二年改元妙觀爲大元興永壽宮亭爲飛龍亭　封溧水州節婦法禮爲容國夫人（以子阿魯忽都任治書御史故也）

三年冬十月免江淮夏稅十之二　時平章政事魯國公趙世延歸隱茅山不復起

順帝元統元年夏五月句容大水五棊山崩　六月詔免江淮夏稅十之二秋江甯旱　冬十一月以易釋董阿行御史大夫　旌表節婦吳氏門閭

三年春三月獲荊湖劇盜曹福四等於秦淮舟中　秋江甯旱　營繕都司例革

至元元年秋江甯旱　冬閏十二月以塔海帖木兒行御史大夫修行臺　知溧水州李衡建尊道明德二堂以勸學且乞免僉補本處站戶從之

二年夏溧水思鶴鄉麥兩歧　秋江甯旱　句容生帛局改造經絲斜紋　集慶路推官熊鼎賢以平反錄事司囚吳住哥崔保憐上元囚劉友端江甯囚張茂才被薦

三年冬十一月以八剌哈行御史大夫　龍翔寺提領所例革

四年以完者禿爲集慶路總管　濬臺治後溝故道東接青溪西通柵寨門至淸涼寺下會秦淮河　旌表江甯孝子傅霖門閭　上元縣委官修砌接官亭向東驛路

五年秋九月大雨水　旌表節婦馬氏門閭　設常平倉於廣儲倉所　上元縣挑濬龍光河自算子橋經石頭城下至馬鞍山

至正元年夏閏五月以脫歡行御史大夫帖兒爲集慶路達魯花赤張塔海帖木兒爲總管　立曹南王阿剌罕祠於集慶柴街寶戒寺側　江竭累日舟閣淺露錢貨無數人謂江笑

二年春三月集慶路總管府災　重建卞公祠　築察院及行臺門廡　天禧寺僧錄以私財甃長干橋抵上門堤街二百七十丈　冬修總管府移更鼓於西南隅樓

三年秋八月蝗　冬十月濬後湖河道自鍾山鄉珍珠橋至龍灣入江又疏陰山運河自官莊鋪至毛公渡　醫學教授張汝諧建三皇廟醫學并纂修金陵新志告成

七年冬十月集慶路花山盜畢四等起黨類僅三十六人內一婦人尤勇捷殺傷官軍無數縱橫茅山數月三省撥兵不能討鎮南王博囉布哈募趫徒朱陳

等擊禽之

九年秋七月大霖雨江溢漂沒民居禾稼

十二年江浙盜起由常州廣德陷溧水溧陽延及句容略上元江甯游兵至鍾山集慶危甚南臺御史大夫納琳力疾治兵命治書侍御史尊達實哩守城中丞伯嘉努戍東郊求援於湖廣行省平章政事額森特穆爾額森特穆爾時駐和州乃引步騎渡采石至臺城入問納琳疾旋東赴秣陵殺賊二千餘人平湖熟鎮盡復上元江甯地乘勝入溧水溧陽賊潰奔廣德其據龍潭方山者奔常州境內悉平

十三年秋六合旱時滁泗兵亂伯士甯爲六合縣達魯花赤境內帖然未幾代去

十四年秋九月滁州豪帥郭子興遣兵陷六合縣冬十一月丞相脱脱分兵圍之六合求救於子興諸將畏之莫敢往朱元璋時在麾下奮然請行遂與耿再成守瓦梁壘官軍攻之急每日暮壘垂陷詰旦復完與戰尋以計紿之乃斂兵

入舍備餱糧遣婦女倚門戟手罵官兵錯愕不敢逼因列陣而出徐引還滁行御史大夫福壽駐集慶盜渠陳也先潘甲率衆聲言討賊索軍食城下守將不知所爲布衣王元吉請見福壽延問計對曰今城中無一軍而盜悍甚此難與爭鋒公宜開城門陳芻粟車陽以好言紿之請一帥以卒來取吾計殺之而制其一人易矣從之果殺潘甲餘衆隨也先遁去

十五年夏六月滁州將朱元璋渡江取太平路禽義兵元帥陳埜先釋之埜先收餘衆屯板橋陰與行臺通爲書報元璋曰集慶右環大江左枕崇岡三面據水以山爲郭以江爲池地勢險阻不利步戰昔王濬樓船謀之累年而蘇峻王敦皆非陸戰取勝隋取江東賀若弼韓擒虎楊素三道戰艦同時並進今環城皆水元帥與苗軍聯絡其中建寨三十餘里攻城則慮其斷後莫若南據溧陽東擣鎮江據要隘絶糧道示以持久可不攻下也元璋報曰歷代克江南者皆以長江天塹限隔南北故須會集舟師方克成功今吾渡江據其上游彼之咽喉我已扼之舍舟而進足以克捷自與晉隋形同勢異足下奈何舍全勝之策

而爲此迂迴之計邪埜先詐不行　秋八月元璋命鎭撫徐達克溧水句容九月郭天敘張天祐督兵自官塘經同山進攻集慶陳埜先遂與福壽合拒戰於秦淮水上元璋軍失利天敘天祐皆戰死埜先追襲經葛仙鄉民兵百戸盧德茂謀殺之遣壯士五十人衣青出迎埜先不疑與十餘騎先行青衣兵自後攢槊殺之其子兆先復屯方山　是年青軍元帥張明鑑掠六合

十六年春三月朱元璋率衆自太平水陸並進至江甯鎭攻破陳兆先營釋而用之復進攻集慶馮國用率兆先降衆五百人先陷陣敗元兵於蔣山直抵城下元湖廣平章阿魯灰來援戰不利遁去至城南杏花村軍變羅害元璋兵遂拔柵進元御史大夫福壽坐鳳皇臺下伏龜樓督兵力戰或勸之遁叱去之兵至竟死其地參政伯家奴治書侍御史賀方達魯花赤達尼達思照磨梅實皆同死庚寅克集慶路元璋入城召官吏父老諭以除害安民之意皆大喜過望初居富民王綵帛家尋以元御史臺爲府改集慶路爲應天府辟上元楊憲江甯夏煜句容孫炎等錄用之置天興建康翼元帥府命諸將分軍屯田於龍江

等處俄而平江張士誠兵來犯徐達敗之於龍江自是金陵歸於元璋

宋韓林兒龍鳳（吳未建元時所稱）三年（即元至正十六年）秋七月己卯諸將奉朱元璋爲吳公置江南行中書省自總府事 聘鎮江處士秦從龍至吳公親至龍江迎之命居西華門外事無大小皆與謀從龍復薦江甯陳遇宜備顧問吳公數幸其第命以官不受 九月吳公如鎮江尋還應天 是年上元縣還治淯化鎮明歲復舊

四年夏四月吳公自將取甯國旋還應天 五月上元句容獻瑞麥一莖二穗者三

五年冬十二月吳公自將略浙東命李善長徐達留守應天

六年夏六月壬戌吳公還應天

七年夏閏五月漢陳友諒入犯取太平應天大震或謀以城降或以鍾山有王氣欲奔據之劉基獨奮然曰天道後舉者勝吾以逸待勞何患不克莫若傾府庫開至誠以固士心伏兵伺隙擊之取威制勝以成王業在此舉也吳公意乃

決召指揮康茂才曰汝與友諒雅遊吾欲速其來可作書約降紿告以虛實使分兵三道以弱其勢茂才曰諾遂令閽者持書往友諒問茂才所在曰見守江東橋問橋如何曰木橋友諒曰吾至當呼老康爲驗閽者歸報吳公大喜亟命李善長易木橋以鐵石比旦橋成諜言友諒問新河口路乃令趙德勝跨新河築虎口城以守於是常遇春馮勝華高率帳前軍三萬伏石灰山側徐達等陳兵南門外楊璟屯大勝港張德勝朱虎率舟師出龍江關吳公親總大軍駐盧龍山偃赤黃幟於左右戒曰寇至舉赤幟舉黃幟則伏起各嚴師以待乙丑友諒引兵至大勝港璟整衆禦之港狹舟不得並進友諒遽退出江徑衝江東橋見橋皆大石連呼老康又不應悟茂才使詐卽率舟師趣龍灣先遣萬人登岸立柵衆欲戰吳公曰天且雨趣食乘雨擊之時天無雲衆未信忽風起西北須臾果大雨赤幟舉諸軍競前拔柵友諒麾衆來爭戰方合雨止吳公命發鼓黃幟舉常遇春等伏兵起徐達兵亦至張德勝朱虎舟師並集內外合擊友諒兵大敗走諸將追至慈湖焚其舟遂乘勢復太平　冬十二月吳築龍灣虎口城

八年春二月吳置寶源局以鑄錢　參軍事宋思顔言句容虎爲害旣捕獲宜除之今豢養民間何益卽命殺虎分飼百官　秋八月吳公自將征陳友諒

九年春二月吳公還應天以漢降將平章王溥歸賜第聚寶門外號其街曰宰相街以寵異之　夏五月吳公閱兵三山門平章邵榮參政趙繼祖謀逆事覺伏誅

十年春三月吳公自將救安豐壽還應天　夏五月築禮賢館以居劉基宋濂章溢夏煜諸人　六月丁未忠勤樓災　秋七月吳公自將征陳友諒禡纛於龍江遂發至鄱陽戰未決命大將軍徐達還守應天九月吳公還壬午復自將征陳理命李善長留守應天冬十二月吳公還　戊午吳公閱武雞籠山還坐西苑諭諸將以兵法

十一年春正月諸將奉吳公爲王建百官　二月吳王自將征陳理三月還應天庚午吳罷翼元帥府置十七衞親軍指揮使司　夏五月吳王御白虎殿閱漢書句容孔克仁侍　是歲吳繪塑功臣於蔣子文卞壺廟

十二年秋九月丙辰吳以集慶路學爲國子學

十三年春正月吳王自將救江陰尋還應天　夏四月吳王如濠州五月還應天　秋八月庚戌拓應天城初建康城西北控大江東盡白下門外距鍾山既闊遠而舊內因元南臺爲宮稍隘吳王乃命劉基卜地作新宮於鍾山之陽在舊城東白下門外二里許增築新城東北盡山址延亘五十餘里　辛亥命大將軍徐達等征平江吳王御西苑諭以機宜達等卽於是日發龍江　冬十二月吳沈宋韓林兒於瓜步江　是月吳建圜丘於鍾山之陽方丘於鍾山之陰并立宗廟社稷明年秋始告成

吳元年（韓林兒死吳乃建元）春正月詔免應天等府田租一年　夏五月應天旱六月戊辰雨詔賜民今年田租　秋七月乙亥王御戟門觀雅樂　己丑雷震宮門獸吻得物若斧形而石質王命藏之　九月癸卯新宮成內三殿曰奉天華蓋謹身左右樓曰文樓武樓殿後爲宮曰乾清其次曰坤甯　辛巳徐達克平江執張士誠歸至龍江堅臥不肯起舁至中書省與李善長語不遜杖諸竹橋縊殺

之　冬十月甲子王命諸將北征親祭神祇於北門之七里山　勑禮官立元御史大夫福壽祠歲時祭之　時六合知縣胡有源移建縣治置巡檢司山川邑厲二壇設船於龍津以濟渡　十二月甲子王御新宮以羣臣推戴之意祭告天地神祇

金陵通紀卷九

弟作儀叅訂男詒紱校字

金陵通紀卷十上

江甯陳作霖伯雨編輯

明太祖洪武元年春正月乙亥吳王元璋祀天地於南郊卽皇帝位改國號建元大赦　丁丑宴羣臣於奉天殿　二月丁未祀孔子於國學　戊申祀社稷　庚午詔選國子監生侍太子標讀書　夏四月乙未祫享太廟　甲子帝幸汴梁命左丞相李善長御史中丞劉基居守應天秋閏七月帝還宮　應天火延燒永濟倉　八月己巳以應天爲南京（時以汴梁爲北京）應天轄上元江甯句容溧水溧陽五屬知府楊元杲初從帝渡江爲行省員外郎練達政體智慮周密故擢是職　壬午帝幸汴梁冬十月丁丑還宮　置京畿都漕司濬後湖及龍灣河　十一月辛丑建大本堂於宮中以敎太子諸王　始祀圜丘　十二月辛巳築壇雞籠山以祭前功臣胡大海等　是歲徙江甯縣治於銀作坊上元縣廨建牧愛堂

二年春正月封京都城隍建羣神祀享所於南城外立十廟於雞籠山麓　乙

巳立功臣廟於雞籠山祀徐達等二十一人存者虛其位　丁未享太廟　是日爲壇玄武湖祀馬神　庚戌詔免應天諸府今年田租　二月丙寅朔詔修元史置局南門外天界寺　壬午始耕耤田既又命皇后馬氏親蠶於北郊　三月己巳令功臣子弟入國學　夏五月癸卯始祀方丘　秋九月征南將軍廖永忠朱亮祖廣東師還帝命太子帥百官迎勞於龍江　冬十月壬戌朔甘露降鍾山　江甯知縣張允昭上言江甯上元在輦轂下宜設學校以教京師子弟辛卯命置應天府學生員六十八應天有學自此始　十一月乙巳祀圜丘　是歲降溧水州爲縣郭雲以知州改知縣兵火之後百廢具舉而持以廉潔繼之者高謙甫徵收不擾差役均平又句容知縣王成亦以清幹名

三年春二月帝御東閣學士宋濂侍講王褘進講大學傳十章　三月庚寅詔免南畿今年田租　夏五月戊申祀方丘　是月應天旱帝齋戒后妃親執爨太子諸王饋於齋所六月戊午朔帝步禱山川壇露宿凡三日還齋於西廡壬戌大雨　左副將軍李文忠送元俘至南京乙亥元諸王買的里八刺朝奉天

殿其母及妃朝坤甯宮賜第宅於龍山丙子以克元告南郊丁丑告太廟　溧水湖溢漂民居　秋七月乙未寶源局火甲子鳳臺門軍營火延燒武德衞軍器局　八月始開科取士應天府鄉試取中句容趙權溧水劉德二人　南京大雨水振之　監察御史鄭沂上言京師天下根本爵位之設當使內重外輕今南京知府與外府同非所以隆國體也宜改爲京尹從之是月戊子以沂爲應天府尹時治中王公亮封剔煩苛壹意綏輯以卓異遷府丞江甯知縣張安仁當國家新造諸務錯集平明坐聽事饔飧皆就公案治爲時最　九月戊子南京城隍廟成　冬十月丙辰詔儒生更直午門爲武臣講經　十一月壬辰大將軍徐達北征還帝出勞於龍江甲午告武成於郊廟己亥設泰厲壇於玄武湖中以祭戰沒將士　庚戌祀圜丘　十二月甲子建奉先殿　是年詔西僧獻宋理宗頭骨即付應天府官夏守忠瘞諸南門高座寺之西北次年還葬舊穴

四年春二月甲戌帝幸中都壬午還宮　三月乙亥朔帝始策試貢士於奉天

殿　秋將軍傅友德平蜀獻明昇賜第居之八月帝乘昇所進馬夕月於清涼山賜名飛越峰　冬十月修南京城垣築浦子口城　十一月丙辰祀圜丘癸亥大軍倉災

五年春正月辛酉帝幸蔣山太平興國寺建法會雲中雨五色子如豆　甲午大風晦雨雪交作乙未霽勅近臣然水燈於秦淮　二月南京火三日毀龍驤等六衛軍民廬舍　夏六月句容民獻嘉瓜二實一蔕　秋七月壬戌南京風雨地震九月詔免應天田租　冬十一月辛酉祀圜丘　十二月丙戌南京定遠等衛火焚軍器局兵仗　是月免南京濬濠作役　時六合知縣陸梅興學校建壇局亭塔民不知勞

六年春正月置上元縣巡檢司　選朝天宮道士供奉郊壇　甲子以舉人王璉等爲編修入文華堂肄業　夏五月造渡淮浮橋　六月修南京城　秋八月建歷代帝王廟於南京　冬十一月戊申雷電交作　是月帝御午樓賜陳甯宋濂甘露漿　閏十一月壬午祀圜丘

七年春正月罷築閱江樓　夏四月上元民史廣妻李一產三男給錢乳之
秋八月祀歷代帝王廟　冬十一月甘露降鍾山　辛未祀圜丘　十二月鑿
石灰山河
八年春正月辛酉增祀雞籠山功臣廟共一百八人　三月辛巳罷寶源局鑄錢
夏四月辛卯帝幸中都丁巳還宮　秋七月辛酉改作太廟　戊辰南京地震
丁丑免應天被災田租　八月大旱　冬十一月丁丑祀圜丘　十二月戊
子南京地震
九年春南京大旱二月詔免應天今年二稅　是月設棠邑驛　夏四月連雨
二十日水溢　六月置江浦縣於六合浦子口隸應天府析和滁二州及江甯
縣地益之　冬十月太廟成始行合享禮十一月壬午祀圜丘　十二月甲寅
振畿內水災
十年春正月雨水如墨汁　秋八月庚戌改建大祀殿於南郊癸丑改建社稷
壇於午門右　選武臣子弟讀書於國學　冬十月有虎入旱西門傷人　十

一月丁亥始合祀天地於奉天殿
十一年春正月甲戌朔早朝殿上鐘始叩忽斷爲二　秋八月免應天府秋糧
冬十月甲子大祀殿成　是歲改南京爲京師
十二年春正月己卯始合祀天地於南郊　己酉詔以雨雪經旬令有司給貧
民鈔　冬十二月徵天下老成之士集京師
十三年春正月戊戌左丞相胡惟庸謀反詭言第中井出醴泉邀帝臨幸駕出
西華門內使雲奇告變帝登高望其第刀槊林立卽發羽林掩捕訊伏磔於市
株連凡萬五千人　癸卯大祀天地於南郊　夏五月甲午雷震謹身殿　丙
申釋在京屯田輸作者　六月丙寅雷震奉天門帝避正殿省愆　丁卯詔罷
王府工役　秋九月己巳天壽節賜羣臣宴於謹身殿　冬十月甲戌雷　建
三山寺於三山　是歲徙蘇浙上戶四萬五千餘家實京師
十四年春正月乙未祀南郊　癸丑命公侯子弟入國學　夏徙國學於雞鳴
山下名國子監　秋八月徵明經老成之士集京師　九月命潁川侯傅友德

征雲南帝餞諸龍江　冬十月以舊國學爲應天府學上元江甯二縣學附焉

甲寅詔免應天等府田租

十五年春正月辛巳宴羣臣於謹身殿始用九奏樂　乙未祀南郊　三月傅友德平雲南獻俘於京師　壬辰詔免畿內稅糧　夏五月國子監成帝釋奠於先師　秋八月丙戌皇后馬氏崩九月庚午葬孝慈皇后於孝陵　是歲京師建鐘鼓樓

十六年春正月乙卯祀南郊　二月丙申詔天下學校歲貢士京師　夏五月庚申詔免畿內田租六月辛卯詔免畿內養馬戶田租一年

十七年春正月丁未祀南郊　是月衍聖公孔訥始襲封命禮官以敎坊樂導送至國子監學官率諸生三千餘人迎於成賢街夏四月庚寅增築國子學舍　秋七月丁巳免畿內今年田租之半　八月應天鄉試以新淦曾魯爲考官取中江甯陳忝王士惟句容淩畧吳斌溧水胡桐劉文齊德（後改名泰）朱勝沃俊欒鳳凡十人　閏十一月建刑部都察院大理寺審刑司斷事官署於太平門外

名其所曰貫城

十八年春正月辛未祀南郊　二月甲辰久陰雨雷雹　江浦水　三月乙亥免畿內今年田租　是年設觀象臺於雞鳴山

十九年春正月辛酉振江浦水災　甲子祀南郊二月丙申耕耤田　夏六月甲辰詔京師民年七十以上賜爵里士八十以上賜爵鄉士　秋九月丙子天雨絮　冬十二月造通濟聚寶三山洪武等門新築後湖城幷廊房街道

二十年春正月甲子祀南郊二月乙未耕耤田　夏六月免應天今年馬草秋八月應天鄉試以泰和陳謨爲考官取中溧水甘霖一人又六合許暘一人時六合猶未隸應天　冬十月徙建漢蔣子文晉卞壼南唐劉仁贍宋曹彬元福壽廟於雞鳴山陽

二十一年春正月乙卯祀南郊　二月戊辰歷代帝王廟火上元縣治亦火甲戌天界能仁寺火　夏五月辛丑雷震奉天門獸吻六月癸卯暴風雷震洪武門獸吻

二十二年春正月丁亥祀南郊　徙帝王廟於雞鳴山
二十三年春正月己卯祀南郊二月丙辰耕耤田　秋八月應天鄉試以祥符滕克恭爲考官取中江甯房義一人　是年以揚州府之六合縣改屬應天府詔歲織文綺及造作弓箭俱於後湖置局
二十四年春正月癸卯祀南郊二月壬申耕耤田　夏六月京師旱錄囚　秋七月庚子徙富民實京師　辛丑免畿內田租之半　天下郡縣戸口賦役黄冊成詔藏於後湖　是年割江甯沙洲屬江浦　時帝微行至神樂觀見有結網巾者因令天下皆裹網巾
二十五年春正月乙未祀南郊二月丙寅耕耤田　夏四月丙子皇太子標薨祔葬孝陵　秋七月移江浦縣於新開路置巡檢司於舊治　九月鑿銀墅東壩河　是年議開上林苑度地城南自牛首山接方山西並河涯帝謂有妨民業乃止
二十六年春正月辛酉祀南郊　乙酉錦衣衛蔣瓛告涼國公藍玉謀反詔磔

於市株連幾二萬人　二月庚寅耕耤田　夏四月京師大旱　秋七月戊申選秀才張宗濬等分直文華殿侍太孫允炆讀　八月應天鄉試取中江甯俞允溧水王性杭濬三人是月命崇山侯李新督開溧水胭脂河西達大江東通兩浙以濟漕運

二十七年春正月乙卯祀南郊　建漢壽亭侯廟於雞鳴山陽　是月命以豫備倉粟貸貧民　二月置溧水稅課司批驗鹽引所東壩巡檢司　秋八月應天鄉試取中上元于源江甯陶鎔李崇趙麒四人　是月京師新建酒樓成時以海內太平思與百姓同樂乃命工部作十四樓於市衢處官妓其間以待四方賓旅有來賓重譯鶴鳴醉仙樂民集賢謳歌鼓腹輕煙淡粉梅妍柳翠南市北市等名

二十八年春正月丁未祀南郊　是月置江淮衛於江浦　夏六月己丑帝御奉天門諭羣臣禁肉刑　秋九月丁酉詔免畿內秋糧

二十九年春正月壬申祀南郊　秋八月應天鄉試取中句容嚴虎溧水趙昱

梅哲江浦莫英六合傅謙吳珏六八　丁未免應天等府田租　罷審刑司移其案牘於後湖　是年高麗秀才權近至京賦詩稱旨因命劉三吾等與遊十四樓以寵之

三十年春正月丙寅祀南郊　秋八月命工部建牧馬草場於六合　冬十月乙未重建國子監先師廟成　時有江甯知縣紀肅存心仁恕民或負內府廚料將鬻妻以償肅愀然曰有司不能牧民致使破家誰之咎也遂出妻孥督理令民納官未幾肅卒民夫婦置主於私室祀之又隋吉爲上元典史上言一夫一婦受田百畝當耕耘時或夫病而婦給湯藥農務既廢田隨以荒窮困流離職此之故請命鄉里小民或二三十家或四五十家團爲一社遇有病疫則相協助庶饑窘免而親睦成詔嘉之

三十一年春正月壬戌祀南郊　二月庚辰命吏部設武學於虎踞關以教勳衞子弟　夏閏五月乙酉帝崩於西宮辛卯皇太孫允炆卽皇帝位是日葬太祖高皇帝於孝陵　冬十二月詔賜明年田租之半

惠帝建文元年春正月庚辰奉太祖配南郊三月釋奠於國子監　甲午京師地震　秋七月壬辰詔討燕王棣祭告天地宗廟社稷　八月應天鄉試以臨海方孝孺蕭縣高遜志爲考官取中上元張欽任安方矩萬遠時泰陳暄何潤江甯李誠季簡吳觀王賓王憲陳喜溧水張禮朱旭夏廉湯茂宋鎬經綸孫讓江浦劉觀史雄莫智六合夏潤二十四人

二年春二月丁卯釋奠於國子監　秋八月癸巳承天門災

三年春正月辛酉朔凝命神寶成告天地宗廟畢因御奉天殿受朝賀　辛未祀南郊　丁丑享太廟告東昌之捷

四年夏京師飛蝗蔽天　五月辛丑燕王棣兵至六合六月癸丑都督盛庸帥舟師敗之於浦子口復戰不利都督僉事陳瑄叛附於燕侍郎陳植督師江上爲麾下所殺燕王誅殺植者而葬植於白石山　乙卯燕王誓師渡江盛庸迎戰於高資港敗績庚申燕兵至龍潭勅令軍民撤屋運木入城衆憚勞役多自焚其居西南城崩修築未畢西北復崩衆晝夜不得休辛酉命諸王分守都城

癸亥燕先鋒將劉保華聚哨探至朝陽門覘知無備還報燕王乃整兵進乙丑犯金川門左都督徐增壽謀內應伏誅谷王橞及李景隆叛開門納燕兵都城陷魏國公徐輝祖帥師迎戰敗績宮中火起帝不知所終或曰披剃爲僧由神樂觀遁去　燕王既克京師分命諸將守城還駐龍江下令撫安軍民求材堪治劇者以王愷知江甯縣　己巳燕王謁孝陵羣臣備法駕奉迎御史連楹立馬首數王罪王命殺之　是日燕王棣入城詣奉天殿卽皇帝位壬申出建文后馬氏屍於火中稱建文帝葬之以靖民心　丁丑殺齊泰黃子澄諸人並夷其族文學博士方孝孺衰絰號慟闕下帝令草詔不從磔之聚寶門外次召監察御史胡閏及高翔皆衰絰哭聲振殿陛不屈死衡府紀善周是修入應天府學拜先師與僉都御史程本立對縊死禮部侍郎黃觀妻翁氏給配象奴翁持釵釧陽使出市酒肴急攜二女投淮靑橋下死其他坐奸黨死者甚衆　秋七月壬午朔祀南郊　癸巳命建文子允熙等隨母妃呂氏居懿文太子陵園　八月丙寅左僉都御史景清緋服行刺被執帝命剝其皮草楦之械繫長安門

外且籍其鄉清友劉固與弟國母袁同受刑聚寶門外

成祖永樂元年春正月己卯朔帝御奉天殿受朝賀乙酉享太廟辛卯祀南郊二月癸亥耕耤田　三月京師淫雨壞城西南隅五十餘丈　夏四月設溧水廣通鎮閘　秋八月應天鄉試以胡廣王章爲考官取中上元嚴璐丁璿江甯王仲壽遲讓曹廣謝濟楊勉卞安句容范進王鼎陳壽尹鑑溧水徐昱張宗直張豫張彥馨十六人　九月命寶源局鑄農器　修句容楊家港王旱圩等隄始命內臣監京營軍

二年春正月乙卯祀南郊　己巳太子高熾及弟高煦自北平至京師高煦恃寵驕恣嘗縱衛士於京城內外劫掠支解人投之江　冬十一月甲辰帝御奉天門錄囚　時應天府尹薛均廉明持正買地種蔬帝廉得之笑曰人皆行樂惟朕與均苦耳上元知縣陳奐才能治劇有婦殺其夫將殯奐於喪所禽鞫得實人以爲神江甯知縣張德中愷惻詳慎有民犯法當流其母乞留養德中曰抵罪者法也留養者情也古人申情於法中以長其仁不執法於情外以成其

忍遂杖遣之六合知縣王翔於新開路建馬湖梁家港二橋並置船渡口以濟行人人皆便之　修六合瓜步等屯

三年春正月庚戌祀南郊　夏五月修蔣廟　築鷹揚衛烏江屯江岸及上新河岸從大勝關抵江東驛　秋八月應天鄉試以松陽王景無錫王達爲考官取中上元王舉劉潛江甯趙鎰唐經沈維盛衍張禎邢瑞唐彬陳恭句容張逵王原溧水王琮江浦王信六合尹昇孫智十六人　冬十月前軍都督僉事譚深錦衣衛指揮趙曦擠駙馬都尉梅殷於笪橋下溺死　是年振江東饑

四年春正月丁未祀南郊三月辛卯朔釋奠於國子監　秋七月命大將軍朱能征安南辛卯帝幸龍江禡祭誓師　冬十一月巳巳甘露降孝陵松柏醴泉出神樂觀薦太廟賜百官　十二月辛亥甌甯王允熙邸火王卒　是歲畿內饑築溧水決圩

五年春正月丁卯祀南郊　二月建普度大會於靈谷寺爲高帝高后薦福

秋七月乙卯皇后徐氏崩爲薦大齋於靈谷天禧二寺聽羣臣致祭光祿爲具

物　九月征南師還帝御奉天門受俘大賚將士
六年春正月辛酉祀南郊　夏五月壬戌京師地震　秋八月應天鄉試以廬陵李貫錢塘王洪爲考官取中上元姜壽史循劉璉江浦王廣王恕李鋐六合繆衍七人　是月浡泥國王來朝饗諸奉天殿冬十月卒於會同館詔有司致祭葬之安德門外石子岡建祠樹碑焉　是年應天府學災
七年春正月乙卯祀南郊　二月辛巳以北巡告天地社稷壬午帝發京師太子高熾監國夏四月癸酉朔攝享太廟
八年春正月己卯皇太子攝祀南郊　冬十一月甲戌帝還京師
九年春正月甲戌祀南郊　秋八月應天鄉試以吉水胡廣建安楊榮爲考官取中上元劉麒顧敬陽清虞祥童文莊約王本江甯王正鄭璥劉瑄韓謙句容曹義王泰吳謙陳遜溧水傅安魏組十七人　滿剌加王來朝帝親饗諸奉天殿及還禮官餞之龍江復賜宴龍潭驛
十年春正月丁酉祀南郊　秋八月應天鄉試以石首楊溥吉水周述爲考官

取中上元宋拯謝鑑姚堅朱鎔江甯徐責任祖壽張益宋敏吳名劉敬吳璘徐琳十二人　冬十月戊辰帝獵於城南武岡　時應天府尹顧佐公廉有威豪猾斂迹人方之包孝肅郭仲源知溧水縣亦以公勤稱　是年重建報恩寺造塔

十一年春正月乙卯祀南郊　二月乙丑帝北巡發京師太子高熾監國　冬十一月戊寅以野蠶繭爲衾命皇太子薦太廟　是年修應天新河圩岸

十二年夏溧水大水　秋八月應天鄉試以永豐曾棨吉水鄒緝爲考官取中江甯謝璘許英鄭猷溧水夏源四人

十三年修京師羽林右衛刁家圩屯田隄

十四年秋九月帝至自北京（時以北平爲北京）謁孝陵　癸卯京師地震

十五年春正月丁酉祀南郊　三月壬子帝北巡發京師太子高熾監國　秋八月應天鄉試以泰和梁潛長樂陳全爲考官取中上元劉江尹弼徐榮江甯施誠顧俊王璘李輅馮履句容曹暹九人　時句容知縣周庸節臨民公恕姦

邪屏迹

十六年江甯縣治火

十八年秋八月應天鄉試以張伯頴張仲完爲考官取中上元胡玉逹旺張文昌王俊陸彥江甯馬麟鄧序孫熙邵顒李素句容胡諒王煥十二人　九月召太子赴北京使太孫瞻基留守太孫嘗周行鄉落視民疾苦　丁亥詔自明年改京師爲南京

十九年冬十一月以北征發應天等府丁壯運糧赴宣府　是年以蹇義馬俊等分巡應天諸府興革利弊又或奏南京鈔法爲豪民沮壞遣鄺埜廉視僅戮一二人事遂已

二十年秋七月免南畿水災糧芻

二十一年秋八月應天鄉試以吉水羅汝敬長樂李騏爲考官取中上元王政梅森翟瑛江甯蔣勸陳昇張祺溧水陳紀七人　丁丑免南京水災田租

二十二年夏六月壬申南京地震　時將定都北京秋九月戊子始設南京守

備以襄城伯李隆爲之　是年淫雨傷麥禾南畿饑
仁宗洪熙元年春正月南京龍山生靈芝　已亥命周幹等巡視南畿　三月戊申命太監鄭和守備南京稱內守備駙馬都尉沐琮襄城伯李隆稱外守備
三月帝將還都南京不果夏四月壬子命皇太子瞻基謁孝陵遂居守南京五月復召還　秋八月癸未以大理卿胡槩等巡撫南畿　是年南京地震凡四十有二
宣宗宣德元年秋八月應天鄉試以閩縣林誌泰和余學夔爲考官取中上元黃榮周永雷和吳善江甯師政徐復句容潘延朱珉劉能九人　是年南京地震者九
二年夏南京旱秋八月免其稅糧　是年南京地震者十命右都御史王彰往巡撫焉
三年南京地屢震
四年春正月南京地震　二月巳丑南京騶虞見　秋八月應天鄉試以吉水

錢習禮石首劉永清爲考官取中上元王琮沈慶王麟李應禎江甯顧誠李瑛江浦周倫謝卓八人

五年春正月壬子南京地震辛酉又震　秋九月御史于謙長史周忱等巡撫南京忱命州縣立便民倉水次推糧長收兩稅加耗不得過什一　六合饑遣官勸振

六年巡撫侍郎周忱言溧水永豐圩周圍八十餘里環以丹陽石臼諸湖舊築埂壩通陟門石塔農甚利之今頹敗請修葺從之應天府治中檀凱練習民事特擢爲丞

七年秋免南京水災稅糧　八月應天鄉試以安福李時勉定遠苗衷爲考官取中上元顧仲賢江甯田盛王艮盛璟徐昱耿純談理吳政江浦魏榮六合田琮十人　是年守備李隆應天府尹史怡重建府學　長春真人劉淵然自京師歸居朝天宮

八年春南畿旱遣使振卹　夏復振南京饑免其稅糧

九年春正月乙卯申寬恤南京之令　秋七月南畿旱溧水尤甚遣官督衆捕蝗甲子勅南京巡撫各官行視災傷蠲秋糧十之四

十年春正月辛丑詔黄福參贊南京守備機務時有兵部侍郎徐琦自安南回福與相見石城門外或指福問安南來者識此人否曰南交草木亦知公名安得不識　夏四月南京蝗應天府尹鄺埜蠲苛政平市租均田税　秋八月應天鄉試以吉水周述定遠苗衷爲考官取中上元陶元素孫本張諫三人

英宗正統三年夏南畿旱饑　秋八月應天鄉試以吉水錢習禮松江陳詢爲考官取中上元鄒幹張信金潤江甯陳禮倪謙句容李質六合季璘七人　九月詔蠲南畿逋賦

四年春三月癸酉增南京文武官軍俸廪　秋江甯水　七月免南畿被災税糧

五年春二月南京大風雨壞北上門脊覆官民舟　夏應天旱蝗六月免南畿被災税糧冬十二月再免之　是年修上中下新河及濟川衛新江口諸防水

隄改築溧水廣通鎮壩於葉家橋復濬胭脂河

六年夏五月命巡撫侍郎周忱刑科給事中郭瑾錄南京刑獄　秋八月應天鄉試以泰和陳循莆田陳用爲考官取中江甯張鑑江浦張瑄二人　疏江洲以築塌岸

七年春正月戊午南京內府火圖籍器用皆盡　夏南畿大旱　築浦子口大勝關隄

八年春汰南京冗官　夏南畿蝗秋應天饑　七月辛未雷震南京西角門樓獸吻　濬南京城河

九年夏五月刑部侍郎馬昂來錄南京刑獄　秋七月應天大水　八月應天鄉試以興化高穀無爲邢寬爲考官取中上元王瓚沈琮金鎬謝鎰任孜朱瑛江甯羅濂劉鑑廣洋衞孫達句容嚴純王永甯周欽潘鏞張紳王惟善十五人

十一年禁石臼諸湖富豪築圩以遏水

十二年夏南畿旱六合知縣黃淵齋戒懇禱蝗不爲災　六月南京山川壇災

秋八月應天鄉試以仙居王一甯華亭錢溥爲考官取中上元朱華童軒周清相廸江甯蔣敷胡寬陳鉞鄭瑛句容居輔九人

十三年夏龍潭江水奔潰

十四年夏六月丙辰南京風雨雷電謹身奉天華蓋三殿皆災　秋八月輸南京軍器於北京　冬十一月侍郎耿九疇來撫南畿流民賜復三年

代宗景泰元年夏四月大理寺丞李茂來錄南京囚　秋七月應天大水沒民田廬溧水尤甚　八月應天鄉試以安福吳節永新劉定之爲考官取中水軍右衞吳維上元徐毅吳璘俞誠淩文管澄胡正王琮羅瑄錢賓王璘蒲鏞江甯田斌石正顧俊曹景王魯句容華禎王韶孔彥倫包文學溧水丁釗六合李景修二十三人　時上元知縣姜德政撫循惸獨以農隙修縣治建明道祠人不知役江甯知縣李褒興利除害多所建明江浦知縣羅信與民期約誠實不欺縣治圮者爲更新之

二年秋八月壬申南京地震

三年春二月副都御史劉廣衡來錄南京囚　秋八月振南畿水災免稅糧乙酉振南畿流民　九月辛卯南京地震命都御史王文巡視安輯乙未振南畿被災州縣

四年南畿自夏及秋淫雨傷稼既又數月不雨　八月應天鄉試以安福彭時連江趙恢爲考官取中水軍右衛羅甯豹韜右衛雍熙金吾後衛劉瑀留守後衛羅剛水軍左衛蔡琮留守左衛費鏞上元潘傑姚恆鄒和鄧震莊澈方璟羅淮龍晉沈瓚葛蕡金紳徐禮强英朱貞高敬林洪盧雍施靖江甯吳理江傑羅麟侯廣蔣敵句容王紱高清姚甯江浦周廣三十三人

五年春正月南畿大雪連四旬　三月命都御史王文撫卹南畿　秋七月振南畿水災冬十二月免南畿被災稅糧　是年南京大火延燒數千家

六年春二月大理少卿李茂來錄南京囚　夏南畿旱饑冬十二月免被災州縣稅糧　時劉義知句容縣察曉吏事捕治豪猾禁婚喪踰制者

七年春南畿恆雨　秋八月應天鄉試以莆田柯潛寶雞劉俊爲考官取中錦

衣衛沈鍾王徵王玉徐廉太醫院籍甯璡周昌裔上元鮑蟬江甯貝春李慶邵傑鄭禮周源宋讓王浩徐曦曾擞趙智李昇句容蘇潤高諤江浦莊昶郁珍二十二人　九月應天旱蝗

英宗天順元年春南京旱二月免南畿被災秋糧　冬十月乙巳南畿地震

二年春二月暴風拔孝陵樹懿文陵殿獸脊梁柱多摧

三年南畿旱　秋八月應天鄉試以華亭錢溥眉州萬安爲考官取中江陰衛江陰衛屯駐南京童紳任忱虎賁左衛李穆金吾前衛婁俊旗手衛莊林錦衣衛任讓金澤唐寬江甯易謙李秉衷徐完歐陽榮顧鑑張福顧言句容徐玉石堅溧水任蘭江浦蔣達石淮魯長六合黃縉詹倜二十三人

四年春三月免南畿被災秋糧　秋江南北大水免徵被災糧草有差

五年春三月丁卯朝天宫災　南畿連月旱傷稼秋七月免被災州縣稅糧

六年秋八月應天鄉試以博野劉吉襄陽邢讓爲考官取中太醫院籍陳銳留守前衛蘇鏞上元張華徐震戴仁江甯任彥常李昌隆李昊陳璥陳紋張瑛沈

浩孫義倪岳句容胡漢李澄曹瀾六合吳善十八人

七年春正月丁酉南京西安門木廠火延燒宮牆

八年溧水縣水　時胡謐知江甯縣以經術飾吏治事至判決如流公餘常有諸生問業者又應天通判林春主馬政每行縣校閱清廉不擾蒔蔬公廨以自給

金陵通紀卷十上　弟作儀參訂男詒壽校字

金陵通紀卷十中

江甯陳作霖伯雨編輯

明憲宗成化元年秋七月應天水　甲子振南畿饑　八月應天鄉試以瓊山邱濬安化彭華爲考官取中太醫院籍陳鋼錦衣衛李禎豹韜衛吳俊留守左衛章元應府軍右衛陳紀江甯俞敝蔣誼陶淵吳文度伊乘俞祿句容王濬張恪溧水芮鑑江浦丁廣董舜十六人　丁丑遣工部侍郎沈義等振撫南畿饑民　時南京多積困瀕江官田久廢没猶責賦坊市廊房既傾圮仍征鈔上元江甯農民代河泊所網戸采鮮魚應天都稅宣課諸司額外增稅六合江浦官牛歲徵犢巡撫右副都御史劉孜悉奏罷之又江浦知縣章文韜乞丈量圩江荒地以蘆洲抵補從之後遂承以爲例

二年夏四月上元等縣饑命戸部振之　秋九月癸未南京御用監火

三年夏六月雷震南京午門正樓　是年南京旱

四年春夏旱溧水尤甚句容主簿賈禎禱雨茅山徒跣而往罹暑卒於道　秋

八月應天鄉試以長洲陳鑑泰和尹直爲考官取中水軍左衛朱雁上元姚源鄭存德俞經吳謙謝崇德江甯沈鎧魯昂俞雄金源丁鏞王欽張鑑莊溥顧昌十五人

五年春二月乙卯雷震南京山川壇具服殿獸吻　夏南畿無麥　時上元知縣王定安平易爲治去後人思縣丞馬艮節用愛民後擢知縣事袁龍亦爲上元丞民愛如父母稱曰袁撫民明道祠圮倡修之又唐詔知六合縣薄賦愼刑人稱廉吏第一

六年夏句容溧水江浦六合大水秋七月免其稅糧　冬十一月己亥江浦大火

七年南京饑遣官巡視　秋八月應天鄉試以鄞縣楊守成金谿徐瓊爲考官取中留守左衛張陞俞綸上元朱福王進姚昺江甯薛端黃諫沈景陳理黃肅句容淩傳溧水張儒江浦吳泰六合金深十四人　應天府學復燬提學御史嚴銓重建之

八年秋七月南京大風雨壞天地壇孝陵殿宇　江水溢

九年春三月南京大風雨拔太廟社稷壇樹　夏四月乙亥南京雨土　秋七月以水旱災免上元等縣秋糧　自冬至明春南京恒燠無冰雪

十年春三月免南畿被災秋糧　時王恕以右副都御史巡撫南畿舊制應天官田徵半租民田全免其後民田率歸豪右而官田累貧民恕乃量減官田耗稍增之民田會所部水災奏免秋糧六十餘萬石周行振貸全活二百餘萬口應天府尹魯崇志亦貸民逋負而振其尤貧者太監王敬以鹽二萬引屬規重利崇志厲色拒之　秋八月應天鄉試以新建謝一夔仁和鄭環爲考官取中欽天監籍徐濂所籍徐欽王鑨衛籍會達上元王樸陳榮姚鏞江甯王勛句容孫傑湯鼒江浦王謙六合謝瑄十二人　九月再免南畿被災秋糧　江浦北城圩古溝北通滁河浦子口城東黑水泉古溝南入大江二溝相望岡壠中截廷臣請鑿通成河旱引潦洩從之即今之朱家山河也

十一年六合大火延燒千餘家

十二年春正月辛亥南京地震有聲

十三年春二月南京鷹揚衛軍陳僧兒妻朱氏一產三男一女　秋八月應天鄉試以南陽劉健陽曲周經爲考官取中衛籍李用文沈智周郁朱大用上元沈希達（後復姓朱）陳言梅純施堯臣江甯林芳（後復姓吳）徐瑺范琪句容李永亨江浦林鈺六合袁文紀十四人　冬十一月癸亥南京大風雨　時劉傅知江甯縣縣積疑獄剖判如神　是年南畿饑振之

十四年夏四月免南畿被災秋糧　秋八月丁未南京大風拔太廟樹

十五年夏四月免南畿被災秋糧　秋八月辛卯大風拔孝陵樹　修南京內外河道　是年周南代唐詔知六合縣明慎折獄有瑞雀巢於庭

十六年秋八月應天鄉試以茶陵李東陽泰和羅璟爲考官取中衛籍蔣浤童瑾王世禎喬衍劉子順梁德宏湯佐上元潘珩金麒壽徐雲熊宗德王儆倪阜江甯鄧澤吳彥華胡瑾錢鑑句容張憓溧水朱果六合印寶王宏二十一人

是年免南畿被災稅糧

十七年春二月甲寅南京地震猛虎近城殺人夏四月南京地生白毛秋七月南京大風雨社稷壇太廟殿宇皆掊水大溢甲戌免被災秋糧冬十二月丁酉南京大雪

十八年春正月振南畿饑夏五月免被災稅糧　冬十一月南京旱饑　戊子南京國子監火十二月乙卯器皿廠火壬辰甯河王府火先有妖夜見時舉火作欲焚狀是夜燔府第無遺

十九年秋八月應天鄉試以南城張昇上元商良臣爲考官取中太醫院籍吳濟龍江右衛曾瑛豹韜左衛傅綬上元潘絡馬驥胡拱楊溥夏聰江甯趙淮張志滀趙欽句容居軫江浦馮浩十三人

二十年夏六月免南畿被災稅糧

二十一年夏四月免南畿被災稅糧　五月南京大風拔太廟樹摧大祀殿及宮城各門獸吻　秋溧水大旱

二十二年夏六月免南畿被災稅糧　秋八月應天鄉試以仁和汪諧休甯程

敏政爲考官取中江陰衞楊俊上元顧潤郭蒙陳玉江甯陳鎬張琮鄒禮徐夢麒井康徐繼宗陳欽錢灝鄭允宣句容徐欽江浦李錦王瑄弓元吳鸞張紡十九人　九月南京饑　是年濬中下二新河

二十三年夏六月免南畿被災稅糧　設雲亭驛　是年詔以南京兵部尚書參贊機務同內守備並任留事

孝宗弘治元年春三月庚寅南京內花園火夏五月丙子雷震洪武門獸吻及孝陵御道樹六月己酉又震鷹揚衞倉樓聚寶門旗杆　溧水大旱應天饑冬十一月丁丑南京甲字庫火　先是沿江蘆場隸三廠成化初江浦田多沈於江而瀕江生沙洲六合民請耕之以補沈江田額洲與蘆場近又瓦屑壩廢地石城門外湖地故不隸三廠太監黃賜爲守備時受奸民獻俱指爲蘆場盡收其利民已失業而歲額租課仍責償於民是年民訴於朝事下南京御史姜綰等覆按

二年夏四月庚子雷毀神樂觀祖師殿乙未神樂觀火　秋八月應天鄉試以

甯都董越南昌張元禎爲考官取中羽林衛王彪錦衣衛周冕李禎上元羅鳳陳瑛陳玠施懋江甯淩雲翰王階王翰王顔十一人　是年御史姜綰等疏劾內守備蔣琮與民爭利琮條辯泛及南京諸司違法事給事中韓重因星變請斥琮及太監郭鏞未報而太監陳祖生奏戸部主事盧錦給事中方向私種後湖田事下南京法司適郭鏞道南京往觀焉御史孫紘等因劾鏞擅遊禁地鏞怒歸訴府尹楊守隨勘錦向失出御史不奏獨繩內臣乃勅太監何穆大理少卿楊謐再勘後湖田并綰琮訐奏事

三年春何穆等奏上遂褫盧錦職謫楊守隨方向以下官姜綰逮治而宥蔣琮不問　二月免南畿被災秋糧　夏南京旱　秋七月壬子驟雨雷震南京午門西城牆

四年秋八月乙卯南京晝晦地震　冬十一月振南畿災　是年析溧水置高淳縣

五年夏南畿水　六月免南畿去年被災稅糧　秋七月振南京饑　八月應

天鄉試以吳江王鏊平定楊傑爲考官取中牧馬所龍霓營繕所齊貴上元吳大有李熙李儀丁容劉麟陳謐李問江甯張宏李重邵清鄭諫王緒殷鏊句容王相十六人　冬十一月免應天等府稅銀　六合大雪　是年樊瑩爲應天府尹性坦直不立威嚴民亦知自愛鮮罹於法朱宗知江甯縣平易近民民皆懷之

六年夏四月辛酉南京舊內火　五月免南京被災稅糧　秋八月壬申南京有黑氣東西百餘丈冬十月南京雨雪連旬十二月壬戌雷雨拔孝陵樹

七年春三月南畿蝗夏溧水大水六月癸酉雷雨拔孝陵樹秋七月庚寅南京大風雨壞殿宇城樓獸吻拔天地壇太廟及孝陵樹九月大風屋瓦皆落　修南京天潮二河備軍屯田水利　是年南京地凡六震以存留折銀軍米分振各屬

八年夏五月南京陰雨踰月壞朝陽門北城堵　是月免南畿被災秋糧　秋八月應天鄉試以鄞縣楊守隨仁和江蘭爲考官取中龍江衞何宗伊林元吉

龍虎衛宇賓府軍衛袁經上元顧璘鄭瓛高節江甯梁材范邦彥祝亨金違溧水張鎮江浦嚴紘六合張瓚十四人　是年南京地震者二

九年南京地震者二

十年秋八月應天鄉試取中太醫院籍史良佐龍江右衛李璞趙榮顯姚隆劉楷上元顧欽易蓁景暘金鏡陳綸江甯王本許文顯華綸曹鉞句容蘇遨十六人　是年免南畿被災稅糧

十一年免南畿被災稅糧　是年袁陽知江甯縣以坊廂編役供應太繁請諸司取用必先赴府給票下縣方許應付自是取者頓減後轉上元民思之又溧水知縣張錫亦以能吏名

十二年夏五月免南畿被災秋糧秋八月又免夏稅

十三年秋八月應天鄉試取中太醫院籍陳圻錦衣衛李文泮劉弼羽林右衛邵鏞江陰衛吳伯深府軍衛錢禎張偉上元王介金賢金鼎李璨江甯羅輿丁圻黃志遠黃宏句容夏克義江浦王偉陳瑞十八人　冬十月戊申南京地震

十四年秋閏七月南京水災免其稅糧　冬十月辛酉南京地震　是年吳雄爲應天府尹風局嚴整留守太監多所侵擾縣官不敢違雄一裁之以法勢始稍沮

十五年春正月己酉南京有星晝流夏六月大風雨孝陵神宮監及懿文陵樹木橋垣多摧拔者秋七月江水溢湖水入應天城五尺餘九月丙戌南京地震冬十月丁卯地又震　十二月免南畿被災秋糧

十六年春二月庚申南京地震　夏江潮入望京門浦子口城圮遣官祭告江神　南畿饑六合尤甚秋九月振被災軍民　冬十一月免南畿被災秋糧是年王震爲應天府尹奏罷上元江甯花園夫千餘人省官寺獄具銀千餘兩覈江灘蘆葦千餘頃以佐赤縣里甲費句容知縣周美亦造魚鱗冊清釐民累民後祠祀之（時句容祠祀者有遺愛祠以祀前縣紀資廉惠祠以祀前縣魯應華）

十七年春正月辛未南京工部尚書高銓振應天饑　夏五月罷南京織造中官　秋八月應天鄉試以鉛山費宏南宮白鉞爲考官取中旗手衛莊簡驍騎

衛沈環柴虞留守衛俞徵楊謙吳瑛上元張翊羅仁强毅江甯王韋黄琮楊翱周金藍英王漢李佛句容華忠溧水茅世昌十八人

十八年夏六月南京霖雨秋七月南京大風拔木九月南京地震　是月免南畿被災夏稅

武宗正德元年夏六月丙子暴風雨雷震孝陵白土岡樹及報恩寺塔　秋八月復遣中官南京織造

二年秋八月應天鄉試以清苑傅珪華亭顧清爲考官取中衛籍何鈇劉宗啟吳富周南王浩監籍李漢上元伊伯熊羅轄陸亞句容曹濛溧水江府甘永昂張璠江浦袁煥十四人

三年夏江南旱溧水高淳尤甚五月南京大饑秋九月振之

四年夏六月南京空中有聲自北來如數萬甲兵踰月乃止　冬大雪樹皆枯死

五年夏溧水高淳大水傷稼蠲其租　秋八月應天鄉試以全州蔣冕崑山朱希周爲考官取中衛籍童楷趙守王鑾蔣嶽韓恢張明儒王以旂張烈劉紀上

元李葵江浦張淵十一人
六年振南畿饑
七年夏流賊劉七齊彦名率五百人舟行自黃州下抵鎮江都人大恐秋七月復自通州上犯九江尋復下至狼山凡三過南京無一人出禦者　免南畿被災稅糧　是年高淳縣學火
八年秋免南畿水災稅糧　八月應天鄉試以南海倫文敘臨潁賈詠爲考官取中太醫院籍尹賢上元顧璘何遵沈觀陳府江甯徐九經陳紹宗徐九疇王宗鄭琦李僑溧水武時江浦毛經六合張愷孔蔭十五人
九年以石檻繚應天府學泮池
十年冬十二月免南畿旱災秋糧
十一年秋八月戊辰南京地震　應天鄉試以濮州李廷相華陽温仁和爲考官取中衛籍錢文楊森丁暘上元張秀江甯鄭濂江鋭江鎮王暐楊沔句容鄒志學十八人

十二年夏六合霖雨滁水泛溢乘舟入市民多流亡知縣萬廷程特創九等法以均徭役時柴奇爲應天府尹亦有能名清查官占埋没地還之民以絶權勢起佃之謀積科試羨餘開拓貢院規模爲之一新　秋八月癸亥南京祭歷代帝王廟雷雨震死齋房吏　冬十一月癸巳大風雪仆孝陵前樹及圍牆内外松柏

十三年春正月應天大雨彌月漂室廬人畜無算詔振之夏四月免南畿被災稅糧

十四年夏六月甯王宸濠反於南昌欲東取南京兵部尚書喬宇嚴爲警備而談笑自如時攜客游讌城外密察地險易置戍守每門設文武大吏二人城中伏兵二隊以防不虞先是宸濠遣死士三百人潛入城匿於鼓樓街一攬頭家待期而發鎮守太監劉瑯實與謀宇偵得其狀以次就禽梟首江岸瑯不敢動賊計大沮　秋八月應天鄉試以弋陽汪俊任邱李時爲考官取中衛籍沈恩王文光上元司馬泰王堂蔣繼蕃江甯吳惠劉鳳七人　冬十二月丙戌帝以

親征宸濠至南京不入舊內駐蹕南門中之公廨時宸濠已平詔百官以戎服見喬宇謂兩京禮儀豈宜有異遂朝服如常儀俄而宸濠俘至帝與諸近侍出城數十里整軍容列俘於前爲凱旋狀以入　是年南畿饑甚濬新江口河

十五年春正月帝謁孝陵備諸劇戲夏六月丁巳幸牛首駐西峯祠堂中諸軍夜驚又嘗幸徐霖家霖倉皇出拜帝命置酒家無供具以蔬筍鮭菜進帝大喜爲之引滿酣暢而去已而數幸其第御玩靜閣釣得一金魚宦者爭買之帝大笑落水御衣沾溼快園中有宸幸堂浴龍池紀其遇也時帝在南京久邊將江彬怙權寵統兵數萬屯京城從官衞士又十餘萬日費金萬計近幸求索倍之應天府尹齊宗道憂懼卒府丞寇天敘攝其事與喬宇及內守備王偉協力維持故南京得無虞魏國公徐鵬舉招江彬宴不啟中道門又不設座中堂彬怒問故答以高皇帝嘗幸其第遂爲故事彬不得已就宴彬所領西北勁卒軀幹頎碩喬宇於南方教師中選其短小精悍者百人與之較場比武南人輕捷行走如飛而北人粗拙輒爲所乘彬大沮喪一日晚彬遣索城門鑰都督以問宇

宇曰守備所以警非常城門鎖鑰孰敢索亦孰敢與雖天子詔不可得乃止彬每矯旨有所求宇必廷白之彬計格不行寇天敘青衣皁帽日坐堂上自供應朝廷外不妄用彬使者至則好語之曰民窮帑盡無可結歡專待譴耳彬亦無如之何也又江甯知縣王誥調停區畫不乏上供而亦不重困民六合知縣林幹御中官有方民以不擾江彬數導帝夜遊新除應天府尹孫懋伏行宮請回鑾章數十上喬宇亦率百僚力請帝許之秋閏八月丁巳車駕發南京漁於龍江口遂行　是年六合大風潮没民田廬御史成英言應天等衛屯田在江北者地低易潦若從金城港抵濁河達烏江三十餘里因舊迹浚之則水洩而田利矣詔從之

十六年南京旱　時白思齊知上元縣始創縣志屬諸生管景等成之

世宗嘉靖元年春二月南京鍼線廠火秋七月南京暴風雨江水溢郊社陵寢宮闕城垣皆壞拔樹萬餘株江船漂没甚衆　八月應天鄉試以會稽董玘大興翟鑾爲考官取中豹韜左衛童顏上元金清鄭淮李觀後復姓甘張偉江甯汪鑾

張合溧水王希成劉鏊江浦袁禎十八　冬十月振南畿饑免其稅糧　是年都御史陳鳳梧千應天府學後山重建尊經閣增敬一亭

二年春正月南京地震應天大旱饑人相食侍郎席書振之仍蠲馬價秋七月南京大疫癘冬十一月免南畿被災稅糧　時劉啟東知高淳縣憐民閒養馬之苦欲歸諸宣城乃令代出驛傳銀一千八百兩復斷還馬埸田七千餘畝其困乃蘇暇則建學築壇百廢具舉繼之者爲甘惠亦有善政治西有渡惠造爲橋民呼爲甘棠橋

三年春正月丙寅朔南京地震二月庚戌地又震夏大疫死者相枕於道秋七月免南畿被災稅糧　是年王㶇爲應天府尹應天賦徭繁重富人多投內監神帛堂以避而積累貧者㶇奏革銅竹織匠守庫新夫八百餘人裁齊庶人之供億節中使之浮饍籍記縣司丁錢使諸司不得恣取歲祲又奏免其賦民感之著有京兆遺愛錄

四年秋七月己丑雷震南京長安左門獸吻　八月應天鄉試以吳縣徐縉石

首張璧爲考官取中留守後衛葉聯芳府軍後衛金本陶上元陳鳳金大車楊城夏儆許轂沈越任艮幹江寗伊敏生江浦茅秀六合馬遂伯十二八　詔改鍾山爲神烈山以尊孝陵

五年冬十月振南畿饑免其稅糧　十二月高涫始築城　時耿瑢知江浦縣忿諸使非理徵求核其郵符非實者不爲應後有張峰申免四門倉米民德之立遺愛祠

六年免南畿馬價

七年秋八月應天鄉試以內江張潮南海彭澤爲考官取中龍驤衛張誥上元王心張鐸盧璧謝少南金涫江寗高遠張恕江浦張棠九八　是年南京國子監祭酒張問奇司業江汝璧補國學書版

八年夏六合蝗　秋九月免南畿被災稅糧

九年夏應天大旱是時劉自強爲府尹撤蓋步禱雨輒小應楊璨爲府丞聞仇家多假手獄卒甘心繫囚乃時巡獄中全活甚衆有江寗縣丞王震者貪酷事

覺雖升他縣猶坐以法又上元知縣程嬾有治才於供億紛繁之日節浮費十之五六孝陵左近民以誤殺苑中鹿坐死爭之得末減屢决疑獄毀淫祠爲社學修達句容大道善政爲東南諸縣最　秋九月免南畿被災秋糧

十年夏溧水大水没民居江溢渰江清六合田　秋八月應天鄉試以遂甯席春華亭孫承恩爲考官取中衞籍葛清童曉宋溥湯輔上元王可大金翰向鎬許彥忠江甯殷邁余元鄭河十一人

十一年夏溧水六合蝗秋七月免南畿被災夏稅

十二年崔尙義知江甯縣作清愼勤三箴以自勵後有祝朝用卹民釐弊狡吏畏之

十三年夏六月甲子南京太廟火燬前後殿東西廡神廚庫　秋八月應天鄉試以南海倫以訓茶陵張治爲考官取中衞籍王之省陳芹陳時萬江浦張鉞四人　時霍韜爲南京禮部尙書禁喪家宴飲絕婦女入寺觀罪娼戶市良人女毀淫祠建社倉散僧尼表忠節重應天教授鄧德昌每屛騶從往訪之或騎

驢共遊都市焉

十四年江浦六合蝗振之

十五年春句容蝻生夏六月甲申雷擊南京西上門獸吻震死男婦十餘人

十六年夏溧水句容六合大水東廬馬鞍等山蛟發秋八月應天鄉試以貴溪江汝璧貴陽歐陽衢爲考官取中衛籍甘節陸彬林一鳳後復姓邢上元廖文光高滀韓叔陽五人

十七年夏南京大旱

十八年夏大風江水涸數十丈

十九年秋八月應天鄉試以茶陵張治懷甯龔用卿爲考官取中衛籍顔芳梅恒吳棟上元朱文周儒路伯鏜粱丹江甯阮垕句容張錦六合張在劉燧十一人

二十年春正月免南畿被災稅糧

二十二年秋八月應天鄉試以無錫華察烏程閔如霖爲考官取中衛籍馬汝

僑吳士進上元沈九思盛時春江甯黃甲黃炎杲向爨七八　冬十二月免南畿被災稅糧

二十三年夏大旱秋民饑應天府治中麗嵩攝尹事上官命督振公粟竭貸之富家全活幾七萬口蠲逋賦招流散復業者又十萬餘人南京民苦役重力爲調劑凡優免戸寄居客戸詭稱官戸寄莊戸朝天女戸神帛堂匠戸俾悉出以供役江甯縣葛仙永豐二鄉頻患水嵩爲築隄防得田三千六百畝立惠民莊四召貧民佃之屢剖冤獄戚畹王湧舉人趙君寵占良人妻殺人嵩置之法每集諸生於新泉書院講習五經歲時單騎行縣以壺漿自隨先後在官凡八年同時以善政聞者上元知縣袁鑑居官廉儉賦役均平吏民皆不忍欺之江甯知縣何价謝絕請託節省民財不汲汲於事上句容知縣徐九思始視事恂恂若無能有吏袖空牒竊印摘其奸論如法爲治於單寒加恩而御豪猾特嚴訟者挾不過十催科預爲之期逾則令里老逮之隸胥莫敢入村落縣東西通衢七十里塵土積三尺雨雪泥没髁九思節公費甃以石朝廷數遣中貴醮茅山

縣民苦供應九思搜故牒有鹽引金久貯於庫者請以給費歲祲穀貴巡撫發倉穀數百石平糶而償直於官九思曰彼糶者皆豪民也貧者雖平價不能糴乃以時價糶其半還直於官而以餘穀煮粥食餓者穀多則使稱力分負以去其山谷遠者則就旁富人穀而官償之嘗圖一菜於壁曰爲吾赤子不可令有此色爲民父母不可不知此味高淳知縣胡疇捐俸振饑悉停徵科因被劾縣民赴京保留許之溧水知縣王從善省荒勸農勳依古法建先斯倉以備振濟立忠節祠以祀齊泰繼之者高翀張問行胡鳳謝廷蒞欒尚約陳文讚皆有能名

二十四年夏南京大旱饑　濬後湖　冬南京兵部尚書張鏊募兵禦倭立振武營

二十五年夏南畿旱　秋八月應天鄉試以餘姚孫性安陽郭樸爲考官取中衛籍梁楹蔡銳薛盤蔣國賓醫籍蔣山上元潘鵠江甯李种劉安節句容王樸江浦朱賢張邦直六合金鴻十二人

二十八年秋八月應天鄉試以高安敖銑莆田黄廷用爲考官取中衞籍俞璉周珊何汝健皮豹朱潤身吕鐸張藴句容趙科張邦謨高淳張應亮十人

二十九年秋七月六合蝗

三十一年夏六合疫　秋八月乙丑南京試院火　是年應天鄉試以永新尹臺高平郭盤爲考官取中衞籍馬汝徯胡汝嘉鄭守矩上元楊璧江甯柳旦尹繼臯江浦顧昊六合費驊高淳韓孜九人

三十二年南畿旱

三十三年夏六合旱　句容知縣樊垣始易土城爲磚城

三十四年夏六合麥大稔　六月江水没田禾　秋七月倭賊自浙徽流劫至南京江甯鎮才七十二人指揮朱襄蔣欽率眾禦之是時賊已過板橋襄等猶不知方祖裼縱酒突爲所殲因由安德鳳臺夾岡門趨秣陵關應天推官羅節卿指揮徐承宗率兵守關望風奔潰賊遂破溧水趨宜興至吴而滅　八月應天鄉試以常熟嚴訥新昌潘晟爲考官取中衞籍周易王甯徵楊家相陳時伸

姚汝循鄭守益上元劉桂金鸞段文德鄭延年六合龍施十一人　冬十二月南京地震

三十五年春二月六合地震　秋七月免南畿被災稅糧以巡按周如斗奏請故也

三十六年溧水築石城

三十七年秋八月應天鄉試以常熟瞿景淳餘姚陳陛爲考官取中衛籍叢文蔚張來鳳李逢暘黃侗質上元李鑌王惠雷學皋江甯吳之儒金昺高湝韓邦憲溧水徐守正孫玠江浦朱雲鸞十三人　是年金傑知江甯縣治民不使鞭朴迎送供億常以節儉一夕瞻天象而歎遂投劾去蓋豫知有兵變也

三十八年夏四月南京雨雹　秋七月辛巳南京地震

三十九年春二月丁巳南京兵變舊制諸軍有妻者給米一石無者減其四春秋二仲月米石折銀五錢馬坤掌南戶部奏減折色之一督儲侍郎黃懋官又奏革募補者妻糧軍心大怨會以歲饑求復折色故額懋官不可給餉又踰期

都肄日振武營卒譁譟懋官急召內守備何綬魏國公徐鵬舉臨淮侯李庭竹兵部侍郎李遂至諸軍已甲而入予之銀爭攫之懋官見勢洶洶踰垣投吏舍亂卒追殺之裸其尸於市綬鵬舉遣吏持黃紙許犒萬金卒輒碎之增至十萬乃散明日諸大臣集守備廳亂卒亦集李遂大言曰黃侍郎自踰牆死諸軍特不當殘辱之吾據實陳奏不以叛相誣也因麾衆退許復妻糧及故額人畀一金補折價始定遂乃託病閉閤給免死劵以慰安之而密諭營將捕首惡二十五人繫獄詔追奪懋官職罷綬庭竹及兵部尚書張鏊任鵬舉如故遂以功議擢止誅亂卒三人而三人已前死餘戍邊衛遂歎曰兵自此益驕矣　秋七月江水漲至三山門秦淮畔民居皆深數尺六合亦然高淳永豐鄉被災獨甚知縣方沂盡蠲其里役漕糧鈌兌乃悉發庫銀糴補繼之者李德望以官田賦重遂取四百畝配民田百畝立五段錦法調劑之又上元知縣房韞玉以坊廂積弊年久而上官多取辦於甲乃力請節省民得蘇息後建惠澤祠於南門外祀之江甯縣丞郭廷輅編審戸籍派均而民不擾黃光涵以江甯縣丞攝主簿簿

故職儲有例金里長代編戶輸漕輒以金餌簿因恣爲朘削光涵獨拒不受也
馬應祥亦爲江甯主簿追徵稅糧不問餘羨至兌運時或爲軍官旗甲欺侮無
怨言曰吾爲百姓未幾卒官　冬南京大雪鳥多凍死木冰如花　十二月南
畿地震

四十年秋南畿饑振之　八月應天鄉試以無錫吳情豐城胡杰爲考官取中
上元伊在庭江甯鄭宣化殷康殷序溧水許根善高淳邢繼本六人

四十一年夏六月六合大風拔木水溢冬十月免南畿被災稅糧　時耿定向
督學南畿建崇正書院於清涼山著會儀選十四府諸生之秀者教之使焦竑
領其事

四十三年秋八月應天鄉試以鄞縣汪鏜華容孫世芳爲考官取中衞籍吳自
新焦竑李夢相侯全爵余孟麟趙經朱衣監籍董守緒江甯陳大立溧水武尙
質武向訓高淳邢夢珂十二人

四十五年春二月大風雨震報恩寺幾盡夏六月六合雨傷稼冬十二月大雪

兼旬

金陵通紀卷十中　弟作儀參訂男詒𦸖校字

金陵通紀卷十下

江甯陳作霖伯雨編輯

明穆宗隆慶元年罷振武營　汪宗伊爲應天府尹條畫上元江甯二縣徭役歲省萬餘金鄧楚望知高淳縣丈田均糧盡釐姦弊清查天界寺產令供差役馬場收租以代馬草劉應雷知溧水縣旁縣有以糧嫁名溧水者應雷力爭而免制賦均平民歌詠之丁賓知句容縣建義倉行鄉約清田賦減徭役豁羨餘歲省民供本折各七千七百餘兩　秋八月應天鄉試以餘姚孫鋌南昌王希烈爲考官取中衛籍姚文芳卜履吉路九同宋存德顧九德江甯金元初溧水陳一鳳江浦黃四科聶武列九人

二年冬十月免南畿被災稅糧

三年夏閏六月江潮没瓜步壞民田廬秋八月振南畿水災冬免其秋糧　是年海瑞巡撫應天墨吏聞風免去有勢家朱丹其門輒垔之中人監織造者爲減輿從焉

四年春正月南京火一夕數發踰月乃止　秋八月應天鄉試以同州馬自強會稽陶大臨爲考官取中上元王橋張國輔後復姓顧江甯卜鏜吳伯誠徐世隆溧水武尙耕武尙巖薛維翰江浦嚴丕承九人　冬六合饑　詔應天府屬變賣種馬之半免蘆洲逋課

五年春二月壬子南京廣惠二倉災　冬十月以水災蠲南京各衛所屯糧有差

神宗萬厤元年秋八月應天鄉試以烏程范應期信陽何洛文爲考官取中醫籍范思正上元董肇允王堯封江甯薛應和句容陳橋笪守心六人　時林黼知上元縣聰明仁恕革去坊廂長改編丁銀省浮費十之八民建生祠於湻化鎭祀之夏大勳知高湻縣移常豐倉於留輝門外便民輸運　是年江浦始築土城建沙洲屯營

三年夏五月減里甲均徭驛傳坊夫等銀及革里甲朋役拾丁排門小夫諸名色著爲例　高湻旱知縣張佐治步禱赤日中雨至猶不止時上元知縣程三

省修纂縣志一方利弊略具於中溧水知縣吳仕詮亦修前縣陳憲所著正德志並作訓民四箴嵌置學堂　是年濬應天府學泮池以石甃岸易學前戶部地爲屏牆

四年春三月南京雨雹　秋八月應天鄉試以奉化戴洵武陵陳思育爲考官取中衛籍張後甲沈鳳翙何湛之何湝之上元黃鶴鳴句容徐言曹孝遜溧水章甫詔高淳韓棟六合曹漢季宫十一人　冬十月雷　建表忠觀於冶城東以祀靖難諸忠臣　高淳知縣王體升以天界寺僧冒欽賞田匿稅請釐之勳貴爲請力持不可

五年春南京旱井泉竭河可涉

六年秋七月壬子雷震南京承天門左檐

七年秋八月應天鄉試以銅梁高啟愚會稽羅萬化爲考官取中上元錢濬許天敘陳舜仁湯有光句容曹楷許堯咨六合孫拱辰七人

九年春正月裁南京冗官　時陳載春知六合縣以過使往來爲民累爲九則

以定役法屬核田詔下精心勾稽得隱匿田若干畝曰上意非欲益賦也欲平之耳於是減舊田賦額幾半又因以寬蘆洲之税補開河損田之直以贖金易穀歲䘏出之民不告饑圩堰陂塘以時築濬

十年秋八月應天鄉試以歸德沈鯉平湖沈懋孝爲考官取中江甯黄夢麒沈天啟張文暉高淯吳尙伯四人　時方亘曙爲應天府尹釐剔奸弊井井有條

十一年雷學尹知江甯縣軫念民瘼不辭猥瑣估修馴象等門及板橋公館諸大小官廨皆躬自步算費用無濫時水田積潦民苦荒饑爲設修圩款目事均而易集

十二年南京建工部府軍倉錢廠

十三年春二月丁未南畿地震江潮沸騰　秋八月應天鄉試以東阿于愼行富順李長春爲考官取中上元李景春李鑑句容王聘賢三人

十四年夏五月大雨旬餘城中水數尺江東門至三山門行舟　應天府尹周繼重修府學造靑雲樓於學舍北建天下文樞坊及聚星亭於文廟前立文德

板橋
十五年秋七月江南大水高淳圩田多没知縣董岐鳳請得帑銀三千兩修築買當塗湖灘作遮涙埂以捍南蕩圩田萬餘畝　是年南京右都御史海瑞卒喪出江上白衣冠送者夾岸

十六年春三月南京旱疫死者無算南門卒以豆計棺出日以升計　秋八月壬午雷震南京西安門鐘鼓樓獸吻　是月應天鄉試以江陵劉楚先任邱劉元震爲考官取中上元紀三才方鶴齡江甯趙時振厲昌謨溧水徐文焯五人

十七年夏南畿大旱振之　南京有毛蟲食松葉皆枯死鄉人謂之山荒

十九年夏南畿大水　建龍虎左鷹揚陸兵三營　三山門民家牛產犢腹下四足脊上三足皆輭前後簇各二　秋八月應天鄉試以慈溪陸可教交河余繼登爲考官取中上元韓國藩向德象江甯姚履素李思誠魏成忠張應望句容笪繼盛李思敬楊瑞麟溧水沈立敬十八人

二十年南京兵部尚書衷貞吉以倭警募浙兵數千屯龍江關號義烏營頗爲

民患

二十一年夏四月戊寅雷震孝陵大木　時賈應龍知上元縣以舊時坊廂編有丁銀或貧不能納遂致流亡乃請將丁銀推入田畝又嚴禁溺女鄉人或名女曰賈以誌感劉元泰爲上元縣丞嘗攝縣事徵斂正供外革去冗費清理軍伍吏胥毋敢逞其私劉必達知江甯縣輕徭役豁贖鍰案無留牘尤留意於學校徐必達知溧水縣以虛糧病民力請改折並蓄雞豚應供億免坊廂辦差之累且置圖南書院學田焉

二十二年夏四月南京正陽門水赤三日　秋八月應天鄉試以晉江李廷機鄞縣周應賓爲考官取中前所籍潘栴衞籍周元朱之蕃何棟如江甯徐煜溧水陳鳴陽高淯邢振羽江浦丁遂熊師望九人

二十五年秋八月應天鄉試以福清葉向高秀水朱國祚爲考官取中上元顧起元皮光國江甯王名登陳萬善韓仲雍溧水武光賜徐亘輔高湝張思重八人　時米萬鍾知六合縣蘇馬戶之困疏鹺法之弊江水溢力捍禦之於縣寡

孤獨者撫卹尤厚去後民思之不忘　是年文德板橋圮

二十六年提學御史陳子貞修文德橋易以石泥中得鎖子甲二　時趙瑄知高淳縣置奸胥劉守清於法因被中傷士民呼冤者數千人卒得直繼之者有項維聰纂修縣志課士不倦榜其署曰冰壺

二十七年徐申以應天府丞攝尹事時御府傳造龍旗幰屏諸供具費以萬計申極諫不得乃增置錢局收贏金以供諸費而不擾民帑藏錢糧出入故稱難核申立指掌冊躬自鉤稽隱冒悉見又數問民疾苦及因革所宜繼爲府丞者有衞一鳳自奉極儉而明於錢穀又通判郞文煥居官廉正推官余若枏善決獄人稱余青天

二十八年秋八月應天鄉試以晉江黃汝良長沙莊天合爲考官取中上元卜有徵江甯徐鳳翔陳一治六合黃三策四人　是年修報恩寺塔

二十九年南畿饑應天通判陳聯璧設廠平糶爲蘆蓬以居流民勸諭富戶輸粟相濟時有劉大川爲推官愛民如子不事鞭笞好賢下士謝絶請託同官敬

而畏之

三十年春二月南京魏國公府災命工部爲重造冬十月丙申孝陵災　時應天府屬有解送皇磚之役富民多至破家溧水知縣徐艮彥請稍增田賦錢付蘇州匠作總解民以爲便又謂溧水東南水直瀉西北氣不聚建塔以塞水口後遂多富饒焉

三十一年秋八月應天鄉試以會稽陶望齡即墨周如砥爲考官取中衞籍焦周張士德上元程國祥王祚遠楊公瀚江甯徐揚先童天允吳汝璟句容張榜溧水王可宗十人　是年增設南中軍標營

三十三年秋九月戊子有星如椀墜於龍江後營光芒流走至地移時滅明日復有星如月從西北流至閱兵臺分爲三墜地有聲冬十月鍾山有白氣丈許如匹練從申至亥乃斂日入後即轉黑色十一月又有星隕於教場入地無迹

妖人劉天緒自稱李王謀不軌約冬至日乘文武官謁陵舉事其黨陳學首諸守備朱某兵部尚書孫鑛密遣把總王表往獲二十餘人操江丁賓以江防

多弛卒將校往來閲視增守兵戍要害部內晏然既而攝刑部事鑽欲窮治天緒獄賓不可論七人死餘皆釋之　時田有年知江甯縣謁守備太監不用庭參禮長揖而退揚州獲一狂僧誣諸生佘中龍魏國族人徐維禮謀逆上官命有年根究有年力白其冤而免之

三十四年秋八月南京大火自三山街延燒至貢院牆　應天鄉試以慈谿馮有經定襄傅新德爲考官取中江甯賈明道鄭觀光李琜佘大成沈應宿句容孔貞時高淳王養蒙江浦陳應元丁明登九人　時大風拔近畿富民家木奸人誣其坎爲礦爭往趨之應天府尹徐申宣言此孝陵龍脈所經誰敢奸之乃皆斂手以退

三十五年春正月應天府學泮池冰結奇花冬雙橋門地上霜有花鳥形　十月己卯南京行人司署火

三十六年夏五月秦淮河竭十日後潮忽漲大雨半月餘平地皆水自學宮泛舟至大成殿前濱江圩田盡沒高淳知縣宋祖騰架大船沿鄉救溺發常平倉

三千石平糶悉緩諸徵繼之者唐登儁築堤接連大橋以捍水人稱唐公堤

秋八月振南畿饑冬十二月免其稅糧

三十七年秋八月應天鄉試以隨州何宗彥渭南南師仲爲考官取中江甯賈必選顧起鳳劉光奕王廷鑰溧水武化中六合汪元哲葉時憲七人

三十八年建南京金吾神策府軍三營

三十九年秋八月秣陵故城內磨坊產怪豬頂上生一目鼻長二寸許

四十年南畿洊饑應天府尹姚思仁令捕蝗者準糧數交納民歌之以姚崇爲比會有罡黨害民盡禽獲之懲配有差　重修都城隍廟　秋八月應天鄉試以益都趙秉忠象山邵景堯爲考官取中句容曹可明孔貞運徐行恕陳有威溧水武可奮江浦胥自修林尙煜林尙炫八人

四十一年秋七月南畿大水

四十二年黃承元爲應天府尹疏請增科舉額添築號舍以惠士又嚴署篆之選革加耗之弊通鼓鑄之利芟織造之籍民感之爲立生祠以祀

四十三年秋八月應天鄉試以高陽孫承宗莆田周如磐爲考官取中江甯蔡昪周薛邦獻陳元慶李長華沈向五人

四十四年秋九月江甯蝗起食禾黍竹樹皆盡冬旱應天治中李棠巡行捕禱以勞卒官　時南京工部尚書丁賓濬秦淮河自上元至丹陽大道盡易以石凡官南都三十年每遇旱潦輒請振貸時出家財佐之又嘗題定稅役事宜坊廂踐更之累以絕　是年立龍江提舉司

四十五年夏五月南京有鼠萬餘銜尾渡江食禾稼

四十六年春二月南京東北有大星赤色南行墜於西聲如雷　秋八月應天鄉試以上饒鄭以偉蕭山來宗道爲考官取中上元李喬徐一范陳調鼎江甯王芝瑞錢輝裔梁志仁文時策陳六奇楊相江浦胡承熙六合汪金聲十一人

冬十月辛酉有星如斗隕於安德門外聲如霹靂化爲石重二十一觔　時溧水知縣張錫命以改折糧漕事未獲報可取縣民張曉前疏申請乃得免

四十七年有鼠渡江如前　時西洋人利瑪竇等倡行天主教於南京禮部尚

書沈漼奏請禁止驅逐焉

熹宗天啟元年秋八月應天鄉試以元城黃立極順德黃儒柄爲考官取中江甯黃華允易震吉倪嘉慶謝杞姚庥顧起貞王熙（後復姓陳）楊宏道句容李清李長敷江浦劉日璞六合馮艮謨十二人　操江都御史熊明遇建營伏虎山以選練諸軍　時三王就封道經六合知縣蔡如葵爲橋於河東以渡之設廠於南郊以居之市里無擾焉　是年南京有白氣自東北亘天至西南如蚩尤旗

二年徐必達爲應天府尹糴穀備振平糶救荒革商稅以通貨財清勘合以蘇驛困人咸稱之

三年秋七月辛卯南京大內左傍宮火　建戶部府軍倉錢廠　冬十二月丁未南京地震　是年振恤江南水旱災民

四年秋八月應天鄉試以高陽李標山陰姜逢元爲考官取中江甯范叔度孫自修溧水趙之驊三人　冬十二月癸卯南京地震

五年李可埴知溧水縣時以兵餉欲借改折暫徵溧水田糧力請免之

六年夏四月命南京內守備搜括應天各府民財助殿工邊餉　時丹徒談自省爲應天府尹以去家甚近謝絶私交革弊釐奸興舉百務會議立魏忠賢生祠首抗之被劾去　五月癸亥朝天宮災　冬十月辛酉南京西華門有舊宮材木瘞土中久忽生煙以水沃之三日始滅　十二月戊申南畿地震　是年建魏忠賢生祠於雨花山布衣何宗顯於其側立海忠介公祠以抗之

七年秋八月應天鄉試以元城陳具慶懷甯張士範爲考官取中江甯陸勛李一白吳懋俊陳琎王觀宗汪偉張明熙句容李長倩李長似六合汪全智潘世奇沈奇瑛吳嘉禎十三人　冬十月癸亥南京地震有聲　時曾就義知溧水縣爲政精敏嚴戢博徒有以無名狀誣善良者廉得其情禽治之

思宗崇禎元年劉一鳳爲應天府尹慎起居屏饋遺治民寬而御下嚴以循名著時爲府丞者徐石麒因絲商馬戶兩差率僉大戶以充乃仿古僱役法令歲納銀以資貼備衆皆稱便爲推官者彭期生遇事明斷人不敢欺嘗攝府尹遴正嘉以來先達李應楨沈越等十八人入祀鄉賢以志景行

三年秋八月應天鄉試以新建姜日廣井研陳演爲考官取中江甯楊士驥王佩中凌世韶史永清錢源黃金榜錢佳七人　九月戊戌南畿地震

五年夏四月丁酉南畿地震

六年秋八月應天鄉試以上虞丁進晉江蔣德璟爲考官取中上元夏時泰胡順忠江甯施其政蔡朝聖汪國策江浦月中桂六合章起經高淳邢士功八人

七年南京大風吹落宮城門扁額　時劉餘祐爲應天府尹勸課農桑尤善經理荒政又有府丞錢士貴力行振濟貧民得蘇

八年方廷涓知高淳縣以民困轉輸爲請半折得允歲旱竭誠行禱蝗多赴湖死

九年春正月甲戌雷燬孝陵樹夏南畿大旱　流賊張獻忠陷和州應天巡撫張國維遣守備陳于王守六合蔣若來守江浦若來急入與知縣李維樾固守賊登城若來拒卻之縋下角賊矢著其頰左臂傷裹血還戰賊乃退六合無城若來與于王犄角捍賊二縣以全維樾之宰江浦也勸輸振荒多德政重修縣

志最爲謹嚴　秋八月應天鄉試以太倉王錫衮曲沃李建泰爲考官取中江甯王潢韓范計嘉聞鍾奇張蒼舒張星煒黄日乾蘇策殷錫江浦夏鼎十八時李覺斯爲應天府丞與府尹詹士龍設館於城東進民之秀者而教之

十年春正月南畿地震　三月賊復由和州攻六合知縣鄭元同潰走城遂陷游擊常忠扼龍津浮橋賊不得南未幾退　時閹黨懷甯阮大鋮避寇居南京頗招納遊俠覬以邊材召復社中名士顧杲楊廷樞沈士柱黄宗羲萬泰等惡其横作留都防亂帖逐之大鋮懼乃遁迹牛首山　夏南畿大旱　冬十月南京晝晦大霧山中夜聞鬼嘯戰鬬聲樹上氷雪如甲冑旗槍之狀占者謂之木介

十一年春正月裁南京冗官　夏六月南畿大旱蝗

十二年夏南畿饑　四月南京兵部尚書李邦華莅任重修營制謂守江南不若守江北防下流不若防上流乃由浦口歷滁全相形勢繪圖以獻於浦口置沿江敵臺於滁設戍卒於池河建城垣於滁椒咽喉則築堡於藕塘和遣屠僇

請以隸之太平又請開府釆石之山置哨太平之港大墾當塗閒田數百頃資軍儲徐州南北要害水陸交會請宿重兵設總督片檄徵調奠陵京萬全之勢皆下所司未及行以憂去　秋八月應天鄉試以張維機楊觀光爲考官取中上元周士章江甯周景濂王亦臨朱應昇王象春羅策謝廷相施化遠陳丹衷黃艮方成化句容李長祚戴文峰黃達士高湝胡有英高鵬南李用楫葛奇祚十三人

十三年春閏正月丙申南京晝晦風霾大作　夏五月旱蝗大饑斗米千錢應天府丞張瑋設粥廠於城內外令民閒收養遺嬰餼以官粟暇則與諸生講學人文賴以不墜　冬十一月戊子南畿地震

十四年夏五月南京大疫死者數萬人六月大旱蝗民饑應天府丞金蘭與魏國公徐弘基等捐資振濟設慈幼局冬生房給藥施槥瘞殭張瑋之法而加詳焉

十五年春流賊陷和州窺江南京戒嚴　夏四月癸卯雷震孝陵樹火從中出

羣鼠渡江晝夜不絕　秋八月應天鄉試以信陽何瑞徵南昌朱統鈽爲考官取中上元施鳳翼劉思問江甯胥庭清許暢汪觀陳彝六人

十六年春三月湖廣總兵左良玉潰兵數十萬聲言餉乏欲寄帑南京艨艟蔽江東下應天士民遷徙太半文武大吏相顧眙會左都御史李邦華在九江草檄諭以大義且發庫銀餉之乃止　時江防廢弛應天府治中趙其昌修墩臺製器械營伍一新　冬十一月南京火藥庫災傷三十餘人藥之所激空棺飛過數十家庫梁飛入錦衣衛堂上

十七年春正月乙卯南京地震三月辛丑孝陵夜哭是月流寇陷京師　夏四月戊午南京兵部尚書史可法誓師勤王次浦子口聞變乃還請大臣議立君咸屬潞王總督馬士英欲居擁戴功乃結靖南伯黃得功暨高傑劉澤清劉良佐發兵迎福王由崧於江上可法等不得已從之丙戌福王舟次觀音門丁亥百官迎見於龍江關五月戊子朔王乘馬自三山門入至孝陵從臣請自東御路入王遜避由西門至饗殿禮畢謁懿文太子陵乃自朝陽門入東華門

步行謁奉先殿出西華門駐蹕內守備府己丑百官謁王於行宮勸進王許監國庚寅王行告天禮升殿魏國公徐弘基跪進國寶百官行四拜禮乃退戊戌羣臣復勸進王許之己亥修奉先殿壬寅王卽皇帝位於武英殿是日降賊少詹事項煜混入朝班衆逐之　以太監盧九德提督京營忻城伯趙之龍總督京營戎政右僉都御史左懋第巡撫應天　大學士史可法自請督師江上許之京師士民譁曰何乃奪我史公乙巳陛辭命百官餞於郊　設勇衛營以太監李國輔監督　六月以杜宏域提督大教場　秋七月丙戌王祀高皇帝以下於奉先殿八月丁巳釋奠於國子監　戊辰王太后鄒氏至自河南癸酉命修西宮之西花園第一所爲皇太后宮　辛巳建旌忠祠於雞鳴山以祀北京死節諸臣范景文等皆加贈謚　九月辛卯王御經筵　庚戌開佐工事例時人爲之語曰中書隨地有都督滿街走監紀多如羊職方賤如狗相公只愛錢皇帝但喫酒掃盡江南財塡塞馬家口　自五月不雨至於是月　冬十月鑄弘光通寶錢　十一月戊子西宮成賜名慈禧殿　乙未夜端門外火　癸亥

定勇衛營額萬五千人命太監高起潛駐浦子口提調河上之師　是日命太監盧九德丈量蘆洲升課　十二月丙寅有狂僧大悲夜叩洪武門自稱崇禎帝閹人禽之以獻下鎮撫司獄　癸未布衣何光顯上書乞誅馬士英劉孔昭等詔戮於市　甲申晦王御興甯宮憮然不悅以後宮寥落且新春南部無新聲也故事宮中有變則夜半鳴鐘一夕鐘鳴外廷大駭須臾內豎啟門出則索鬼面頭子欲演戲爲樂耳醫者鄭三山以合媚藥得幸雀腦蟾酥市中踊貴乞兒手一蟲一介貼黃書上用人莫敢犯馬士英阮大鋮搜舊院雛姬進御死則付鵠兒葬之

福王弘光元年　以弘光繫年謹遵純廟聖諭　春正月乙酉朔南京大風拔木雪數尺癸巳大雷電雨雹　甲午修午門及左右掖門　二月巳未以阮大鋮爲兵部尚書兼左副都御史巡視江防　癸未誅狂僧大悲　三月甲申朔有稱北來太子者至南京駐興善寺以勇衛營兵五百人守之夜移於錦衣衛都督同知馮可宗邸第以都人私謁者眾復移於大內丙戌下於中城兵馬司獄壬辰詔百官

會審北來太子於午門外時又有婦人童氏自言王妃下錦衣衛獄死故諸鎮皆援二事爲辭　壬寅烈皇帝忌日百官於太平門外設壇遥祭　乙巳以兵部左侍郎朱大典巡撫應天　戊申甯南侯左良玉反於武昌夏四月詔督師史可法入援至草鞋夾聞淮泗有警復命回揚州不必入朝可法登燕子磯慟哭而返　己未左兵陷東流南京戒嚴以公侯分守長安諸門及都城十三門命阮大鋮巡防江上　丁卯王自選淑女於元暉殿　戊寅王聞

大清兵克揚州召對羣臣議遷都東閣大學士錢謙益力言不可馬士英召黔兵千二百人入城駐雞鳴山時

大清兵謀渡老鸛河龍潭驛探卒報北軍編木筏乘風而下江中礮壞京城四垛　是夜有書長安門者曰福人沈醉不醒全憑馬上胡謅幕府凱歌未休猶聽阮中曲變　五月戊子晝晦大風雨馬士英與太監韓贊周盧九德議令各門下閘辰開午閉是日集清議堂預坐者僅十六人　己丑夜大霧

大清兵渡江　辛卯王出通濟門奔太平文武無知者宫娥女伶雜沓西華門

外城中大亂　壬辰馬士英挾太后出奔士英居西華門外其子錫居北門橋雞鵞巷百姓焚掠一空次及阮大鋮家歌姬甚盛一時星散　是日午刻有趙監生率百姓千餘人至中城獄擁北來太子入西華門又擁至西宮取優人翊善冠登武英殿忻城伯趙之龍不聽立挾之出洪武門　甲午

大清兵自丹陽趣句容乙未夜至郊壇門趙之龍及魏國公徐允爵大學士王鐸禮部尚書錢謙益等迎降皆冒雨跪道旁

大清豫親王命謙益入清宮禁謙益引

大清官二員騎五百自洪武門入刑部尚書高倬自經死戶部郎中劉成治題壁曰鍾山之氣赫赫洋洋歸於帝側保此冠裳亦自經死戶部主事吳嘉允自經於方正學祠禮部主事黃端伯被執不屈死中書舍人龔廷祥投武定橋下死時應天人死難者有欽天監博士陳于階國子監生吳可箕武舉黃金璽布衣陳士達而投秦淮河之馮小璫題詩百川橋之乞兒死爲尤奇南京既下六合即歸附諸生馬純仁題詩橋柱投水死　丙申

大清豫親王入明南京　明廣昌伯劉良佐率兵入援次上新河聞福王已走乃解甲降且請禽福王自効是日獲之來福王見豫親王叩頭豫親王宴之靈壁侯府使坐於北來太子下終席拘於江甯縣尋挾之北去江南平

金陵通紀卷十下

弟作儀參訂孫祖同校字

國朝金陵通紀
江寧司馬允寬題

光緒丁未年
瑞華館栞印

敘

吾友陳君伯雨撰金陵通紀既成復自
國朝順治二年起至同治十三年止爲
國朝金陵通紀草創於光緒辛丑在
朝廷試行新政之年成於光緒丁未則
朝廷預備立憲之年此數年中
朝廷鋭意自强事事改絃而更張之上下氣象幡然一變於是廢科舉開學堂
士之冀速化者東十三經廿四史不觀一鄉一邑往往數典而忘其祖陳君獨
日夕治是書久且勤丹黃粉墨圖籍之屬排比几案手鈔蠅頭小字累千紙既
蕆事問序於余余受而讀之凡
國朝二百餘年之深仁厚澤賢有司之教化鄉人忠義孝弟節烈之行旌於
朝廷者一開卷燦然大備而敘
南巡盛典及咸同以來兵事尤詳夫

南巡當重熙累洽豐亨豫大之日六飛所莅萬衆歡呼
天章宸翰至今摩挲碑石猶有存者視古巡方告嶽之禮無以過兵事則江漢
常武之烈中興諸將帥實再造吾民旋定安集之今距是書斷手之歲又十餘
年矣運會風尙日新月異而彼蒼眷顧未厭周德自今以往幸遇
右文稽古之世
朝廷昌明正學召海內耆儒備蘭臺石室之選陳君以大耋被蒲輪之徵必益
抒所藴潤色鴻業豈僅賡續通紀一書爲梓桑龜鑑也哉吾鄉方急科學願質
之能讀是書者光緒戊申春王正月上元秦際唐撰於南岡之寄生居時年七
十有二

國朝金陵通紀卷一

江甯陳作霖伯雨編輯

大清世祖章皇帝順治二年夏五月豫親王多鐸平江南駐通濟門以大中橋河爲界東爲兵房西爲民房二十七日王謁明陵命靈谷寺僧修理二十八日王出南門至報恩寺行香觀者如堵　詔改明南京爲江南省城命內院大學士洪承疇總督軍務經略招撫江南各省地方往駐焉　降明應天府爲江甯府以前府尹李正茂知府事所隸各縣如故時百務草創一無成規正茂涖任數年抑豪强禁羅織定賦則絕竿牘建設衙署修利涉石城上方諸橋竭力經營不辭勞費士民久而思之　時令各縣設鎮兵以防土賊溧水知縣羅佳士察溧人湻樸請毋煩設鎮以增騷擾上官許之六合瀕江流亡尤甚知縣劉慶連勞來安集四境熙然　秋七月貝勒勒克德渾拜平南大將軍來代豫親王王遂還京以土國寶爲江甯巡撫尋移駐蘇州　設鎮國公一員撫國公一員領旗兵駐防江甯　遣內官正副二員陵戶四十名守明孝陵　恩免江南本

年稅糧十之七兵餉十之四明季無藝之征悉罷之　土賊王聘徵嘯聚於赭山副將彭永琦擒斬之　冬十月明義軍吳漢超等帥眾連取句容溧水高淳等縣尋敗退操江某挾嫌以徹兵之故下溧水知縣羅佳士於獄置諸法民咸冤之　是月舉行鄉試以大名成克鞏潛山劉肇國爲考官取中上元史象晉李楨謝觀江甯路汝捷李廷樞郭亮彭文煒高翾張如璿蔣怡陸本徐惺胡禹冀句容王自新溧水李蔚高淳唐懋淳六合李敬汪匯凡十八人　十一月貝勒勒克德渾進討湖廣以甲喇章京巴山梅勒章京康額賴爲左右翼同洪承疇駐防江甯　明中書舍人盧象觀奉宗室朱盛瀝起兵茅山僞稱瑞昌王據小腆紀年東華錄作瑞昌王誼泐以象昇故將陳坦公爲先鋒謀襲江甯有朱君兆者奇士也獻計曰南京雄深未易拔況北兵四面萃我敗道也盍謀內應者乎城中之豪素與君兆習願爲君先入定期告我從中以火爲應已而遣僧詣君兆定期僧乃叩大營告變焉

三年春正月十二日經略洪承疇遣左右翼巴山康額賴捕斬朱君兆及同謀

者三十人而朱盛瀝等不知也十八日盧象觀等率衆二萬餘三路入犯承疇佯舉火神策門爲號而分兵先出太平朝陽二門旋敵神策門出鐵騎衝之外軍駭散盛瀝匿水竇中以免復收殘卒攻溧陽又敗遂亡入太湖　罷江南省舊設部院以軍務方殷乃特差在京戶兵工三部滿漢侍郎各一人駐江甯分理　二月侍郎巴山梅勒章京張大猷奉　命鎮守江甯　改設昂邦章京一員領旗兵駐防　明唐王督師大學士黃道周被執至江甯繫故尙膳監洪承疇往見之道周佯驚曰承疇死久矣焉得尙存此無籍小人冒名耳拒不見在館與門人講習吟咏如常屢遣諭降不屈三月壬子押赴市曹過故宮東華門坐不起曰此與高皇帝陵寢近可死矣既見市有樹福建門牌者指曰福建吾君在焉死於此可也南嚮再拜受刑　秋八月補行鄉試掖縣張端安邑呂崇烈來爲考官取中上元劉思敬朱之翰吳調元江甯史弁琦錢穀葉舟句容陳繩舜凡七人　九月朱盛瀝潛行至茅山匿民舍中捕得殺之　時東南甫定賦役不均吏胥多上下其手以漁肉鄉民溧水知縣楊國楨涖事廉明兼長武

略兌運漕糧親臨倉所與運官運役爭執升合民困以蘇江浦知縣高爽收糧徵稅亦革除耗羨焉

四年改經略招撫爲總督轄江南江西河南三省以馬國柱爲之時八旗駐防兵與民不相習國柱盡心撫戢令行禁止兵民乃安江甯知府林天擎亦廉公有威凡滿漢訟事片言折之輒心服而去六合治山妖道惑衆立擒之歲祲分設粥廠活饑民二百餘萬人　是歲丈量田畝奸民牽思借爲訟端溧水知縣王鼎元遇有告訐隱糧者概置不究待胥吏尤嚴清算財賦纖毫不能相欺高湻知縣崔掄奇以湖田虛糧爲民累亦力懇上官疏請永折從之

五年秋八月梁清寬傅維鱗主試江南取中上元蔡祖庚張延基江甯宗章垓陳嘉善楊士元王仕雲黃康成何釆句容楊元勳胡允李沛筫祖齡江浦丁峻飛凡十三人

六年建駐防城　改總督轄江南江西二省　溧水分防兵肆虐至有殺人以祭馬神者知縣安應睟力請徙之親練鄉勇以爲衞

七年春二月乙未改明國子監爲江甯府學應天府學爲上元江甯二縣學裁江甯府馬政船政同知二員奉天趙廷臣爲江防同知實轄運務漕督欲以黃快船丁僉充運丁廷臣不可請於當事乞循舊册各歸其幫運衞得無擾又優邺七子凡諸生皆復其父兄子弟概不僉運兼攝江甯府事查核積弊見丁糧多少不均悉行釐正當堂編審胥吏無所肆其飛詭遠邇頌仁明焉

八年　詔准高湻歲輸漕糧一萬六千八百五十石改徵折色著爲例　秋八月高珩黃機主試江南取中上元梁堳徐珏夏允聯程邑王萬象江甯王炎蔣士瑋周而湻吳儀濤王鉉王瑀白夢鼐楊晉王澄句容張芳潘淵笪重光李挽河高湻吳會瑋凡十九人　是歲荒祲流亡相繼糧額莫辦上元知縣郭士賢請將各院罰贖銀兩盡數糴米入倉不足則以己俸益之民力不困而國儲亦充　江浦知縣劉天澤建彰賢育才坊於學宮前

九年總督馬國柱增修江甯府學立櫺星門及戟門改彝倫堂爲明倫堂設志道據德依仁游藝四齋以國子監坊爲江甯府學坊

十年提督學政藍潤捐修句容學宮及文星樓時按試江甯府屬生童在句容也　溧水里糧多寡不齊每遇徭役按里分派知縣閔派魯親爲編審勒成一書曰均里平徭册又高涫知縣紀聖訓以邑工河工輕齎之征詳請免銀三千兩民共頌之

十一年春正月辛丑以水旱故　詔停江甯織造二年戊申免江甯去年被災額賦　二月明定西侯張名振率衆自海泝江而上掠儀徵進至觀音門還登金山望祭孝陵江甯大震　秋八月姜元衡馬華曾主試江南取中上元程瀚王作礪鄧士傑史樸江甯周道泰謝沛句容朱朝幹溧水王芝藻李同亨陳宿高涫徐寅凡十一人

十二年溧水知縣閔派魯以縣西南濱湖田嚙於水者十萬餘畝民苦虛賦明季兩經改折後復徵本色閭里益不支力請上官得復改折著有復折全書

十三年夏閏五月鄖廷佐來爲總督　裁江甯府督鑄同知一員　句容溧水重建學宮成

十四年秋八月方猷一作猶錢開宗主試江南取中上元錢天子江甯程桔吳樹聲楊兆皐江蕃林大節溧水湯聘高淳陳珍凡八人旋以作弊事發兩主試俱伏法冬十月都統卓爾泰東華錄作趙布泰副都統莽吉圖富喀等駐防江甯是年頒賦役全書於江南

十五年裁江甯府糧捕鹽捕查鹽各通判仍留南捕一員增設北捕一員

十六年春明延平王鄭成功偪强海上謀犯長江江甯警報踵至城中居民多憂糧匱左布政使陳培楨請開聚寶門聽民運米入城衆心始安又防兵多執民爲賊諜及仇家誣陷者寃獄迭起按察使姚延著悉辨出之後竟以此事被誣坐死夏六月海師蔽長江而上壬子陷鎮江提督管效忠戰敗走江甯遂下六合秋七月庚申朔掠江浦知縣許立運東華錄作達典史蔣上達皆死之張煌言率所部至蕪湖高淳溧水俱迎降江甯遂戒嚴丙寅海師薄觀音門昂邦章京額額木恐城民通賊將屠之總督郎廷佐邀其夜行察民閒雞犬皆無聲事乃解因飛檄崇明總兵梁化鳳入援戊辰成功率衆由儀鳳門外登岸軍於白土山令諸

舟一字列於江東門外使馬信黃昭蕭拱宸營於旱西門以連林明林勝黃昌魏雄楊世德之壘使陳鵬藍衍蔡祿楊好屯東南角依水爲營劉巧黃應楊正戴捷劉國軒屯西北角傍山爲營又使張英陳堯策林習山屯岳廟山連諸宿鎭爲成功大營護衛設鹿角望樓深溝木柵而留甘煇余新屯白土山前當兵衝萬禮楊祖屯第二大橋山翁天祐屯儀鳳門之要路　乙亥我師以千騎薄余新營而敗城中益懼操江朱衣佐自海師營逃歸言於郎廷佐曰海賊衆不過數萬船不過數百請卑詞寬限以驕其志乃遣人說成功曰我　朝有例守城過三十日罪不及妻孥乞寬三十日之限成功恃其累捷許之但命八十三營牽連困守以待其降釋戈開宴縱酒捕魚爲樂庚辰有閩人林某來言二十三日爲成功生辰諸將卸甲飲酒乘之可破且請爲導會梁化鳳自崇明繞道至與城守聞之夜穴神策門引五百騎突犯余新營海師出不意驚潰新敗入蕭拱宸營化鳳乘之拱宸亦敗遁新被禽翁天祐馳救之而化鳳已收兵入城矣我師既勝乃盡出騎兵列城外甘煇潘庚鍾勸成功退屯觀音門以圖再舉

成功不可調姚國泰楊祖藍衍楊正屯山上甘煇張英伏谷內林勝陳魁列山下陳鵬蔡祿往來接應倉卒移帳營壘未成壬午質明化鳳率驍騎薄楊祖營祖奮力迎戰三合三郤楊正姚國泰敗走藍衍戰死山高行遲陳鵬蔡祿救之不及而化鳳已從山上馳下突之鵬祿軍亦大潰總督廷佐時方巡城望見固山額眞哈哈木梅額章京噶福哈兵少郤大驚急麾勁騎自鍾阜門出繞至成功大營之後俄見山上旗喜曰吾家兵上山勝矣兩軍既合乘勝掩殺海師營壘咸搖動成功在山上觀戰見蔡祿等敗屬潘庚鍾曰爾立蓋下代吾指麾吾往催水軍也駕船至江心望諸軍披靡不堪乃飛帆去庚鍾揮劍督護衛戰至死不去其蓋陳魁聞成功營被圍趨救之亦中箭死衆軍無主遂大奔甘煇張英在谷內不得去英戰死煇馬躓被獲至金水橋不屈斬之萬禮力戰於大橋山亦覆沒癸未江甯之圍乃解方化鳳之穴城也有以通賊報總督者廷佐曰梁將軍忠勇必無是事其有謀乎既收軍迎而勞曰前夜穴城出何不相聞也化鳳曰成功積寇瓜鎮新亡人心搖動桀黠之徒多有異念保無城內爲之偵

探者乎不請命者懼洩兵機耳所以出其不意攻其無備也又城下掘地見碑曰若要神策開除非化鳳來至是果驗事聞化鳳擢江南提督改神策門爲得勝門　巡按韋某奏六合拒兵獻城　詔釋不問而民心洶洶訛言四起知縣冀北哲盡心拊循招徠黎庶修葺城池四境乃安

十七年重建駐防城起太平門東至通濟門止　詔改昂邦章京爲駐防總管

秋八月譚纂諶名臣主試江南取中上元朱英江甯阮彝溧水蕭秉晉高湻孫謙孫奏凡五人　是歲洪若皋重建方正學先生祠

十八年　詔改駐防總管爲將軍　高湻知縣孟復生建尊經閣　六合饑知縣顧高嘉以便宜發倉振給又編畝考租多寡按實民以不困

聖祖仁皇帝康熙元年　詔裁操江都御史歸併總督兼管

二年秋八月王勗王日高主試江南取中江甯胡士著阮士鵾陳菁溧水李銘謝文運任文煒凡六人　溧水妖婦曹氏以邪敎惑衆知縣饒應元請於上官殲之又審定戸役三十八名爲一排兩石爲一丁科徭之輕重始均

三年　詔改總督專轄江南省

四年

五年夏六月　詔免上元江甯等衞節年未完黃快丁銀　秋八月徐旭齡鄭秀主試江南取中江甯陶敬黃其代羅秉倫句容戎正中王復中溧水趙統凡六八

六年裁江甯府推官一員　江南按察使章秉法修復明道書院立射圃以教士設水龍局以救火災　江甯知府陳開虞修江甯府志延鄧旭白夢鼐爲纂修　時議改高淳賦折徵本色民心驚擾知縣張大垣力請乃已又除本縣雜徵及詳減漕費千金衆力以紓繼之者爲李斯佺痛除積弊拘蠹民之尤者杖斃之餘黨斂迹拔知名士月課於寅賓館文教以興後又有張象翀愛民禮士不染一塵士民控革里排爲籲於上官見許是皆有大造於高淳者也

七年冬十二月麻勒吉來代郎廷佐爲總督

八年秋八月蘇銓祁文友主試江南取中上元貢琛江甯葉炳吳履聲高淳史

秉直陳悅旦凡五人　冬十一月　詔免江甯被災額賦

九年設育嬰堂於三山門外與養濟院同宇

十年夏五月兵丁侯進孝訐告總督麻勒吉被逮江南士民羣集鼓廳保留之

江南旱蝗總督麻勒吉仿古埋蝗之法捐俸購買遠近負戴而至蝻子遂絕

歲不告饑　冬十一月　詔免上元被災額賦

十一年六合知縣常在改建學宮明倫堂構講院於老梅菴聚知名士會課之

十二年夏六月麻勒吉降調阿席熙來代爲總督　高湻學宮災　冬吳三桂

反於雲南警報至江南民心擾動

十三年春正月　詔江甯將軍額楚鎮海將軍王三鼎各遣兵防守安慶副都

統馬哈達分領兗州官兵往江甯與額楚同守　二月　詔馬哈達將京兵移

駐安慶其察哈爾左翼官兵自兗州赴江甯歸將軍統轄　夏四月耿精忠反

福建　詔副都統胡圖率江甯滿兵馬哈達率江甯左翼察哈爾兵援杭州移

安慶右翼察哈爾兵守江甯　是月揚威將軍阿密達率京兵來鎮江甯　王

午　詔駐紮江甯副都統喇哈率京兵赴浙副都統穆赫林領喀喇沁土默特兵千名赴江甯聽阿密達管轄　六月庚戌　詔駐紮江甯副都統紀爾他布率察哈爾全軍赴浙駐紮兖州副都統巴爾堪率蒙古兵赴江甯聽阿密達管轄　時康親王傑書赴浙　詔過江甯時將蒙古兵一千名留駐更調駐守江甯喀喇沁土默特兵隨行尋因衢州告急二部先往副都統蘇朗率蒙古兵留鎮江甯　秋九月婺源告警　詔江甯將軍額楚副都統巴爾堪率兵往援副都統碩塔穆森以鎮守兖州移駐未至改援祁門　詔副都統雅賴阿喇尼速赴江甯　己卯　詔授簡親王喇布揚威大將軍率滿漢兵往江甯保固江南全省　王輔臣反於陜西　詔鎮守江甯將軍阿密達率護軍四百名赴西安

冬十二月　詔平寇將軍哈爾哈齊鎮守江甯并參贊大將軍軍務

十四年秋七月　詔簡親王率江南兵二千赴江西駐兖副都統額赫納率盛京烏喇兵一千速赴江甯交哈爾哈齊管轄尼滿雅署副都統往參贊平寇將軍軍務　八月孫昌期勞之辨主試江南取中上元王瑞江甯何允謙陳公球

汪燮陸史凡五人　冬十一月　詔尼滿雅秦揚古統江甯盛京烏喇兵一千赴江西駐兖副都統科爾科代率蒙古兵六百名移屯江甯更發禁旅每佐領二名同往俱聽哈爾哈齊管轄　時滇閩不靖江浦地當孔道供億浩繁知縣洪承龍一身任之不以累民年荒煮粥振饑暇日則進士之俊秀者課之先是有徐龍光者莅是縣百廢具舉縣人刊玉浦治音二卷頌其德政後又有郎廷泰甫下車即鋤豪惡於杖下刑名錢穀釐剔井井胥吏無所容其奸卒官眾爲建世德祠以祀之　高淳知縣劉澤嗣重建學宮創育嬰會民不勞而事舉是歲立簡親王功德碑於三山門外今名其地爲王家碑亭

十五年春二月廣東告急　詔哈爾哈齊率江甯每佐領驍騎兵一名蒙古兵六百名前往以兖州每佐領驍騎兵一名蒙古兵七百名調赴江甯令科爾科代用平寇將軍印代鎮　夏四月尙之信反廣東　詔調大將軍圖海所領盛京兵一千名及兖州每佐領驍騎兵一名遣赴江甯令將軍華善用平寇將軍印統轄以學士薩海副都統科爾科代參贊軍務　六月南安告變　詔副都

統領思赫領江甯蒙古兵七百名赴江西　是歲旱

十六年秋九月　詔和碩額駙華善學士薩海率江甯所有盛京兵三百名自京撥往漢軍兵三百名赴江西以平寇將軍印留付副都統科爾科代管理江甯軍務　沈上墉趙士麟主試江南取中上元馮從雲江朝宗倪燦江甯張斗方宜巖范儼叢克敬高滔葛長祚凡八人是歲因軍興開科江西湖廣皆附江南九月乃試　時兵革未息荒旱頻仍溧水毘連皖南民情騷動知縣趙世臣苦心調劑催科不擾衆恃以安

十七年秋八月熊一瀟李迥主試江南取中上元潘應恆史作弼徐元貞周藻江甯阮樫句容趙昌祚溧水趙律凡七人

十八年冬十二月　詔免江南旱災額賦

十九年江甯知府陳龍巖修府學文廟兩廡

二十年夏四月裁江甯府船政同知一員　秋八月馮雲驌朱彝尊主試江南取中上元胡任輿金鉉句容王鵬六合曾必光凡四人　冬十二月　詔免六

合被災額賦　是歲雲南平各省皆徹防

二十一年春正月復改總督轄江南江西二省以永甯于成龍爲之甫莅任卽禽斬巨盜魚殼好微行人見白須偉貌者羣相指目南中風俗奢靡聞成龍至則爭衣布褐布價驟貴士民有懽笑無絃管游惰不空手櫃坊無鎖鑰又建虹橋書院擇高才生講習其中

二十二年江甯知縣佟世燕纂修縣志延戴本孝主其事又修水次倉於觀音門　冬十月祭酒王士禛請飭督撫查明南監板令學臣收藏儒學尊經閣從之　江甯知府漢軍于成龍與總督同名開濬府學泮池築屏牆時瀕江蘆洲多爲豪强所占成龍徧行查察以有課而無洲者爲坍江立予豁除有洲而無課者爲欺隱升科而薄其罰人皆稱平後此守江甯有名者爲施世綸聞有錢道婆居武定橋以幻術招致男女往來皆以夜乃捕寘諸法及丁艱去攀留者數萬人不得請則人投一錢建雙亭於府署名曰一文亭

二十三年夏五月王新命來代于成龍爲總督　秋八月徐潮楊周憲主試江

南取中上元陸遇龍吳標程紹伊江甯曹新里句容駱鳴騶凡五人　秋九月

詔免明年江南漕糧三之一　冬十一月

皇帝南巡至於江甯以將軍署爲行宮初登雨花臺觀城郭山川形勢作過金陵論已又升觀象臺望玄武湖題亭額曰曠觀過舊內作懷古詩癸亥遣內閣學士席爾達祭明孝陵甲子駐蹕大教場校將軍以下官射

皇帝親射右發五矢皆中左發五矢四中士民觀者以數萬計皆踊躍歡呼是日復親謁明孝陵申命督撫防護　賜江甯知府于成龍手卷一軸及返蹕官紳士民於儀鳳門跪送　御製夜泊燕子磯詩遂啟鑾

二十四年

二十五年冬十一月　詔免六合蝗災額賦

二十六年春三月董訥代王新命爲總督　秋八月米漢雯龔章主試江南取中上元趙建中江甯沈博句容吳源懋高世傑王昌學宣芸沈文崧溧水邰衡高淳王傑凡九人　冬十月朱犖來爲江蘇布政使　冬十一月　詔蠲明年

應徵地丁錢糧及本年未完租賦
二十七年春三月　詔免康熙二十七年以前江南漕糧　夏四月傅拉塔代董訥爲總督　六月旱江浦知縣陳君恩設壇雩祭躬親露禱不避風日越夕甘霖大沛及解任諸生成澐等有去思詩
二十八年春正月　詔蠲江南積年民欠及一切地丁錢糧　二月癸亥
皇帝二次南巡至於上元以吉祥街織造署爲行宮甲子躬祭明孝陵過故宮作詩　賜守陵人金又　賜江甯駐防男婦年六十以上者金乙丑幸教場校官兵射因　賜文武將士宴有詩已而登觀象臺與大學士李光地張玉書論天文作望後湖詩又登報恩寺浮圖作詩及將返蹕江甯士民羣詣行在爭獻米穀蔬果泣涕請留屢　諭不止乃俯徇億兆之願勉遲信宿之行作詩示之於是總督傅拉塔奏請免江甯號房蹔搭地租銀八千兩定上元江甯爲大學額各二十名皆蒙　俞允三月戊辰朔回鑾
二十九年秋八月王尹方裴袞主試江南取中上元朱元英陸緝宗江甯馮瑄

羅光忻車鼎晉凡五人　時江浦風俗僻陋士氣不振知縣甘國埏政簡刑清留情文藝下皆化之　冬十二月　詔免六合水災額賦

三十年　詔蠲江南歲運漕米以次遞府各免一年其江甯截留十萬石存貯駐防倉

三十一年冬十二月　詔免六合旱災額賦時知縣吳重光遷學宫於東門建書院於龍池錢糧煩雜定限截票便民輸納詳革加增屯米善政爲多

三十二年夏潁江水溢秋　詔免六合本年額賦　八月李錄予强兆統主試江南取中江甯郁瑞叢澍龔鐸句容張廷超王世興溧水王元衡李舒春江浦劉巖金鏗高涫王孚凡十人

三十三年夏六月總督傅拉塔卒於位士民立祠雨花山以祀之與前督麻勒吉祠相望　范承勳來爲總督　冬十月江甯廠船政改歸管糧同知兼理詔免江南舊欠帶徵錢糧

三十四年六合學宫成面臨滁河地頗雄秀

三十五年秋八月張明先呂振主試江南取中上元朱士履蔡壆王元蘅江甯徐上葉佳董基寅易裕高淯吳本周張必新江浦金樾凡十人　冬十二月

詔免上元水災額賦

三十六年

三十七年冬十一月張鵬翮來代范承勳爲總督

三十八年夏四月己酉

皇帝三次南巡至於上元駐蹕吉祥街行宮有偶遊詩　詔免江南舊欠帶徵錢糧及三十四五六等年一應地丁雜稅　庚戌遣兵部尚書席爾達祭明孝陵壬子親往奠酒作過明太祖陵有感詩遂幸演武場閱兵甲寅命修明陵題治隆唐宋額將返蹕月夜登燕子磯有詩　五月命張鵬翮扈從入京以陶岱署兩江總督　秋八月張廷樞姜橚主試江南取中上元鄧輝張秉亮王蒔中徐斌蔡復江甯吳延炯劉王孫句容李無逸嚴容溧水黃紹琦高淯孔毓儀凡十一人

三十九年夏五月阿山來爲兩江總督

四十年

四十一年秋八月陳汝弼黄鼎楫主試江南取中上元王霖王粤周天成范仁沛江甯蔡學洙高湆張自超劉朝講江浦林殿正凡八人

四十二年春二月辛丑

皇帝四次南巡至於上元駐蹕吉祥街行宫越日遣大學士馬齊祭明孝陵陞賞各官有差並賚駐防官兵及貧民遂啟行　是歲錢鉦改建方正學祠

四十三年

四十四年夏四月

皇帝五次南巡將至兩江總督阿山惡江甯知府陳鵬年㦝使主龍潭行宫或以不得餽置穢物簟席間會致仕大學士張英出迎　駕召見問鵬年守官狀英力稱之事乃解途經寶華山因往遊焉　御製有詩乙酉入江甯城駐蹕吉祥街行宫丙戌遣尚書徐潮祭明孝陵　幸演武場閲江甯官兵射是月適逢

萬壽盛節士民恭進　御撰命翰林學士撰敘試士於秦淮棘院各賦詩二章取錢崇世等五人　御製貢院考試歎旋頒接統濂溪額於明道書院欣然有得額於朝天宮又書訓忠堂額　賜前工部尚書熊一瀟書兩江遺愛額懸傳拉塔祠時江干壘石爲步備　車駕觀水師前期一日阿山檄陳鵬年爲之人皆爲之危鵬年率子弟躬運土石士民從者屬路詰旦步成未嘗愆期焉庚寅　車駕啟行過明孝陵自東角門入　諭諸臣曰非爾等導引有秩特朕之敬心耳遂率諸皇子及大臣侍衞等行禮辛卯次鎮江府　江甯知府陳鵬年性清廉在官不受一錢羣商歲供數百金市芻米給幕士又嘗逐十三樓娼而以其地懸　上諭月吉講讀卽今講堂大街爲南市樓址　秋七月總督阿山遂據此劾爲大不敬落職聽勘檄下未逾時士民塡街巷揭帛鳴鉦環總督署問被劾之由久之乃定鵬年卒以是去官　八月王之樞廖騰煃主試江南取中上元黃越王玉瑞江甯涂學詩張珏六合汪洇民凡五人　時江浦知縣董志建力行惠政不事虛飾歷七年如一日

四十五年春正月　詔免上元江甯四十三年以前未完地丁銀米其已完在官者準本年流抵　江甯織造曹寅捐修府學　冬十一月邵穆布來爲兩江總督

四十六年春三月己未

皇帝六次南巡至於上元駐蹕吉祥街行宮庚申遣馬齊祭明孝陵辛酉幸小教場閱江甯官兵射壬戌親謁明孝陵至大門下輦由東陛升殿江蘇按察使張伯行來見褒爲清官又　御書朱子詩賜上元知縣趙聯捷　恩賚耆老帛肉有差　詔免四十七年額賦遂啟蹕行　夏旱上元知縣趙聯捷挑濬河道以工代振又以青龍山爲金陵來脈民多采石其間力爲禁止　冬十二月

詔免上元本年旱災地丁錢糧

四十七年春正月　詔留湖廣江西漕米四十萬石於江甯等處平糶　秋八月王景曾屠沂主試江南取中上元陳昌會楊化光方式濟江甯章彭齡凡四人　冬十月　詔免江南明年地丁額賦幷停徵舊欠

四十八年噶禮來爲兩江總督

四十九年

五十年秋八月左必蕃趙晉主試江南取中上元吳允試陸衢燕詔江甯劉捷殷文煥夏廷宣句容王兆麟江浦鮑準金世綍凡九人是科有謠言云左邱明兩目無珠趙子龍一身是膽爲江蘇巡撫張伯行所劾晉自經於獄必蕃坐免噶禮以受賄解任郎廷極來署兩江總督

五十一年冬十月赫壽來爲兩江總督　十二月　詔免江南明年地畝銀豁除歷年積欠　是歲建考棚於江甯爲下江士子秋闈錄科之所　六合知縣魏世泰建書院以課士

五十二年秋八月新安呂履恆猗氏喬雲名主試江南取中上元牛天申郭長春錢宏孝黃永燿江甯沙廷柏蔡桐吳啟昆艾之駛錢芳朝車敏來黃昌遇馬伏揆蔣濟川溧水尹正鼐高淳王汝與凡十五人　江浦知縣梁允章建立學宮六合亦築奎壁樓於文廟側

五十三年秋八月南城梅之珩睢州湯之旭主試江南取中上元孫璥張修五孫元郭鼎臣朱毓芳江甯程文胡第殷承爵黃恂儒句容朱埴六合王廷諭高湆張琬楊純伯凡十三人

五十四年春二月詔蠲上年江浦旱災額賦　冬十二月詔蠲上元等縣被災額賦

江甯布政使張聖佐重修元甯二縣學尊經閣　江浦知縣賈之屏日坐堂皇聽政不入私署訟無留滯循聲卓著

五十五年

五十六年　詔免江南帶徵地丁屯衛銀其帶徵漕項銀及米豆各蠲半　夏四月常鼐來爲兩江總督　秋八月連肖先戚麟祥主試江南取中上元柯爰發陳震張禮問倪張渶江甯焦起洙楊以甯句容胡永健溧水謝彬六合周欽濂夏暟凡十人

五十七年

五十八年春正月　詔截留湖廣江西漕米四十三萬石分貯江甯等處備荒

江蘇按察使李馥重建元甯二縣學中青雲樓樓前明應天府尹周繼所立也　上元知縣唐開陶建預備倉

五十九年秋八月景州魏廷珍營山陳會主試江南取中上元陳景雍王亦式吳鍾粵陳其凝馬大紀馬楊青宗成先江甯張捷三何夢篆童殿元薄履青李崇黎東昂江浦金嶒凡十四人

六十年上元知縣唐開陶修縣志成

六十一年查弼納來爲兩江總督

世宗憲皇帝雍正元年春正月　詔開登極　恩科春鄉試秋會試增上元江甯學額各二十五名　恩免康熙十一年至五十年未完地丁米豆蘆課銀

三月宛平黃叔琳東昌鄧鍾岳主試江南取中上元王朝選沈楹戴瀚徐軒陳符黃元鐸徐元肅吳雲垗毛既豐周龍章王瀛仙胡慰高江甯劉登五程之銘蔡謹徐宗元汪波句容李東檴高淯劉夏江浦趙源楊居丙凡二十一人　夏六月六合旱蝗知縣萬世艮禱於神有羣鵶啄蝗之異　高淯學宮圮知縣叢

元燦重修之

二年夏六月　詔免江南逋賦　總督查弼納改舊錢廠地爲書院名曰鍾山以課大江南北之士　御書敦崇實學額賜之　增拓貢院號舍　建忠義孝弟祠於學宫內　句容學宫重建明倫堂及存誠主敬二齋

三年

四年夏四月查弼納入京范時繹來署兩江總督　秋八月仁和沈近思天門曾元邁主試江南取中上元丁益王鉅章吳鏡源徐異後改孝常吳元安江寧孫焯文程之銘楊大瀆呂從律潘震洛龔錕溧水蔡錦蔡曰珩凡十三人　冬十二月　詔免江寧被災額賦

五年春正月以江淮興武等衛歸江寧府管轄　二月壬戌振江寧水災饑民癸亥　詔江寧駐防操練水師　夏四月何天培來署江寧將軍　秋九月詔免上元雍正四年水災額賦　江寧知縣孔毓珠建常平倉於渡船口

六年江寧知府林華年捐修江寧縣署　六合知縣蘇作睿立普濟育嬰二堂

七年春三月　詔有司防護明太祖陵　秋八月長汀黎致遠安溪李清植主試江南取中上元王以式王以秀路陸鑑江甯王定國陳聚升龔鏡王以昌朱觀鄭倘杜凡九人　上元知縣刁承祖以民貧賦雜設雙鶯單以杜吏胥收多塡少之弊向例戸司借供給署中薪炭任意侵挪承祖悉革除之平反疑獄人稱爲刁龍圖　高湻舊徵班匠銀六十七名知縣金友蘭詳請歸入正供具題存案以爲永式

八年春三月　詔史貽直署兩江總督毋庸迴避夏五月以高其倬補授六月命貽直仍署理冬十一月以江甯府所屬溧陽縣爲貽直里居改歸鎭江府管轄　裁江浦縣江淮驛六合縣棠邑驛兩驛丞其驛務歸知縣管理

九年秋七月尹繼善來署兩江總督　句容江浦皆建常平新倉

十年江蘇學使按臨江甯府屬始自句容移會城以下江考棚爲治所　按察使移駐蘇州改其署爲鹽巡道署　秋七月增江甯水師守備一把總二歸將軍統轄駐於江口增京口水師都司千總把總各一歸江陰副將統轄駐於高

賫港　八月交河王蘭生歸安吳大受主試江南取中上元胡玉成艾恩蔭江元璐王天裕王嘉會吳秉恕方道章王孚江甯童均葛祖亮句容王康佐魏子嵩凡十二人　九月　詔尹繼善來京以魏廷珍署兩江總督冬十一月繼善加兵部尚書銜回任

十一年春正月高其倬來代尹繼善爲兩江總督　夏大水　詔緩徵振饑秋九月趙宏恩來代高其倬爲兩江總督　建賢良祠於欽天山以祀陳鵬年張伯行

十二年移江甯養濟院於南城外佟園總督趙宏恩捐銀助之　溧水知縣吳湘臯遷文廟爲南向　詔截留本年起運漕糧二十萬石於江甯等被水州縣開春平糶緩徵新舊條欠銀及南漕等米動支倉穀分別振濟

十三年春三月總督趙宏恩奏江甯舉行保甲事宜又請上下江分闈鄉試不果行　元甯二縣學新設灑埽會　秋八月邵基周靄主試江南取中上元楊大灝趙燮吳斯鈞江甯胡履安伍佺高湝李伸六合鄔宏熹凡七人　是月

詔免上元水災額賦　九月以
嗣皇帝登極恩免雍正十二年以前錢糧實欠在民者其有官侵吏蝕二項一
例寬免冬十月　詔免各年漕項蘆課及學租雜稅等積欠銀十一月　詔免
雍正十二年以前耗羨銀十二月　詔免雍正十二年以前帶徵漕項及本折
銀米又　詔業戶酌減佃戶之租

國朝金陵通紀卷一　　　　　　　　　弟作儀參訂受業石承鈞校字

國朝金陵通紀卷二

江甯陳作霖伯雨編輯

高宗純皇帝乾隆元年夏上元江甯水　詔酌免被災鄉村本年額賦分別振卹安插　秋八月興縣孫嘉淦高密單德謨主試江南取中上元張維翰吳鸞方世儁蔣乾郭寅亮王三鑑葉錦林王大位黃怡祖倪宏受江甯蔡瀠徐渭瑛王文句容趙文洲六合袁錫夔賀鳴諧凡十六人　時高淳知縣梁欽善決獄每聽斷觀者如堵隸呵之欽曰吾奉法無私正須示之何逐爲在任三年尤以勸農爲首務

二年春正月慶復來代趙宏恩爲兩江總督　夏旱句容知縣周應宿平價籌振親履窮檐分別老弱孤獨度邨墟遠近多設粥廠全活者九萬餘口　閏九月那蘇圖來代慶復爲兩江總督

三年秋八月安州陳悳華嘉善許王猷主試江南取中上元陶紹景江甯吳肇元六合戴之瀚戴之泰高淳陳士然許光洲孫捷凡七人　高淳知縣欽璉疏

濬韓城韋家諸港以廣水利縣故不知蠶乃市桑秧教民樹插數年絲利大興

四年冬十一月郝玉麟來署兩江總督

五年夏五月楊超曾來署兩江總督　句容旱知縣宋楚望屢禱不雨乃移城隍神像於郊相與露處士民復請歸署不允越日大雨

六年句容學使院漸圮知縣宋楚望以其中知本堂葺爲華陽書院　夏水總督楊超曾籌振上元等二十一州縣災民　秋八月臨川李馥仁和金德瑛主試江南取中上元胡莘隆美國城周其儀江甯周際昌張發王琮句容汪朝勳江浦李富世胡匯源胡兆麟俞國蘭凡十一人　是月那蘇圖復來爲兩江總督

七年夏四月德沛來代那蘇圖爲兩江總督每朔望躬莅鍾山書院集諸生談藝及解任士子立碑於堂曰濟齋夫子講學處

八年春正月尹繼善復來爲兩江總督

九年秋八月東昌鄧鍾岳新建葉一棟主試江南取中上元車碩朱朝宗王嘉

訓沈兆麟周升王銘琮趙天秘江甯徐見龍李承棟陳嘉謨楊熹溧水李英高渲王朝楩李元六合厲言凡十五人　六合知縣嚴森捐俸建倉廒立小學置六峯書院購田存銀以爲久遠計

十年　詔普免十一年地丁錢糧士民建亭雨花臺以紀　聖澤　時沈孟堅爲江甯知府禁秦淮夜游逐流妓之寓河房者風俗一變先是有奸民請開煤礦上官已准行矣孟堅力陳五不可以爲窯廠多在深山今孟澤嶺盧墓星羅不可一例載窯戶不許外方冒充唯同鄉休戚相關不至妄挖今劉芳外縣無賴顯與例背不可二煤路蛛絲鳥迹勢必震動墓宅不可三江南人情俱信風水一經開鑿便疑爲破壞地脈必致聚衆釀案不可四招徠礦徒半皆亡命雖設法鈐制流毒不淺不可五議遂罷且勒石永禁焉

十一年

十二年秋八月東昌鄧鍾岳會稽周長發主試江南取中上元汪沁談羽豐江甯秦大士鄧宗源六合朱文熙曹文光凡六人

十三年秋九月策楞來爲兩江總督冬十一月命雅爾哈善兼署十二月以黄廷桂代之

十四年

十五年秋八月番禺莊有恭桐鄉鈕汝騏主試江南取中上元管敘張峻丁灝江甯錢露王廷璧汪以誠句容葛廷堅笪自修江浦林殿樞凡九人　是歲句容建尊經閣敬一亭於學宫內

十六年春正月　詔免江南乾隆元年至十三年逋賦以將　南巡故也　三月庚申

皇帝恭奉

皇太后鑾輿初次南巡入江甯府境過句容道中　御製五律一首辛酉　駐蹕上元　御製恭依

皇祖韻七律一首乃題　行宫額曰天闕雲搴聯曰聖蹟常留欣繼武慈顔有喜慶承歡其二曰風華麗矚聯曰風物江山豔陽候人文都會太平時其三曰

三山天外聯曰喜聽豫遊徵夏諺時憑解阜協虞絃兩江總督黃廷桂率諸臣入覲　詔嘉其敏幹　賜額曰秉鉞三江壬戌謁明孝陵途經明故宮　御製七律一章俄至陵奠酒敕禁樵采　御題額曰開基定制聯曰勘亂安民得統正還符漢祖立綱陳紀遺模遠更勝唐宗復作七律一章祭畢因遊靈谷寺題額曰空籟天音又爲五言六韻排律一首是日奉

皇太后臨視織造機房　御製途聞織機聲五律一首　金陵祠宇極富自晉宋以及　國朝綽楔如林

皇帝懷柔百神　御頒題額其卞壼祠曰典午孤忠曹彬祠曰仁者有勇徐達祠曰元勳偉略常遇春祠曰勇動風雲方孝孺祠曰浩氣同扶督臣傅拉塔祠曰政肅兩江于成龍祠曰清風是式　士子多獻　南巡頌者乃召試於鍾山書院并頒武英殿本十三經廿一史各一部存貯之既復講武於小教場　御製七律一章題閱兵臺額曰整暇精嚴聯曰詰戎宜豫昇平日振武先殷文物邦　江甯士民於報恩寺建壇恭祝

皇太后萬壽
皇帝車駕出南門觀之　御製五言六韻排律一首又題報恩寺額曰赤烏靈梵聯曰天半插浮圖宮殿金銀三界上雲中現忉利樓臺丹碧六朝前因登長干塔作七言長歌一首塔凡九級每級皆　御書額一曰眞入覺路二曰化成資備三曰舍衛莊嚴四曰天際丹梯五曰攬妙鬘雲六曰心游萬仞七曰空外風濤八曰手捫星斗九曰無上法輪眺覽既周遂前幸雨花臺　御製七絕一首　江甯城周四十里名區勝迹所在多有
皇帝幾暇巡行與民偕樂北登雞鳴山　御製七言拗律一章又題寺額曰聲覺大千聯曰法聲常現寶塔品空際似聞曇缽香逕尋曲水用謝惠連體韻　御製五古一首逕西至清涼山　御製七律一首因陟山巔題亭額曰翠微下憩清涼寺　賜額曰臺頂飛雲聯曰波心似鏡留明月松韻如篁振午風尋出太平門見左扇一箭飲羽又餘箭痕者二知爲順治初取江甯時都統瀋臺或作譚泰所射駐防人不忍湮其蹟故常整葺存之因　御製七律一首旋登太平隄

望後湖作即景七絕三首復循郭西北行至觀音山摩崖題覺岸二字 御製五律一首遂登燕子磯 御製七絕一首下覽關帝廟 賜額曰氣懾怒濤時永濟寺有興洞和尚別號默默年一百有一歲清健如少年來迎 駕 御製七言一絕以賜之因幸其禪院題額曰德水香林曰江天淨界聯曰吳楚江山通廣望華嚴樓閣總懸居復 御製小憩花笑軒五律一首 乙丑迴蹕過寶華山慧居寺 御製五言六韻律詩一首並題額曰光明法界又曰寶網長新又曰精進正覺聯曰地控秣陵金殿香浮華鬘動山盤句曲石壇月朗戒珠圓復爲慈應寺題額曰慈雲普應聯曰地近秣陵飛法雨江連天塹聽潮音 時春夏之交來牟將熟展玩物華 聖情悅豫作麥秀七律一首遂至高資港登舟 御製高資懷古七律一首又作長江夕照歌七古一首丙寅祭江遂北渡焉 閏五月調尹繼善爲兩江總督先命高斌署理繼善旋莅任 上元知縣藍應襲修縣志延何夢篆爲總纂江甯知縣袁枚亦繼爲之而設局於故隋尙衣園後遂葺爲歸隱精廬焉

十七年秋八月新建裘日修錢塘邵樹本主試江南取中上元周之鍾鄒森周
萬甯江甯汪濤陳步瀛徐廷獻朱玉成談官益阮王曙龔孫枝溧水陳綱江浦
葉承甯張承升六合胡玿秦天義凡十五人　九月莊有恭來署兩江總督
十八年春正月命鄂容安署兩江總督卽在江西莅事　秋八月蒙古夢麟定
興王太岳主試江南取中上元陳淼詹捷江甯甯楷句容李景堂孔毓文沈之
宗江浦陳觀光凡七人　九月鄂容安來履總督任
十九年秋八月尹繼善復來爲兩江總督
二十年
二十一年春三月壬午　詔减上元等縣低瘠田地額賦　秋八月滿洲介福
桐鄉馮浩主試江南取中上元陳鸞江甯侯學詩藺玉堂王大昕句容沈貽孫
駱存翥凡六人
二十二年春
皇帝恭奉

皇太后鑾輿二次南巡是時累葉承平江南地大物博民力豐贍疆吏因崇飾臺館藻繪山川以效子來媚茲之意於是棲霞行宮遂爲東南之冠三月　車駕入境先幸攝山　御製遊棲霞山七律一首遊棲霞寺用尹繼善沈德潛唱和韻五古六首其　行宮諸堂殿皆仰邀　御筆題額如曰白下卷阿曰太古堂曰春雨山房曰話山亭曰有淩雲意曰笠亭曰暢觀亭曰石梁精舍聯曰清泉繞砌琴三疊翠篠含風管六鳴並顏山中諸勝區曰最勝幢曰紫峯閣曰功德泉曰萬松山房曰受翠樓曰泉石自佳曰太虛亭無不龍盤螭互與江山相輝映又有　御製紫峯閣七絕一首春雨山房五古一首太古堂五絕一首駐蹕棲霞行宮五律二首萬松山房七律一首幽居菴五律一首太虛亭七絕一首登最高峯望江放歌長短句一首　己酉移蹕江甯過燕子磯登之望江御製五律一首下至關帝廟　賜額曰赫聲濯靈並爲燕子磯及永濟寺書扁復有遊觀音山永濟寺五律一首旋入城駐行宮　御製七律一首　庚戌謁明孝陵奠酒因遊靈谷寺　御製七古一首並題誌公像三賢碑曰淨土指南

是日奉
皇太后臨視機房　辛亥講武於小教場　御製閲兵七律一首　召試士子於鍾山書院賦得鴻漸于陸得時字　御製五言八韻一首　詔免二十一年以前地丁銀及十年以前積欠漕項銀米地丁耗羡又　詔省會駐蹕之地附郭州縣本年應徵地丁銀悉予豁免　兩江總督尹繼善請　車駕幸其署賜堂額曰惠洽兩江西園有水軒題曰不繫舟復　幸布政司署園明徐達舊邸也　賜書額曰瞻園其他登眺諸咏城中則有　御製鳳凰臺用李白韻七律一首秦淮歌七古一首石城歌七古一首遊清涼寺五律一首遥題掃葉樓七絕一首朝天宫五律一首並題額曰妙高崑閬清溪覽古七律一首題雞鳴山五古一首登憑虚閣七絕一首城外則有　御製泛舟後湖覽古七古一首幕府山東山寄題祈澤池七絕各一首大報恩寺七律一首雨花臺口號七古一首牛首山五律一首並書宏覺寺佛殿額曰萬法皆如祖堂五律一首並書幽棲寺額曰無來去處獻花巖七絕一首　壬子自江甯迴蹕復駐棲霞行宫

御製七律一首又有玲峯池七古一首石梁精舍即明僧紹隱居故址六言一首萬松山房五律一首疊浪崖五古一首德雲菴九株松七絕各一首玉冠峯七古一首而先引云舊名紗帽峯嫌其近俚適和沈德潛詩得句云久聞攝山名秀如玉而冠即以易之其題行宮中額有云武夷一曲精廬聯云蘿薜峭中尋昔句松軒勝處得今停又云奇松詭石天然淨澗草山花自在芳又受翠樓聯云眾花勝處松千尺羣鳥喧時鶴一聲又聯云澗筑松濤相問答峯容波態總氤氳見山樓聯云松間覓雲徑石罅眄壺天又云溪聲便是廣長舌山色常如清淨身其各勝區扁額經 御書者則曰雲片曰幽居處曰靜深曰峭蒨曰利濟安瀾曰乾德舍曰見山樓曰德雲菴曰般若臺曰峯翠波光曰練影堂 癸丑啟行過寶華山慧居寺 御製五言六韻律詩一首是日遂渡江 詔加振江南被災州縣截漕十萬石分儲備糶

二十三年

二十四年秋八月新建裘曰修錢塘錢琦主試江南取中上元張鴻翼王清王

俞談官詰涂逢豫江甯阮嗣文泠震金汪槐凡八人

二十五年秋七月增設江甯布政司以託庸爲布政使　八月嘉興錢汝誠海鹽朱丕烈主試江南取中上元朱本楫錢訥曹庚江甯王一鈞薛稻孫龔炎秦承恩溧水鄭製錦凡八人

二十六年恭逢

皇太后七旬萬壽因江南被災　詔改明年奉　鑾輿南巡　春三月彰寶來爲江甯布政使　詔截留冬漕分糶如二十二年例　修六合縣城知縣宋覲光督工役均而民不病

二十七年春

皇帝恭逢

皇太后鑾輿三次南巡三月丁巳至句容道中作七絕三首過慧居寺　御製五律一首是日駐蹕攝山行宮　御製遊棲霞山七律一首紫峯閣七絕一首功德泉七律一首棲霞行館五律一首太古室七絕一首玲峯池五絕五首題

張宏棲霞圖七律一首萬松山房五古一首般若臺五絶一首練影堂五律一首德雲菴五絶一首九株松疊岠崖七絶各一首見山樓五律二首幽居菴五古一首峭蒨室五律一首登最高峯七絶二首話山亭七絶一首石梁精舍五古一首春雨山房七絶一首武夷一曲精廬六言一首又題行宫諸額曰鋪翠曰停雲曰夕佳樓聯曰無礙搜奇披谷靄有時延賞受巖風　戊午移蹕江甯過觀音門　御製燕子磯五古一首遊觀音山七絶一首題永濟寺別室七絶一首遂入城駐蹕行宫　御製疊舊作韻七律一首復題聯曰詩情詎花柳樂意在農桑　己未謁明孝陵　御製七律一首因至靈谷寺　御製五律一首還尋青溪遺址作青溪曲六言三首　庚戌閱武於小教場　御製五律一首校畢北登雞鳴山　御製七古一首因觀臺城　御製七律一首　召試士子於鍾山書院賦得江漢朝宗得宗字　御製五言八韻一首江甯嚴長明中式授内閣中書　詔增本年江南科試學額大學五名中學四名小學三名　詔振去年被災州縣并蠲二十二年至二十六年節年因災緩徵及未完地丁各

欠免江甯府附郭諸縣本年額賦　幾務稍閒乃事遊豫　御製有題陸機宅東山七絕各一首遊清涼寺七古一首寄題掃葉樓疊舊作韻七絕一首朝天宮用蘇軾韻七律一首並　賜額曰含元參化大報恩寺雨花臺七律各一首秦淮曲七絕三首牛首山祖堂五律各一首戲題獻花巖七絕一首　辛酉自江甯返蹕再駐棲霞行宮　御製再題幽居菴七律一首遊攝山棲霞寺仍疊尹繼善沈德潛倡和韻五古六首佛龕贊四言一首　壬戌　車駕行經句容望茅山作茅山正鵠文一篇是日至高資港祭江神遂渡江　秋八月嘉興錢汝誠大庾戴第元主試江南取中上元戴祖啟戴翼子王彝憲梅鈛王金英江甯陳倚志莊允升張敭張敔句容李元芳高湆孫敬銘凡十一人

二十八年

二十九年　詔照例截留冬漕在　駐蹕地方平糶

三十年春閏二月己酉　詔免江甯府附郭諸縣本年地丁銀　是月

皇帝恭奉

皇太后鑾輿四次南巡三月庚辰過句容陟寶華山　御製慧居寺五言六韻排律一首是日至棲霞行宮　御製有游棲霞山疊舊作韻七律一首武夷一曲精廬七絕一首太古堂對泉有作五古一首春雨山房七絕一首用劉長卿棲霞寺東峯尋南齊明徵君故居韻五排六韻一首夕佳樓七古一首萬松山房五古一首般若臺口號七絕一首德雲菴七絕一首題九株松七絕一首疊浪崖五古一首題幽居菴登最高峯七律各一首玲峯池七絕三首題張宏棲霞圖七律一首　辛巳移蹕江甯過觀音門　御製登燕子磯七古一首遊永濟寺七絕一首望幕府山七絕一首遂入城駐蹕行宮　御製再疊舊作韻七律一首仍題聯云黃屋非堯志薰絃學舜心又云隨緣堪靜念所遇得幽欣壬午謁明孝陵奠酒　御製七律一首因游靈谷寺　御製五古一首是日臨視織造機房　癸未閱武於小教場　御製七律一首復登雞鳴寺　御製七律一首　召試士子於鍾山書院賦得稼穡維寶得夫字　御製五言八韻一首上元周發春中式授內閣中書　詔免二十五年以前節年因災未完蠲賸

二十六七八等年地丁河驛二十八年以前因災未完漕項暨民借籽種口糧備築隄堰等銀及熟田地丁雜稅未完銀兩　幾務之餘仍事巡覽　御製有遊淸涼寺七律一首寄題掃葉樓七絕一首朝天宮再疊蘇軾韻七律一首大報恩寺七律一首戲題雨花臺七絕一首祖堂五律一首至於詠懷古蹟又有題宋院本金陵圖七絕六首題文伯仁金陵十八景如三山如草堂如雨花臺如牛首山如莫愁湖如攝山如鳳皇臺如新亭如石頭城如長干里如白鷺洲如青谿如燕子磯如太平隄如桃葉渡如白門如方山如新林浦七絕各一首金陵詠古如鍾山如石頭城如長干里如古新亭如烏衣巷如邀笛步如華林園如樂遊苑如鳳皇臺如何點宅七絕各一首　乙酉自江甯旋蹕再駐棲霞行宮　御製七律一首又有再和沈德潛遊攝山十二詠如彩虹明鏡如幽居菴如般若臺如桃花澗如紫峯閣如玉冠峯如千佛巖如九株松如疊浪崖如萬松臺如白鹿泉如最高峯五古各一首　丙戌祭江神遂渡江　高晉來爲兩江總督　秋八月安溪李宗文秀水錢載主試江南取中上元韓本王友亮

江甯劉琢吳嘉枚龔巽吳裕德句容王騊江浦張永礐六合賈安策凡九人

三十一年

三十二年夏五月永泰入覲卓爾岱來爲江甯布政使

三十三年秋八月錢塘王際華長白國柱主試江南取中上元王金鏈朱琦陳錡江甯張善來錢麟涂長發吳模鄭宗彝葉大奇范鏊句容俞懷祖欒培六合孫秉樞凡十三人　九月梁國治來爲江甯布政使

三十四年夏五月裁江甯副都統缺　秋七月陳輝祖來爲江甯布政使

三十五年恭逢

皇太后萬壽普免錢糧江蘇輪應三十六年　秋八月新建曹秀先仁和汪新主試江南取中上元張師說艾甡江甯李長恩車廷雋秦承業朱上池句容吳觀駱彝六合李德鳳凡九人　冬十二月姚成烈來爲江甯布政使

三十六年春二月閔鶚元來爲江甯布政使　秋八月南昌彭元瑞閩縣陳夔主試江南取中上元吳鎮焦若鈞江甯陶湘馬家俊張濤楊沂江浦尹式金張

世濤六合彭克惠陳森凡十人　高晉查辦河工藩載署兩江總督晉旋回任

三十七年

三十八年移靑溪先賢祠於雨花山永甯菴左

三十九年秋八月富陽董誥長沙劉權之主試江南取中上元張鵬汪鎣葉世倬江甯汪鳴林長華六合夏質陳宣張廷松高湻陳瑤夏年凡十人

四十年溧水知縣淩世御建奎星閣移文昌閣於學宫之東江甯亦建奎星亭於泮池側

四十一年春三月陶易來爲江甯布政使

四十二年　詔普免天下錢糧江蘇輪應四十三年　秋八月諸城劉墉仁和顧震主試江南取中上元李光裕萬保廷黄元秀王霖葉恩綸江甯吳球范敦仁李宏德胡鍾王炘范鑑陳長春劉學發范澐吳裕仁六合杜嵩汪濬高湻史位凡十八人　建鳳池書院於上江二縣學之文會樓以課童生

四十三年秋九月孔傳炣來爲江甯布政使

四十四年春正月薩載來爲兩江總督　秋七月劉墫來爲江甯布政使　八月秀水錢載大庾戴均元主試江南取中上元黃棨曾江甯端木煜歐陽炘鄧袏禾朱發春談兆華孫溶江浦戴高六合郝之鈞凡九人

四十五年恭逢

皇帝七旬萬壽普免天下漕糧一次自本年爲始　春三月

皇帝五次南巡辛丑過句容遊寶華山　御製慧居寺五排六韻一首是日至攝山行宮駐蹕　御製五律一首又有棲霞山七絕一首太古堂武夷一曲精廬春雨山房五古各一首紫峯閣般若臺萬松山房幽居菴德雲菴七絕各一首攝山古風一首最高峯玲峯池疊浪崖幽居牡丹亭七絕各一首白乳泉五絕二首　壬寅移蹕江甯過觀音門　御製永濟寺七律一首燕子磯五律一首遂入城駐行宮　御製三疊舊作韻七律一首並題勤政堂鑑古齋額又書聯曰竹秀石奇參道妙水流雲在示眞常曰四壁圖書鑒今古一庭花木驗農桑　詔截留冬漕十萬在　駐蹕地方平糶　丙午謁明孝陵奠酒　御製七

律一首禮畢遊靈谷寺　御製五律一首　召試士子於鍾山書院上元董教增中式除內閣中書　丁未閱武於小教場　御製七律一首因遊雞鳴寺御製五律一首　幾餘遊覽　御製有朝天宮清涼寺七律各一首雨中禮報恩塔五律一首　便民河成　車駕由以旋蹕駐龍潭行宮題額曰攬勝龍潭又曰江聲潭影聯曰岡巒縈繞桑麻富洲渚參差颿槳通又曰三茅天際青蓮聳二水雲邊白鷺分復　御製七律一首　夏四月己酉朔祭江神遂渡江

秋八月兩江總督薩載丁憂陳輝祖來暫署百日後復任

四十六年

四十七年

四十八年秋八月嘉興謝墉大庾戴衢亨主試江南取中上元黃鎔江甯魯起元孫一元高淳王天佀凡四人

四十九年春正月　詔免江甯各屬逋賦　壬午　詔免江甯附郭各縣本年地丁錢糧又以　南巡恩命截留冬漕如前例加振上元等縣災民兩月　閏

三月

皇帝六次南巡辛酉　車駕由便民河舟行至棲霞　御製即事詩七律一首遂駐蹕攝山行宮復賦七律一首並題得趣樓額摩崖書太古二字疊撰行宮聯曰峯含晝意似懸軸澗有琴音不藉桐曰樹匝丹崖空外合泉鳴碧澗靜中聞曰蘿逕因幽偏得趣雲峯含潤獨超羣曰謀目惟芳潤因心得靜陪日不生波處心恆定大寂光天相總融曰氣接鴻濛開遠勢峯連青靄入高空巳而登最高峯憑得趣樓各賦古風一首　壬戌移蹕入城　御製自棲霞至江甯駐蹕詩七律一首　安南使臣至召入行宮覲見　御製駐蹕江甯四疊舊作韻七律一首　時久旱夜雨　御製七古一首俄而直隸山東河南俱奏報得雨復賦七律一首未幾留京辦事王大臣等奏報得雨又賦五律一首　甲子謁明孝陵奠酒　御製七絕一首禮畢遊靈谷寺　御製五律一首　召試士子於鍾山書院江甯司馬亶中式授內閣中書　乙丑閱駐防兵　恩賞老民老婦　江甯行宮六瞻　清蹕亭榭之勝踵事增華　幾務餘閒　奎章照耀有

彩虹橋綠淨榭勤政堂鑑古齋塔影樓鏡中亭判春室聽瀑軒七絕各一首其遊覽所及又有朝天宮清涼寺五古各一首雞鳴寺七絕一首　己卯由觀音門旋蹕　御製燕子磯七律一首永濟寺五律一首是夕駐棲霞行宮　御製棲霞山七律一首武夷一曲精廬五古一首紫峯閣萬松山房幽居菴德雲菴般若臺幽居牡丹亭玲峯池七絕各一首疊浪崖五律一首白乳泉太古堂五古各一首　戊辰啟蹕道出句容遂遊寶華山　御製五排六韻一首是日至張家樓祭江神渡江

五十年春二月　詔免江甯等府四十七年以前逋賦　夏大旱

五十一年春三月薩載告病以閔鶚元代理兩江總督薩載旋卒調李世傑代之　召江甯布政使劉墫來京以袁鑒代之　秋八月大興朱珪大庾戴心亨主試江南取中上元談泰江甯王夢桂謝豫度焦以厚陳春華汪恩汪炳文鄭槐金有光江浦韓廷秀凡十八

五十二年春二月王兆雲來爲江甯布政使　夏水　詔給籽種口糧　冬十

一月書麟來爲兩江總督

五十三年春二月康基田來爲江甯布政使　秋八月仁和胡高望湘潭謝振定主試江南取中上元顧椿年阮紹文黃恩崇朱桂楨陳克廣江甯周之鏞吳裕智江浦陳謨六合卞應榮凡九人

五十四年江甯屢有火災總督書麟作水星鼎於南門城上以鎮之　秋八月仁和胡高望遂安賀賢智主試江南取中上元程紹伊張師式王嘉言陳廷碩方仲梓江甯蔡之銘句容駱存智江浦翁炳高湆吳嶸王長駕陳上源凡十一人

五十五年夏四月陳大文來爲江甯布政使　句容知縣王光陛詳稱糧書江嵩年等將花戶完納錢糧拆封侵挪前巡撫閔鶚元批飭江甯府審訊經新巡撫福崧參奏查辦奉　旨書麟革職即以福崧署總督王光陛與前縣吳汾皆革職聽勘　六月調孫士毅爲兩江總督

五十六年夏四月長麟來署兩江總督書麟旋復任　詔緩徵四十八年至五

十四年因災積欠銀米分四年帶徵　冬十二月陳奉茲來爲江甯布政使

五十七年秋八月滿洲鐵保鍾祥李潢主試江南取中上元胡本淵陶鈇卞枋吳淼朱嘉漣江甯龔鯤胡槤路增端木煒鄭佐廷薛玉堂句容笪立樞王從懋溧水朱楷六合陳鴻緒唐湘陸玉書凡十七人　時許兆椿爲江甯知府擿奸發伏聽斷如神禁秦淮夜遊表桐樹灣爲孝順里以旌里人

五十八年

五十九年秋七月調富綱爲兩江總督未任以蘇淩阿署理　八月　詔普免六十年錢糧一次　滿洲瑚圖禮陽曲顧德慶主試江南取中上元王德修周之桂陳汝梅張之銘談培范濱江甯冷宜南秦繩曾王鼎文唐廣模高湞陳洪凡十一人

六十年春正月調福甯爲兩江總督未任仍以蘇淩阿署理　秋八月長沙劉權之嘉興錢福胙主試江南取中上元朱本元龔元鼎李光晉陳文光殷長發李光業黃庚易友澄呂增敏江甯徐溶吳鏞張鑑孫應奎句容孔傳勳六合鄭

德昌高淯魏伯瑩凡十六人　是歲句容知縣任可舉建尊經閣

仁宗睿皇帝嘉慶元年　詔普免天下錢糧賚老民絹綿米肉有差　秋七月

孫日秉來爲江甯布政使

二年建忠義孝弟祠於學宮　江甯府教授金襄暨紳士捐立卹嫠局於龍王

廟名曰同善堂

三年夏五月　詔修明孝陵　修上元江甯兩縣學　秋八月山陰平恕甯州

萬承風主試江南取中上元金惪榮陳克鳴陳喆譚清瑞尉遲楫江甯諶配道

侯雲錦侯雲松周鉎翁恩元陳鏊范國柱孫應駒王鼎輔王鼎豐吳鉉譚亮采

汪元聯六合李楠胡體元凡二十人　九月李奉翰來爲兩江總督　冬十月

詔以江浦水災撥漕米備振

四年春二月李奉翰卒費淳代爲兩江總督　冬十一月

高宗純皇帝升配禮成　恩免乾隆六十年以前積欠緩徵地丁耗羨及民欠

籽種口糧漕糧銀兩

五年秋八月石門陳萬全開州何學林主試江南取中上元梅沖江甯鄧廷楨范滈王敏江浦陳澍六合姜本禮汪鶴鳴凡七人

六年春三月同興來爲江甯布政使夏四月裘行簡代之秋八月汪日章又代之　滿洲英和南豐湯藩主試江南取中上元李光昰蔡世松季恩沛陳公綬江甯金佐廷凡五人　冬十二月先福來署江甯布政使

七年

八年夏六月陳大文來爲兩江總督　秋七月康基田復爲江甯布政使

九年秋八月大庾戴均元新城涂以輈主試江南取中上元陳文富楊煊陳燦勳江甯金芝馮蔭祉高滈陳秉惠江浦吳庚凡七人　冬布政使康基田濬秦淮河

十年春正月鐵保來爲兩江總督　布政使康基田建雞鳴書院於府學以課童生　上元知縣温綸湛嚴停柩不葬之禁無主者歸義冢鄰境皆仿行之又表還遺金者之閭

十一年縣學尊經閣災廿一史版及三段碑落星石皆燬布政使康基田重建之因立尊經書院以課生監　夏五月許兆椿代爲江甯布政使
十二年秋八月萍鄉劉鳳誥武陵趙愼畛主試江南取中上元金志岐段榕孫嚴江甯陶濟愼汪滅張霖陶渙悦句容孔傳慶六合朱方凡九人
十三年夏六月楊頀來爲江甯布政使　秋八月新城陳希曾湘潭周系英主試江南取中上元孫廷松章貢金李湞伍長恩江甯張德鳳張曾周濤鄭光煒徐鑑秦耀曾句容裴鑑趙模江浦游思洛許夢麟六合夏乾高湆邢圻張逢辰凡十七人
十四年秋七月阿林保來爲兩江總督史積容來爲江甯布政使　冬十月以皇帝五旬萬壽恩賚老民綿絹米肉有差　冬十二月兩江總督阿林保卒於位松筠來代其任
十五年秋八月滿洲桂芳新城饒絢主試江南取中江甯端木坦張丹書方傳穆鄭兆杞李芳端木焯馬湘六合姜士冠高湆劉思洛凡九人　是歲上元縣

署災知縣朱景昌重建之

十六年春正月勒保來爲兩江總督夏六月百齡代之　秋七月陳預來爲江甯布政使冬十二月胡克家代之

十七年夏小旱井泉竭　秋八月陳觀來爲江甯布政使　江甯知府呂燕昭重修府志聘郎中桐城姚鼐爲纂修　江浦知縣丁猷駿修學宮

十八年秋八月鄉試以人衆擁擠搜檢遲滯初九日辰刻始封門監臨江蘇巡撫朱理被劾落職　是科會稽茹棻南昌黃中模主試江南取中上元丁金榜陳大均王德輿伍長華何其興胡澄江甯陳維屏金志伊江浦尹式金六合劉維桐林長霖凡十一人　冬十一月陳桂生來爲江甯布政使　是歲名捕妖人朱毛里閭閻騷動訛言日興

十九年夏大旱　秋七月李長森來爲江甯布政使　是歲大饑富民義捐以振國子司業秦承業主其事立法甚備凡振貧民十七萬口官亦發倉米平糶分設局於四城　詔免徵銀糧十之六　立老人堂於迴光寺清節堂於油坊

巷又於剪子巷設崇義堂以課貧童其法尤良　冬十一月慶格來爲江甯布政使

二十年春二月陳桂生復爲江甯布政使　夏旱大疫　水月菴僧鏡澄以術見方榮昇者朱毛里黨也鏡澄偵獲之總督訊得實磔諸市上鏡澄功爲建正覺寺於三條營

二十一年夏五月李堯棟來爲江甯布政使　初立救生總局於信府河草鞵夾黃天蕩皆設有紅船　秋八月蕭山湯金釗錢塘陸言主試江南取中上元林端易長發陳克寬江甯秦鶴齡鄭應舉吳坦何銓楊明善駐防巴永阿德亮凡十八　冬十月松筠來爲兩江總督十一月以孫玉庭代之　繼昌來爲江甯布政使

二十二年濬運瀆新河巡道方體主之上元縣葉申籲督工最勤

二十三年夏小旱　六月琦善來爲江甯布政使　修上江兩縣學泮宮坊修浦子口敵臺　秋八月黃梅帥承瀛東陽盧炳主試江南取中駐防菊林松

年善祿上元金鎮曹森周森陳榮易長華章沅江甯陳維垣張應釗吳鴻謨張恩洋江浦陳椿凡十五人

二十四年春以皇帝六旬萬壽恩詔蠲十年至二十一年未完民欠錢糧銀米賚老民絹綿米肉有差　二月朔江甯府學大成殿災　秋八月蕭山陸以莊閩縣廖鴻藻主試江南取中駐防佈騰阿塔蜚圖上元齊秉震梅汝沅汪烜江甯周開麒吳繼昌王宮淦吳介寶戴凝之范承祖朱彥喆凡十二人

二十五年夏小旱　督署大堂及科房災　改雞鳴書院爲奎光以大成殿落成有祥雲見也　冬十一月普恭來爲江甯將軍以風流儒雅知名　額特布來爲江甯布政使

國朝金陵通紀卷二

弟作儀參訂受業石承鈞校字

國朝金陵通紀卷三

江寧陳作霖伯雨編輯

宣宗成皇帝道光元年春　詔賚年老軍民絹綿米肉有差　夏山田旱給民口糧　秋大疫　八月蕭山湯金釗新建熊遇泰主試江南取中駐防福克精阿上元温肇洋吳廷貴馬沅談承平朱錫鑾丁金詔江寧沈錡范承典溧水濮瑗六合朱家炘戴文燦凡十二人　九月鄭裕國來爲江寧布政使　是時吏治修明江寧知府趙炳言廉明剛斷案無積牘江寧知縣劉大烈喜微行采訪胥小斂迹江浦知縣王頫以運丁疲累借庫款生息爲調劑法永免編審繼任者爲馮應渭一意撫字遂終其事　六合移建文廟於西門高岡

二年春加賞災民口糧　夏四月程國仁來爲江寧布政使秋七月以戴三錫代之　興府學洒埽會紳士所自捐辦也　增貢院西供給所號舍　八月滿洲穆彰阿平湖徐士芬主試江南取中駐防福魁上元蔡宗茂朱紹曾賈星垣羅鳳儀江寧朱性堂張以游朱應坊車瀛溧水王用子江浦毛鉞六合魏錫昌

凡十二人　九月張志緒來爲江甯布政使
三年夏水給災民振銀以義捐恤貧士高湆知縣秦頤齡施濟平糶　江蘇學
政周系英以罰款重修下江考棚及其西大程子祠　上元知縣武念祖重修
縣志訓導陳拭主其事　立上元江甯兩縣免僉快丁碑從紳士伍光瑜等之
請也　秋八月給江浦等縣水災一月口糧
四年春加振水災饑民以義捐餘款濬新開運瀆河　布政司署火　秋溧水
疫　冬十一月貸江甯駐防及兩江督標兵丁餉銀　十二月魏元煜來爲兩
江總督
五年夏小水　五月琦善來爲兩江總督　始設豐備倉　句容知縣毛正坦
修水利開河道至瑣山止　秋八月黃陂劉彬士新城陳用光主試江南取中
駐防西金額薩丙圖上元劉坦張介福管同王世培陳之驥歐陽長海江甯潘
鐸陶寶蓮蘭滋疇孫懷仁柴沂劉沅顧雲韶句容唐治王雲錦江浦郭名杰趙
慶修六合劉國霖秦湆熙金楠凡二十二人

六年夏清涼山翠微亭下發蛟水　卜鸞停自六合知縣移任高淳多惠政民稱卜青天

七年夏五月蔣攸銛來爲兩江總督　林則徐爲江甯布政使冬十月賀長齡來代之

八年春正月貸江甯駐防修屋費　連月沈陰夏溧水無麥　秋八月滿洲鍾昌宜黃黃爵滋主試江南取中駐防額嘞佈祥瑞上元温肇江李鈞陳崑玉江甯劉富春劉恆春章煐張錫麟陳元慶婁家蘭朱嶼句容馮兆增凡十二人

江甯府通判聯璧毀八府塘淫祠爲欄以護行人又以挑夫多把持懸印瓦法

江甯知縣傅璋修南門闕石道自長干橋至鎮淮橋重建南門城樓　高淳知縣許心源創建學山書院規條嚴密又勘蘆灘戒溺女禁茶社勸農桑有古循吏風

九年江甯布政使賀長齡濬城內外河道整飭書院規約刊經世文編以敎士

六合知縣雲茂琦建萬壽宮社稷壇先農廟以妥神人興六峯書院以課生

童立保善堂以恤嫠婦

十年夏六月陶澍來爲兩江總督　清涼門草場人斸地得鐵椎數十枚入縣庫　冬十月緩徵上元等縣水災額賦　十一月陸言來爲江甯布政使

十一年夏水紳民議開上水關牐板　六月　詔以水災免徵銀米十之四并命給上元等縣災民口糧　秋七月林則徐來爲江甯布政使建議倡捐煮振資送留養收孩瘞棺捐衣勸糶養佃典牛借種籽禁燒鍋凡十二則　貸江甯等綠營兵餉　秋八月地震　貸江甯駐防兵米　是科鄉試以水改期九月武鄉試改次年三月　九月延津申啟賢廣安鄭瑞玉主試江南取中駐防貞格上元夏鏞江甯夏塏劉德敷施越賡徐永慶王佐才溧水夏之霖凡八人冬十月趙盛奎來爲江甯布政使　振上元等縣水災　江甯知府李璋煜剛正嫉惡逐朝天宮道士許靜臨之淫泆及天界寺某僧勒石禁小押與嫁娶彩轎民風爲之一變　十二月緩徵上元等縣水災額賦

十二年春二月緩徵句容等縣水災逋賦　三月靜海寺災明太監鄭三寶使

西洋返時所造也規制壯麗至是灰燼後雖重建不及十之三四焉　夏五月緩徵上元等縣水災額賦及河灘學租　總督陶澍建豐備倉於旱西門街廣豐備倉於羅寺轉灣　秋七月裁江甯府照磨　八月蕭山湯金釗光澤龔文煥主試江南取中駐防慶德慶明薩聆布上元談承誥李琛姚錫華貴杰曹士蛟伍長松汪杰江甯梁增敭周葆元葉聲揚鄧爾恆吳士楨溧水蔣璽江浦嚴正凡十七人

十三年夏水給高淳溧水二縣振　秋溧水疫　八月鈔庫街火文德橋闌圮溺死數十人　九月振上元等縣水災　冬十月楊簣來爲江甯布政使　再振上元等縣災民緩徵額賦　十二月再振上元等縣水災貸江甯旗營兵餉江甯知府俞德淵移建鳳池書院於五松園　疏支河至北門橋乾河壖而止建見山亭　重修朝天宮得明永樂告天文石刻

十四年春正月給上元等縣上年災歉口糧籽種　連月雨甚溧水無麥停徵上忙錢糧　夏四月緩徵上元等縣逋賦五月緩徵高淳等縣水災額賦　秋

八月江蘇巡撫林則徐監臨鄉試患點名擁擠創設信礮立旗幟陰以兵法部
勒分三路而進日晡即畢　是科仁和龔守正昆明趙光來典試取中駐防錦
春薩畢圖上元朱嶠許鯤（後改宗衡）伍承平方俊伍承吉侯雲倬黃家聲江甯吳元
昌葉毓祥吳鶯王俊臣句容陳立溧水徐大文徐大綸六合張李凡十七人
冬十一月緩徵上元等縣額賦　十二月貸江甯旗營銀米
十五年春正月展緩上元等縣被災逋賦　夏小旱　秋八月以
皇太后六旬萬壽恩　詔蠲十年以前正耗民欠錢糧及因災緩徵帶徵銀數
並借給籽種口糧牛具　華陽卓秉恬襄陽單懋謙主試江南取中駐防兆德
壽昌吉祥上元陳俊吳雙伍長馨仝紹鋐王鳳藻阮嘉言薄彭齡陳魯夏壎姚
天麟曹士鶴程傳厚江甯吳吉昌盧士瀛王國琛張熙麟張鳳儀江浦吳嘉楣
六合徐鼒沈樾高湝諸鑑凡二十四人　冬十一月緩徵上元等縣被災額賦
十六年上元江甯兩縣學中重建青雲樓　移建八蜡廟於欽天山
十七年修上元江甯兩縣學魁星閣　總督陶澍設惜陰書院於盋山以課舉

貢生監經古　句容知縣劉佳因災後出示收買蝻子是秋大熟遂籌建豐備倉勸民種桑育蠶　八月清苑王植蒙古柏葰主試江南取中駐防文海炳元上元陶桂馨周洛余白玉劉紹曾江甯陳士安陳士全吳鼎昌甘熙沈墉范先秩何德昌高涫童良杰凡十四人

十八年夏水　五月唐鑑來爲江甯布政使　上江兩縣學新明德堂并志道等四齋　江浦知縣鄧夢鯉修文廟告成

十九年春三月林則徐來爲兩江總督未涖任以前巡撫陳鑾署理　夏水秋八月宜黃黃爵滋烏程鈕福保主試江南取中上元戴鼎亨伍承欽孔繼周歐陽長山王溶王大椿劉定敷鄭杰江甯郭長華王體仁葉覲揚六合厲世瑄朱麟祺凡十三人　冬十二月陳鑾卒於任以鄧廷楨爲兩江總督未上伊里布來代之

二十年夏四月成世瑄來爲江甯布政使秋七月裕謙來署兩江總督　是時水潦溧水尤大知縣劉佳捐給口糧刊高平義振錄　八月給上元等縣水災

口糧幷修屋費　詔免溧水錢糧幷加振給　鄉試改期如上年例九月滿洲文慶益陽胡林翼主試江南取中駐防延齡貝琿阿普昌上元陸鈞李頤江甯林恩汪士鐸江文熙顧捷慶陳鐸六合林中芬巴光誥凡十二人　冬十一月振上元等縣水災貸江甯駐防及督協各營兵餉

二十一年春正月程矞采來署兩江總督　貸上元等縣水災口糧　二月展振江甯府災民　三月伊里布回京裕謙復爲兩江總督　夏高淳水給振如例　溧水地生毛　六月緩徵上元等縣新舊額賦　秋九月牛鑑來爲兩江總督　冬十月加振上元等縣災民並免額賦十一月十二月展振二次

二十二年春二月展振上元等縣災民　夏四月王庭蘭來爲江甯布政使六月戊寅朔日食晝晦見星人心惶駭　訛言紙人翦人辮髮及雞毛　英夷以禁鴉片煙事擾海疆數年至是駛入長江總督牛鑑自吳松遁歸己丑江甯閉城庚寅閉市城復啟城中大小戸皆徙至東南鄉沿途有劫掠者官捕斬之乃定　癸巳紳民創行保衛其法分段設局募勇守禦樹柵置械佐以旗與燈

日稽夜巡相救相助鳴金擊柝五城之遙呼吸流通奸宄斂迹　乙未洋船抵草鞋夾是日復閉城　秋七月辛亥夷人占居上元縣丞署在觀音門掠邁皋橋丙辰夷人來議和將軍音德布總督牛鑑遣洋商顏栁等往犒師因與之言布政使黃恩彤親於其舟撫之遂設局於白衣菴勸捐以款夷辛酉夷人輸平燕欽差耆英及伊里布牛鑑黃恩彤於其舟旋詣靜海寺行答拜禮丁卯夷人濮鼎查馬利遜等入城謝食之於王府巷上江考棚庚午立和約明日夷人游正覺寺報恩塔乙亥洋船遵約起椗去　八月丁丑朔大水陸發平地四尺以桃源河決故也　辛卯撤保衛局　九月城中大疫時自鄉回者十室九病　耆英代牛鑑爲兩江總督　冬十一月長至日雷

二十三年春耆英以欽差赴廣東璧昌來署總督葉名琛爲江甯布政使　三月貸江甯駐防及督協各營兵丁銀　夏五月陸費瑔來爲江甯布政使旋以崇恩代之　六月裁減江甯駐防營馬匹　秋八月黃縣賈楨豐城徐士穀主試江南取中駐防圖理訥福成上元張燦輝朱彥華葉庭鑾張保和高湄田萬

淸凡七人　冬十月總督耆英同任　十二月陳繼昌來爲江甯布政使初上詣府學明倫堂集諸生講書訓誡　是歲塞定淮門

二十四年春二月璧昌復爲兩江總督　夏水　秋八月裁龍江關査驗木植稅局　平湖徐士芬大竹江國霖主試江南取中上元李作枚陳鳴玉俞錫堯汪家勳江甯孫棣田穜珏范先敘六合唐嘉德高淳陶汝霖凡九人　高淳知縣王檢心懲治訟棍禁諸淫祀以高梳會積貲創義學義倉各百餘所修城南永濟橋　冬十二月貸江甯駐防兵丁銀米

二十五年恭逢

皇太后七旬萬壽一切　恩禮如十五年例　夏水　冬十二月徐廣縉來爲江甯布政使先是議行大錢至是罷之　是時江甯知府徐青照勤於其職與江甯知縣范仕義皆究心民瘼焉

二十六年秋八月蒙古柏葰盧陵黃贊湯主試江南取中上元顧永熙毛文煐倪嘉祥范培王肇元談鎬王延長田寶琛江甯孫琦陳燮吳士松六合劉承炳

凡十二人　九月傳繩勛來爲江甯布政使

二十七年春三月李星沅來爲兩江總督　英夷與靑浦民鬬不勝遣其副領事羅伯孫等六人乘輪船至江甯訴於總督總督權辭撫之旋出游報恩寺居民環觀競抛磚石擲及其酋導行之員弁委曲調護之明日即起椗去

二十八年夏六月馮德馨來爲江甯布政使　秋大水給溧水高淳振免徵

二十九年夏四月陸建瀛來爲兩江總督　六月大水較去秋尤甚平地深丈餘街衢行舟　給振免徵　秋大疫　七月楊文定來爲江甯布政使　鄉試改期十月是科滿洲福濟濱州杜翻主試江南取中上元倪嘉禧陶桂芳江甯夏家鎬章鼐趙鍾靈梁承先溧水馮毓璋凡七人　是歲宣城圩民掘東壩蘇常人控告兼及高淳知縣向柏齡力爲辯之始得雪

三十年總督陸建瀛請文童加試性理論一場

文宗顯皇帝咸豐元年春　詔免道光三十年以前民欠地丁錢糧　夏溧水麥秀兩歧　秋八月蒙古瑞常黄陂金國均主試江南取中上元侯甲瀛馬鼎

程燮丁椿年諶命年江甯傳遇年姜若照藺恩紋張維垣管近修任朝棟句容笪佐堯江浦陳萊周天源六合汪達元劉國熙葉琳凡十七人

二年夏大星流有聲　地小震　地生白毛　秋上新河地出火以水灌之不滅塡以土猶見煙縷縷自中出　八月錢塘沈兆霖仁和葛景萊主試江南取中上元楊丙文葉紹庭孫承熙江甯蔡琳張曦照淩丙鈞周肇元王殿鳳劉大鏞六合朱覲光凡十八人　冬總督陸建瀛奉　旨會勦粵賊於湖北巡撫楊文定移守江甯與布政使祁宿藻會辦團練設籌防局於王府慧圓菴招募鄉勇萬人皆市井之無賴者以舉人或文生領之稱爲總領　松江提督福珠洪阿以其衆來助防　十二月庚戌望欽差大臣陸建瀛出師建三軍司命大纛時承平久兵不知戰多有募人代戍者與室家離别哭聲震野　寇警日迫居民鑒壬寅年之遷避爲鄉人所欺淩乃皆不動至有從附郭移家入城者城中男婦幾九十萬人巡撫楊文定復禁人外徙各城門委員稽察可入不可出故舉城受禍尤烈云

三年春溧水地震有聲　正月甲子欽差大臣陸建瀛自湖北廣濟之龍坪棄軍遁回不見賓客巡撫楊文定委印還蘇州時提督福珠洪阿屯雨花臺惟支數帳房中臥疲卒數人旗幟飄蕩而已尋退入城庚午布政使祁宿藻出南門籌防見無一營一卒大忿而歸先是議毀附城民房以防地道爲有力者所尼遂止　粵賊自太平四合山順流下壬申焚板橋癸酉掠江甯鎮轉至響葉樹欲突聚寶門城門閉城外窯灣多馱米腳夫見賊少遽與之鬬呼城上人求器械不可得而賊來益衆始愳而潰　是日賊游騎犯江浦之石蹟橋　甲戌將軍祥厚率駐防兵登陴令民備水缸以防火晚閒明燈守夜是夜賊取各寺佛像衣之綵服持以惑官軍城上人乃傳言關帝顯聖居民遂比戶焚香以謝　乙亥賊船自新洲大勝關泊至草鞵夾帆檣林立繞城西南築壘二十四踞報恩寺塔俯瞰城中且藉以施礮掠上新河木商竹木作雲梯日夜環攻將軍祥厚以城下民房皆藏賊乃縋人下焚之　是日布政使祁宿藻以積勞憤鬱嘔血數斗卒於南門城樓　二月丁丑賊詐稱向榮軍至焚七里洲作燒賊船狀

以誘我啟門上元知縣劉同纓縋上僞差官訊之得實乃擊以礮賊傷數百而止　戊寅賊攻南門守者日晡不得食義民汪松崖炊飯并寒茶自擔餉之衆皆感奮時增募市人守垛人日三百錢故無食　是日賊分兵掠浦口把總包定國戰死　賊渠洪秀全自稱天王與僞東王楊秀清僞北王韋昌輝僞翼王石達開分統部衆而秀清最狡黠既至金陵臨城巡視見有新塗堊處喜曰城頭挂白不久必破矣　儀鳳門外靜海寺與天后宮毘連院宇宏敞賊潛於其中穴城乙酉晨大霧地雷發城崩賊擁入某佐領力戰圍戸千人助之驅賊出以土囊填其缺少頃第二雷發兵勇割耳獻功者未歸伍遂不支而三山通濟各門賊又以雲梯上兵勇皆潰城守營副將沈鼐持刀大呼曰有敢逃者斬手刃數賊死之城遂陷總督陸建瀛走至小營黃家塘賊追殺之提督福珠洪阿死於大功坊上元知縣劉同纓急歸署公服坐堂皇朱書曰第殺我勿傷百姓賊入相顧曰此劉青天也擁之去同纓大罵乘閒投龍王廟前潭死之時職官殉節者又有署布政使江南鹽巡道涂文鈞江安督糧道陳克讓督中副將程

三光督左游擊周成理事同知承恩江甯府通判程文榮江甯知縣張行澍江甯織造筆帖式圖桑阿庫大使祥壽江甯府教授歐陽晉上元縣敎諭夏慶保訓導陳耀奎江甯府經歷顧璜署淳化巡檢朱慶煋上元典史吳申之一時義烈爲東南冠　大城既破將軍祥厚等退守駐防城萬衆一心三遂賊至淮青橋傷賊數千人會火藥被焚賊遂乘虛入祥厚及都統霍隆武皆巷戰死之賊因屠駐防城嬰孺無遺復驅隱匿之婦女出聚寶各門盡於橋上殺之河水皆赤　自去冬十二月至今皆淒風苦雨寒氣凜冽是日始晴霽　丙戌丁亥夜城中火數發皆士民不從賊而自盡者　戊子楊秀清入城奉洪秀全居督署諸官署則各僞王踞之（秀清始居藩司署繼移將軍署終住黃泥巷史何二宅）名江甯爲天京（又謂之小天堂）建號曰太平天国（改麻法大建三十一日小建三十日節氣皆歸朔望立僞法十條曰天條所至設高座宣之謂之講道理其官則王以下有六官丞相檢點指揮將軍總制軍帥師帥旅帥卒長兩司馬伍長其衙則有典硝典鉛碼聖糧聖庫詔書承宣等名而以總制領之）城中大宅盡燬樹木皆伐惟妙相菴爲石達開所據名曰翼花園得無恙設典花總制官　賊既據城擇民居之廣者驅婦女實其中名爲女館以僞女官統之（亦有卒長司馬等名以粵

楚悍婦爲之呼日派以差役禁防甚嚴雖夫妻母子不得同處然賴此亦免淫爲老姊妹焉

掠保全者眾　時江浦土寇李三引賊三人入縣城知縣某棄城走賊旋去官捕李三殺之　庚寅賊下竄龍潭徧據老鸛河等要隘分掠句容濱江各鄉　丙申欽差大臣向榮始以兵至乘銳破賊二十餘壘遂壁孝陵衞庚子攻朝陽門外土城克之　壬寅欽差大臣琦善至揚州城外分黑龍江馬隊駐江浦六合各隘　甲辰向軍進屯土城逼城而營　三月溧水地又震　有夷酋輪船至下關貨洋鎗火藥於賊賊以鼓吹迎夷酋入城聯教通款　賊犯六合之東溝瓜步黃瓜河鄉民殲其二十七騎　庚戌向軍破賊通濟門外三壘乙卯襲七橋甕據之斷其南北往來路丁巳乘霧奪鍾山辛酉夜以噴筒火箭射城中城賊大驚榮傍城築十八營賊不敢啟東門　是月向軍別隊燒觀音門賊船千餘艘　夏四月揚州賊酋立昌遣其黨襲浦口壬子犯六合知縣溫紹原以團勇禦之於龍池不勝武舉達成榮戰死賊進踞南關夜半火起賊駭爲神大亂兵勇躡之殺僞丞相一總制四燒賊略盡餘眾走還金陵時有鐵鑄六合紙

糊南京之謠　賊既不得逞於六合乃於九洑洲駐馬河徧立營壘　賊中水師粵人與楚人鬬楚人不勝多詣向軍降　五月賊出南門掠善橋　琦軍總兵武慶屯浦口　秋七月琦軍於浦口立水勇局　賊水軍焚棲霞寺時難民旅寄攝山登高納涼賊望之疑爲官兵故及　賊泝流至大勝關官兵敗退賊遂焚板橋揚帆而上　九月江甯四鄉創聯村法善橋有四十八社朱門有三十六村皆譏察嚴密雖不能遏賊鋒而游兵之害稍戢　冬十月向營鑄大礮成示稱六萬斤欲以虛聲恐賊也　賊由儀徵犯東溝千總夏定邦力戰卻之

十一月賊由蕪湖渡高淳湖欲圖東壩總兵鄧紹良迎擊敗之於永濟橋於是高淳永城鄉相國各圩練首史傳經等始治鄉兵　江甯廩生張繼庚謀於水西太平諸門翻城應外兵賊酋有受約束者自九月至是月凡七上書向營又縋城親詣營泣請師期終以雨雪失約謀泄賊捕囚繼庚拷掠之　是月兵勇以餉不時發劫糧臺向榮親往撫之始定　揚州敗賊至江甯營於上方門前營將與爭利向榮遽令止之僅以中營衝擊賊果潛出朝陽洪武各門劫大

營幸前營未動遂與戰賊敗還城　十二月江北營黑龍江馬隊奉調歸伍琦軍以都司鄧鳳林統固原兵屯六合境　是歲江甯知府趙德轍寄治湻化鎮團練鄉兵又設立撫卹局留養城中難民居文士於虎洞優給廩餼

四年春二月湖廣雲貴諸營與川兵鬨向榮禁之不止乃調川兵屯上方門以避其鋒　丁亥瑯邪鄉練總薛如松等敗賊於龍潭　賊犯浦口總兵武慶會六合軍擊退之六合知縣温紹原又自敗賊於通江集　三月遊擊鄧鳳林移屯江浦戊午賊分犯浦口及縣城皆拒卻之　江甯義民宛正龍張士義等以張繼庚前約引官兵十餘人易賈人服入城與繼庚所結死士伏神策門側癸亥夜軍功田玉梅與張士義斬守城賊擲頭城下呼官兵官兵未卽進天已曙賊四集玉梅跳免賊捕得士義窮詰主名不得繼庚以計紿賊誅賊死黨三十五人與士義均罵賊被殺　夏四月辛未賊犯浦口武慶拒卻之壬申又敗諸眾善橋　六月向軍以總兵吳全美紅單船泊浦口　秋七月庚申賊由蕪湖入犯東壩守壩參將德麟福賡皆戰死向軍遣副將傅振邦自水陽進擊大捷

遂乘勝徇高淳湖賊歸過南鄉焚牛首山寺　閏七月鎮江援賊與城賊約攻大營向榮自將駐上方橋指撝諸軍敗之他股由雨花臺洪武門撲七橋甕營將軍蘇布通阿迎擊亦潰退　六合水勇屢奪江南賊船賊斂船入港是月温紹原遣千總秦懷揚敗賊於團洲斬馘無算　江甯將軍托明阿代琦善爲欽差大臣接統江北軍　時楊秀清以糧絀驅婦女出城割稻於是脱難者甚衆

八月壬子賊掠江浦之石蹟橋　賊於九洑洲結木簰數十丈謀下竄九月六合温紹原率軍焚其簰於八卦洲　向軍都司長貴敗鎮江援賊於句容之東陽托軍部將姚文蔡應龍亦毁倉頭等處橋梁　高淳知縣楊承忠治團練立分局於東壩　賊於北河口設鐵鎖横江以阻艇師之上駛副將李德麟參將張攀龍率衆斷之　冬十月托軍約向軍會攻浦口癸卯李德麟等由金湯門外五道並進渡浮橋搗其巢金陵賊飛槳來援戰方酣南軍師船已破浪至衝擊走之　是月向軍克雨花臺石壘乃逼南門而營賊燒燬報恩寺塔懼爲官兵所踞也

五年春正月賊由太平門竄句容之龍潭下蜀西城岡龍王廟連營十餘丁卯鎮江軍總兵余萬清來迎戰遂壁東門橋二月辛丑鎮江賊由西門沿江犯橋頭練目柯二等戰死壬寅與龍潭下蜀賊合築壘高資向軍總兵虎嵩林德安擊破之癸卯賊退　賊沿江謀下竄向軍會六合練勇邀擊之七戰七勝平七里洲賊壘焚其船温紹原因施横江鐵鎖於黃天蕩以礮船遏通江集賊來輒敗去　三月托軍總兵王鵬年敗賊於江浦諸隘皖軍總兵吉連來屯烏江以兵單退駐曹城向軍亦拒賊於浦口　是月蕪湖賊犯高淳之烏溪團勇扼河拒卻之　夏四月乙巳向軍敗賊於江甯鎮己酉水師副將吳全美以紅單船掃蕩三山賊壘斬鐵鎖上游之江路以通　五月托軍總兵多隆阿屯六合六月江水溢　壬辰賊再掠橋頭　秋七月皖軍參將李臣虎攻江浦之駐馬河不克而死　八月庚戌皖軍總兵吉連敗賊於曹城石蹟橋　九月辛未賊犯東陽向軍總兵秦如虎等迎戰甲戌參將張玉良以援師至大敗之　冬十一月向軍總兵張國樑敗竄賊於仙鶴門甘家巷棲霞街窮追至石埠橋而還

己卯秦如虎又敗之於觀音門　知府温紹原率練勇攻九洑洲石壘都司秦懷揚冒霧先登克之因無守兵旋爲賊奪　十二月賊屢撲句容之老鼠山龍潭東陽諸營　是歲向軍初以兵扼溧水之烏山

六年春正月鎭江賊出犯橋頭提督余萬清由山南迎勦至下蜀適千總張朝廣自湻化至敗賊於上山岡賊鋒仍鋭戊子向軍總兵張國樑截賊於倉頭二月上山岡練首巫艮雍南宫練首余應龍李相廟練首高世珍來助戰壁於下蜀一夕成營壘五癸未官軍小卻三月戊午張國樑敗賊於下蜀值提督鄧紹艮由鎭江追賊渡便民河擊之於東陽又敗之賊焚營遁紹艮遂屯石埠橋

都統德興阿代托明阿接統江北軍　駐江浦游擊鄧鳳林以揚州告警撤回協守丁卯賊陷江浦千總徐綸庚軍功王長貴戰死賊遂由寶豐莊陷浦口總兵武慶棄軍走賊踞葛塘集將犯六合都司秦懷揚扼諸南關求救於向軍適總兵張國樑自句容回乃檄令渡江擊賊至毛許墩知府温紹原來會師敗賊於龍池追至藏軍營盤城集水家灣屢敗之乙亥收浦口乙酉復江浦留向軍

副都統明某屯冶浦橋德軍都司藍新恩等屯江浦　江蘇巡撫吉爾杭阿圍鎮江久不得要領夏四月令江甯知府劉存厚進高資築三壘於煙墩山絕賊運道楊秀清患之遣悍賊數萬出句容合鎮江賊圍存厚營知縣松壽鹽知事張翊國戰死吉爾杭阿馳入救之登高瞭賊中礮死劉存厚亦陣沒副都統繃闊投江以殉　五月旱蝗江南北大饑　有大星西南流　辛巳賊復陷江浦知縣曾勉禮墜馬死　是月游擊張玉良敗賊於甘家巷楊秀清遣衆陷溧水時向軍負中外重望諸路告急金陵者警報朝聞援師夕發而城外賊壘濱江要隘亦無日不事攻戰賊見我軍營壘空虛炊煙日減日夜謀所以覆之乃密約鎮江賊自東來拊官軍背城賊自西與相應溧水之賊橫截其旁而楊秀清自率悍黨出通濟門會鍾山賊撲七橋甕向榮張國樑狃常勝不以爲意忽大營同時火起士卒不戰而潰國樑獨以身翼榮突圍出由湻化鎮過句容周覽其城曰是不可守也令知縣趙廷銘率民避賊未幾賊至陷之向軍遂退保丹陽　六月丁未蕪湖賊犯高湻圍長杭益進戰死城遂陷　秋七月欽差大

臣向榮卒於丹陽署兩江總督怡良權統南軍駐常州　賊之踞金陵也洪秀全深居僞宮日事淫泆軍政皆決於楊秀清秀清自稱禾乃師贖病主聖神風九千歲諸僞王如韋昌暉石達開雖同起草澤而視如偏裨當向軍既退自以爲功莫與京陰欲自立嘗詭稱天父下凡責秀全犯天條笞之數十秀全怒復寬解之因加號勸慰師令其下呼之萬歲秀全不能堪召韋昌暉密圖之昌暉新自江西敗歸秀清禁其衆入城昌暉恚亦欲殺秀清一日秀清召飲昌暉即席刺之洞胸令於衆曰東王謀反吾奉天王命誅之遂閉城搜其黨殲焉石達開時在湖北聞亂趨歸頗誚讓昌暉昌暉將併圖之達開縋城走甯國昌暉悉殺其母妻子女秀全乃大恐陰約秀清餘黨於城外共攻僞北王府昌暉潛逸渡江獲而磔之夷其族召達開同羣議如秀清故事輔僞政秀全不可達開危懼還走安慶不復歸以僞安王洪仁發僞福王洪仁達爲腹心皆秀全兄弟也於是始起諸酋略盡賊之規模亦漸不如初矣　八月甲辰總兵傅振邦會團總曹獻龍克東壩丁未收高淳遂與參將虎坤元徇溧水會張玉良軍九月玉

艮敗賊於紅藍埠時總統張國樑亦克句容之寶堰黃茅莊壬戌奪近關橋甲戌敗賊吉利村遂薄溧水踰濠將登賊閒襲其後國樑回擊破之　冬十月欽差大臣江南提督和春接統南軍駐句容境　江浦賊掠石蹟橋新店綽廟辛亥至陳家淺圍總諸生張步林戰死　十一月戊午總統張國樑移駐小玕橋練總高世珍敗賊於李相廟賊以光里與下蔭路不通乃攻大祝廟欲偕江上賊合屯世珍移營而西賊不能過

七年春正月己卯張軍敗賊於句容東門外賊擾下蔭橋高世珍率團練敗之

二月賊以官軍復逼乃於祿口秣陵湖熟龍都包句容溧水之境築壘七十餘里　己丑和軍總兵傅振邦敗賊於溧水之烏山平賊壘二十六副將米興朝擊城賊之出援者亦敗之　溧水敗賊合皖賊犯句容之郭莊總兵傅振邦與之相持十餘日三月總統張國樑來援大敗之　德軍以總兵安勇統浦口防營　夏五月甲子總兵傅振邦會副將虎坤元克溧水　賊攻句容之包家窯練總高世珍禦之總統張國樑來援賊卻退遂壁於野雞山總兵虎嵩林來

屯盤山閏五月甲辰張軍會傳振邦克句容　秋八月賊掠棲霞圩帶子洲靖安廠遂犯龍潭河北及太平橋下蜀等處副將虎坤元會練總高世珍擊退之遂壁於廟頭　九月總統張國樑扼高資絕鎮江運道賊亦屯運糧河北兩相持國樑遣將毁其礮臺而自往鎮江　冬十月蕪湖賊由水陽犯高淳知縣楊承忠以團練敗之於永濟橋　庚午總統張國樑既克鎮江追賊至句容之倉頭與虎坤元夾擊敗之十一月坤元又敗之於上山岡遂進至湖熟　欽差大臣和春復立營於孝陵衛　江北賊欲由西江口南渡德軍敗之遂分竄石磧鎮　北軍欽差大臣德興阿進駐浦口　江浦城賊與九洑洲賊遙相策應德軍提督鞠殿華駐西門板橋以遏之　十二月句容敗賊退據秣陵關

八年春正月和軍大將虎坤元李若珠追圍之時總兵虎嵩林屯高淳見夜隕一星軍中有識占驗者曰此主正月中折一大將於是馳書各營并戒其子坤元勿輕動坤元以秣陵破在旦夕不可坐失事機奮然曰如諸君懼死我請往遂率數百人進甫及賊營飛礮中其頷頷半墮而坤元猶未仆也勒馬急回至

營距躍而死士卒感之哭聲振地誓爲復仇於是攻圍愈急　辛丑德軍都司王熙堂克石蹟鎮　二月庚申總兵李若珠克秣陵關追賊至黃泥菴葛塘寺復敗之　三月甲子總統張國樑敗賊七橋甕李若珠往來誘敵洪秀全開城出大隊逆戰國樑若珠合兵截之圍其東南二門總兵戴文英會攻雨花臺印子山復大破之　皖賊與捻逆合股謀犯六合江甯知府温紹原告急於南營提督張國樑渡江賊已至葛塘集遂會紹原師敗之於毛許墩　駐馬河賊酋投誠德軍總兵安勇會六合温紹原師收江浦遂分兵戍石磧鎮　夏四月皖賊自石橋薛家口窺江浦德軍大將富明阿敗之於大劉莊綽廟集　和軍總兵李若珠敗賊於銅井慈湖　五月和軍副將張玉良馮子材擊退太平神策門撲營之賊平東北城外賊壘略盡　六月德軍游擊劉綜等屯江浦　時金陵圍師八萬人和春與張國樑定計築長濠困賊自水西門迤東歷通濟太平諸門北達七里洲綿亘百餘里洪秀全患之秋七月悉銳出突長濠國樑乃令東北圍師分攻太平金川門西南圍師擣雨花臺綬帶洲賊壘則遣賴鎮海艇

師擊破之國樑策馬爲諸軍先踰溝燒賊屯賊潰入城不敢復出矣　八月德軍調石磧鎮之兵分守小店都司詹啟綸駐求雨山癸亥皖賊陳玉成會九洑洲賊越江浦襲破浦口大營欽差大臣德興阿登廣艇遁眾大潰乙丑回陷江浦分兵攻六合以綴我軍冀長温紹原敗賊於胡盧套丙寅大霧賊自楊家河渡焚掠程家橋竹墩雷官集施官集四合墩馬家集諸鎮巴山土圍與戰殲焉賊乃麕集六合城下日夜攻圍庶吉士唐嘉德如和軍乞援丁卯副將馮子材督兵四千先至屯冶浦橋戊辰遇賊而潰守備王家幹戰死總統張國樑以收揚州遲至賊遏之於陳板橋不得進九月庚寅賊以地雷轟城城遂陷道員江甯知府温紹原六合知縣李守誠皆死之　皖賊由太平府來犯溧水亦於六合陷之日破縣城知縣周觀銘死之冬十月和軍總兵張玉良自祿口進援攻克紅藍埠賊壘癸卯遂復溧水提督張國樑敗竄賊於高古山追至江甯鎮凡小丹陽陸郎橋龍磨山賊壘悉平　十一月甯國賊掠高湻之雁翅斗門和軍總兵戴文英擊敗之　是歲江甯知府鄭濟美設撫卹局及書院於湻化鎮以

招徠士民

九年春欽差大臣和春以江甯長濠成奏免錢糧　正月江浦賊薛三元乞降戊戌和軍令降將李世忠受之用其衆復浦口適皖軍檄世忠追賊小店賊回撲浦口據之世忠再戰賊退去二月皖賊結九洑洲賊窺浦口和軍總兵李若珠會守將周天培擊走之三月乙未提督張國樑會李若珠等敗賊於九洑洲平附洲賊壘　德興阿被劾罷江北不復置帥以江南大營兼轄自此以後提督張玉良李若珠等常屯六合之東南圍攻縣城秋七月擊賊勝之冬十月賊出紅山窯截李若珠後和軍總兵馮子材渡江因參將李世忠衆以救之復大挫若珠糧盡部將詹啟綸密探賊中隱語大呼而出若珠從之賊竟弗阻乃收潰衆屯揚州西賊乘勝陷浦口提督周天培戰死　是月江南鄉試借浙江舉行楊式穀阜保來爲考官取中上元陶楫夏如椿江甯方胙勳楊桂年朱期保徐毓錕鄭鏡清吳長年凡八人　江浦告急十一月總統張國樑自將渡江援之克北山新卡進攻城南各壘平之復壓之磨盤洲求雨山陳家集賊潛埋火

築於江浦對岸火發自焚官軍乘之連奪西北二十餘壘　是歲賊屢掠句容之橋頭下蜀

十年春正月總統張國樑克沿江賊壘乙亥取九洑洲已卯擊敗浦口援賊進屯寶塔橋賊由瓜子山來撲又力卻之乃收浦口渡江而南綬帶洲守賊秦禮國七里洲守賊謝茂廷皆來乞降二月戊戌國樑遣部將熊天喜由七里洲攻克下關秦禮國從綬帶洲內擊劉季三應之上關亦克賊遁還江東門　三月杭州竄賊由建平襲東壩守壩都司匡興仁方興元戰沒遂陷高湻典史徐邦彥死之賊酋黃有才乃據縣城壬辰偽侍王李世賢陷溧水總兵魯占鰲知縣張毓林死之偽忠王李秀成自溧陽犯赤山湖閏三月丁酉陷句容和軍自長圍成將士頗驕謂大功可旦夕就而汛地最廣每千里赴人之急洪秀全覘知大營兵薄益促來援之賊十道並進於是偽輔王楊輔清自溧水犯秣陵關李秀成自句容犯湻化鎮城賊復日夜攻大營幫辦江南軍務張國樑拒戰八晝夜賊勢日增將士以餉爲和春所減又不時給心皆攜貳遂私布傳單已酉大

雷雨酷寒一夜之間各營火起自相驚潰欽差大臣和春總統張國樑乃退守丹陽國樑傷重躍入丹陽河以殉和春引決於滸墅關自此以後江甯城外無官兵者二年　是月降將薛三元棄江浦浦口走揚州叛李世忠禽斬之夏四月賊渠洪仁政賴文洸入據江浦號爲天浦省　六月兩江總督曾國藩拜欽差大臣督辦江南軍務　秋七月句容鄉練總高世珍等謀結內應復縣城賊偵知之殺世珍於石墓大肆焚掠因築石壘於寶堰運蘇州之糧實其中以濟江上之賊　是歲江北旱蝗民食桑椹草根皆盡

十一年夏五月句容賊趙天義掠橋頭鎮江守將提督馮子材擊敗之秋七月賊復掠下蜀民多溺紅旗橋死八月橋頭民團與賊夜戰於下坍堈陵互有夷傷九月馮子材敗賊於湯岡民團攻句容不克　丁亥宣城賊自金寶圩來犯高淯之相國圩仙圩及秦家馬家保勝等圩城賊黃有才自西應之民團拒戰斬有才於雙橋渡戊子相國等圩皆陷團總史傳經等俱死之　冬十二月乙

亥皖軍提督李世忠收六合是時江浦及浦口諸賊不協又缺糧餉衆情攜怨

國朝金陵通紀卷三

弟作儀參訂受業石承鈞校字

國朝金陵通紀卷四

江甯陳作霖伯雨編輯

穆宗毅皇帝同治元年春正月江浦賊黨乞降丁亥李世忠入據之戊子收浦口己丑克石蹟橋敗九洑洲援賊　三月江蘇布政使曾國荃帥師自安慶東下掃蕩沿江諸賊壘夏四月遣王明山以東梁山水師奪烈山石壘辛巳進壁板橋　句容賊竄踞茅山唐陵等處五月練總吳廷珍等攻入賊壘後隊不繼遂戰死　壬午曾軍攻新林關守賊降乃遣兵繞三汊河後逼大勝關編木作橋伏精兵其畔而以後隊捲旗疾趨賊懼爲長圍所困乘夜縱火棄巢走癸未大勝關三汊河兩壘皆平兵部侍郎彭玉麐時駐金柱關聞國荃懸軍深入慮有挫失遂調水師由烈山駛入頭關甲申昧爽國荃亦至水陸夾擊賊棄關遁玉麐進攻江心洲洲有石壘雙峙屹若堅城水師飛礮入壘賊亦穴牆還擊日旣晡水師挾火具登岸蛇行蘆葦中逼壘縱火因躍入賊驚潰遂奪蒲包洲進泊金陵之護城河口國荃乘勝驅軍直逼雨花臺而營玉麐乘輕舸巡至龍江

闕知府曾貞幹駐三汊河江東橋傍水築壘保西路糧道是爲湘軍圍攻金陵之始洪秀全見官軍已薄城選悍賊二萬犯雨花臺營敗還江北大將都興阿遣師船自瓜洲鼓枻而西攻觀音門襲燕子磯破之皖軍李世忠自六合渡江克石埠橋東陽龍潭皆爲楚軍聲援　癸卯曾軍敗賊於陸郎橋　蘇州賊數萬入援六月癸巳曾軍與戰於雨花臺互有夷傷辛酉復撲大營敗入城乃謀分兵綴我丁卯列二十餘隊各趨一壘而以銳卒突雨花臺長濠濠寬深不得過則以火器環擲國荃憑濠拒守伺賊已懈令部將劉連捷拔柵出擊大敗之僞對王殪於陣時溽暑大雨國荃令軍士冒雨修垣洪秀全益調甯國賊出眉化鎮夜襲營丙子國荃遣將要擊復敗之　提督黃翼升以水師駐浦口　江南北有飛蝗　秋八月江南大疫軍中尤甚死者山積營哨官無不病者惟統帥曾國荃日夜拊循獨無恙　閏八月甲午僞忠王李秀成率眾自蘇常來援金陵兵號六十萬東起方山西訖板橋連營數百曾軍不滿三萬賊圍之數匝彭玉麐楊岳斌水師皆阻隔不相聞諸將慫向榮和春之失謀潰圍就水師退

保蕪湖欽差大臣曾國藩在安慶聞之亦飛檄令撤圍國荃固執不可乃分圍師爲三以其二防城賊侵襲而自將其一當援寇一夕築小壘無數障糧道以屬之江賊益番休迭進蟻附環攻累箱實土以作櫓楯挾西洋開花礮自空下擊所觸皆摧國荃留孱卒守棚選健者日夜拒戰更代眠食常以火毬大礮燒賊無算賊仍抵死不退軍士傷亡頗衆己酉部將倪桂節中礮殞國荃左頰受鎗傷血漬重襟猶裹創巡營歷半月氣稍固而僞堵王黃文金擾東壩提督鮑超小挫於新河莊賊燄愈熾乃掘地道陷官軍壘國荃屢堵合之亦時以穢鹵倒浸穴中九月壬子僞侍王李世賢復自浙江糾衆至合秀成軍號八十萬國荃度其新來氣銳誡諸將厚集陣以待之賊負板擔草土填濠我軍拒濠發礮賊屢卻仍堅壁不出相持兩晝夜甲寅始發萬人開壁擊之軍士氣十倍呼聲動天當者無不摧靡一日內破堅壘十三殺八千人援賊氣奪乃益鑿地埋火藥辛酉兩穴同發土石飛躍如雨大營牆坍賊隊猛進國荃督將校露立牆外環擲火毬閒以鎗礮賊前者既殪後者復登踰三時牆缺始合殺悍賊數千羣

賊乃謀晝息宵攻輸進以疲我運營周百里其近者距官軍才二十丈仍潛開隧道乘雨夜轟營國荃令各軍掘內濠翼以外牆破其地洞七賊計始窘有退志　是月鎮江守將馮子材破賊於句容之湯岡毀其九壘　冬十月江南統帥曾國荃度圍賊力疲乃誡諸將秣厲以俟壬午引軍出濠克十餘卡知賊不任戰軍益大出癸未部將李臣典等出東路曾貞幹出西路彭毓橘蕭孚泗等出南路甲申天嚮曙臣典燒東四壘火光燭天西南諸賊望之洶懼棄壘遁貞幹偵三汊河賊亂急趨之遇逃寇則縱兵要擊敗諸板橋周村彭毓橘追至牛首山王可陞搜賊方山西諸賊在東路者繞南門逸其在西南者走秣陵關凡十三僞王之眾萃於一隅經四十六日而不得逞傷亡五萬人始解圍去金陵大軍乃解嚴　十一月僞忠王李秀成率敗賊截江至九洑洲進犯浦口皖軍提督李世忠突圍走陷之遂掠江浦石蹟鎮諸軍亦潰　是月水師提督楊岳斌連破賊於三汊河遣金柱關守將羅逢元燒賊舟於高淳之護駕墩　時曾國荃已擊退蘇浙援賊攻守益暇欽差大臣曾國藩終以孤軍蹈危地爲失策

乃議來視沿江諸壘赴金陵親決進止焉

二年春正月大學士曾國藩來視師登大勝關入雨花臺營見圍軍堅穩大喜始罷退師之議留十日還安慶　二月鎮江守將馮子材追敗賊於句容之薛村　三月曾國荃擢浙江巡撫留辦金陵軍務　夏四月癸卯夜曾軍分六路進薄金陵李臣典等攻雨花臺石城趙清河等攻聚寶門南卡晏澧周等攻西卡何玉貴等攻東卡陳湜出中路蕭孚泗易良虎等左右應之夜已半軍士蛇行而進束草塡濠將登堞賊驚覺然礮外擊踣五人眾頗逡巡李臣典斬二卒以徇搴旗直上毬箭星落入城天向明敵樓火發賊奔救我軍已冒煙入遂克雨花臺僞城諸將乘勝掠地金陵城西南九壘皆下國荃分二千人守石城築六新壘輔之　五月溧水蝗　乙卯水師提督楊岳斌侍郎彭玉麐攻江浦陸師提督蕭慶衍出烏江與提督鮑超劉連捷會師浦口江浦橋林賊皆不戰而遁走九洑洲洲賊拒不納投江及餓死者無算統帥曾國荃乘夜至新江與岳斌玉麐覘九洑洲形勢見城堅礮利護以戰艦度陸師斷難飛渡宜先清南岸

諸隘以搖其心丁巳遣部將丁泗濱等南從秦淮向下關喻俊明等北繞永安洲向草鞋夾彭楚漢等爲後應玉麐率水師據九洑上游牽賊勢岳斌自督戰以枯荻灌油燒賊艦數百緣牆而登下關草鞋夾八壘皆克乃移兵向中關水流箭疾羅俊友中礮死己未國荃分兵襲燕子磯破之岳斌偵江濱有閒道達九洑賊濠乃約國荃令陸師伏叢葦中從隄缺泗水而進彭楚漢張錦芳師船夾洲上下丁泗濱攻南岸中關庚申昧爽兩岸戰旗並舉人人殊死戰中關賊閉不出九洑賊伏洋鎗隊於洲三面狙擊官軍精銳多傷亡至夜玉麐令日洲破乃還師不者傳餐而戰時月色冥濛西南風大作我軍鬬移船近賊壘以火箭射賊舟風烈火猛延及洲上卡棚喻俊明等麾軍直上成發翔彭楚漢從左右呼譟而登丁泗濱自南岸鼓棹飛渡將士踐尸以進九洑洲遂破其萬餘賊無一脫死者長江肅清　癸亥曾軍攻長干橋賊壘大破之國荃將合城圍乃檄蕭慶衍等自江浦南渡復增募萬人於是金陵之師近四萬矣　六月提督鮑超進軍鍾山將屯孝陵因軍士病駐神策門洪秀全遣黨出儀鳳門攻之又

出太平門犯劉連捷營皆不利　秋七月乙巳朔賊犯下關提督李成謀力戰卻之　壬子曾軍攻印子山克之進攻上方橋橋在城東南隅賊運糧道也甲子國荃令蕭慶衍出印子山東偪賊而軍城賊來爭蕭孚泗李臣典張詩日分禦之營賊堅壁不出癸巳熊登武越橋五里築小壘六賊患之糾大眾出戰伍維壽等以馬步包抄敗之追至秣陵關破十餘卡悉奪泊河戰艦孚泗度賊已窮令軍士負薪乘夜填濠遂克上方橋而江東橋石壘高峙環以木城陳湜圍攻數月不克八月丙戌夜風雹蔽月湜選銳卒數百襲破之分抄至旱西門眾壘皆下　時城東尚有數隘近城者曰中和橋曰雙橋門曰七橋甕稍遠者曰方山土山曰上方門高橋門迤南則爲秣陵關以至於博望鎮亦金陵外輔也統帥曾國荃以東路未平不能制賊之死命九月令蕭慶衍等擇小河紆曲之處結筏架橋圖東渡立營賊已先據河拒我慶衍隔河發礮朱吉玉李祥和踞西岸築三壘與賊相持甲子李祥和從上游蕭孚泗從下游渡河破其五壘城賊來援蕭慶衍且戰且築東岸壘已成戊辰賊復諸道並出蕭孚泗彭毓橋陳

湜等扼雙橋門以東蕭慶衍進中路戰少卻將士奮臂大呼賊皆反走慶衍縱騎兵斷其歸路遂克上方門高橋門而右路方山土山之賊爲熊登武所敗亦棄壘奔於是七橋甕諸賊思遁蕭孚泗彭毓橘扼其東李臣典遮其西城中忽出大隊兩軍相搏互傷死孚泗乘夜縱火賊冒煙突走遂克七橋甕將由方山南進秣陵關攻博望鎮賊環鎮築七壘上可應水陽旁可控金柱關金柱守將朱南桂聞鮑超有事於水陽約朱洪章等夜出小舟陽銜枚疾進昧爽抵博望克其二卡賊開壁大戰武明良從間道襲其營賊反顧七壘已易官軍幟乃錯愕狂走南桂追之長流觜溺死强半國荃以博望既克則中和橋之勢孤己巳令趙三元率馬步七營南掠秣陵至中和橋一戰克之秣陵賊見馬步驟至棄壘逃諸將追至河干阻水不能渡僅殺尾賊二百餘自是鍾山西南無賊壘矣辛未國荃親至孝陵衛勘地勢將移營賊出朝陽太平門來襲蕭慶衍陳湜分截之蕭孚泗李臣典傍賊抄入戰方酣有賊目指揮督陣國荃伏鎗殪之賊陣乃亂僞章王順王退入城餘賊走湻化鎮　冬十月水師統帥楊岳斌彭玉麐

會師由澄溝塘溝入攻高湻乙亥克滄溪長樂賊酋楊友清以縣城降　戊寅曾軍克湻化解溪隆都湖熟三岔鎮燬賊壘二十餘於是金陵東南剗削略盡　庚辰提督鮑超會彭楊水師克東壩溧水賊酋楊英清乞降乙酉復其城　戊子曾軍進屯孝陵衛　是月僞忠王李秀成因蘇州反正領敗衆數萬分布句容一帶鮑軍敗之於亭山柳橋乃自率數百騎入太平門勸洪酋棄城同走不聽遂留金陵助城守　十一月曾軍掘地道成戊申火發神策門城坍我軍肉薄爭登阻月城橫洞不能克傷死三百餘　統帥曾國荃度賊糧將匱約提督楊岳斌水師巡江見奸民運米入城輒奪之又令總兵朱洪章等繞鍾山後斷陸路運道於是益募新軍圍師增至五萬人

三年春正月辛酉曾軍大將朱南桂冒雪營城北路偵賊酋李士貴赴句容護糧伏兵要之賊棄糧走國荃益銳意合圍癸亥周歷洪山白土山神策門太平門僞忠王李秀成自將出鍾山南攻朱洪章營洪章與武明良出濠夾擊沈鴻賓等出右路武文山等出左路戰良久殺數百人賊退上山羅雨春攀巖而上

中鎗幾墜沈鴻賓繼至各挾火毬火箭擲壘中賊突火逃遂克鍾山石壘賊所署爲天保城者也國荃遣黄潤昌等戍之令蕭孚泗蕭慶衍出山北列隊太平門築三壘以王遠和等守之維時梁美材屯洪山朱南桂屯白土山塞神策門餘後湖阻水爲圍於是金陵城圍始合賊糧絶矣李秀成屢以無米告洪酋詛衆曰闔城食甜露可以養生甜露者草也秀成無如何乃日放婦孺出城節食而於城内種麥濟饑　二月句容賊約金壇寶堰諸酋助守縣城三月乙巳提督鮑超克三岔丙午克塔岡追至句容賊目徐邦本約内應丁未夜舉火城東賊開南門遁遂收句容餘賊東竄寶堰己酉鮑軍追敗之奪壘五庚申又敗之於茅山　金陵城周百里曾軍合圍以來日令軍士鑿隧道凡南門一穴朝陽至鍾阜門三十三穴籌火而入地或崖崩窟塞則縱横聚葬於其中賊乃附城築垣以拒我謂之月圍穿穴其内時以毒煙沸湯薰灌之軍人多死乙丑國荃攻克之焚其火藥礮賊無數我軍亦傷亡三千人　夏四月戊寅句容敗賊僞玕王洪仁玕等由天王寺同竄大山頭圖犯溧水窺東壩別股由漆橋竄塘溝

癸未水師柳壽田過諸固城湖不得進是日鮑軍敗賊於高淳之楊村賊還竄大山頭甲申總兵譚勝達等又敗之賊竄廣德而去　楊岳斌鮑超二軍奉檄援江西乃以蘇軍提督劉銘傳屯句容鄭國魁屯東壩　曾軍遣提督梁某駐江浦　五月僞天王洪秀全以事急憂懼仰藥死潛瘞於僞宮中其子福自稱幼主　賊自失天保城後防守益密龍廣山有石壘極堅賊所號爲地保城者也統帥曾國荃計不得此城則形勢終不便乃日夜發礮攻之己巳晦提督李祥和等奪其壘遂築礮臺於上俯瞰城中礮擊處城堞皆圮國荃慮師老且生變益督李臣典等當礮密處潛穴其下而積溼蒿覆沙土高與城等聲言將踐登以疑賊六月天久不雨國荃露禱須臾龍見雨大至甲申地道成國荃夜寢若有人促之驚起趨洞口呼守軍李秀成果出襲營遣黨持火彈燒積蒿伍維壽彭毓橘分擊獲免乙酉國荃令朱式雲草檄誡諸軍懸賞募敢死士待城破先入於是李臣典朱洪章伍維壽武明良譚國泰劉連捷沈鴻賓張詩日羅雨春九人誓先登日午地道火發城崩二十餘丈甎石雨落李臣典等螘附爭登

賊傾火藥下燒我軍眾稍卻彭毓橋蕭孚泗手刃數人弁勇皆奮乘城缺入朱洪章沈鴻賓羅雨春等攻中路在僞天王府北劉連捷張詩日譚國泰等攻右路循臺城趨神策門適朱南桂等梯攻而入遂合取儀鳳門左路則彭毓橋由內城至通濟門蕭孚泗等奪朝陽洪武門守陴賊誅殺殆盡而羅逢元等從聚寶門入李金洲從通濟門入陳湜易良虎由旱西水西門入李秀成方趨旱西門爲陳湜軍所阻乃還走清涼山匿民房中適水師黃翼升攻奪中關乘勝至旱西門與湜等合於是金陵九門皆破日已瞑矣賊猶保僞天王府夜半縱火自焚僞幼主洪福因突圍走黃潤昌等露立龍廣山袁大升等循城南遇逃賊要擊斬數百人張定魁等追及之湖熟俘誅略盡餘黨挾洪福走廣德以去國荃令閉城救火獲僞玉璽二金印一蕭孚泗搜獲僞王兄洪仁達僞忠王李秀成凡殺賊酋三千餘斃賊十餘萬捷聞封曾國藩一等侯加太子太保銜曾國荃一等伯太子少保銜並賞戴雙眼花翎李臣典一等子蕭孚泗一等男其餘文武論功進秩有差　欽差大臣曾國藩自安慶啟節來江甯丙申至孝陵慰

勞將士己亥巡視城垣庚子掘偽天王洪秀全屍焚之於江干秋七月乙巳誅偽忠王李秀成及洪仁達等傳首東南諸省　壬子一等子李臣典卒於軍　詔以江南底定免江甯府屬同治四五六等年錢糧其三年以前皆以兵災蠲除　浙江巡撫曾國荃以傷病未愈乞開缺屢疏乃許甲寅散遣所部二萬五千人留萬人防守金陵餘分屯各隘　乙卯總督曾國藩巡視貢院榜示房屋章程八條八月暫回安慶九月丁丑移節入金陵暫居水西門內偽玕王府　壬午曾國荃奉　詔祭明孝陵冬十月率凱徹湘勇回湖南　時城郭初復公私掃地無存乃設善後局以總諸務立保甲局以清房產借給七縣牛粒籽種以勸農事修貢院以舉賓興築駐防城里巷以處見存旗兵八百餘名　建江甯府城隍廟於金沙井知府楊鍾琛塑神像於紗帽洲迎之以入　浚江甯城內支河　六合立昭忠祠　十一月改斂前總督陸建瀛遺骸曾國藩親詣弔祭　是月特開鄉試曾國藩因林文忠舊法點名旗外加以紅燈自一增至十四分起以便瞭望中路設浮橋以涉至今遵用之昆明劉峴山陰平步青來爲

考官取中上元周維燮王雙璧濮肇華張文鋭江甯卓熒六合賀廷壽劉嘉善江浦顧先孚凡八人　以穀貸郵農免其繳還從縣紳王延長請也　籌費於善後局以卹官裔士族之嫠婦　江甯布政使萬啟琛乞病歸李宗羲來代其任

四年春正月規立昭忠祠於雞鳴山麓　設粥廠以食饑民　立七屬縣招墾局　重建下江考棚修程明道先生祠　濬秦淮河　二月興復鍾山尊經鳳池三書院以分課生童改建鍾山書院於迴光寺故址　大裁湘勇駐金陵者僅留四營　試武士騎射月升降之如書院例以靖凱徹將弁　繕城塡濠勒銘於缺口以紀功分瘞四郊戰骨凡爲塔於朝陽門外二於旱西門外三民間之私埋者不與焉　江甯知府涂宗瀛設普育堂於蒴子巷清節堂於小油坊巷　紳民復興救生局崇善堂　夏四月總督曾國藩赴山東勦捻李鴻章來攝其事　五月移金陵書局於飛霞閣　改建江甯府學於冶城山　移織造機局於珠寶廊　江甯知府涂宗瀛設種茶局於石城門內蛇山　修清涼山

巔翠微亭　是月高湻山田旱圩田水溧水合境皆水　秋江浦水圩隄壞知縣裘輔請款修築久乃獲允　建江甯城北鼓樓戒碑　設機器製造局於南門外西天寺故址延法國人馬德里爲教習又置存儲火藥局於石城門內濟生菴北軍械所於古城隍廟傍　建李公臣典祠於雨花山巔　修豐備倉於旱西門牌樓大街　重建江甯知府署權以爲總督行轅　冬十月江浦立昭忠祠

五年春二月雷震棉花隄砲船皖南鎮總兵張志邦及將弁三十餘人皆死復建惜陰書院於盋山麓以經古詩賦課士　江甯布政使李宗羲遴書院高才生延之於署月一課之　修雨花山方忠文公墓及烏龍潭顏魯公祠　立卹嫠粥廠於東關頭　溧水建城隍廟於大東門　江浦建木横橋及茅塘橋皆通驛孔道也　法國立天主堂於豐富巷　冬十一月　詔曾國藩回總督任

六年春三月大學士曾國藩入金陵居民焚香以迎　夏旱水涸建龍神廟於

靈谷寺八功德水側以祈雨有驗也　重建布政使司署　始建鳳池書院於新廊　增貢院西隅號舍以其近狀元境街故名狀元新號　修徐中山王墓坊　建文津道濟二橋於新府學前修文德木橋於舊縣學前　六合重建縣署　秋八月南皮劉有銘樂陵王棨瑄主試江南取中上元李森葉有年秦際唐江甯陳達盧崟哈賢招徐坦陳元恒句容蔣鳴慶江浦張步蟾六合黃之瀛凡十一人　冬十一月曾國藩移督直隸啟行日士民攀送者塡塞街巷馬新貽來爲兩江總督

七年春　詔江甯府七屬暫行抵徵又從前水旱偏災均蒙蠲免　水師陸師及金陵昭忠祠成門同廟異規模宏壯內有也園花木清幽臨水一榭尤極閒曠　設皇華館於水西門外　冬增設育嬰堂於翦子巷　六合改建忠義孝弟祠於西門八佛菴址

八年總督馬新貽練新兵四營於金陵　建江安糧道鹽巡道二署上元江甯二縣署　夏水開東關以通淮流初道光中常患水因用石塞東關至是撕去

仍用幅版　秋孫衣言署江甯布政使　建縣學文廟於秦淮水北舊址　重修龍蟠里汪文毅公偉祠　修燕子磯亭　高淳建城隍廟於西門縣學文廟亦告成又建前政許公心源祠　冬錢德承爲江甯知府承涂宗瀛之後謹守成法士民安之　梅啟照來爲江甯布政使　建火神八蜡廟於中正街移武廟於雞鳴山府學故址　以水災設典牛局　高淳知縣楊福鼎建龍王廟於西門湖神廟於固城湖口

九年春永廣上元江甯二縣學額各五名六合六名以總兵王永勝欠餉報効恩也　二月紳士王延長石楷籌七縣公車費本銀二千餘兩存典生息　設清江火藥局於草場製造火箭局於神木菴　修三江營攔江新隄　夏城中訛言拐賊以迷藥盜嬰兒後漸及少壯者道中幾斷行人　秋七月山東人張文祥刺兩江總督馬新貽於江甯府署旁箭道中踰時卒將軍魁玉暫攝其印時大變猝遭人心洶洶江甯知府馮柏年極意拊循訛言乃止未幾柏年以勞瘁卒蒯德模來代之亦以勤能著績　八月滿洲銘安長樂林天齡主試江

南取中駐防積廣上元夏禮江甯陳兆熙王錫疇楊長年許應奎錢允純魏賡元江浦陳慶榮六合徐佩瑚凡十人　駐老湘軍合字營於雨花山以固省防　改創水師設金陵營於草鞵夾以參將領之　建上元節孝祠於旱西門烏龍潭側江甯節孝祠於雨花山故址　冬閏十月大學士曾國藩來爲總督居鹽巡道署時已三治江南矣官習其政民安其業四境晏然　修半山寺　南門外火飛焰入城延燒高岡里民居布政使梅啓照上城親督洋龍救之乃息　挑築沙洲圩大埂浚北河口及大勝關河皆以防軍供役　修六合南門浮橋　修高淳大小圩工　六合文廟成

十年春正月欽差刑部尚書鄭敦謹奏結張文祥案淩遲之於小教場　濬秦淮河至東水關夏五月龍鬬於高淳之石臼湖　高淳知縣秦曾熙請蠲免湖田虛糧　籌建駐防城兵房調荆州兵補額　設桑棉局於城北妙相菴　鹽巡道孫衣言立勸學官書局以書借願讀者　南城外合字營掘地得肉芝　修冶山卞忠貞公祠墓　修曠觀亭　夏四月建湖神廟於後湖蓮萼洲　秋

八月修莫愁湖水榭　冬十一月重建總督署成時政通人和百廢具舉大學士曾國藩裘帶從容閒事游讌登高咏古提唱風雅一時人士稱極盛焉　蔣啟勛來爲江甯知府

十一年春二月兩江總督曾國藩卒於任士民巷哭野祭如喪私親凡所游歷之處皆繪像以祀紳耆建民不能忘坊於石城門外蚵蛂磯　何璟來署兩江總督俄卽眞　江甯府學文廟始習樂舞　建將軍都統織造署　設製造火藥局於通濟門外九龍橋　設木釐局於上新河地舊有清遠樓燬於賊重修之署額曰雄冠江東　建雨花山方公祠及木末軒　冬建曾文正公國藩祠於淸涼山麓故四松菴址也

十二年春二月何璟以憂去張樹聲來署總督　立永廣學額碑及公車費記於府學明倫堂之左　設修船廠於觀音門外巴斗山　布政使梅啟照籌浚上元句容閒之便民河卽石埠橋下水也　夏四月修明孝陵　李宗羲來爲兩江總督　六月建　萬壽宮於中正街以祝嘏移文昌宮於西華門　建社

稷壇於南門外三里店神祇壇於雙橋門先農壇於通濟門外　修雨花山麓三忠祠以祀宋楊邦乂文天祥明李邦華皆吉水人也　改貢院街道大增平江府姚家巷號舍　秋七月建祥忠勇公厚劉武烈公同纓祠於雞鳴山西麓　八月建馬端敏公新貽祠於龍蟠里　南皮劉有銘安化黃自元主試江南取中江甯何延慶六合孫錫第凡二人

十三年春三月上元知縣莫祥芝江甯知縣甘紹盤修兩縣合志延江甯舉人汪士鐸爲總纂設局於金沙井城隍廟　立頤壽堂以養老設甘棠文塾以課孤童皆江甯知縣甘紹盤所捐建也　建顧亭林先生祠於冶山　設洋務局於碑亭巷掌外國使來芻餼讌勞之禮　臺灣有日本警總督李宗羲設籌防局以綜治軍事增募勇營駐江甯四郭門外建礮臺於烏龍山沙洲圩分設火藥局於雞鳴山陰　冬兩縣志告成上元知縣沈國翰復序之　十二月移城隍廟於江甯府署北舊址以金沙井遺基分前爲向張二忠武公榮國樑祠後爲崇善堂恤嫠局

今皇帝光緒萬萬年

國朝金陵通紀卷四

弟作儀參訂受業石承鈞校字